ごうかく！

2024年度版

管理業務主任者攻略問題集

管理業務主任者試験研究会

早稲田経営出版
TAC PUBLISHING Group

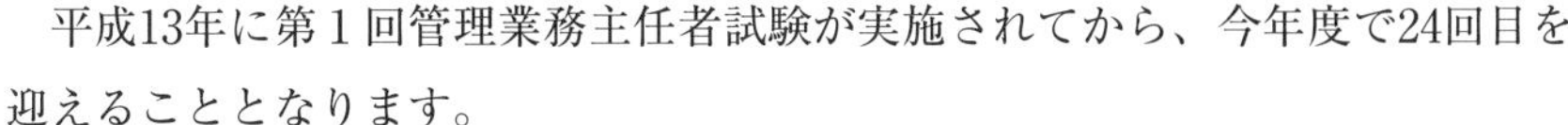

はじめに

平成13年に第１回管理業務主任者試験が実施されてから、今年度で24回目を迎えることとなります。

管理業務主任者試験の試験範囲は法令から建築知識、税・会計まで広範にわたり、特にお仕事をされながら学習をされている受験生の方には過去問を解くだけで大変な時間が必要となり、なかなか合格に必要な知識を身につけることが難しくなってきております。

しかし、過去問の中にも、難問で正答率が非常に低い問題や、一度出題されただけで、それ以降出題されていない、さほど重要ではない問題も存在します。このような問題は合否に直接関係するものではありません。

そこで本書では、過去の試験問題から特に重要と思われる問題を厳選して掲載し、さらに未出題の重要論点については、オリジナル問題を作成して掲載し、本当に必要な知識を身につけていただけるように工夫するとともに、

１．論点が一目で分かるようにすること
２．重要度と難易度の２項目から試験問題を分析すること
３．解法のテクニックで、学習の指針を明確にすること
４．語呂合わせや図表をつかって、解説をより簡単に理解できるようにすること

を心がけ、短期合格を目指せるように努めました。

本書を利用していただいたすべての受験生が管理業務主任者試験に合格されることを心よりお祈り申し上げております。

2024年１月

管理業務主任者試験研究会

本書の特長

本書は管理業務主任者試験対策のため、特にお仕事をしながら学習されている、勉強時間にあまり余裕がない方のことを考えて作成されました。効率良く合格するために、以下の特長を盛り込みました。

1．解説中の重要論点は太字にしてあります。

2．問題ごとに重要度と難易度を設けてあります。

重要度…**A**（最重要論点）

B（合否を分ける論点）

C（出題頻度は高くないが、できる限り覚えたい論点）

難易度…**易**（受験生の大半が解ける問題）

普（合格するためには解けなければならない問題）

難（難しいが、できる限り解きたい問題）

例えば、重要度**A**で難易度が**難**なら、難しい問題ではあるが、得点しなければならない重要論点からの出題となります。

3．解法のテクニックで、問題の解き方や覚え方を解説しています。

4．出題論点が一目で分かるようにしてあります。

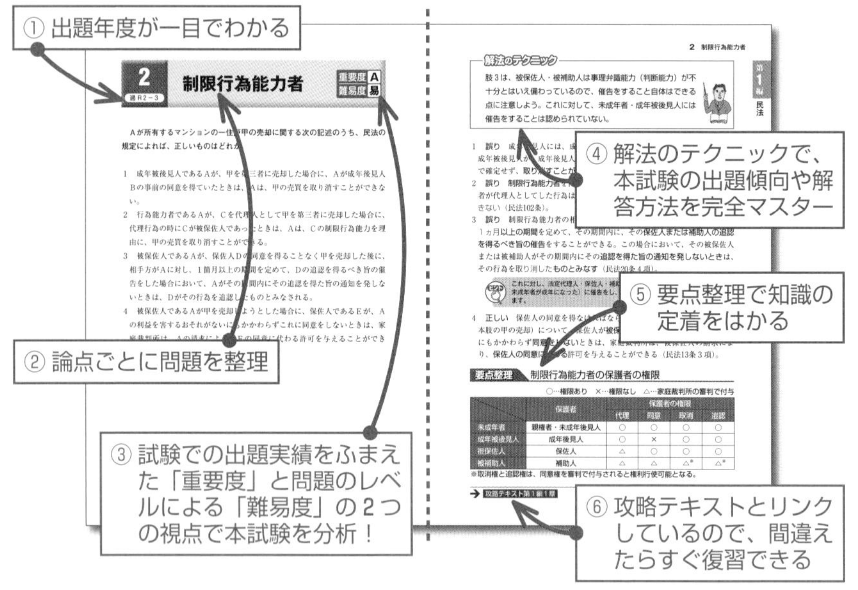

過去問攻略法！

初学者にとって、何のガイドもなしに問題を解くというのは、非常に難しく感じられると思います。また、ある程度勉強された方でも、解説を見ると分かるけれど、間違ってしまうということがあります。ここでは、簡単ではありますが、過去問の解法のテクニックを紹介したいと思います。

1．登場人物が複数の場合は、まず図を書く

下記は、実際の本試験問題の抜粋です。この問題のように登場人物が複数の場合は、図を書いてみましょう。誤読を防ぐとともに、事例について細かい点まで読むことができます。

> マンション（マンションの管理の適正化の推進に関する法律（平成12年法律第149号。以下「マンション管理適正化法」という。）第２条第１号に規定するものをいう。以下同じ。）の管理組合Ａ（以下本問において「Ａ」という。）の理事長（管理者）Ｂ（以下本問において「Ｂ」という。）が、マンション管理業者（マンション管理適正化法第２条第８号に規定する者をいう。以下同じ。）Ｃ（以下本問において「Ｃ」という。）との間で管理委託契約（以下本問において「本件契約」という。）を締結する場合に関する次の記述のうち、民法及び建物の区分所有等に関する法律（昭和37年法律第69号。以下「区分所有法」という。）の規定によれば、正しいもののみの組合せはどれか。なお、Ａは管理組合法人ではない。

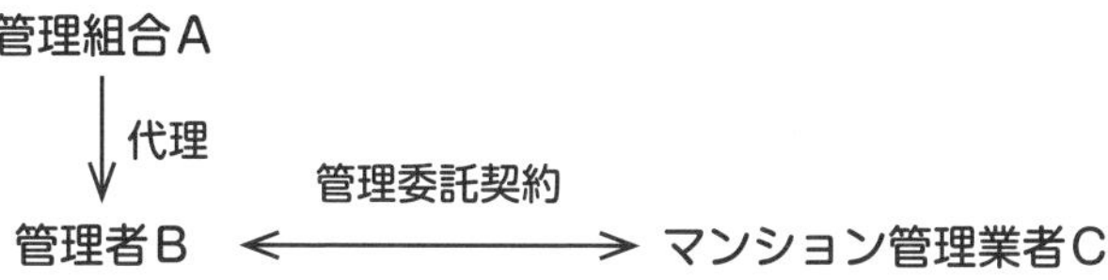

上記過去問の登場人物・団体を図にすると、上のようになりました。ここで分かるのは、管理者という管理組合の代理人がマンション管理業者と契約をしているので、代理の論点が出題されるであろうということです。

2．～があれば　～がなければ　～が必要になる　といった表現に注意！

「～がなければならない」という表現があった場合、出題者は受験生に、要件を覚えているかを尋ねてきています。管理業務主任者で出題される科目については、要件⇒効果という構成になっているものが大半です。この要件の部分が非常に問題にしやすいのですね。

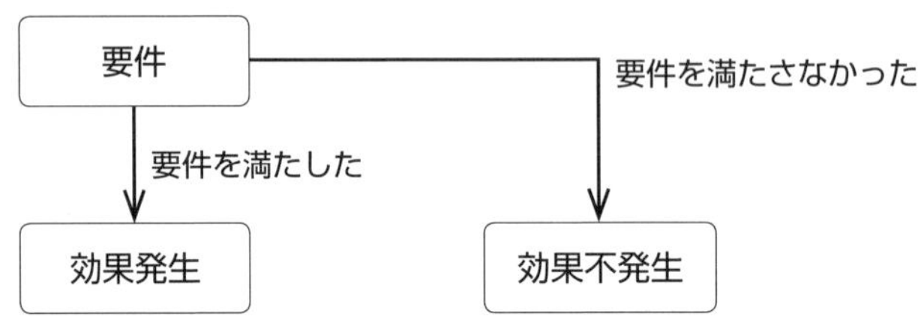

では、先ほどの過去問の続きです。

> Ｂに本件契約の締結につき法律行為の目的及び取引上の社会通念に照らして重要な錯誤があった場合には、Ａは本件契約を取り消すことができるが、Ｂに過失があったときには取り消すことができない。

この問題は、「法律行為の目的及び取引上の社会通念に照らして重要な錯誤があった場合」と言っています。錯誤取消しの要件として「法律行為の目的及び取引上の社会通念に照らして重要な錯誤」が必要であったか聞いているわけですね。こちらは要件に該当します。では、次に「過失があったとき」と聞いています。錯誤取消しは「重大な過失」のときは取消しを主張できないわけですが、単なる過失の場合は取消しを主張することができます。これで誤りの肢であると分かるわけですね。

3．問題文から読み取れない事柄で正誤を判断しない

これはある程度勉強が進んだ方に多いのですが、知識が増えたことにより、問題文を深読みしすぎてしまい、間違ってしまうということがあります。

では、先ほどの過去問を使って、検討してみましょう。

> Ｂが、理事長（管理者）に選任された後、後見開始の審判を受け、その後に本件契約を締結した場合であっても、本件契約は有効に成立する。

代理人であるＢが後見開始の審判を受けた場合、代理権は消滅するので、契

約は有効には成立しませんから、この肢は誤りとなります。しかし、この肢を正しいとしてしまうことがあるのです。本肢のように、今まで代理権を有していた者が、何らかの理由で代理権を喪失した後に、代理人として契約した場合、相手方が善意無過失であれば、表見代理が成立し、契約が有効になるケースがあります。この肢を正しいと読んでしまう方は、後見開始の審判を受けた後に契約を締結しているから、表見代理が成立して有効にできると読んでしまうのです。しかし、この肢には、どこにも表見代理を判断させるような表現はありません。出題者が表見代理を問いたいのであれば、「相手方が善意無過失の場合」や「有効に成立することもある」という表現があるはずなのです。上記２でも解説しましたが、要件や効果を聞きたいのであれば、「～の場合は」や「～であれば」という表現が入るのですね。そういう表現がどこにもないこの肢は、単純に代理権の無い者が勝手に契約をしたから無効と答えないといけないのです。

4．断定的・限定的表現には注意！

「～しかない」や「必ず～しなければならない」といった表現は、出題者が例外規定を聞きたい場合に登場します。例えば、「例外的に免除されることがあるので、必ずしなければならないわけではない」というような場合です。もちろん問題によっては例外規定が存在せず、必ずやらないといけないというものもありあますが、大半の問題は例外規定を問うものになります。

試験対策の立てかた

管理業務主任者試験は、毎年合格率20％程度、合格ラインは50問中36問前後となっています。したがって、学習の大きな目標としては、安定して試験問題の７割を得点できるようにすることです。その上で、どのように学習していくのか考えていくと無駄なく勉強できます。

1．スケジュールを立てる

管理業務主任者に限らず、試験対策としてはスケジュール管理が重要となります。時間が限られている以上、本試験から逆算して、どの時期に勉強を開始すべきなのかスケジュールを立てて、できる限り無理なく学習できるようにする必要があります。

例：半年前から勉強を始めるケース

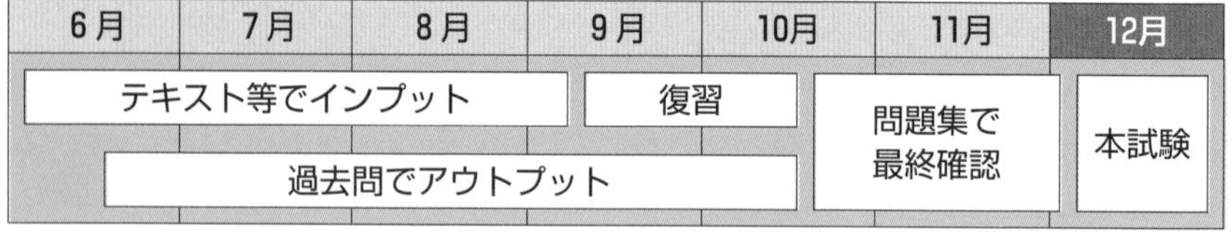

2．重要度の高い論点から勉強する

本試験もすでに23回実施され、過去問の分量もかなりのものになってきました。これら全てに目を通して解けるようになる時間のある方は問題ありませんが、時間がある程度制限されている方の場合、重要度の高い論点から注力して勉強されるのがよいでしょう。

本試験でも全ての問題を解かなければならないわけではありませんから、得点しやすい問題から勉強して、合格に必要な点数を確保することが重要となります。

では、得点しやすい問題は何かというと、まずは良く出る問題です。本試験では過去出題された論点でも、繰り返し出題されている論点と、１度きりでほとんど出題されていない論点とがあります。当然ですが、繰り返し出題されている論点は勉強した分だけ得点に直結するわけですから、勉強の効率が良いといえます。

次に、問題の難易度が高いのか低いのかを意識すると、より効果的といえます。

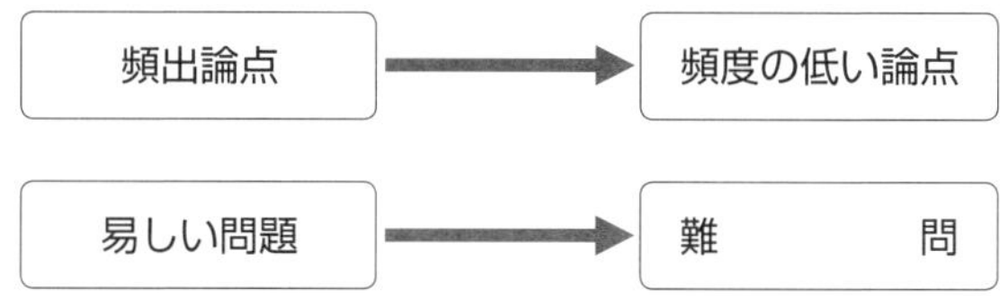

3．全ての科目を一通り勉強する

例えば、勉強を始めたばかりの民法や区分所有法は細かい点までしっかりと勉強したのに、適正化法は時間が無くて流し読みしかできなかったというケースですと、本試験で安定した得点は望めません。まずは、本試験までに全ての論点に目を通せるようにしましょう。難しい論点は、全てを勉強した上で、さらに時間があったらじっくり勉強すればよいのです。

学習日＆理解度チェック表を活用しよう！

各問題に、学習した日と自分の理解度を測ることができる表をつけました。

学習計画を立てたり、自らの得意分野・不得意分野を知るための指針として活用してください。

	①	②	③	④	⑤
学習日					
理解度(○/△/×)					

2024年度版　ごうかく！　管理業務主任者　攻略問題集

目　次

はじめに
本書の特長……iv
過去問攻略法！……v
試験対策の立てかた……viii

第1編　民法　1

1 制限行為能力者……2
2 制限行為能力者……4
3 意思表示……6
4 意思表示……8
5 錯誤……10
6 代理……12
7 無権代理……14
8 無権代理……16
9 無権代理等……18
10 代理・意思表示……20
11 代理・意思表示……22
12 双方代理……24
13 取得時効……26
14 時効……28
15 消滅時効……30
16 消滅時効……32
17 消滅時効……34
18 対抗要件……36
19 共有……38
20 共有……40
21 共有……42
22 抵当権・先取特権……44
23 抵当権……46
24 留置権……48
25 債務不履行……50
26 債務不履行等……52
27 債権譲渡・債務引受……54
28 連帯債務……56
29 保証・連帯債務……58
30 保証……60
31 弁済・保証……62
32 弁済・保証……64
33 債務の消滅原因……66
34 債権者代位権・詐害行為取消権……68
35 同時履行の抗弁権……70
36 解除……72
37 アフターサービス……74
38 契約不適合責任……76
39 契約不適合責任……78
40 契約不適合責任……80
41 賃貸借・借地借家法……82
42 賃貸借・借地借家法……84
43 賃貸借……86
44 賃貸借……88
45 定期建物賃貸借……90
46 借地借家法……92
47 定期建物賃貸借……94
48 借地借家法……96
49 請負……98
50 請負契約……100
51 委任……102
52 委任……104
53 委任……106
54 使用貸借……108
55 贈与契約……110
56 不法行為……112
57 不法行為……114
58 不法行為……116
59 不法行為……118
60 不法行為……120
61 相続……122
62 相続……124
63 相続……126
64 管理費の滞納（消滅時効等）……128
65 管理費の滞納（債務不履行等）……130

第2編　その他の取引に関する法律等　133

66 宅建業法（重要事項の説明）……134
67 宅建業法（重要事項の説明）……136
68 宅建業法（重要事項の説明）……138
69 宅建業法（重要事項の説明）……140
70 宅建業法（重要事項の説明）……142
71 宅建業法（契約不適合責任）……144
72 宅建業法（37条書面）……146
73 不動産登記法……148
74 不動産登記法……150
75 不動産登記法……152
76 品確法……154
77 品確法（瑕疵担保責任）……156
78 品確法……158
79 管理費の滞納対策……160
80 管理費の滞納対策……162
81 管理費の滞納対策……164

82 管理費の滞納対策 …… 166
83 管理費の滞納対策 …… 168
84 少額訴訟 …… 170
85 少額訴訟 …… 172
86 個人情報保護法 …… 174
87 個人情報保護法 …… 176
88 個人情報保護法 …… 178
89 消費者契約法 …… 180
90 消費者契約法 …… 182
91 賃貸住宅管理業法 …… 184
92 統計・データ …… 186

◆ 第3編　区分所有法　189

93 専有部分の要件 …… 190
94 専有部分等 …… 192
95 管理所有 …… 194
96 一部共用部分 …… 196
97 共用部分等の持分 …… 198
98 共有持分の割合 …… 200
99 共用部分の変更と規約の変更 …… 202
100 共用部分の管理等 …… 204
101 敷地利用権 …… 206
102 敷地 …… 208
103 敷地利用権 …… 210
104 管理者の代理権 …… 212
105 管理者 …… 214
106 管理組合法人 …… 216
107 管理組合法人 …… 218
108 管理組合法人 …… 220
109 管理組合法人 …… 222
110 管理組合法人 …… 224
111 管理組合法人 …… 226
112 義務違反者に対する措置 …… 228
113 特定承継人の責任等 …… 230
114 先取特権 …… 232
115 規約の定め …… 234
116 規約の定め …… 236
117 規約の定め …… 238
118 規約の定め …… 240
119 規約の定め …… 242
120 公正証書規約 …… 244
121 規約の保管 …… 246
122 集会の招集通知 …… 248
123 集会 …… 250
124 集会の招集 …… 252
125 集会の招集等 …… 254
126 集会の招集 …… 256
127 議事録・規約の作成等 …… 258
128 区分所有法複合 …… 260
129 滅失からの復旧 …… 262
130 建替え決議 …… 264
131 団地 …… 266
132 団地内建物の建替え …… 270
133 団地 …… 272
134 罰則 …… 274
135 建替え等円滑化法（要除却認定）…… 276
136 建替え等円滑化法 …… 278
137 建替え等円滑化法 …… 280
138 建替え等円滑化法 …… 282
139 判例 …… 284
140 区分所有法等（判例）…… 286
141 判例等 …… 288
142 判例等 …… 290

◆ 第4編　マンション標準管理規約　293

143 共用部分の範囲 …… 294
144 共用部分の範囲 …… 296
145 専有部分・共用部分の工事等 …… 298
146 専有部分の修繕 …… 300
147 専用使用部分の保存行為等 …… 302
148 専有部分の配管の取替え …… 304
149 駐車場の管理 …… 306
150 占有者に関する規定 …… 308
151 暴力団排除条項 …… 310
152 標準管理規約（総合）…… 312
153 標準管理規約（複合）…… 314
154 長期修繕計画 …… 316
155 区分所有法・標準管理規約複合 …… 318
156 総会の招集手続 …… 320
157 議長 …… 322
158 総会・理事会の決議事項 …… 324
159 総会の決議事項 …… 326
160 総会の決議 …… 328
161 総会への出席資格 …… 330
162 議決権行使 …… 332
163 議決権等 …… 334
164 代理人 …… 336
165 役員 …… 338
166 役員 …… 340
167 監事 …… 342
168 監事 …… 344
169 役員の任期 …… 346
170 役員 …… 348
171 役員 …… 350
172 役員 …… 352
173 理事会 …… 354
174 理事会の決議・総会の決議 …… 356
175 理事会の決議 …… 358
176 利益相反取引 …… 360

177 費用の負担 …… 362
178 費用の負担 …… 364
179 費用の負担 …… 366
180 費用の負担等 …… 368
181 費用の負担 …… 370
182 管理組合の会計 …… 372
183 管理組合の会計等 …… 374
184 管理組合の会計 …… 376
185 管理組合の会計 …… 378
186 帳簿等の保存・閲覧 …… 380
187 管理組合の会計等 …… 382
188 会計帳簿等 …… 384
189 理事長の勧告等 …… 386
190 標準管理規約（団地型）…… 388
191 標準管理規約（団地型）…… 390
192 標準管理規約（複合用途型）…… 392

◆ 第5編 標準管理委託契約書 395

193 標準管理委託契約書（管理事務の範囲等）…… 396
194 標準管理委託契約書（管理事務の範囲等）…… 398
195 標準管理委託契約書（管理事務の範囲等）…… 400
196 管理対象部分 …… 402
197 標準管理委託契約書（事務管理業務）…… 404
198 出納業務等 …… 406
199 マンションの維持又は修繕に関する企画又は実施の調整業務 …… 408
200 標準管理委託契約書（マンションの維持又は修繕に関する企画・実施等）…… 410
201 標準管理委託契約書（マンションの維持又は修繕に関する企画・実施等）…… 412
202 標準管理委託契約書（管理員業務）…… 414
203 標準管理委託契約書（総合）…… 416
204 標準管理委託契約書（総合）…… 418
205 標準管理委託契約書（総合）…… 420
206 管理事務の内容 …… 422
207 緊急時の業務等 …… 424
208 緊急時の業務等 …… 426
209 費用の負担 …… 428
210 管理事務の報告等 …… 430
211 管理事務の報告等 …… 432
212 通知義務 …… 434
213 規約等の提供等 …… 436
214 規約等の提供等 …… 438
215 規約等の提供等 …… 440
216 管理業者の責任 …… 442
217 標準管理委託契約書（総合）…… 444
218 標準管理委託契約書（解除・解約）…… 446
219 標準管理委託契約書（解除・解約）…… 448
220 標準管理委託契約書（総合）…… 450
221 標準管理委託契約書（総合）…… 452
222 標準管理委託契約書（総合）…… 454
223 標準管理委託契約書（総合）…… 456
224 標準管理委託契約書（個人情報の取扱い）…… 458

◆ 第6編 建築法令・設備・維持保全 461

225 用語の定義 …… 462
226 用語の定義 …… 464
227 建築基準法（総合）…… 466
228 容積率 …… 468
229 面積・高さの算定方法 …… 470
230 用語の定義 …… 472
231 面積の算定方法 …… 474
232 定期調査等 …… 476
233 建築基準法（総合）…… 478
234 建築基準法（総合）…… 480
235 居室に関する規定 …… 482
236 アスベスト …… 484
237 シックハウス対策 …… 486
238 換気設備 …… 488
239 換気設備 …… 490
240 非常用昇降機 …… 492
241 避難施設 …… 494
242 階段 …… 496
243 廊下・階段 …… 498
244 非常用照明装置等 …… 500
245 非常用の照明装置・電気設備 …… 502
246 消防法 …… 504
247 防火管理者 …… 506
248 防火管理者 …… 508
249 防火管理者 …… 510
250 住宅用防災警報器 …… 512
251 住宅用防災警報器 …… 514
252 特定共同住宅 …… 516
253 給水設備 …… 518
254 給水設備等 …… 520
255 受水槽 …… 522
256 給水方式・給水設備 …… 524
257 排水通気設備 …… 526
258 排水設備 …… 528
259 雨水排水設備 …… 530
260 排水設備 …… 532
261 排水設備 …… 534
262 排水管の洗浄方法 …… 536
263 エレベーター …… 538
264 エレベーター …… 540

265 電気設備 …… 542
266 避雷設備 …… 544
267 ガス設備・給湯設備 …… 546
268 給湯設備 …… 548
269 バリアフリー法 …… 550
270 各種の法令 …… 552
271 各種の法令 …… 554
272 防水工法 …… 556
273 防水工法 …… 558
274 断熱 …… 560
275 遮音 …… 562
276 窓サッシ …… 564
277 コンクリート …… 566
278 コンクリート …… 568
279 鉄筋コンクリート …… 570
280 マンションの構造等 …… 572
281 建築構造 …… 574
282 耐震改修指針 …… 576
283 耐震改修法 …… 578
284 耐震補強 …… 580
285 劣化症状 …… 582
286 ひび割れ …… 584
287 劣化調査 …… 586
288 長期修繕計画作成ガイドライン …… 588
289 長期修繕計画作成ガイドライン …… 590
290 長期修繕計画作成ガイドライン …… 592
291 長期修繕計画作成ガイドライン …… 594
292 長期修繕計画作成ガイドライン …… 596
293 長期修繕計画作成ガイドライン …… 598
294 長期修繕計画作成ガイドライン …… 600
295 長期修繕計画作成ガイドライン …… 602
296 長期修繕計画作成ガイドライン …… 604
297 長期修繕計画作成ガイドライン …… 606
298 修繕積立金ガイドライン …… 608
299 修繕積立金ガイドライン …… 610

◆ 第7編　税・会計・保険 613

300 貸借対照表 …… 614
301 貸借対照表 …… 616
302 仕訳 …… 618
303 仕訳 …… 622
304 仕訳 …… 626
305 仕訳 …… 630
306 仕訳 …… 634
307 仕訳 …… 638
308 仕訳 …… 642
309 仕訳 …… 646
310 税務 …… 650
311 税務 …… 652
312 税務 …… 654
313 地震保険 …… 656

◆ 第8編　マンション管理適正化法 659

314 用語の定義 …… 660
315 マンションの定義 …… 662
316 管理業務主任者 …… 664
317 管理業務主任者証等 …… 666
318 管理業務主任者 …… 668
319 管理業務主任者証 …… 670
320 管理業務主任者の設置 …… 672
321 管理業務主任者の設置 …… 674
322 管理業者の登録 …… 676
323 管理業者の登録 …… 678
324 管理業者の登録 …… 680
325 管理業者の義務 …… 682
326 管理業者の業務 …… 684
327 管理業者の義務 …… 686
328 管理業者の義務 …… 688
329 管理業者の業務 …… 690
330 管理業者の義務 …… 692
331 重要事項の説明 …… 694
332 重要事項の説明 …… 696
333 重要事項の説明 …… 700
334 重要事項の説明 …… 702
335 重要事項の説明 …… 704
336 重要事項の説明 …… 706
337 契約成立時の書面 …… 708
338 契約成立時の書面 …… 710
339 管理事務の報告 …… 712
340 管理事務の報告 …… 714
341 管理事務の報告 …… 716
342 管理事務の報告 …… 718
343 財産の分別管理 …… 720
344 財産の分別管理 …… 722
345 財産の分別管理 …… 724
346 財産の分別管理 …… 726
347 財産の分別管理 …… 728
348 監督処分 …… 730
349 マンション管理適正化法（総合）…… 732
350 基本方針等 …… 734

◆ 付録　重要数字チェック表 737

第1編

民　法

民法の最近の傾向としては、区分所有法との複合問題が多くなっている。宅建業法や品確法、民事訴訟法との複合問題も従来どおり出題されており、民法だけでなく、関連法令との横断整理が絶対的に必要となってきている。

出題数は、毎年5～8問程度である。そのうち4～5問の得点を目標としよう。

制限行為能力者

制限行為能力者であるAは、甲マンションの一住戸を所有し、同住戸に居住している。この場合に関する次の記述のうち、民法の規定によれば、最も不適切なものはどれか。

1　Aが成年被後見人である場合は、Aの後見人がAを代理して当該住戸の区分所有権を売却するためには、家庭裁判所の許可を得なければならない。

2　Aが成年被後見人である場合は、Aは、あらかじめその後見人の同意を得ることにより、第三者との間で、当該住戸のリフォーム工事に係る契約を有効に締結することができる。

3　Aが被保佐人である場合は、家庭裁判所は、Aの請求により、Aのために当該住戸の区分所有権の売却についてAの保佐人に代理権を付与する旨の審判をすることができる。

4　Aが被補助人である場合は、家庭裁判所が、Aの補助人の請求により、Aが当該住戸の区分所有権を売却することについてAの補助人の同意を得なければならない旨の審判をするためには、Aの同意が必要である。

	①	②	③	④	⑤
学習日					
理解度 (○/△/×)					

解法のテクニック

保護者の権限は頻出論点である。特に肢2の成年後見人が同意権を有しない点については繰り返し出題されているので注意しよう。

1 **適切** 成年後見人は、成年被後見人に代わって、その**居住の用に供する建物**またはその敷地について、**売却**、賃貸、賃貸借の解除または抵当権の設定その他これらに準ずる処分をするには、**家庭裁判所の許可**を得なければならない（民法859条の3）。

2 **最も不適切** 成年後見人は**同意権を有しない**ため、成年被後見人が、あらかじめ成年後見人の同意を得てもその**契約を有効に確定させることができない**（民法9条参照）。

3 **適切** **家庭裁判所**は、被保佐人等の請求によって、被保佐人のために特定の法律行為について保佐人に**代理権を付与する旨の審判**をすることができる（民法876条の4第1項）。

4 **適切** 家庭裁判所は、本人や補助人等の請求により、被補助人が特定の法律行為をするにはその**補助人の同意を得なければならない旨の審判**をすることができる（民法15条1項）。この請求は、本人以外の者の請求により当該審判をするには、**本人の同意**がなければならない（同2項）。

→ 攻略テキスト第1編1章

正解 2

2
過R2－3

制限行為能力者

Ａが所有するマンションの一住戸甲の売却に関する次の記述のうち、民法の規定によれば、正しいものはどれか。

1　成年被後見人であるＡが、甲を第三者に売却した場合に、Ａが成年後見人Ｂの事前の同意を得ていたときは、Ａは、甲の売買を取り消すことができない。

2　行為能力者であるＡが、Ｃを代理人として甲を第三者に売却した場合に、代理行為の時にＣが被保佐人であったときは、Ａは、Ｃの制限行為能力を理由に、甲の売買を取り消すことができる。

3　被保佐人であるＡが、保佐人Ｄの同意を得ることなく甲を売却した後に、相手方がＡに対し、１箇月以上の期間を定めて、Ｄの追認を得るべき旨の催告をした場合において、Ａがその期間内にその追認を得た旨の通知を発しないときは、Ｄがその行為を追認したものとみなされる。

4　被保佐人であるＡが甲を売却しようとした場合に、保佐人であるＥが、Ａの利益を害するおそれがないにもかかわらずこれに同意をしないときは、家庭裁判所は、Ａの請求により、Ｅの同意に代わる許可を与えることができる。

	①	②	③	④	⑤
学習日					
理解度 (○/△/×)					

解法のテクニック

肢3は、被保佐人・被補助人は事理弁識能力（判断能力）が不十分とはいえ備わっているので、催告をすること自体はできる点に注意しよう。これに対して、未成年者・成年被後見人には催告をすることは認められていない。

1　**誤り**　成年後見人には、成年被後見人の行為に対する**同意権はない**ので、成年被後見人が、成年後見人の同意を得て行ったとしても、甲の売買は有効で確定せず、**取り消すことができる**（民法9条）。

2　**誤り**　**制限行為能力者を代理人に選任することもできる**が、制限行為能力者が代理人としてした行為は、行為能力の制限によっては**取り消すことができない**（民法102条）。

3　**誤り**　制限行為能力者の相手方は、**被保佐人**または**被補助人**に対しては、**1ヵ月以上の期間**を定めて、その期間内に、その**保佐人または補助人の追認を得るべき旨の催告**をすることができる。この場合において、その被保佐人または被補助人がその期間内にその**追認を得た旨の通知を発しないとき**は、その行為を**取り消したものとみなす**（民法20条4項）。

これに対し、法定代理人・保佐人・補助人・行為能力者となった後の本人（例：未成年者が成年になった）に催告をし、確答なきときは追認したものとみなされます。

4　**正しい**　保佐人の同意を得なければならない行為（重要な財産上の行為：本肢の甲の売却）について、保佐人が**被保佐人の利益を害するおそれがない**にもかかわらず**同意をしない**ときは、家庭裁判所は、被保佐人の請求により、**保佐人の同意に代わる許可**を与えることができる（民法13条3項）。

要点整理　制限行為能力者の保護者の権限

○…権限あり　×…権限なし　△…家庭裁判所の審判で付与

	保護者	保護者の権限			
		代理	同意	取消	追認
未成年者	親権者・未成年後見人	○	○	○	○
成年被後見人	成年後見人	○	×	○	○
被保佐人	保佐人	△	○	○	○
被補助人	補助人	△	△	△※	△※

※取消権と追認権は、同意権を審判で付与されると権利行使可能となる。

➡ 攻略テキスト第1編1章

正解 4

意思表示

Ａが、Ｂとの間で、自己の所有するマンションの一住戸甲をＢに売却する旨の契約を締結した場合に関する次の記述のうち、民法の規定によれば、最も適切なものはどれか。

1　Ａが、所有権を移転する意思がないにもかかわらず、Ｂと売買契約を締結した場合に、Ｂがその真意を知り、又は知ることができたときは、Ａは、Ｂに対して当該契約の無効を主張することができる。

2　Ａが、所有権を移転する意思がないにもかかわらず、Ｂと通謀して売買契約を締結し、所有権移転登記を済ませた後に、ＢがＡに無断で、その事情を知らない第三者Ｃに甲を転売した場合に、Ｃにその事情を知らないことについて過失があるときは、Ａは、Ｃに対して、虚偽表示による当該売買契約の無効を主張することができる。

3　Ａが、Ｂの詐欺を理由として当該売買契約を取り消した場合に、Ａの取消し前に、Ｂが、その事情を知らず、かつその事情を知らないことについて過失のある第三者Ｄに甲を転売していたときは、Ａは、Ｄに対して取消しの効果を主張することができない。

4　Ａが、Ｂの強迫を理由として当該売買契約を取り消した場合に、Ａの取消し前に、Ｂが、その事情を知らず、かつその事情を知らないことについて過失のない第三者Ｅに甲を転売していたときは、Ａは、Ｅに対して取消しの効果を主張することができない。

	①	②	③	④	⑤
学習日					
理解度 (○/△/×)					

解法のテクニック

肢2・3・4の第三者の保護要件に注意しよう。意思表示をした本人の責任が重い虚偽表示では第三者は善意だけで保護され、本人の責任が軽い詐欺では第三者の保護には善意無過失が必要となる。強迫は意思表示をした本人を最も保護しなければならないので、善意無過失の第三者にも取消しを主張できる。

1 **最も適切** 意思表示は、表意者がその真意ではないことを知っていたときであっても、そのためにその**効力を妨げられない**（有効）。ただし、相手方がその意思表示が表意者の**真意ではないことを**知り、または知ることができたときは、その意思表示は、**無効とする**（心裡留保：民法93条1項）。

2 **不適切** 相手方と通じてした虚偽の意思表示は、**無効とする**（虚偽表示：民法94条1項）。そして、虚偽表示による意思表示の無効は、善意**の第三者に対抗することが**できない（同2項）。本肢の第三者Cは善意なので、**過失があってもAは、Cに対して、虚偽表示による意思表示の無効を主張することができない。**

3 **不適切** 詐欺による意思表示は、**取り消すことができる**（民法96条1項）。そして、詐欺による意思表示の取消しは、善意**でかつ**過失**がない第三者**に**対抗することが**できない（同3項）。本肢の第三者Dは善意だが過失があるため、Aは、Dに対して、詐欺による取消しを主張することができる。

4 **不適切** 強迫による意思表示は、**取り消すことができる**（民法96条1項）。そして、強迫による意思表示の取消しは、**善意でかつ過失がない第三者**に**主張することが**できる（同3項反対解釈）。

→ 攻略テキスト第1編2章

正解 1

意思表示

甲建物を所有するAが、同建物をBに売却する旨のAB間の契約（以下、本問において「本件契約」という。）を締結した場合に関する次の記述のうち、民法の規定及び判例によれば、正しいものはどれか。

1　本件契約の締結後に、Aが、Cに甲建物を売却する旨の契約を締結し、Cに移転登記がなされた場合に、Cが、Aとの契約の締結時に本件契約があったことについて知っていたか、過失により知らなかったときには、Cは、甲建物の所有権の取得をBに主張することはできない。

2　本件契約がAB間の通謀虚偽表示により締結され、移転登記がされた後に、Bが、Cに甲建物を売却する旨の契約をCとの間で締結し、移転登記がされた場合に、Cが、Bとの契約の締結時に、本件契約が通謀虚偽表示によることを知っていたときでも、Aは、本件契約の無効をCに主張することはできない。

3　本件契約がCのAに対する詐欺によって締結された場合に、Bが、本件契約の締結時にその詐欺の事実を知っていたときは、Aは、本件契約を取り消すことができる。

4　本件契約を締結するに当たり、Bが、甲建物を乙建物であると誤認して買い受けた場合には、Bは、自らが甲建物を乙建物であると思ったことについて重大な過失があるときでも、Bに移転登記がなされていない限り、本件契約の取消しを主張することができる。

	①	②	③	④	⑤
学習日					
理解度 (○/△/×)					

解法のテクニック

意思表示の問題では、「善意」・「悪意」・「過失」・「無過失」が解答のキーワードになることが多い。文中に見つけたら、必ずチェックしよう。

1　**誤り**　不動産に関する物権変動（所有権の取得等）は登記をしなければ、第三者に対抗することができないとされており、先に登記をした方が優先する（民法177条）。この場合、第三者は、善意無過失であることは求められていない。したがって、Cが先に所有権移転登記を備えている本肢では、Cは、甲建物の所有権の取得をBに主張することができる。

2　**誤り**　相手方と通じてした虚偽の意思表示（通謀虚偽表示）は、無効とする（民法94条1項）。そして、この意思表示の無効は、善意の第三者に対抗することができないが、悪意の第三者に無効を主張することができる（同2項）。

3　**正しい**　相手方に対する意思表示について第三者（C）が詐欺を行った場合においては、相手方（B）がその事実を知り（悪意）、または知ることができた（過失がある）ときに限り、意思表示をしたAは、その意思表示を取り消すことができる（民法96条2項）。

4　**誤り**　錯誤が表意者の重大な過失によるものであった場合には、次に掲げる場合を除き、錯誤による取消しをすることができない（民法95条3項）。

①　相手方が表意者に錯誤があることを知り、または重大な過失によって知らなかったとき。 ②　相手方が表意者と同一の錯誤に陥っていたとき。

移転登記がなされているか否かは、取消しの要件とはなっていない。

→ 攻略テキスト第1編2章

正解 3

錯誤

錯誤に関する次の記述のうち、民法の規定によれば、正しいものはどれか。

1　意思表示に対応する意思を欠く錯誤に基づく意思表示であれば、その錯誤が法律行為の目的及び取引上の社会通念に照らして重要なものか否かにかかわらず、その意思表示は取り消すことができる。

2　表意者が法律行為の基礎とした事情についてのその認識が真実に反する錯誤に基づくものであって、その錯誤が法律行為の目的及び取引上の社会通念に照らして重要なものであるときは、その事情が法律行為の基礎とされていることが表示されていなくても、取り消すことができる。

3　錯誤が表意者の重大な過失によるものであった場合、相手方が表意者に錯誤があることを知り、又は重大な過失によって知らなかったときでも、取消しをすることができない。

4　錯誤が表意者の重大な過失によるものであった場合、相手方が表意者と同一の錯誤に陥っていたときは、意思表示の取消しをすることができる。

	①	②	③	④	⑤
学習日					
理解度（○/△/×）					

解法のテクニック

錯誤の令和2年改正点からの出題である。肢3と肢4は、錯誤をした表意者に重大な過失がある場合でも、錯誤による取消しが認められる例外規定である。改正前には存在しなかった規定であるから注意しよう。

1 **誤り** 意思表示に対応する意思を欠く**錯誤**に基づく意思表示であって、その錯誤が法律行為の目的及び取引上の社会通念に照らして**重要なもの**であるときは、**取り消す**ことができる（民法95条1項1号）。

2 **誤り** 表意者が法律行為の基礎とした事情についてのその**認識が真実に反する錯誤**（動機の錯誤）に基づくものであって、その錯誤が法律行為の目的および取引上の社会通念に照らして重要なものであるときは、その事情が法律行為の基礎とされていることが**表示されていたときに限り**、**取り消すことができる**（民法95条1項2号・2項）。

令和2年の民法改正前に判例で認められていた「動機の錯誤」の規定が、改正により民法の条文に記載されました。

3 **誤り** 錯誤が表意者の**重大な過失**によるものであった場合、原則として、表意者は錯誤による取消しをすることができないが、**相手方**が表意者に**錯誤があることを知り**、または**重大な過失によって知らなかった**ときは、**取消しをすることができる**（民法95条3項1号）。

4 **正しい** 肢3の解説参照。錯誤が表意者の**重大な過失**によるものであった場合、相手方が**表意者と同一の錯誤**に陥っていたときは、意思表示の**取消しをすることができる**（民法95条3項2号）。

➔ 攻略テキスト第1編2章

正解 4

代理

Aが、自己の所有するマンションの一住戸甲をBに売却する契約の締結について、Cに代理権を授与した場合に関する次の記述のうち、民法の規定によれば、最も不適切なものはどれか。

1　Cが制限行為能力者であった場合に、Aは、Cの制限行為能力を理由に代理行為を取り消すことができない。

2　Cが、売却代金を着服する目的で、当該代理権の範囲内において、当該契約を締結した場合に、Bが、Cの当該目的を知ることができたときは、Cの行為は代理権を有しない者がした行為とみなされる。

3　Cの子Dは、CがAから預かった書類をA及びCに無断で持ち出し、Aの代理人と称して当該契約を締結したところ、これを知ったBが、Aに対して、追認をするかどうかを確答すべき旨の催告をした場合に、相当の期間内に確答がなかったときは、Aは追認をしたものとみなされる。

4　Cは、Aの許諾を得たとき、又はやむを得ない事由があるときでなければ、復代理人を選任することができない。

	①	②	③	④	⑤
学習日					
理解度 (○/△/×)					

解法のテクニック

肢２は、代理権の濫用に該当するが、心裡留保と同じで、相手方が代理人の目的（本心）を知っていたか、知ることができたときは無権代理（無効）とみなされる。

1　**適切**　制限行為能力者を代理人に選任することもできるが、制限行為能力者が代理人としてした行為は、行為能力の制限によっては**取り消すことが**できない（民法102条）。

2　**適切**　代理人が「**自己**」または第三者の**利益を図る目的**で代理権の範囲内の行為をした場合において、相手方がその**目的を**知り、または「知ることができた」ときは、その行為は、代理権を有しない者がした行為（無権代理）とみなす（民法107条）。本肢のＢは、Ｃの代金着服の目的について知ることができたのであるから、Ｃの行為は無権代理とみなされる。

3　**最も不適切**　代理権を有しない者が他人の代理人として契約した場合において、相手方は、本人に対し、相当の期間を定めて、その期間内に**追認をするかどうかを確答すべき旨の催告**をすることができる。この場合において、本人がその**期間内に確答を**しないときは、「**追認を**拒絶」したものとみなす。「追認したもの」とみなすわけではない（民法114条）。

4　**適切**　委任による代理人は、本人の許諾**を得たとき**、またはやむを得ない事由**があるとき**でなければ、**復代理人を選任することができない**（民法104条）。

➔ 攻略テキスト第１編３章

正解 3

無権代理

Ａが、代理権を有しないにもかかわらず、Ｂの代理人と称して、Ｃとの間でＢ所有のマンションの一住戸の売買契約（以下、本問において「本件売買契約」という。）を締結した場合に関する次の記述のうち、民法の規定によれば、最も不適切なものはどれか。ただし、Ａは制限行為能力者ではないものとする。

1　Ａの行為は無権代理行為であるが、Ｂが追認をすれば、本件売買契約は有効となる。

2　本件売買契約が締結されたときに、ＣがＡに代理権がないことを知っていた場合は、Ｃは、Ｂに対して、追認をするかどうかを確答すべき旨を催告することができない。

3　ＣがＢに対し、相当の期間を定めて、その期間内にＡの無権代理行為を追認するかどうかを確答すべき旨を催告した場合において、Ｂがその期間内に確答をしないときは、Ｂは、追認を拒絶したものとみなされる。

4　ＣがＢに対し、相当の期間を定めて、その期間内にＡの無権代理行為を追認するかどうかを確答すべき旨を催告した場合において、Ｂが追認を拒絶したときは、Ａは、Ｃに対して、Ｃの選択に従い、本件売買契約の履行又は損害賠償の責任を負う。

	①	②	③	④	⑤
学習日					
理解度 (○/△/×)					

解法のテクニック

代理は頻出論点である。特に無権代理については、催告や取消し等の要件が繰り返し問われるので注意しよう。

1 **適切** 代理権を有しない者（無権代理人が）が他人の代理人としてした契約は、本人がその追認**をしなければ、本人に対してその**効力を生じない（民法113条１項）。したがって、本人Ｂが追認をすれば、本件売買契約は有効となる。

2 **最も不適切** 相手方は、本人に対し、相当の期間を定めて、その期間内に追認をするかどうかを確答すべき旨の催告**をすることができる**（民法114条）。この催告は、悪意**の相手方**であってもすることができる。

3 **適切** 相手方は、本人に対し、相当の期間を定めて、その期間内に追認をするかどうかを確答すべき旨の催告**をすることができる**。この場合において、本人がその期間内に**確答をしないとき**は、**追認を**拒絶したものとみなす（民法114条）。

4 **適切** 他人の代理人として契約をした者は、**自己の代理権を証明した**とき、または**本人の追認を得た**ときを除き、相手方の選択に従い、相手方に対して履行または損害賠償**の責任を負う**（民法117条）。

➔ 攻略テキスト第１編３章

正解 2

8 無権代理

過 R2－5

重要度 A
難易度 易

Ａがマンション管理業者Ｂの代理人と称して、マンション甲の管理組合Ｃとの間で管理委託契約（以下、本問において「本件契約」という。）を締結したが、Ａは代理権を有していなかった場合に関する次の記述のうち、民法の規定によれば、誤っているものはどれか。

1　ＣがＢに対し、相当の期間を定めて、その期間内に本件契約を追認するかどうかを確答すべき旨の催告をしたが、当該期間内にＢから確答を得られなかった場合には、Ｂは、追認をしたものとみなされる。

2　Ｃは、本件契約の締結時に、Ａが代理権を有していないことを知らなかったときは、Ｂが追認しない間は、本件契約を取り消すことができる。

3　Ｂが本件契約の追認を拒絶した場合には、Ｃは、Ａに対し、Ｃの選択に従い、損害賠償の請求又は契約の履行を請求することができる。

4　Ａが本件契約の締結時に制限行為能力者であった場合に、Ａの代理行為が制限行為能力を理由に取り消されたときは、ＣはＡに対し、無権代理人の責任を追及することができない。

	①	②	③	④	⑤
学習日					
理解度 (○/△/×)					

解法のテクニック

無権代理の基本的な論点からの出題である。相手方が行使できる権利の要件（善意無過失等）は重要論点であるから注意しよう。

1　**誤り**　無権代理の相手方は、本人に対し、相当の期間を定めて、その期間内に**追認をするかどうかを確答すべき旨の**催告をすることができる。この場合において、本人がその期間内に**確答をしないときは、追認を**拒絶した**ものとみなす**（民法114条）。

2　**正しい**　代理権を有しない者（無権代理人）がした契約は、**本人が追認をしない間**は、**相手方が**取り消す**ことができる**。ただし、契約の時において代理権を有しないことを**相手方が知っていた（悪意）**ときは、**取り消すことが**できない（民法115条）。

3　**正しい**　他人の代理人として契約をした者（無権代理人）は、**自己の代理権を証明したとき**、または**本人の追認を得たときを**除き、相手方の選択に従い、**相手方に対して履行または損害賠償の責任を負う**（民法117条１項）。本肢のＡは、代理権を有しておらず、また、本人Ｂが追認を拒絶しているので、ＣはＡに対し、履行または損害賠償を請求できる。

4　**正しい**　肢３の解説参照。無権代理の相手方は、無権代理人に対し、履行または損害賠償を請求することができるが、無権代理人が**行為能力の制限を受けていたときは**、**責任を追及することが**できない（民法117条２項３号）。

要点整理　無権代理人への責任追及まとめ

①相手方が善意無過失であることが必要

注意　相手方に過失がある場合でも、無権代理人が自己に代理権がないことを知っていたときは責任追及可能

②無権代理人が制限行為能力者でないことが必要

③本人が追認していないことが必要

④相手方が取消権を行使していないことが必要

➔ 攻略テキスト第１編３章

正解 1

無権代理等

Ａは、Ｂに対し、Ａが所有するマンションの１住戸甲（以下、本問において「甲」という。）に抵当権を設定する旨の代理権を授与していた。この場合に関する次の記述のうち、民法の規定及び判例によれば、正しいものはどれか。

1　Ｂが、Ｃとの間で、甲の売買契約を締結した場合において、Ｂの無権代理行為について表見代理が成立するときでも、Ｃは、Ａに対して表見代理の成立を主張せず、Ｂに対して、無権代理人としての責任を追及することができる。

2　ＡがＢに代理権を授与した時に、Ｂが制限行為能力者であった場合は、Ｂは、代理人となることはできない。

3　Ｂは、Ａが復代理人の選任について拒否し、かつ、やむを得ない事由がない場合でも、自己の責任で復代理人Ｄを選任することができる。

4　Ｂがやむを得ない事由により復代理人Ｅを選任した場合、Ｅは、Ｂの名においてＢを代理する。

	①	②	③	④	⑤
学習日					
理解度 (○/△/×)					

解法のテクニック

肢１の表見代理と無権代理人への責任追及とは、相手方がどちらにするか選択できるという点は覚えておこう。表見代理を主張するよりも、無権代理人へ責任追及する方が、裁判等での立証が楽ということもあるからである。

1 **正しい** 表見代理と無権代理人への責任追及は、たがいに独立した責任追及の手段であるから、相手方は**どちらの手段によるかを**選択できる（最判昭62.7.7）。したがって、相手方Ｃは、本人Ａに対して表見代理の成立を主張せずに、無権代理人Ｂに対して無権代理人としての責任を追及することもできる。

2 **誤り** **制限行為能力者**が代理人としてした行為は、行為能力の制限によっては**取り消すこと**ができない（民法102条）。したがって、制限行為能力者であることを理由とした取消しが禁止されているだけで、制限行為能力者が代理人になることは禁止されていない。

制限行為能力者が他の制限行為能力者の法定代理人としてした行為については、取消すことができます。

3 **誤り** 委任による代理人（任意代理人）は、本人の許諾を得たとき、またはやむを得ない事由**がある**ときでなければ、復代理人を選任することができない（民法104条）。したがって、本肢のＢは、復代理人Ｄを選任することができない。

4 **誤り** 復代理人は、代理人の代理人ではなく、本人**の代理人**である（民法106条１項）。したがって、Ｂがやむを得ない事由によって復代理人Ｅを選任した場合、Ｅは、Ｂではなく、Ａの名においてＡを代理する。

要点整理　復代理人の選任

任意代理人	原則：復代理不可 例外：①本人の許諾を受けた場合 ②やむを得ない事由があるとき
法定代理人	原則：いつでも復代理人選任可

➔ 攻略テキスト第１編３章

正解 1

代理・意思表示

マンション（マンションの管理の適正化の推進に関する法律（平成12年法律第149号。以下、本試験問題において「マンション管理適正化法」という。）第２条第１号に規定するものをいう。以下、本試験問題において同じ。）の管理組合Ａ（以下、本問において「Ａ」という。）の管理者Ｂ（以下、本問において「Ｂ」という。）が、その職務に関し、Ｃ会社（以下、本問において「Ｃ」という。）との間で取引行為をした場合に関する次の記述のうち、民法（明治29年法律第89号）、建物の区分所有等に関する法律（昭和37年法律69号。以下、本試験問題において「区分所有法」という。）の規定及び判例によれば、正しいものはどれか。

1　Ｂが、Ａのためにすることを示さないでした意思表示は、Ｃが、ＢがＡのためにすることを知っていたときでも、Ｂがした意思表示の効果はＡに帰属することはない。

2　Ｂが、自己の利益を図るために職務の範囲内の行為をした場合には、Ｃがそのことを知ることができたときでも、Ｂがした行為の効果はＡに帰属する。

3　Ｂは、Ｂの職務に関しその代理権に加えられた制限について、その制限を知らなかったＣに対抗することができない。

4　Ｂが、職務の範囲外の行為をした場合において、Ｃが、Ｂの職務の範囲外であることを知ることができたときでも、ＣはＢがした行為の効果をＡに主張することができる。

	①	②	③	④	⑤
学習日					
理解度 (○/△/×)					

解法のテクニック

代理では頻出となっている、代理と意思表示の複合問題である。区分所有者の代理人である管理者が意思表示をする場合を事例として出題される形式に注意しておこう。

1　**誤り**　代理人が本人のためにすることを示さないでした意思表示は、自己のためにしたものとみなす。ただし、相手方が、**代理人が本人のためにすることを知り、または知ることができたときは、本人に効力が帰属する**（民法100条）。本肢のCは、BがAのためにすることを知っていたので、Bの意思表示の効果はAに帰属する。

2　**誤り**　代理人が**自己**または**第三者の利益**を図る目的で代理権の範囲内の行為をした場合において、相手方がその目的を知り、または**知ることができた**ときは、その行為は、**代理権を有しない者がした行為**（無権代理）とみなす（民法107条）。したがって、Bがした行為の効果はAに帰属しない。

3　**正しい**　管理者の代理権に加えた制限は、**善意の第三者に対抗することができない**（区分所有法26条3項）。

4　**誤り**　代理人がその**権限外の行為**をした場合において、**相手方が代理人の権限があると信ずべき正当な理由があるとき**（善意無過失のとき）は、本人は権限外の行為について責任を負う（民法110条）。本肢のCは有過失であるから、Bがした行為の効果をAに主張できない。

➔ 攻略テキスト第1編2・3章

正解 3

代理・意思表示

マンション（マンションの管理の適正化の推進に関する法律（平成12年法律第149号。以下「マンション管理適正化法」という。）第２条第１号に規定するものをいう。以下同じ。）の管理組合法人Ａ（以下、本問において「Ａ」という。）が、マンション管理業者（マンション管理適正化法第２条第８号に規定する者をいう。以下同じ。）Ｂ（以下、本問において「Ｂ」という。）との間で管理委託契約（以下、本問において「本件契約」という。）締結の前に、Ｂが管理業務主任者（マンション管理適正化法第２条第９号に規定する者をいう。以下同じ。）をして、重要事項の説明をさせ、その後、本件契約を締結した場合に関する次の記述のうち、民法及び建物の区分所有等に関する法律（昭和37年法律第69号。以下「区分所有法」という。）の規定によれば、正しいものはいくつあるか。

ア　本件契約の締結前に開催した契約に関する重要事項についての説明会において、本件契約の内容について説明を行う管理業務主任者は、Ｂの復代理人である。

イ　本件契約を締結したＡを代表する理事Ｃは、Ａの代理人ではない。

ウ　本件契約を締結したＡを代表する理事Ｃが本件契約締結後に行為能力を喪失したときは、その後、Ｃ以外のＡの理事によって本件契約が追認されない限り、本件契約は効力を生じない。

エ　本件契約を締結したＡを代表する理事Ｃが、Ｂを他のマンション管理業者Ｄであると誤認して本件契約を締結した場合に、Ｃが誤認したことについて重大な過失がないときは、Ａは錯誤を理由に本件契約を取消し又は解除することができる。

1　一つ　　2　二つ　　3　三つ　　4　四つ

	①	②	③	④	⑤
学習日					
理解度（○/△/×）					

解法のテクニック

管理組合の管理者や管理組合法人の理事といった代表者について、代理や意思表示の論点をたずねる形式の問題は頻出である。本試験の定番パターンとなっているので注意しよう。

ア **誤り** 管理業務主任者は、Bの従業員であり、履行補助者（債務者が債務の履行のために使用する者）に該当し、**復代理人には該当しない**。なお、復代理人は、代理人が選任する本人の代理人をいう（民法104条・106条）。

イ **正しい** 管理組合法人は、その事務に関し、区分所有者を代理する（区分所有法47条６項）。また、理事は、管理組合法人を代表する（区分所有法49条３項）。理事は管理組合法人の代表者であり、**代理人ではない**。

なお、「代理」は、本人とは別の独立した代理人の行為であり、「代表」は、代表者の行為が法人そのものの行為という点で異なります。

ウ **誤り** 管理組合法人Aと代表理事Cとの関係は、民法の**委任契約**となる（民法643条）。そして、**受任者が後見開始の審判を受けたこと**は、委任の**終了原因**である（民法653条３号）が、本肢の代表理事Cは、契約締結当時は行為能力者であり、契約締結後に行為能力を失っている。したがって、本件契約は有効であり、追認の必要はない。

なお、制限行為能力者となった場合に、委任契約が終了するのは、後見開始の審判を受けた（成年被後見人となった）ときであり、被保佐人や被補助人となっても委任契約は終了しません。

エ **誤り** 意思表示に対応する意思を欠く**錯誤に基づく意思表示**は、**その錯誤が法律行為の目的および取引上の社会通念に照らして重要なものであるときは、取り消すことができる**。しかし、契約を解除できる旨の規定は存在しない（民法95条参照）。

したがって、**正しいものは肢イの一つ**であり、正解は１となる。

➡ 攻略テキスト第１編２・３章

正解 1

12 過 H22－4

双方代理

重要度 C
難易度 難

甲マンション（以下本問において「甲」という。）の管理組合Ａ（以下本問において「Ａ」という。）と株式会社Ｂ（以下本問において「Ｂ」という。）との間におけるアからエの各事項のうち、民法の規定によれば、Ａの管理者であり、かつ、Ｂの代表取締役であるＣ（以下本問において「Ｃ」という。）が、Ａの事前の許諾を得ることなく行うことができるものはいくつあるか。

ア　Ｃが、ＢとＡとの間で、甲の補修工事につき請負契約を締結すること。

イ　Ｃが管理者となる前にＡとＢとの間で有効に成立した管理委託契約に基づいて、Ｂに委託業務費の支払いをすること。

ウ　甲の電気設備の設置工事につきＡとＢとの間で請負契約を締結した際に、Ｃが、ＡのＢに対する同契約に基づく請負代金債務について保証人となること。

エ　Ｃが、ＢとＡとの間で、Ｂの製造した高性能の防犯カメラを市価の半額でＡに販売し、無償で甲への設置工事を行う契約を締結すること。

1　一つ
2　二つ
3　三つ
4　四つ

	①	②	③	④	⑤
学習日					
理解度（○/△/×）					

解法のテクニック

民法の双方代理からの出題である。肢エは一見すると、管理組合に不利な契約ではないように思えるが、本問は利益相反取引の問題ではなく、双方代理の問題である。双方代理の規定は、当事者双方の代理人になること自体が無権代理になるとしている点に注意しよう。

ア　Aの事前の許諾を得る必要がある

同一の法律行為については、相手方の代理人として、または当事者双方の代理人としてした行為は、無権代理人がした行為とみなされる（自己契約・双方代理の禁止：民法108条1項）。ただし、①債務の履行および②本人があらかじめ許諾した行為については自己契約・双方代理も認められる（同ただし書）。Cは、株式会社Bの代表であり（会社法349条）、また、管理組合Aの代理人（管理者）である（区分所有法26条2項前段）から、本肢の事項は双方代理に該当する。したがって、Cは、BとAとの間で、請負契約を締結することは双方代理に該当し、Aの事前の許諾が必要である。

イ　Aの事前の許諾を得る必要はない

肢アの解説参照。Cが管理者となる前に成立した管理委託契約に基づく委託業務費の支払いは債務の履行に該当し、Aの事前の許諾は不要である。

ウ　Aの事前の許諾を得る必要はない

代理人と本人との利益が相反する行為については、代理権を有しない者がした行為とみなす（民法108条2項）。しかし、本肢は、管理組合Aの管理者Cが管理組合Aの保証人となっており、管理組合Aに不利とならないため、利益相反行為に該当しない。そして、保証契約の際に、主たる債務者の委託は等は不要なので、Cが保証人になるのに、Aの事前の許諾は不要である。

エ　Aの事前の許諾を得る必要がある

Cが、BとAとの間で、防犯カメラの売買契約を締結することは、たとえ半額で販売し、無償で設置したとしても、双方代理に該当し、Aの事前の許諾が必要である。

したがって、Aの事前の許諾を得ることなく行うことができるものは、肢イ・ウの二つであり、正解は2となる。

➔ 攻略テキスト第1編3章

正解 2

取得時効

Ａが区分所有するマンションの専有部分（以下本問において「本件専有部分」という。）をＢが占有している場合に関する次の記述のうち、民法及び区分所有法の規定によれば、正しいものはどれか。

1　本件専有部分について何ら権原のないＢが、本件専有部分を時効取得するためには、時効の完成後に、Ｂが時効を援用し、本件専有部分について、登記をしなければならない。

2　本件専有部分について何ら権原のないＢが、本件専有部分を10年間の占有により時効取得するためには、占有の開始の時だけではなく、継続して善意・無過失の占有でなければならない。

3　本件専有部分について何ら権原のないＢが、本件専有部分を時効取得した場合でも、Ｂは、共用部分の共有持分権を取得しない。

4　Ｂが本件専有部分をＡから賃借している場合、Ｂが長期間にわたり賃料を滞納したまま、Ａに対して所有の意思のあることを表示せずに占有していたとしても、Ｂは、本件専有部分の所有権を時効取得することはできない。

	①	②	③	④	⑤
学習日					
理解度 (○/△/×)					

解法のテクニック

取得時効の要件をきちんと押さえていれば解ける問題である。肢1は登記という要件はなかったということを気付いて欲しい。また、肢4は「所有の意思」という要件を思い出そう。

1 **誤り** 取得時効の効果が発生するためには、当事者（本肢のB）が時効の援用をしなければならないが、登記は要件とはされていない（民法145条参照）。

なお、時効完成後に第三者が現れた等、対抗関係となった場合は、登記を備えなければ、時効取得したことを第三者に主張することができません。

2 **誤り** 取得時効における善意無過失については占有開始時で判断され、占有の途中で悪意となっても10年で時効取得できる（民法162条参照、大判明44.4.7）。

3 **誤り** 共用部分の共有持分は、専有部分の処分に従うこととなる（区分所有法15条1項）。したがって、専有部分を時効取得すれば、それに伴い共用部分の共有持分も取得することとなる。

4 **正しい** 所有権について取得時効が成立するためには、所有の意思を持った占有、すなわち自主占有が必要とされ、賃貸借のような他主占有では、所有の意思がない占有とされ、取得時効は成立しない（民法162条1項・2項）。

なお、他主占有から自主占有に変更することも可能ですが、その場合は、占有者が自己に占有をさせた者（賃貸人等）に対して所有の意思があることを表示するか、新たな権原（例えば相続人が自己が相続した財産だと考えていた）により所有の意思をもって占有することが必要となるため（民法185条）、本肢のように、所有の意思を表示していない以上、Bの占有は自主占有とはいえず時効取得は認められません。

→ 攻略テキスト第1編4章

正解 4

14
過 R4－2

時効

重要度 A
難易度 易

時効に関する次の記述のうち、民法の規定によれば、最も不適切なものはどれか。

1　消滅時効が完成し、時効が援用されて権利が消滅すると、その権利は最初からなかったものとされる。

2　時効の利益は、時効完成後には放棄することができない。

3　債権者が、債務者に対して金銭の支払を求めて訴えを提起した場合に、確定判決によって権利が確定したときは、時効が更新される。

4　地上権や地役権についても、時効による権利の取得が認められる。

	①	②	③	④	⑤
学習日					
理解度 (○/△/×)					

解法のテクニック

肢4は取得時効の論点である。マイナーではあるが、過去出題実績があるので覚えておこう。

1 **適切** 時効の効力は、その**起算日に**さかのぼる（民法144条）。したがって、消滅時効が完成し、時効が援用されて権利が消滅すると、その**権利は最初からなかったものとされる**。

2 **最も不適切** 時効の利益は、あらかじめ**放棄することができない**（民法146条）。したがって、時効完成後には放棄することができる。

3 **適切** 裁判上の請求（訴えの提起等）をして、**確定判決**または確定判決と同一の効力を有するものによって**権利が**確定**したときは**、時効は、裁判上の請求が終了した時から新たに**その進行を始める**（時効の更新：民法147条1項1号・2項）。

4 **適切** **地上権**や**地役権**等の所有権以外の財産権を、自己のためにする意思をもって、平穏に、かつ、公然と行使する者は、占有の開始の時に、**善意無過失**だったときは10年、**悪意**または**有過失**のときは20年を経過した後、その**権利を取得する**（民法162条1項・2項、163条）。

→ 攻略テキスト第1編4章

正解 2

消滅時効

マンションの管理組合Aの管理費に関する次の記述のうち、民法の規定によれば、最も不適切なものはどれか。

1　Aが、管理費を滞納している区分所有者Bに対して、滞納管理費を請求する訴訟を提起し、勝訴した場合には、当該滞納管理費債権は、確定判決を得た時から10年間これを行使しないときは、時効によって消滅する。

2　Aが、管理費を滞納している区分所有者Cに対して、管理費の支払を催告した場合に、その時から6箇月を経過するまでに管理組合が再度催告をしたときには、再度の催告は時効の完成猶予の効力を有しない。

3　管理費を滞納している区分所有者Dが、Aに対して、管理費を滞納していることを書面により認めたときは、その時から時効の更新の効力が生じる。

4　Aの管理規約において、各区分所有者は、Aに対する債務の消滅時効を主張することができない旨が定められていた場合には、区分所有者Eは、滞納した管理費の債務について、時効が完成したとしても、それによる債務の消滅を主張することができない。

	①	②	③	④	⑤
学習日					
理解度 (○/△/×)					

解法のテクニック

消滅時効の基本的論点からの出題である。肢2の時効の完成猶予事由と、肢3の時効の更新事由は押さえておこう。

1　**適切**　**確定判決**または確定判決と同一の効力を有するものによって確定した権利については、**10年より短い時効期間の定めがあるもの**であっても、その時効期間は、10年**とする**（民法169条1項）。

2　**適切**　**催告**があったときは、その時から6ヵ月を経過するまでの間は、**時効は完成しない**（時効の完成猶予）が、催告によって時効の完成が猶予されている間にされた再度**の催告**は、**時効の完成猶予の効力を**有しない（民法150条1項・2項）。

3　**適切**　管理費を滞納していることを書面により認めることは、権利の承認にあたる。そして、時効は、権利の**承認**があったときは、その時から**新たにその進行を始める**（時効の更新：民法152条1項）。

4　**最も不適切**　時効の利益は、**あらかじめ放棄することが**できない（民法146条）。したがって、管理規約において債務の消滅時効を主張することができない旨が定められていても、その**規約の規定は**無効であり、滞納した管理費の債務について、時効が完成すれば、それによる債務の消滅を主張することができる。

➔ 攻略テキスト第1編4章

正解 4

16 消滅時効

過 R1－11改

重要度 A
難易度 易

マンションの管理費の支払債務の時効の完成の猶予及び時効の更新に関する次のア～エの記述のうち、民法の規定によれば、正しいものはいくつあるか。

ア　管理費の滞納者が死亡した場合においては、時効の完成が猶予される。

イ　管理費の滞納者が破産手続開始の決定を受けた場合においては、その破産手続開始決定の時から時効の完成が猶予される。

ウ　管理費の滞納者に対して内容証明郵便による催告によって時効の完成が猶予されている間に、再度の催告をした場合でも、再度の催告の時からは時効の完成は猶予されない。

エ　管理費の滞納者が、滞納している事実を認める旨の承認書を管理組合に提出した場合においては、その承認書が公正証書によるものではなくても、時効が更新される。

1　一つ
2　二つ
3　三つ
4　四つ

	①	②	③	④	⑤
学習日					
理解度 (○/△/×)					

解法のテクニック

消滅時効については、民法の令和２年改正により大幅に変更された。時効の完成の猶予と時効の更新事由について覚えておこう。

ア　誤り　「管理費の滞納者の死亡」は時効完成の猶予事由に該当しない（民法147条等参照）。

イ　誤り　破産手続「参加」、再生手続参加または更生手続参加の場合には、その事由が終了するまでの間は、時効は、完成しない（民法147条１項４号）。破産手続に参加した場合に時効の完成が猶予されるのであり、破産手続が開始しただけでは、時効の完成は猶予されない。

ウ　正しい　催告があったときは、その時から６ヵ月を経過するまでの間は、時効は、完成しない（時効の完成猶予）。しかし、催告によって時効の完成が猶予されている間にされた再度の催告は、時効の完成猶予の効力を有しない（民法150条１項・２項）。

エ　正しい　時効は、権利の承認があったときは、その時から新たにその進行を始める（時効の更新：民法152条）。この承認の方法については限定されておらず、公正証書によるものでなくても承認として時効が更新される。

したがって、正しいものは肢ウ・エの二つであり、正解は２である。

➔ 攻略テキスト第１編４章

正解 2

消滅時効

消滅時効に関する次の記述のうち、民法の規定によれば、正しいものはどれか。

1　催告があったときは、その時から6ヵ月を経過するまでの間は、時効は完成が猶予されるが、当該時効の完成が猶予されている間に再度催告をすれば、その時からさらに6ヵ月を経過するまでの間、時効の完成が猶予される。

2　権利についての協議を行う旨の合意が書面でされたときは、原則として、その合意があった時から1年を経過した時までの間は、時効は、完成しない。

3　時効の完成猶予又は更新は、完成猶予又は更新の事由が生じた当事者の間においてのみ、その効力を有する。

4　相続財産に関しては、相続人が確定した時、管理人が選任された時又は破産手続開始の決定があった時から1年間を経過するまでの間は、時効は、完成しない。

	①	②	③	④	⑤
学習日					
理解度 (○/△/×)					

解法のテクニック

令和２年の時効の改正点からの出題である。肢１は改正以前も同様の論点が繰り返し出題されていたので注意しよう。

1　**誤り**　**催告**があったときは、その時から６ヵ月**を経過**するまでの間は、**時効は完成しない**が、催告によって時効の完成が猶予されている間にされた**再度の催告**は、時効の完成**猶予の効力を有**しない（民法150条１項・２項）。

2　**正しい**　権利についての協議**を行う旨の合意**が書面でされたときは、次の①～③のいずれか早い時までの間は、**時効は、完成しない**（民法151条）。

> ①その合意があった時から１年を経過した時
> ②その合意において当事者が協議を行う期間（１年に満たないものに限る）を定めたときは、その期間を経過した時
> ③当事者の一方から相手方に対して協議の続行を拒絶する旨の通知が書面でされたときは、その通知の時から６ヵ月を経過した時

3　**誤り**　**時効の完成猶予**または**更新**は、完成猶予または更新の事由が生じた**当事者**およびその承継人の間においてのみ、その効力を有する（民法153条１項）。

4　**誤り**　相続財産に関しては、**相続人が確定した時**、**管理人が選任された時**または**破産手続開始の決定があった時**から６ヵ月を経過するまでの間は、時効は、完成しない（民法160条）。

➔ 攻略テキスト第１編４章

正解 2

対抗要件

マンションの専有部分甲（以下「甲」という。）について区分所有権を有するAが、甲を売買又は賃貸した場合に関する次の記述のうち、民法、借地借家法（平成３年法律第90号）の規定及び最高裁判所の判例に照らして、正しいものはどれか。

1　Aが甲をBに売ったが、その旨の移転登記がなされない限り、Bは、甲についての区分所有権を取得しない。

2　Aが甲をBに売り、BがそれをCに転売してCがそこに居住している場合に、その後、AがBの代金不払いを理由に売買契約を解除したときには、Aは、Cに対して、Cが甲の移転登記を得ているか否かにかかわらず、甲の明渡しを請求することができる。

3　Aが甲をBに賃貸し、BがそれをAに無断でCに転貸してCがそこに居住した場合に、Aは、特段の事情がない限り、Bとの賃貸借契約を解除し、Cに対して甲の明渡しを請求することができる。

4　Aが甲をBに賃貸し、Bがそこに居住した後に、Aが甲をCに売りその旨の登記をCに移転した場合に、Cは、Bに対して、甲の明渡しを請求することができる。

	①	②	③	④	⑤
学習日					
理解度 (○/△/×)					

解法のテクニック

第三者対抗要件からの出題である。肢４は、借地借家法の対抗要件の論点と気づけるようにしよう。

1　**誤り**　物権の設定および移転は、**当事者の**意思表示のみ**によって、**その効力を生ずる（民法176条）。また、不動産に関する物権の得喪および変更は、不動産登記法その他の登記に関する法律の定めるところに従いその登記をしなければ、第三者に**対抗することができない**（民法177条）。つまり、登記**はあくまでも**第三者に対抗するための要件であり、当事者間では登記がなくても意思表示のみで物権等は移転する。したがって、Ｂは移転登記がなされていなくても、区分所有権を取得する。

2　**誤り**　当事者の一方がその解除権を行使したときは、各当事者は、その相手方を原状に復させる義務を負う。ただし、第三者の権利を害することはできない（民法545条１項）。不動産の場合、**第三者が**登記を備えた場合、売主は解除の効果**を第三者に主張することが**できない（大判大10.5.17）。したがって、Ｃが甲の移転登記を得ていた場合は、Ａは、Ｃに対して甲の明渡しを請求することはできない。

3　**正しい**　賃借人は、賃貸人の承諾を得なければ、その賃借権を譲り渡し、または賃借物を転貸することができない（民法612条１項）。賃借人がこの規定に違反して第三者に賃借物の使用または収益をさせたときは、背信的行為と認めるに足らない**特段の事情がある場合**を除き、賃貸人は、契約の解除**をすることができる**（民法612条２項）。本肢では、「特段の事情がない限り」としているので、ＡはＡＢ間の契約を解除して、Ｃに明渡しを求めることができる。

4　**誤り**　建物の賃貸借は、その**登記がなくても、**建物の引渡しがあったときは、その後その建物について物権を取得した者に対し、その効力を生ずる（借地借家法31条）。本肢では、ＢがＡから甲を借り受け、そこに居住した後に、Ａが甲をＣに売却しているので、ＢはＣよりも先に建物の引渡しを受けている。したがって、Ｂの方が先に対抗要件を備えており、ＣはＢに明渡しを請求することはできない。

➔ 攻略テキスト第１編５章

正解 3

共有

甲マンションの住戸101号室をA、B、Cの３人が共有し、住戸102号室を所有者に無断でDが占有している場合に関する次の記述のうち、民法、区分所有法及び判例によれば、最も適切なものはどれか。

1　A、B、Cは、共有する区分所有権について５年を超えない期間内は分割をしない旨の契約をしていた場合であっても、いつでも101号室の区分所有権の分割を請求することができる。

2　101号室の区分所有権について、Aが分割を請求した場合、A、B、Cの協議が調（ととの）わないときは、裁判上の現物分割はできずに競売による方法しか認められない。

3　Dは、102号室の専有部分の区分所有権について時効によって取得した場合でも、共用部分の共有持分については、時効により取得することはできない。

4　102号室について、Dは、所有の意思をもって、善意で、平穏に、かつ、公然と占有をするものと推定される。

	①	②	③	④	⑤
学習日					
理解度 (○/△/×)					

解法のテクニック

肢2は令和5年の改正点である。裁判による共有物の分割には、①現物分割、②価格賠償、③代金分割がある点に注意しよう。

1　**不適切**　各共有者は、いつでも**共有物の分割を請求することができる**。ただし、5年**を超えない期間内**は**分割をしない旨の契約**をすることを妨げない（民法256条）。5年を超えない期間内で分割をしない特約をした場合、当該期間内は分割をすることができない。

2　**不適切**　裁判所は、次の方法により、共有物の分割を命ずることができる。**①共有物の**現物を分割**する方法、②共有者に**債務を負担**させて、他の共有者の持分の全部または一部を取得させる方法**（民法258条2項）。また、①②の方法により共有物を分割することができないとき、または分割によってその価格を著しく減少させるおそれがあるときは、裁判所は、その競売**を命ずることができる**（民法258条3項）。したがって、共有物の現物を分割する方法も認められる。

3　**不適切**　**共用部分の共有者の持分**は、その有する専有部分の処分に従う（区分所有法15条1項）。したがって、専有部分を時効によって取得した場合、共用部分の持分も取得することになる。

4　**最も適切**　占有者は、**所有の意思**をもって、**善意**で、**平穏**に、かつ、**公然**と占有をするものと推定される（民法186条）。

→ 攻略テキスト第1編7章

正解 4

20 共有

過 H29－1

A、B及びCは、マンション（マンション管理適正化法第２条第１号に規定するものをいう。以下同じ。）の一住戸を共有しており、その持分は、Aが３分の２、BとCがそれぞれ６分の１である。この場合に関する次の記述のうち、民法、区分所有法の規定及び判例によれば、誤っているものはどれか。

1　Aは、BとCの同意を得なくても、当該住戸について、単独で抵当権を設定できる。

2　Cが当該住戸を単独で占有している場合に、AとBは、Cの持分が少ないからといって、Cに対して明渡しを請求できるとは限らない。

3　Bが、自らの専有部分の共有持分を放棄したときは、その共有持分は、共用部分及び敷地のBの共有持分とともに、AとCにそれぞれの持分に応じて帰属する。

4　Cは、当該住戸を不法占拠する第三者に対し、単独で、その明渡しを請求することができる。

	①	②	③	④	⑤
学習日					
理解度 (○/△/×)					

解法のテクニック

肢１は、共有物に抵当権を設定すると、担保不動産競売により競売された際に、他の共有者の持分も競売されてしまうことから、処分行為と判断できるようにしたい。また、肢２は、重要な判例である。しっかり覚えておこう。

1　**誤り**　共有物に抵当権を設定することは、共有物の変更（形状・効用の著しい変更を伴わないものを除く）・処分行為にあたる。そして、共有物の処分には、**他の共有者の**同意が必要である（民法251条１項）。

なお、共有持分に抵当権を設定する場合は、他の共有者の同意は不要です。

2　**正しい**　共有者の１人が、他の共有者との協議に基づかずに共有物を占有している場合でも、他の共有者は当然には**その明渡しを請求することは**できない（最判昭41.5.19）。

各共有者は、共有物の全部について、その持分に応じた使用をすることができるので、不法占有しているわけではないからです（民法249条）。

3　**正しい**　民法では、共有者の１人が、その持分を放棄**したとき**は、その持分は、他の共有者の共有持分の割合に応じて、他の共有者**に帰属する**（民法255条）。しかし、区分所有法では、共用部分の持分は、その有する専有部分の処分に従うとされており、専有部分の共有者であるＡＣ以外の他の共有者には帰属しない（区分所有法15条１項）。また、敷地利用権が数人で有する所有権その他の権利である場合には、区分所有者は、原則として、その有する専有部分とその専有部分に係る敷地利用権とを分離して処分することができない（区分所有法22条１項）ので、敷地利用権の共有持分も、専有部分の共有者である**ＡＣ以外**の他の共有者には、原則として帰属しない。したがって、Ｂの共用部分及び敷地のＢの共有持分は、ＡとＣに持分割合に応じて帰属する。

4　**正しい**　共有物の**不法占有者に対する**妨害排除と明渡しの請求は、保存行為として各共有者が単独で**することができる**（大判大10.7.18）。

➔ 攻略テキスト第１編７章

正解 1

共有

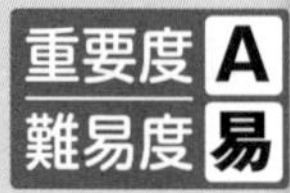

A及びBが甲マンションの301号室の区分所有権を、Aが3分の1、Bが3分の2の持分で共有している場合に関する次の記述のうち、民法の規定及び判例によれば、誤っているものはどれか。ただし、共有者間に別段の定めはないものとする。

1　Aが相続人なくして死亡した場合において、Aの特別縁故者Cが301号室の持分の取得を家庭裁判所に請求したときは、Aの有していた301号室の持分は、BではなくCに帰属する。

2　AがBに対して301号室の保存のための費用に関する債権を有していた場合において、Bが301号室の持分をDに譲渡したときは、Aは、Dに対して、当該債権を行使することができる。

3　Eが301号室を不法に占有していた場合、Aは、Eに対して、損害額全部の賠償を請求することができる。

4　Aが301号室についての管理の費用を支出した場合において、AがBに対してその負担部分の支払いを求めたのにBがこれを支払わずに1年を経過したときは、Aは、Bに対して相当の償金を支払ってBの持分を取得することができる。

	①	②	③	④	⑤
学習日					
理解度 (○/△/×)					

解法のテクニック

肢１と肢３は共有の重要判例である。肢１は特別縁故者への財産分与が優先すると覚えよう。肢３は、「明渡請求」は保存行為として共有者の１人からでも可能であるが、損害賠償請求は、自己の持分に応じた額しか認められていない点に注意しよう。

1　**正しい**　共有者の１人が相続人なくして**死亡した場合**、その持分は、他の共有者**に帰属する**（民法255条１項）。他方で、家庭裁判所は、被相続人と特別の縁故**があった者（特別縁故者）の請求**によって、その特別縁故者に対して**相続財産の全部または一部を与えることができる**（民法958条の２第１項）。そして、他の共有者と特別縁故者が競合したときは、特別縁故者への財産分与が優先されるとしている（最判平元.11.24）。民法255条にいう「死亡して相続人がないとき」の「相続人」には、特別縁故者が含まれるからである。

2　**正しい**　共有者の１人が共有物について他の共有者に対して有する債権は、その特定承継人に対しても行使することができる（民法254条）。したがって、301号室の保存のための費用に関する債権という「共有物について他の共有者に対して有する債権」を有しているＡは、他の共有者Ｂからの特定承継人Ｄに対して、その債権の支払いを請求することができる。

3　**誤り**　共有物の不法占有を理由として、共有者が不法占有者に対してその損害賠償を請求する場合には、各共有者は、それぞれの共有持分の割合**に応じて損害賠償を請求すべき**ものであり、その割合を超えて請求することは許されないとされている（最判昭51.9.7）。共有者は持分割合に応じた使用権を有しているが、損害賠償請求はその持分割合に応じた使用権の侵害に対するものだからである。

4　**正しい**　各共有者は、**その**持分に応じ、**管理の費用を支払い**、その他共有物に関する負担を負う（民法253条１項）。そして、共有者が１年以内にこの義務を履行しないときは、他の共有者は、相当の償金を支払ってその者の持分を取得することができる（民法253条２項）。

➔ 攻略テキスト第１編７章

正解 3

22
過 R5－30

抵当権・先取特権

重要度 B
難易度 難

甲マンションの住戸301号室を所有するＡが、債権者Ｂのために301号室の区分所有権にＢの抵当権を設定及び登記した場合に関する次の記述のうち、民法、区分所有法、民事執行法及び判例によれば、最も適切なものはどれか。なお、301号室の区分所有権には、Ｂの抵当権以外に担保権は設定されていないものとする。

1　管理組合が、Ａの滞納管理費について、Ａの301号室の区分所有権に対し先取特権を行使するためには、先取特権の登記が必要である。

2　Ｂの抵当権の効力は、301号室の専有部分と共に、当該マンションの共用部分等のＡの共有持分にも及ぶが、抵当権設定契約で別段の設定をした場合には、その効力は及ばない。

3　Ａが、301号室をＣに賃貸している場合に、Ａが、管理組合及びＢに対する債務について不履行を生じさせたときは、管理組合が先取特権に基づきＡのＣに対する賃料債権を差し押さえたとしても、Ｂが物上代位に基づき当該賃料債権を差し押さえた場合には、管理組合は、Ｂに優先することはできない。

4　Ｂの抵当権の効力は、管理組合が滞納管理費の回収のために先取特権を行使する場合と同様に、Ａによって301号室に備え付けられた動産に及ぶが、ＡＢ間に別段の合意がない限り、抵当権設定時に存在した動産に限られる。

	①	②	③	④	⑤
学習日					
理解度 (○/△/×)					

解法のテクニック

抵当権と先取特権の違い等を問うものである。肢4の抵当権は原則として、付加一体物等にも及ぶことに注意しよう。

1　**不適切**　区分所有者は、共用部分、建物の敷地もしくは共用部分以外の建物の附属施設につき他の区分所有者に対して有する債権または**規約もしくは集会の決議に基づき他の区分所有者に対して有する債権**について、**債務者の区分所有権**（共用部分に関する権利および敷地利用権を含む）および**建物に備え付けた動産**の上に**先取特権**を有する（区分所有法7条）。そして、先取特権を行使する上で登記は不要である。

2　**不適切**　共用部分の共有者は、区分所有法**に別段の定め**がある場合を除いて、その有する**専有部分と分離して持分を処分することができない**（民法15条2項）。したがって、抵当権設定契約で別段の設定をしても、抵当権の効力を共用部分のAの共有持分に及ばないとすることはできない。

3　**最も適切**　先取特権に基づく賃料の差押えと抵当権に基づく物上代位による差押えの優先順位は、登記の順位による（民法177条）。本肢では、先取特権が登記されているか不明であるが、**抵当権に登記があり**、管理組合の**先取特権が未登記**である場合には、**抵当権が優先する**。したがって、管理組合の差押前に登記をした抵当権を有するBは、不動産競売手続において優先して配当をうけることができる（民事執行法87条1項4号）。

4　**不適切**　抵当権は、抵当地の上に存する建物を除き、その目的である**不動産に付加して一体となっている物**に及ぶ（民法370条）。しかし、建物に**備え付けられた動産**で、不動産に付加して一体となったものについては、抵当権設定時に存在したか否かにかかわらず、抵当権の効力が及ぶ。

➔ 攻略テキスト第1編8章

正解 3

抵当権

甲土地を所有するＡが、Ｂ銀行から融資を受けるに当たり、甲土地にＢのために抵当権を設定した場合に関する次の記述のうち、民法の規定によれば、最も適切なものはどれか。ただし、甲土地には、Ｂの抵当権以外の担保権は設定されていないものとする。

1　抵当権設定当時、甲土地上にＡ所有の建物があった場合には、当該抵当権の効力は当該建物にも及ぶ。

2　抵当権設定当時、甲土地が更地であった場合、当該抵当権の実行手続により買い受けたＣから甲土地の明渡しが求められたときには、Ａは、その請求に応じなければならない。

3　抵当権の設定行為において別段の合意がない限り、被担保債権の利息は当該抵当権によって担保されない。

4　Ｂの抵当権は、Ａに対しては、被担保債権が存在していても、時効によって消滅する。

	①	②	③	④	⑤
学習日					
理解度 (○/△/×)					

解法のテクニック

抵当権の論点からの出題は、平成20年以来である。過去問もほとんどなく、正答を出すのは難しいが、本肢の基本論点は覚えておこう。

1 **不適切** 抵当権は、**抵当地の上に存する**建物を除き、その目的である不動産（抵当不動産）に**付加して一体となっている物に及ぶ**（民法370条）。したがって、甲土地の抵当権の効力は建物には及ばない。

2 **最も適切** **土地**および**その上に存する**建物が**同一の所有者**に属する場合において、その土地または建物につき抵当権が設定され、その実行により所有者を異にするに至ったときは、その建物について、地上権**が設定されたものとみなす**（法定地上権：民法388条）。本肢では、甲土地が更地の時に抵当権が設定されているので法定地上権は成立せず、抵当権の実行手続により買い受けたＣから甲土地の明渡しが求められたときには、Ａは、その請求に応じなければならない。

3 **不適切** 抵当権者は、利息その他の定期金を請求する権利を有するときは、その**満期となった最後の**２年分についてのみ、その**抵当権を行使することができる**（民法375条１項）。したがって、抵当権の設定行為において別段の合意がなくても、被担保債権の利息のうち２年分については抵当権によって担保される。

4 **不適切** 抵当権は、**債務者**および抵当権設定者に対しては、その**担保する債権と**同時でなければ、**時効によって**消滅しない（民法396条）。Ｂの抵当権は、Ａに対しては、被担保債権が存在している間は、時効によって消滅しない。

➔ 攻略テキスト第１編８章

正解 2

留置権

留置権に関する次の記述のうち、民法の規定及び判例によれば、正しいものはどれか。

1　ＡＢ間で建物甲（以下、本問において「甲」という。）につき売買契約が締結されたが、買主Ｂが代金を支払わずに甲をＣに転売し、Ｃへの登記を済ませた場合においては、Ａは、Ｃからの甲の所有権に基づく引渡請求に対し、甲について留置権を主張することができる。

2　ＡＢ間で甲につき売買契約が締結され、売主Ａが買主Ｂへの登記を済ませたが、代金の支払いがなされていなかった場合において、Ｂへの引渡し前に甲が火災により焼失したときは、Ａは、売買代金を確保するため、Ｂが取得する火災保険金請求権に対し、留置権に基づく物上代位をすることができる。

3　Ａが、Ｂに甲を譲渡し、その後、Ｃにも甲を譲渡した場合において、ＣがＢより先に登記を備えたときは、Ｂは、Ａに対する履行不能に基づく塡補賠償請求権を保全するため、甲について留置権を主張することができる。

4　ＡＢ間における甲の賃貸借契約が終了し、賃借人Ｂが賃貸人Ａに対して造作買取請求権を行使した場合においては、Ｂは、その造作代金債権を保全するため、甲について留置権を主張することができる。

	①	②	③	④	⑤
学習日					
理解度 (○/△/×)					

解法のテクニック

留置権は令和元年が初出題の論点である。合否には関係しない論点であるが、重要判例は繰り返し出題される可能性があるので押さえておこう。

1 **正しい** A所有の物を買受けたBが、売買代金を支払わないままこれをCに譲渡した場合には、Aは、Cからの物の引渡請求に対して、**未払代金債権を被担保債権**とする**留置権を主張することができる**（最判昭47.11.16）。

2 **誤り** 留置権には**物上代位が認められていない**。したがって、Aは、Bが取得する火災保険金請求権に対し、留置権に基づく物上代位をすることはできない。

3 **誤り** 不動産が二重に売買され、第二の買主に所有権移転登記がされた場合、第一の買主は、第二の買主からの明渡し請求に対して、**売買契約不履行に基づく損害賠償請求**をもって、**留置権を主張する事はできない**（最判昭43.11.21）。

肢1と肢3の違いは、留置物から生じた債権か否かです。肢1は留置物である建物の未払代金という留置物から生じた債権ですが、肢3の損害賠償請求は、建物から生じた債権ではありません。

4 **誤り** 造作買取請求権は、**造作に関して生じた債権**であって、**建物に関して生じた債権ではない**ので、建物に関する**留置権は認められない**（最判昭29.1.14）。

→ 攻略テキスト第1編8章

正解 1

債務不履行

債務不履行責任に関する次の記述のうち、民法の規定及び判例によれば、誤っているものはどれか。

1　損害賠償額が予定されている場合において、債務不履行の事実があったときは、債権者は、原則として、損害の発生及び損害額を証明することなく、予定された賠償額を請求することができる。

2　損害賠償額が予定されている場合において、債務不履行の事実があったとき、債権者は、実際の損害額が予定賠償額より大きいことを立証しても賠償額の増額を請求することができない。

3　債務不履行により通常生ずべき損害が生じた場合、債務者が、当該債務不履行時までにその損害が生じることを予見し、又は予見することができた場合でなければ、債権者は、損害賠償を請求することができない。

4　金銭債務の債務者は、不可抗力により期日に金銭の支払をすることができなかったときであっても、その不履行によって生じた損害の賠償責任を免れない。

	①	②	③	④	⑤
学習日					
理解度 (○/△/×)					

解法のテクニック

肢3が「通常生ずべき損害」である点に注意しよう。通常生ずべき損害であれば、当事者は契約時にリスクは分かっているはずである。したがって、予見できたか否かにかかわらず損害賠償の範囲に含まれるのである。

1 **正しい** 損害賠償額が予定されている場合、債権者は、**債務不履行の事実さえ証明すれば、損害の発生および損害額を**証明することなく、予定された賠償額を請求することができる（民法420条1項参照）。

2 **正しい** 損害賠償額が予定されている場合において債務不履行があったとき、債務者は、損害が発生しなかったとか実損額が予定賠償額より少ないという主張をすることができず、また、債権者も実損額が予定賠償額より多いという主張をすることができない（民法420条1項参照）。

3 **誤り** 特別の事情**によって生じた損害**については、当事者（債務者）がその**事情を予見すべきであった**ときは、債権者は、その賠償を請求することができるという規定がある（民法416条2項）。しかし、通常**生ずべき損害**については、**このような規定は存在しない**ので、通常生ずべき損害については、債務者が、当該債務不履行時までにその損害が生じることを予見し、または予見することができなかった場合でも、債権者は、損害賠償を請求することができる。

4 **正しい** 金銭債務**の不履行**による損害賠償については、債務者は、**不可抗力をもって抗弁とすることができない**（民法419条3項）。したがって、金銭債務の債務者は、不可抗力により期日に金銭の支払いをすることができなかったときであっても、その不履行によって生じた損害の賠償責任を免れない。

➔ 攻略テキスト第1編9章

正解 3

債務不履行等

債務不履行等に関する次の記述のうち、民法の規定によれば、誤っているものはどれか。

1　契約に基づく債務の履行がその契約の成立の時に不能であった場合、その履行の不能によって生じた損害の賠償を請求することができる。

2　債権者が専有部分の引渡しを受けることを拒んでいるときは、債務者は、履行の提供をした時からその引渡しをするまで、善良なる管理者の注意をもって、その物を保存しなければならない。

3　債務の不履行又はこれによる損害の発生若しくは拡大に関して債権者に過失があったときは、裁判所は、これを考慮して、損害賠償の責任及びその額を定める。

4　債務の履行が契約その他の債務の発生原因及び取引上の社会通念に照らして不能であるときは、債権者は、その債務の履行を請求することができない。

	①	②	③	④	⑤
学習日					
理解度 (○/△/×)					

解法のテクニック

債務不履行の令和２年の改正点からの問題である。肢２は善管注意義務よりも軽い、「自己の財産に対するのと同一の注意」であることに注意しよう。

1　**正しい**　契約に基づく債務の履行がその**契約の成立の時に不能**であったことは、その履行の不能によって生じた**損害の賠償を請求することを**妨げない（民法412条の２第２項）。

2　**誤り**　債権者が**債務の履行を受けることを**拒み、または受けることができない場合において、その債務の目的が**特定物の引渡し**であるときは、債務者は、履行の提供をした時からその引渡しをするまで、**自己の財産に対するのと同一の注意**をもって、その物を保存すれば足りる（民法413条１項）。本肢では、専有部分という特定物の引渡しを受けることを拒んでいるので、債務者は、自己の財産に対するのと同一の注意をもって、その物を保存すれば足りる。

特定物とは、取引の目的物として当事者が物の個性に着目した物をいい、マンションの専有部分等の不動産が該当します。

3　**正しい**　債務の不履行またはこれによる損害の発生もしくは拡大に関して**債権者に過失**があったときは、裁判所は、これを考慮して、**損害賠償の責任**および**その額**を定める（民法418条）。

4　**正しい**　債務の履行が契約その他の**債務の発生原因**および**取引上の社会通念**に照らして不能であるときは、債権者は、その債務の**履行を請求することが**できない（民法412条の２第１項）。

➔ 攻略テキスト第１編９章

正解 2

27 オリジナル 債権譲渡・債務引受

債権譲渡及び債務引受に関する次の記述のうち、民法の規定によれば、誤っているものはどれか。

1　債権者と債務者が債権の譲渡を禁止し、又は制限する旨の意思表示（以下、本問において「譲渡制限の意思表示」という。）をしたときであっても、債権の譲渡は、その効力を妨げられない。

2　譲渡制限の意思表示がある場合には、譲渡制限の意思表示がされたことを知り、又は重大な過失によって知らなかった譲受人その他の第三者に対しては、債務者は、その債務の履行を拒むことができ、かつ、譲渡人に対する弁済その他の債務を消滅させる事由をもってその第三者に対抗することができる。

3　債権の譲渡は、その意思表示の時に債権が現に発生していなければすることができない。

4　併存的債務引受は、債務者と引受人となる者との契約によってもすることができるが、この場合において、併存的債務引受は、債権者が引受人となる者に対して承諾をした時に、その効力を生ずる。

	①	②	③	④	⑤
学習日					
理解度 (○/△/×)					

解法のテクニック

債権譲渡の令和２年の改正点からの出題である。肢１・肢２であるが、譲渡禁止特約が「譲渡制限の意思表示」に変更され、譲渡制限の意思表示をしても譲渡自体は可能となり、悪意または重過失のある譲受人等に履行を拒めるという規定になった。

1　**正しい**　債権者と債務者が債権の**譲渡を**禁止し、または制限**する旨の意思表示**（譲渡制限の意思表示）をしたときであっても、債権の譲渡は、その効**力を**妨げられない（民法466条２項）。

2　**正しい**　譲渡制限の意思表示をした場合には、譲渡制限の意思表示がされたことを知り、または重大な過失**によって知らなかった**譲受人その他の第三者に対しては、債務者は、その**債務の履行を拒むことができ**、かつ、譲渡人に対する弁済その他の債務を消滅させる事由をもってその**第三者に対抗することができる**（民法466条３項）。

3　**誤り**　債権の譲渡は、その意思表示の時に債権が**現に発生していることを**要しない（民法466条の６第１項）。

令和２年民法改正以前より、判例で将来債権の譲渡も認められていましたが、改正で条文に規定されました。

4　**正しい**　併存的**債務引受**は、**債務者**と**引受人**となる者との契約によってもすることができる。この場合において、併存的債務引受は、**債権者**が**引受人となる者**に対して承諾**をした時**に、その**効力を生ずる**（民法470条３項）。

➔ 攻略テキスト第１編10章

正解 3

28

過 R3－2

連帯債務

A、B、Cが、マンションの一住戸甲を共同して購入するための資金として、Dから900万円を借り受け、Dとの間で、各自が連帯してその債務を負う旨の合意をした場合に関する次の記述のうち、民法の規定によれば、最も不適切なものはどれか。ただし、A、B、Cの間の負担部分は等しいものとし、元本900万円以外は考慮しないものとする。

1　Aが、Dに対して600万円を弁済し、残債務の支払を免除された場合に、Bは、Dから300万円の支払の請求を受けたときは、これを拒むことができない。

2　Bが、Dに対して、270万円を弁済した場合に、Bは、AとCのそれぞれに対して、90万円について求償することができる。

3　Cが、Dに対して有する600万円の代金債権との相殺を援用しない場合に、Aは、Dから900万円の支払請求を受けたときは、CがDに対して当該債権を有することを理由に600万円についてDの支払請求を拒むことができる。

4　Cが、Dに対して、700万円を弁済したが、Bに資力がない場合に、Bから償還を受けることができないことについてCに過失がないときは、Cは、Aに対して、350万円を求償することができる。

	①	②	③	④	⑤
学習日					
理解度 (○/△/×)					

解法のテクニック

肢１の免除は令和２年の改正により相対効となった。連帯債務の債権者は、連帯債務者の１人が時効や免除により支払を免れたとしても、他の連帯債務者に全額請求できると期待して連帯債務にしていると考えられるからである。

1　**適切**　**弁済**は**絶対効**があるので、Aが600万円を弁済することにより、BおよびCもその範囲で**債務を免れる**（民法441条）。しかし、免除には相対効しかないので、Aが免除された300万円についてBとCは**債務を免れることはできない**。したがって、Bは、Dからの300万円の支払の請求を拒むことができない。

2　**適切**　連帯債務者の１人が弁済をしたときは、その連帯債務者は、その免責を得た額が自己の**負担部分を超えるかどうかにかかわらず**、他の連帯債務者に対し、その免責を得るために支出した財産の額のうち**各自の負担部分に応じた額の求償権を有する**（民法442条１項）。したがって、Bが弁済した額は、Bの負担部分である300万円を超えていなくても、弁済した270万円について、Bは、AとCのそれぞれに対して、負担部分に応じた90万円を求償することができる。

3　**最も不適切**　連帯債務者の１人が債権者に対して債権を有する場合において、**連帯債務者が相殺を援用しない間**は、その連帯債務者の**負担部分の限度**において、**他の連帯債務者**は、債権者に対して**債務の履行を拒むことができる**（民法439条２項）。したがって、Aが支払を拒むことができるのは、600万円ではなく、Cの負担部分である300万円までである。

4　**適切**　連帯債務者の中に**償還をする資力のない者**があるときは、その償還をすることができない部分は、**求償者および他の資力のある者の間**で、**各自の負担部分に応じて分割して負担する**（民法444条１項）。したがって、Cが弁済した700万円については、資力を有しないBを除いて、AおよびCが350万円ずつ負担する。

➔ 攻略テキスト第１編11章

正解 3

29 保証・連帯債務

過 H24－5

重要度 B
難易度 易

ＡのＢに対する金銭債務に関する次の記述のうち、民法の規定によれば、正しいものはどれか。

1　ＡのＢに対する金銭債務について、Ｃが同債務を保証するための保証契約の当事者は、ＡとＣである。

2　ＡのＢに対する金銭債務について、Ｃが連帯債務者となった場合に、Ｃは、Ｂに対して自己の負担部分についてのみ弁済の責任を負う。

3　ＡのＢに対する金銭債務について、Ｃが連帯保証人となった場合に、Ｃは、Ｂからの請求に対して催告及び検索の抗弁権を行使することができる。

4　ＡのＢに対する金銭債務について、Ｃが保証人となった場合に、Ｃは、ＡがＢに対して金銭債権による相殺権を有するときは、その行使によってＡがその債務を免れるべき限度において、Ｂに対して債務の履行を拒むことができる。

	①	②	③	④	⑤
学習日					
理解度 (○/△/×)					

解法のテクニック

肢１の保証契約の当事者には注意しよう。“債務者と保証人との間の契約”であるとひっかけてくることがある。正しくは、債権者と保証人との間の契約である。

1　**誤り**　保証契約は、保証人と債権者との間の契約である。したがって、保証契約の当事者は、ＢとＣである。

2　**誤り**　数人が連帯債務を負担するときは、債権者は、その連帯債務者の１人に対し、または同時にもしくは順次にすべての連帯債務者に対し、全部または一部の履行を請求することができる（民法436条）。したがって、自己の負担部分についてのみの弁済の責任ではなく、債務の全部について責任を負う。

3　**誤り**　連帯保証人には、催告の抗弁権および検索の抗弁権が認められない（民法452条、453条、454条）。

4　**正しい**　保証人は、主たる債務者が債権者に対する相殺権を有するときは、その行使によって主たる債務者がその債務を免れるべき限度において、債務の履行を拒むことができる（民法457条３項）。

要点整理　単なる保証と連帯保証の差異

○…あり　×…なし

	独立性	附従性	随伴性	補充性	
				催告の抗弁権	検索の抗弁権
保証	○	○	○	○	○
連帯保証	○	○	○	×	×

➔ 攻略テキスト第１編11章

正解 4

保証

保証契約に関する次の記述のうち、民法の規定によれば、誤っているものはどれか。

1　主たる債務の目的又は態様が保証契約の締結後に加重された場合は、保証人の負担もこれに伴って加重される。

2　保証人が主たる債務者の委託を受けて保証をした場合において、保証人の請求があったときは、債権者は、保証人に対し、遅滞なく、主たる債務の元本及び主たる債務に関する利息、違約金、損害賠償その他その債務に従たる全てのものについての不履行の有無並びにこれらの残額及びそのうち弁済期が到来しているものの額に関する情報を提供しなければならない。

3　一定の範囲に属する不特定の債務を主たる債務とする保証契約（以下「根保証契約」という。）であって保証人が法人でないもの（以下「個人根保証契約」という。）の保証人は、主たる債務の元本、主たる債務に関する利息、違約金、損害賠償その他その債務に従たる全てのもの及びその保証債務について約定された違約金又は損害賠償の額について、その全部に係る極度額を限度として、その履行をする責任を負う。

4　個人根保証契約は、極度額を定めなければ、その効力を生じない。

	①	②	③	④	⑤
学習日					
理解度 (○/△/×)					

解法のテクニック

民法の保証契約の令和２年の改正点である。肢３と肢４の個人根保証契約は、改正前は「貸金」が対象であったが、改正後は「貸金」に限られず適用される。例えば、賃貸借契約の連帯保証がこの個人根保証契約に該当するため、極度額を定める必要がある。

1　**誤り**　主たる債務の目的または態様が保証契約の**締結後**に**加重されたとき**であっても、保証人の負担は**加重されない**（民法448条２項）。

2　**正しい**　保証人が主たる債務者の委託を受けて保証をした場合において、保証人の**請求があったとき**は、債権者は、保証人に対し、遅滞なく、主たる債務の**元本**及び主たる債務に関する**利息**、**違約金**、**損害賠償**その他その債務に従たる全てのものについての**不履行の有無**ならびにこれらの**残額**およびそのうち**弁済期が到来しているものの額**に関する情報**を提供しなければならない**（民法458条の２）。

3　**正しい**　一定の範囲に属する**不特定の債務**を主たる債務とする保証契約（根保証契約）であって保証人が**法人でない**もの（個人根保証契約）の保証人は、主たる債務の元本、主たる債務に関する利息、違約金、損害賠償その他その債務に従たる全てのものおよびその保証債務について約定された違約金または損害賠償の額について、その全部に係る極度額を**限度**として、その履行をする責任を負う（民法465条の２第１項）。

4　**正しい**　個人根保証契約は、極度額を定めなければ、その**効力を生じない**（民法465条の２第２項）。

➔ 攻略テキスト第１編11章

正解 1

弁済・保証

管理組合法人Ａと施工会社Ｂとのマンションの外壁補修工事請負契約における工事代金に関する次の記述のうち、民法の規定によれば、最も適切なものはどれか。

1　Ｂが、Ａに対し契約で定めた工事代金より高い金額を請求したところ、Ａがそれに気づかずに請求された金額を支払った場合には、Ａは、Ｂに対し、過払い分の返還を請求することはできない。

2　ＢのＡに対する請負代金債権について、ＡＢ間においてその譲渡を禁止する旨の特約があった場合に、ＢがＡの承諾を得ないで行った当該債権の第三者に対する譲渡は無効である。

3　ＡのＢに対する請負代金債務について、Ａの理事が当該債務を保証する旨の契約をＢとの間で締結する場合に、その契約は、口頭の合意によっても成立する。

4　ＡのＢに対する請負代金の支払期日の前日に、地震で管理事務室が損壊したため、Ａが支払期日にその代金を支払うことができなかった場合でも、Ａは、Ｂに対する債務不履行責任を免れない。

	①	②	③	④	⑤
学習日					
理解度（○/△/×）					

解法のテクニック

肢２の債権譲渡はマイナー論点であるが、令和２年の民法改正で変更された論点である。改正論点は、マイナー論点であっても押さえておこう。

1　**不適切**　**法律上の原因**なく他人の財産または労務によって**利益を受け**、そのために他人に損失を及ぼした者は、これを**返還する義務を負う**（不当利得：民法703条）。本肢の契約で定めた工事代金よりも高い金額での請求は、この不当利得に該当する。また、債務の弁済として給付をした者は、その時において**債務の存在しないことを**知っていたときは、その**給付したものの返還を請求することが**できない（民法705条）。本肢のAは、契約で定めた工事代金より高い金額であると**気づかず**に支払っているので、**過払い分の返還を請求することができる**。

2　**不適切**　当事者が債権の**譲渡を禁止**し、または**制限**する旨の意思表示（譲渡制限の意思表示）をしたときであっても、債権の譲渡は、その**効力を**妨げられない（民法466条２項）。

3　**不適切**　保証契約は、書面またはその内容を記録した電磁的記録でしなければ、その**効力を生じない**（民法446条２項・３項）。

4　**最も適切**　**金銭の給付を目的とする債務の不履行**の損害賠償については、債務者は、不可抗力をもって**抗弁とすることが**できない（民法419条３項）。したがって、地震で管理事務室が損壊したためAが支払期日に代金を支払うことができなかった場合でも、不可抗力をもって抗弁とすることができないので、Aは、Bに対する債務不履行責任を免れない。

→ 攻略テキスト第１編10・11・12章

正解 4

弁済・保証

Ａが、Ｂに対するＣの債務を保証するためＢとの間で保証契約を締結する場合に関する次の記述のうち、民法の規定及び判例によれば、正しいものはどれか。

1　ＡがＣの委託を受けて保証人となり、保証債務を弁済した場合において、ＢがＣ所有の不動産に抵当権の設定を受けていたときは、Ａは、ＢがＣに対して通知をするか、Ｃが承諾をしなければ、Ｂに代位して当該抵当権を実行することができない。

2　ＡがＣの委託を受けずに保証人となったが、それがＣの意思に反する場合において、ＡがＣに代わり弁済をしたときは、Ａは、弁済の当時にＣが利益を受けた限度で求償することができる。

3　ＢＣ間で特定物の売買を内容とする契約が締結され、売主Ｃの目的物引渡債務についてＡが保証人となった場合において、Ａは、Ｃの債務不履行により契約が解除されたときの代金返還債務については、特に保証する旨の意思表示のない限り、責任を負わない。

4　ＡがＣの委託を受けずに保証人となった場合において、Ａは、Ｃに対し、事前の求償権を行使することはできない。

	①	②	③	④	⑤
学習日					
理解度 (○/△/×)					

解法のテクニック

肢1・2は、保証人が弁済した場合の代位に関する論点である。非常に細かい論点なので、解答は難しい問題であるが、趣旨と要件は覚えておこう。

1 **誤り** 債務者のために弁済をした者は、**債権者に代位する**（民法499条）。そして、弁済をした者が債権者に代位するには、原則として、**債権譲渡の対抗要件**である、①**譲渡人からの通知**または②**債務者の承諾**が必要であるが、本肢の委託を受けた保証人のような「**弁済をするについて正当な利益を有する者**」が債権者に代位する場合は、**債権譲渡の対抗要件を備える必要はない**（民法500条）。

2 **誤り** 主たる債務者の**意思に反して**保証をした者が、債務者の代わりに弁済をしたときは、保証人は、主たる債務者が**現に**（求償した時）**利益を受けている限度**においてのみ**求償権を有する**（民法462条2項）。弁済の当時に利益を受けた限度ではない。

3 **誤り** 保証債務は、主たる債務に関する利息、違約金、損害賠償**その他その債務に従たるすべてのもの**を**包含する**（民法447条1項）。したがって、Cの債務不履行により契約が解除されたときの代金返還債務についても保証人は責任を負う。

4 **正しい** 保証人は、主たる債務者の**委託を受けて**保証をした場合において、以下の①～③のいずれかに該当するときは、主たる債務者に対して、**あらかじめ**、**求償権を行使することができる**（民法460条）。

> ①主たる債務者が破産手続開始の決定を受け、かつ、債権者がその破産財団の配当に加入しないとき。
> ②債務が弁済期にあるとき。ただし、保証契約の後に債権者が主たる債務者に許与した期限は、保証人に対抗することができない。
> ③保証人が過失なく債権者に弁済すべき旨の裁判の言渡しを受けたとき。

➡ 攻略テキスト第1編11・12章

正解 4

33 債務の消滅原因

過 H23−11改

重要度 B
難易度 難

マンションの管理組合A（以下本問において「A」という。）とマンション管理業者B（以下本問において「B」という。）との間で管理委託契約が締結されたが、同契約では、Bが管理費等の滞納者（以下本問において「滞納組合員」という。）に対する同契約所定の督促を行っても、当該滞納組合員が支払わないときは、Bは責めを免れ、その後の収納の請求はAが行うものとされている場合に関し、Aが検討している次の方策のうち、民法の規定によれば、誤っているものはいくつあるか。

ア　滞納組合員に対して、連帯保証人を選任してもらい、以後は、滞納組合員と連帯保証人との間の保証委託契約を、もっぱら根拠として、滞納分について連帯保証人に対して請求したい。

イ　滞納組合員に対して、管理費等の債務が時効により消滅するのを防ぐために、時効完成前に、時効の利益を放棄する旨の文書を提出させておきたい。

ウ　滞納組合員が、Aに対して金銭債権（悪意による不法行為及び人の生命又は身体の侵害を理由とする以外の債権）を有しているときは、滞納額と同債権にかかる債権額とを対等額にて相殺したい。

エ　Aの収納請求の事務上の負担を軽減するために、滞納組合員に対して、以後は、管理費等を供託所に供託させることにしたい。

1　一つ
2　二つ
3　三つ
4　四つ

	①	②	③	④	⑤
学習日					
理解度（○/△/×）					

解法のテクニック

債務の消滅に関する問題である。特に肢エの供託の論点は出題当時初めての出題であり、正確にこれを解くのは難しかったと思われるが、現在では繰り返し出題されている論点である。確実に得点できるように。

ア　**誤り**　連帯保証契約は、債権者と連帯保証人との間で締結されるものである。債務者と連帯保証人との間で締結される保証委託契約は、連帯保証人の求償権が制限されるか否かに係る問題であり、これを根拠として、滞納分について連帯保証人に請求することはできない（民法459条1項）。

イ　**誤り**　時効の利益は、あらかじめ放棄することができない（民法146条）。本肢の時効完成前に、時効の利益を放棄する旨の文書を提出させることは、時効利益をあらかじめ放棄させることになり、効力を生じない。

ウ　**正しい**　管理組合から、滞納管理費債権と滞納組合員が管理組合に有する金銭債権とを相殺することは禁止されていない。なお、マンションの区分所有者から、管理組合に対して有する金銭債権を自働債権とし管理費等の支払請求権を受働債権として相殺し、管理費等の現実の拠出を拒絶することは、その性質上許されないと解するのが相当であるとする判例（東京高裁平9.10.15）は存在する。

エ　**誤り**　弁済者は、次に掲げる場合には、債権者のために弁済の目的物を供託することができる。この場合においては、弁済者が供託をした時に、その債権は、消滅する（民法494条1項・2項）。

> ①　弁済の提供をした場合において、債権者がその受領を拒んだとき
> ②　債権者が弁済を受領することができないとき
> ③　弁済者が債権者を確知することができないとき
> ※弁済者に過失があって確知できないときは、供託できない

本肢の事務上の負担の軽減のためには、供託をすることができない。

したがって、誤っているものは肢ア・イ・エの三つであり、正解は3となる。

→ 攻略テキスト第1編4・11・12章

正解 3

34 オリジナル 債権者代位権・詐害行為取消権

債権者代位権及び詐害行為取消請求に関する次の記述のうち、民法の規定のよれば、正しいものはどれか。

1　債権者は、債務者に属する権利（以下、本問において「被代位権利」という。）を行使する場合において、被代位権利の目的が可分であるときでも、自己の債権の額を超えて、被代位権利を行使することができる。
2　債権者が被代位権利を行使した場合、債務者は、被代位権利について、自ら取立てその他の処分をすることができない。
3　登記又は登録をしなければ権利の得喪及び変更を第三者に対抗することができない財産を譲り受けた者は、その譲渡人が第三者に対して有する登記手続又は登録手続をすべきことを請求する権利を行使しないときは、その権利を行使することができる。
4　債権者は、受益者に対する詐害行為取消請求において、債務者がした行為の取消しとともに、その行為によって受益者に移転した財産の返還を請求することができるが、受益者がその財産の返還をすることが困難であるときは、債権者は、詐害行為取消請求をすることができない。

	①	②	③	④	⑤
学習日					
理解度（○/△/×）					

解法のテクニック

債権者代位権と詐害行為取消権の令和２年の民法改正点からの出題である。管理業務主任者試験では、マイナー論点ではあるが、過去出題実績のある論点なので注意しておこう。

1　**誤り**　債権者は、**債務者に属する権利**（被代位権利）を行使する場合において、被代位権利の目的が可分であるときは、**自己の債権の額の限度**においてのみ、被代位権利を行使することができる（民法423条の２）。

2　**誤り**　債権者が被代位権利を行使した場合であっても、**債務者**は、被代位権利について、**自ら取立てその他の処分**をすることを妨げられない（民法423条の５）。

3　**正しい**　登記または登録をしなければ権利の得喪及び変更を第三者に対抗することができない財産を譲り受けた者は、その譲渡人が第三者に対して有する**登記手続**または登録手続をすべきことを**請求する権利を行使しない**ときは、その**権利を行使することが**できる（民法423条の７）。

4　**誤り**　債権者は、受益者に対する**詐害行為取消請求**において、債務者がした**行為の**取消しとともに、その行為によって受益者に移転した**財産の**返還を請求することができる。受益者がその**財産の返還をすることが困難**であるときは、債権者は、その**価額の**償還を請求することができる（民法424条の６第１項)。財産の返還の代わりに価格の償還を請求できるようになるのであって、詐害行為取消請求ができなくなるわけではない。

➔ 攻略テキスト第１編12章

正解 3

同時履行の抗弁権

同時履行の抗弁権に関する次の記述のうち、民法の規定及び判例によれば、誤っているものはどれか。

1　ＡＢ間の売買契約を、売主Ａが、買主Ｂの詐欺を理由として取り消した場合においては、Ａの原状回復義務とＢの原状回復義務とは同時履行の関係に立たない。

2　ＡＢ間の建物の賃貸借契約が期間の満了により終了する場合において、それに伴う賃貸人Ａの敷金返還債務と賃借人Ｂの建物明渡債務とは、特別の約定のない限り、同時履行の関係に立たない。

3　ＡＢ間の借地契約の終了に伴い、賃貸人Ａに対して賃借人Ｂの建物買取請求権が行使された場合においては、その土地の賃貸人Ａの建物代金債務と賃借人Ｂの建物土地明渡債務とは、同時履行の関係に立つ。

4　ＡＢ間の金銭消費貸借契約にかかる担保のために、債権者Ａに対して債務者Ｂが、自己所有の土地に抵当権を設定した場合においては、Ａの抵当権設定登記の抹消義務とＢの債務の弁済とは、同時履行の関係に立たない。

	①	②	③	④	⑤
学習日					
理解度 (○/△/×)					

解法のテクニック

同時履行の抗弁権の判例からの出題である。同時履行の抗弁権自体の出題はほとんどないが、重要な判例なので覚えておこう。

1　**誤り**　売買契約が詐欺によって**取り消された**場合、当事者双方の原状回復義務は**同時履行の関係に立つ**（最判昭47.9.7）。

2　**正しい**　家屋の賃貸終了に伴う賃借人の**家屋明渡し債務**と賃貸人の**敷金返還債務**は、特別の約定のない限り、**同時履行の関係に**立たない（民法622条の2第1項1号、最判昭49.9.2）。したがって、家屋の明渡しが先履行となる。

3　**正しい**　建物買取請求権（借地借家法13条）行使における、**建物・敷地の**引渡しと代金支払いは**同時履行の関係に立つ**（最判昭35.9.20）。

4　**正しい**　債務の弁済と、当該債務のために設定された**抵当権設定登記の抹消手続き**は**同時履行の関係に**立たない（最判昭57.1.19）。債務の弁済が先履行となる。

➔ 攻略テキスト第1編13章

正解 1

36 解除

過 R2－6

重要度 B
難易度 易

マンションの管理組合Ａとマンション管理業者Ｂとの間の管理委託契約が、Ａの責めに帰する事由がなく、Ｂの債務不履行を理由として解除された場合に関する次の記述のうち、民法の規定によれば、誤っているものはどれか。

1　Ａは、この解除の意思表示を撤回することができない。

2　ＡＢ間の管理委託契約の解除により、Ｂが、Ａに対して、受領した金銭を返還する義務を負う場合は、Ｂは受領した金額を返還すればよく、利息を付す必要はない。

3　Ｂの債務の全部が履行不能である場合には、それについてＢの責めに帰する事由がないときでも、Ａは直ちに管理委託契約を解除することができる。

4　Ｂの債務の履行不能が一部である場合であっても、残存する部分のみでは契約の目的を達することができないときは、Ａは契約の全部を解除することができる。

	①	②	③	④	⑤
学習日					
理解度 (○/△/×)					

解法のテクニック

肢3は令和2年の民法改正点である。災害等の場合のように、債務者に責任がなくても、債権者が契約を解除せざるを得ないケースが考えられるため、解除に債務者の帰責性が不要となった。

1 **正しい** 解除の意思表示は、**撤回することができない**(民法540条2項)。

2 **誤り** 当事者の一方がその解除権を行使したときは、各当事者は、その相手方を**原状に復させる義務を負う**(民法545条1項)。そして、金銭を返還するときは、その受領**の時**から**利息を付さなければならない**(同2項)。

なお、金銭以外の物を返還するときは、その受領の時以後に生じた果実(使用料等)をも返還しなければなりません。

3 **正しい** **債務の全部の履行が不能**であるときは、債権者は、**催告をすることなく**、直ちに**契約の解除をすることができる**(民法542条1項1号)。この場合、**債務者の帰責性は**不要である。

4 **正しい** **債務の一部の履行が不能**である場合または債務者がその**債務の一部の履行を拒絶する意思を明確に表示した**場合において、残存する部分のみでは**契約をした目的を達することができない**ときは、債権者は、**催告をすることなく**、直ちに**契約の解除をすることができる**(民法542条1項3号)。

要点整理 無催告解除が可能な場合

①債務の全部の履行が不能であるとき。
②債務者がその債務の全部の履行を拒絶する意思を明確に表示したとき。
③債務の一部の履行が不能である場合または債務者がその債務の一部の履行を拒絶する意思を明確に表示した場合において、残存する部分のみでは契約をした目的を達することができないとき。
④契約の性質または当事者の意思表示により、特定の日時または一定の期間内に履行をしなければ契約をした目的を達することができない場合において、債務者が履行をしないでその時期を経過したとき。
⑤上記のほか、債務者がその債務の履行をせず、債権者が催告をしても契約をした目的を達するのに足りる履行がされる見込みがないことが明らかであるとき。

➔ 攻略テキスト第1編13章

正解 2

37 アフターサービス

過 H27－40改

重要度 A
難易度 易

マンションの分譲業者が、買主に対して特約として行うアフターサービスと、民法上、売主として負う、マンションの品質等に関して契約の内容に適合しない場合におけるその不適合を担保すべき責任（以下、本問において「契約不適合責任」という。）についての民法及び宅地建物取引業法の規定に関する次の記述のうち、最も適切なものはどれか。

1　宅地建物取引業者である売主が、宅地建物取引業者でない買主に新築マンションの住戸を売却する場合において、アフターサービスの期間を引渡しの日から３年間と定めた場合は、売主は契約不適合責任を負わない旨の特約をすることができる。

2　アフターサービスの対象となる部位は、住戸内の内装や各種の設備に限られ、構造耐力上主要な部分及び雨水の浸入を防止する部分は含まれないことが多い。

3　宅地建物取引業者である売主が、宅地建物取引業者でない買主に新築マンションの住戸を売却する場合において、「売主は、当該住戸を引き渡した日から１年間契約不適合責任を負う」旨の特約をしても、当該特約は無効である。

4　契約不適合責任の内容として、契約の内容に適合しない部分についての損害賠償請求、契約の解除が定められているが、マンションの補修は定められていない。

	①	②	③	④	⑤
学習日					
理解度 (○/△/×)					

解法のテクニック

アフターサービスは最近あまり出題されていないが、瑕疵担保責任が契約不適合責任と改正されたことで、また複合問題で出題される可能性がある。また、宅建業法も民法に合わせて改正されたので、今までとの違いに注意しておく必要がある。

1　**不適切**　アフターサービスと宅建業法とに関連性はなく、たとえアフターサービスの期間を引渡しの日から３年間と定めたとしても、宅建業者が自ら売主となり宅建業者でない者が買主となる契約において、「売主は契約不適合責任を負わない」旨の特約をすることはできない（宅建業法40条）。

2　**不適切**　アフターサービスの対象となる部位には、専有部分内の内装や設備だけでなく、共用部分も含まれることが多く、**構造耐力上主要な部分および雨水の浸入を防止する部分も**含まれる。

3　**最も適切**　宅建業者は、自ら売主となり、宅建業者でない者が買主となる売買契約において、その目的物の契約不適合責任に関し、契約の内容に適合しない旨についての**通知期間**を、その目的物の**引渡日から２年以上となる特**約をする場合を除き、買主に不利となる特約をしてはならず（宅建業法40条１項）、これに反する特約は、無効となる（宅建業法40条２項）。したがって、売主の責任を負う期間を、「住戸を引き渡した日から１年間契約不適合責任を負う」とする特約は買主に不利な内容として無効となる。

4　**不適切**　買主に引き渡された目的物が種類、品質または数量に関して**契約の内容に**適合しないものであるときは、買主は、売主に対し、**目的物の**修補、代替物の引渡し、または不足分の引渡しによる**履行の追完**を請求することができる（民法562条１項）。

➔ 攻略テキスト第１編14章

正解３

38 契約不適合責任

過 H30−40改

重要度 A
難易度 易

買主Aが売主Bからマンションの1住戸を買ったところ、その専有部分について、契約の内容に適合しない欠陥（以下、本問において「本件欠陥」という。）があった場合に関する次の記述うち、民法の規定によれば正しいものはどれか。なお、AとBはともに宅地建物取引業者ではない個人とする。

1　売買契約において、BがAに対して本件マンションに契約の内容に適合しない欠陥があった場合でも責任を一切負わない旨の特約をした場合には、Bが本件欠陥を知りながら、Aに告げなかったときであっても責任を負わない。

2　売買契約において、別段の特約がない限り、Aが、売買の目的物の引渡しを受けた時から1年以内にBに対して契約不適合を理由とする損害賠償請求等を現実にしなければ、Bは契約不適合責任を免れる。

3　売買契約において、AとBが契約不適合責任について何らの取り決めをしなかった場合でも、AはBに対して、契約不適合責任を追及することができる。

4　AがBに対して、欠陥の修補請求をするときは、Bが定める補修方法によらなければならない旨の特約は無効である。

	①	②	③	④	⑤
学習日					
理解度 (○/△/×)					

解法のテクニック

令和2年民法改正により、肢2の売主の責任が、「買主が瑕疵の存在を知った時から1年間」から、原則として、「買主がその不適合を知った時から1年以内にその旨を売主に通知したとき」に変更されたので注意しよう。

1　**誤り**　売主は、**契約不適合責任を負わない旨の特約**をしたときであっても、知りながら**告げなかった事実**については、その責任を**免れることができない**（民法572条）。したがって、BがAに対して本件マンションに契約の内容に適合しない欠陥があった場合でも責任を一切負わない旨の特約をした場合でも、知りながら、Aに告げなかったときは責任を負う。

2　**誤り**　売主が種類または品質に関して契約の内容に適合しない目的物を買主に引き渡した場合において、売主が引渡しのときにその不適合を知り、または重大な過失によって知らなかったときを除いて、買主がその不適合を知った時から**1年以内**にその旨を売主に通知しないときは、買主は、その不適合を理由として、履行の追完の請求（修補請求・代替物の引渡請求・不足分の引渡し請求）、代金の減額の請求、損害賠償の請求および**契約の解除をすることが**できない（民法566条）。しかし、損害賠償請求等を現実にすることまでは求められていない。

3　**正しい**　契約不適合責任は、民法で買主に認められた権利であるから、買主が契約不適合責任を追及するのに、何らの取り決めも必要ではない。

4　**誤り**　買主に引き渡された目的物が種類、品質または数量に関して**契約の内容に**適合しないものであるときは、買主は、売主に対し、**目的物の**修補、代替物の引渡しまたは不足分の引渡しによる**履行の追完**を請求することができる（民法562条1項）。そして、契約不適合責任の内容については、**当事者で特約をすることが可能**であるから、「欠陥の修補請求をするときは、Bが定める補修方法によらなければならない旨の特約」も有効である（民法572条）。

➔ 攻略テキスト第1編14章

正解 3

契約不適合責任

ともに宅地建物取引業者（宅地建物取引業法（昭和27年法律第176号）第2条第3号に規定する者をいう。以下同じ。）でない売主Aと買主Bが締結したマンションの売買契約における売主の売買契約の内容に関して契約の内容に適合しない場合の責任（以下、本問において「契約不適合責任」という。）に関する次の記述のうち、民法の規定及び判例によれば、誤っているものはどれか。

1　マンションに契約内容に適合しない欠陥等が存在することを知った時から5年を経過したときは、消滅時効によりBはAに対し契約不適合に基づく損害賠償請求権の行使ができない。

2　AB間の売買契約の目的物であるマンションに契約内容に適合しない欠陥等があり、Bが売買契約を解除したときは、BはAに損害賠償の請求をすることができなくなる。

3　Bは、Aに対し当該不適合の修補の請求しかできず、損害賠償請求はできない旨の特約は有効である。

4　Bは、売買契約締結当時に通常の注意をすれば知ることができた欠陥であっても、それが売買契約の内容になっていないものについては、Aに対し契約不適合責任を追及することができる。

	①	②	③	④	⑤
学習日					
理解度 (○/△/×)					

解法のテクニック

契約不適合責任は、「契約内容」になっているかいないかで判断する。通常の注意をすれば知ることができた欠陥でも「契約内容」に含まれていないなら、対象となるのである。

1　**正しい**　債権は、次に掲げる場合には、時効によって消滅する（民法166条1項）。

①　債権者が権利を行使することができることを**知った時から**5年間行使しないとき。 ②　権利を行使することが**できる時から**10年間行使しないとき。

本肢の「契約に適合しない欠陥等が存在することを知った時」は上記①の「権利を行使することができることを知った時」に該当するため、その時から5年間行使しないと、契約不適合に基づく損害賠償請求権は時効で消滅する。

2　**誤り**　契約不適合に基づく責任追及では、解除と損害賠償請求をすることも認められている（民法562条1項、564条）。しかし、解除したからといって**損害賠償請求ができなくなるわけではない。**

3　**正しい**　契約不適合責任の内容については、**当事者で**特約**をすることが可能**であるから、「Bは、Aに対し当該不適合の修補の請求しかできず、損害賠償請求はできない」旨の特約は有効である（民法572条）。

4　**正しい**　契約不適合責任の対象となるのは、「**契約内容**」について、種類、品質または数量が適合しない場合である（民法562条1項参照）。したがって、通常の注意をすれば知ることができた欠陥であっても、それが売買契約の内容になっていないものについては、Aに対し契約不適合責任を追及することができる。

➔ 攻略テキスト第1編14章

正解 2

契約不適合責任

ともに宅地建物取引業者でも法人でもない売主Ａ（以下本問において「Ａ」という。）と買主Ｂ（以下本問において「Ｂ」という。）が、マンションの売買契約を締結した場合における、Ａの売買契約の内容に関して契約の内容に適合しない場合の責任（以下、本問において「契約不適合責任」という。）に関する次の記述のうち、民法の規定及び判例によれば、正しいものはどれか。

1　ＡＢ間において、契約不適合責任に関する特約をしないで、売買契約書に契約不適合責任についての規定を置かなかった場合、Ａは契約不適合責任を負わない。

2　ＡＢ間において「Ａは契約不適合責任を負わない」旨の特約をした場合、その特約は有効であるが、Ａが売買契約締結当時に知っていた契約内容に適合しない欠陥等についてはその責任を免れない。

3　ＡＢ間において「Ａはマンションの引渡しの日から２箇月間のみ契約不適合責任を負う」旨の特約をしても、Ａは引渡しの日から１年間はその責任を負わなければならない。

4　ＡＢ間において、Ａが契約不適合責任を負う期間を定めなかった場合、Ｂは契約内容に適合しない欠陥等が存在することを知った時から10年間に限り、Ａに対し契約不適合責任に基づく損害賠償請求ができる。

	①	②	③	④	⑤
学習日					
理解度 (○/△/×)					

解法のテクニック

契約不適合責任に基づく損害賠償請求権も、一般の債権と同様に時効にかかる。不適合発見から５年で消滅時効にかかるので、期間に注意しておこう。

1 **誤り** 契約不適合責任は、民法で**買主に認められた権利**であるから、買主が契約不適合責任を追及するのに、何らの**取り決めも必要**ではない。

2 **正しい** 売主は、契約不適合責任を負わない旨の特約をしたときであっても、知りながら**告げなかった事実**については、その責任を**免れることができない**（民法572条）。したがって、ＡＢ間において「Ａは契約不適合責任を負わない」旨の特約をした場合でも、Ａが知りながら、Ｂに告げなかった欠陥については責任を負う。

3 **誤り** 売主が種類または品質に関して契約の内容に適合しない目的物を買主に引き渡した場合において、買主がその不適合を知った時から**１年以内**にその旨を売主に通知しないときは、売主が引渡しのときにその**不適合を知り**、または**重大な過失によって知らなかった**ときを除き、買主は、その不適合を理由として、履行の追完の請求（修補請求・代替物の引渡請求・不足分の引渡し請求）、代金の減額の請求、損害賠償の請求および**契約の解除をすることが**できない（民法566条）。しかし、この規定は特約で変更できるので、引渡しの日から２カ月間のみ契約不適合責任を負う旨の特約は有効である（民法572条）。

4 **誤り** 債権は、次に掲げる場合には、時効によって消滅する（民法166条１項）。

> ①　債権者が権利を行使することができることを**知った時から**５年間行使しないとき。
> ②　権利を行使することが**できる時から**10年間行使しないとき。

本肢の「契約に適合しない欠陥等が存在することを知った時」は上記①の「権利を行使することができることを知った時」に該当するため、その時から５年間行使しないと、損害賠償請求権は時効で消滅する。

➔ 攻略テキスト第１編14章

正解 2

41 賃貸借・借地借家法

過 R3－41

重要度 A
難易度 普

区分所有者Aが、自己の所有するマンションの専有部分をBに賃貸する契約において、ＡＢ間で合意した次の特約のうち、民法及び借地借家法の規定によれば、無効であるものを全て含む組合せはどれか。

ア　Bが、賃料を滞納した場合には、Aは、直ちに専有部分に入る玄関扉の鍵を取り替える特約

イ　Bは、賃貸借の契約期間中、中途解約できる特約

ウ　Bが死亡したときは、同居する相続人がいる場合であっても、賃貸借契約は終了する特約

エ　BがAの同意を得て建物に付加した造作であっても、賃貸借契約の終了に際して、造作買取請求はできない特約

1　エ
2　ア・イ
3　ア・ウ
4　イ・ウ・エ

	①	②	③	④	⑤
学習日					
理解度 (○/△/×)					

解法のテクニック

賃貸借契約において無効となる特約に関する問題である。肢アやウは過去出題論点とは異なる傾向の問題であるので今後の出題傾向を予測する上でも注意したい。

ア　無効　裁判所の手続を経ることなく、実力行使により自己の権利の実現を認めることは、社会の秩序に混乱を招くため、原則として禁止されている（自力救済の禁止）。本肢のBが、賃料を滞納した場合には、Aは、直ちに専有部分に入る玄関扉の鍵を取り替える特約は、この自力救済の禁止に抵触する特約であり、公序良俗に違反するものとして無効となる（民法90条）。

イ　有効　当事者が賃貸借の期間を定めた場合であっても、その一方または双方がその期間内に解約をする権利を留保したときは、賃貸借契約を解約することができる（民法618条）。したがって、Bは、賃貸借の契約期間中、中途解約できる特約は有効となる。

ウ　無効　建物の賃貸借について賃貸人からの更新の拒絶または解約の申入れは正当な事由がなければすることができず、これに反する借家人に不利な特約は無効となる（借地借家法28条、30条）。そして、「借家人が死亡したら賃貸借は終了する」という特約は、相続人に承継されるべき賃貸借を正当な事由もなく終了させる賃借人に不利なものであり、無効となる。

エ　有効　建物の賃貸人の同意を得て建物に付加した畳、建具その他の造作がある場合には、建物の賃借人は、建物の賃貸借が期間の満了または解約の申入れによって終了するときに、建物の賃貸人に対し、その造作を時価で買い取るべきことを請求することができる。ただし、この規定は特約で排除することができる（借地借家法33条1項、37条参照）。

したがって、無効であるものを全て含む組合せは肢ア・ウであり、正解は3となる。

➔ 攻略テキスト第1編15・16章

正解 3

賃貸借・借地借家法

区分所有者Aが、自己所有のマンションの専有部分をBに賃貸した場合に関する次の記述のうち、民法及び借地借家法の規定によれば、正しいものはどれか。なお、AB間の賃貸借契約は、定期建物賃貸借契約ではないものとする。

1　Bが、Aの承諾を得ないで、その専有部分を第三者Cに転貸する契約を締結した場合でも、Cがその専有部分の使用・収益を始めない限り、AはBとの賃貸借契約を解除することができない。

2　AB間で建物賃貸借の期間を2年間と定め、中途解約ができる旨の特約を定めなかった場合でも、Bからは、1箇月の予告期間を置けば中途解約ができる。

3　BがAの同意を得て付加した畳、建具その他の造作について、Bは、Aに対し、賃貸借が終了したときにそれらの買取りを請求することができない旨の特約は無効である。

4　Bが賃料を支払わなければならない時期は、特約をしなければ、当月分について前月末日である。

	①	②	③	④	⑤
学習日					
理解度 (○/△/×)					

解法のテクニック

肢2は、契約期間を定めた場合、契約の両当事者（賃貸人・賃借人）ともに、その契約期間に拘束され、中途解約をすることは、原則として認められない点に注意しよう。賃貸人は契約期間中の賃料を期待するはずであるし、賃借人も契約期間中は居住ができると期待するからである。

1　**正しい**　賃借人は、**賃貸人の承諾**を得なければ、その**賃借権を譲り渡し**、または**賃借物を転貸することができない**。そして、賃借人が賃貸人の**承諾を得ず**に第三者に賃借物の**使用または収益をさせたとき**は、賃貸人は、**契約の解除をすることができる**（民法612条1項・2項）。無断転貸による契約の解除が認められるのは、第三者が使用・収益をしたときである。

2　**誤り**　建物賃貸借契約の期間を定めた以上、当事者（賃貸人・賃借人）は、当該契約期間に拘束されることになる。したがって、**中途解約の特約がない**時は、賃貸人からだけでなく、**賃借人からも中途解約をすることはできない**（民法618条参照）。

3　**誤り**　建物の**賃貸人の同意**を得て建物に付加した**畳、建具その他の造作**がある場合には、建物の賃借人は、建物の賃貸借が**期間の満了**または**解約の申入れ**によって終了するときに、建物の賃貸人に対し、その**造作を時価で買い取るべきことを請求することができる**（借地借家法33条1項）。ただし、造作買取請求権を**排除する特約も有効である**（借地借家法37条参照）。

4　**誤り**　賃料は、動産、**建物**及び宅地については**毎月末**に、その他の土地については毎年末に、**支払わなければならない**（民法614条）。

➔ 攻略テキスト第1編15・16章

正解 1

43 賃貸借

過 H27－6

重要度 A
難易度 普

Aが所有するマンションの専有部分甲（以下、本問において「甲」という。）を賃借するBが、第三者であるCに、当該賃借権を譲渡又は甲を転貸した場合に関する次の記述のうち、民法、借地借家法（平成３年法律第90号）の規定及び判例によれば、正しいものはどれか。

1　Bが、Aの承諾を得てCに転貸した場合、Aは、Bに対する賃料額を限度にCから支払いを受けることができる。

2　Bが、Aの承諾を得てCに転貸した場合、AB間の賃貸借契約がBの債務不履行により解除されたときは、Aは、Cに催告をして弁済の機会を与えなければ、賃貸借の終了をCに対抗することができない。

3　Bが、Aの承諾を得ないでCに譲渡した場合、それがAに対する背信行為と認めるに足りない特段の事情があるときでも、Aは、Bとの間の賃貸借契約を解除することができる。

4　BからCへの譲渡に関して、Aに不利となるおそれがないにもかかわらず、Aが当該譲渡を承諾しないときは、裁判所は、Bの申立てにより、Aの承諾に代わる許可を与えることができる。

	①	②	③	④	⑤
学習日					
理解度 (○/△/×)					

解法のテクニック

転貸・賃借権の譲渡については、判例や細かい要件にまで注意をしておこう。肢2、肢3の判例は重要論点で、繰り返し出題されるので注意しよう。

1　**正しい**　賃借人が適法に賃借物を転貸したときは、転借人は、賃貸人に対して直接に義務を負う（民法613条１項）。この義務には、賃料支払義務も含まれており、賃貸人は賃料額を限度に転借人から支払いを受けることができる。なお、賃料より転借料の方が高額であっても賃貸人が賃料以上の請求をすることは認められない（不当利得となる）ため、賃貸人が転借人に対して請求できる賃料額は、賃料と転借料のうち、少額の方となる。

2　**誤り**　賃貸人が、賃借人の賃料不払等の債務不履行により賃貸借契約を解除する場合、転借人に催告をして、弁済の機会を与える必要はない（最判昭37.3.29）。

3　**誤り**　賃借人が賃貸人の承諾なく第三者をして賃借物の使用収益をさせた場合でも、賃借人の当該行為を賃貸人に対する背信行為と認めるに足りない特段の事情のあるときは、賃貸人は契約を解除することができない（最判昭28.9.25）。

4　**誤り**　借地権者が賃借権の目的である土地の上の建物を第三者に譲渡しようとする場合において、その第三者が賃借権を取得し、または転借をしても借地権設定者に不利となるおそれがないにもかかわらず、借地権設定者がその賃借権の譲渡または転貸を承諾しないときは、裁判所は、借地権者の申立てにより、借地権設定者の承諾に代わる許可を与えることができる（借地借家法19条１項）。しかし、この規定は借地のみに適用があり、借家には適用されていない。したがって、裁判所は、専有部分甲について、Bの申立てにより、Aの承諾に代わる許可を与えることはできない。

➔ 攻略テキスト第１編15章

正解 1

賃貸借

マンションの専有部分を所有するＡが、当該専有部分をＢに賃貸した場合に関する次の記述のうち、民法、借地借家法（平成３年法律第90号）及び建物の区分所有等に関する法律（昭和37年法律第69号。以下「区分所有法」という。）の規定によれば、正しいもののみの組合せはどれか。

ア　Ｂが当該専有部分の引渡しを受けた場合には、その引渡後に当該専有部分の所有権がＡからＣに譲渡されたときでも、Ｂは、自己の賃借権をＣに対し対抗できる。

イ　Ｂが当該専有部分について支出した費用のうち、Ａは、必要費については直ちにＢに償還する義務を負うが、有益費については賃貸借終了時に償還すればよい。

ウ　Ｂが当該専有部分をＡに無断でＤに転貸した場合には、ＢＤ間の賃貸借（転貸借）は無効であるから、Ｂは、Ｄに対して賃料を請求することはできない。

エ　Ｂが当該専有部分を規約に定める用途に違反して使用している場合でも、ＡＢ間の賃貸借契約に違反しないときには、Ｂは、現状のままでの使用が認められる。

1　ア・イ
2　ア・ウ
3　イ・ウ
4　イ・エ

	①	②	③	④	⑤
学習日					
理解度（○/△/×）					

解法のテクニック

管理業務主任者試験では、賃貸借契約・借地借家法が毎年1問出題されている。民法の賃貸借の重要論点と合わせて覚えておき、確実に得点しておきたい。

ア　**正しい**　建物の賃貸借は、**その登記がなくても**、建物の引渡しがあったときは、その後その建物について物権を取得した者に対し、その効力を生ずる（借地借家法31条）。本肢の賃借人Ｂは、Ｃへの譲渡前に専有部分の引渡しを受けているので賃借権をＣに対抗することができる。

イ　**正しい**　賃借人は、賃借物について賃貸人の負担に属する必要費を支出したときは、賃貸人に対し、直ちにその**償還を請求することができる**（民法608条１項）。これに対し賃借人が賃借物について有益費を支出したときは、賃貸人は、賃貸借の終了の時に、その価格の増加が現存する場合に限り、賃貸人の選択に従い、その支出した金額または増価額の償還をしなければならない（同２項、民法196条２項）。

ウ　**誤り**　無断転貸であっても、**転貸借そのものは無効となるわけではない**。この場合、単に転借人がその賃借権（転借権）を賃貸人に対抗できないだけであり、転貸人は転借人に対する転貸料を請求する権利を有することになる（大判明40.5.27）。

エ　**誤り**　区分所有者・**占有者**（賃借人等）は、建物の保存に有害な行為その他建物の管理または使用に関し区分所有者の**共同の利益に反する行為をしてはならない**（区分所有法６条１項、３項）。規約に定める用途に違反して使用していることは、共同の利益に反する行為に該当するので、賃貸借契約に違反しないときでも、Ｂは規約違反の現状のままでの使用は認められない。

したがって、**正しいもの**は**肢ア・イの二つ**であり、正解は１となる。

要点整理　必要費・有益費

	必要費	有益費
内容	目的物の保存に必要な費用	目的物の価値を増加させる費用
償還時期	支出したら直ちに	契約終了時
償還額	全額	支出額または現存増加額のいずれか賃貸人が選択した方

➔ 攻略テキスト第１編15章

正解 1

定期建物賃貸借

Ａが所有するマンションの一住戸について、自らを貸主とし、借主Ｂと、期間を５年とする定期建物賃貸借契約（以下、本問において「本件契約」という。）を締結しようとする場合に関する次の記述のうち、借地借家法の規定及び判例によれば、正しいものはどれか。

1　本件契約において、相互に賃料の増減額請求をすることはできない旨の特約は無効である。

2　Ａは、本件契約を締結するに当たり、あらかじめＢに対し、本件契約期間満了後の更新はなく終了することについて、その旨を記載した書面の交付又は賃借人の承諾を得て電磁的方法で提供して説明しなければならないが、本件契約書に明確にその旨が記載され、Ｂがその内容を認識しているときは、説明をしなくてもよい。

3　本件契約の期間を６箇月とした場合においては、本件契約は期間の定めのない契約とみなされる。

4　本件契約の目的が、事業用のものであるか否かにかかわらず、公正証書による等書面又は電磁的記録によりしなければならない。

	①	②	③	④	⑤
学習日					
理解度 (○/△/×)					

解法のテクニック

定期建物賃貸借は頻出論点である。普通賃貸借との違いに注意しておこう。

1　**誤り**　**定期建物賃貸借契約**においては、賃貸人の賃料増額請求を禁止することができるだけでなく、**賃借人の賃料減額請求を禁止**することも認められている（借地借家法38条9項）。

2　**誤り**　定期建物賃貸借契約をしようとするときは、建物の賃貸人は、あらかじめ、建物の賃借人に対し、建物の賃貸借は契約の更新がなく、期間の満了により当該建物の賃貸借は終了することについて、その旨を記載した書面**を交付し、または賃借人の承諾を得て電磁的方法で提供して説明しなければならない**（借地借家法38条3項・4項）。この場合、賃借人が内容を認識していたとしても説明をしなければならない。

3　**誤り**　定期建物賃貸借契約においては、契約期間を1年未満**とすることも**可能**である**（借地借家法38条1項、29条1項）。

4　**正しい**　定期建物賃貸借契約をするには、**事業用か否かにかかわらず公正証書等の**書面**または**電磁的記録によることが必要である（借地借家法38条1項・2項）。

→ 攻略テキスト第1編16章

正解 4

借地借家法

区分所有者Aが、自己所有のマンションの専有部分甲（以下、本問において「甲」という。）をBに賃貸する場合に関する次の記述のうち、民法、借地借家法の規定及び判例によれば、正しいものはどれか。なお、AB間の賃貸借契約は、定期建物賃貸借契約ではないものとする。

1　AB間において、一定期間、賃料を増額しない旨の特約がある場合には、経済事情の変動により、当該賃料が近傍同種の建物に比較して不相当になったときでも、Aは、当該特約に定める期間、増額請求をすることができない。

2　AB間で賃貸借契約を締結し、Bが入居した後に、Aが甲を第三者Cに譲渡し、Cが移転登記をした場合でも、Cに賃貸人たる地位が移転した旨をAがBに通知しなければ、Cに賃貸人の地位は移転しない。

3　AB間の賃貸借契約において、Aからの解約は6月の予告期間を置き、Bからの解約は1月の予告期間を置けば、正当の事由の有無を問わず中途解約できる旨の特約は有効である。

4　AB間において、甲の使用目的を専らBの事務所として賃貸借する旨を賃貸借契約書に明示した場合は、借地借家法は適用されない。

	①	②	③	④	⑤
学習日					
理解度 (○/△/×)					

解法のテクニック

肢３は同趣旨の問題が、繰り返し出題されている。たとえ予告期間を設けたとしても、正当事由なしに、賃貸人が一方的に解約をすることは無効となるので注意しよう。

1 **正しい** 建物の借賃が、経済事情の変動により、または近傍同種の建物の借賃に比較して不相当となったときは、契約の条件にかかわらず、当事者は、将来に向かって建物の借賃の額の増減を請求することができる。ただし、一定の期間建物の借賃を**増額しない旨の特約**がある場合には、**その定めに従う**（借地借家法32条１項）。したがって、ＡＢ間に賃料を増額しない旨の特約があるときは、Ａは、賃料が不相当になったときでも、当該特約に定める期間は賃料の増額を請求することができない。

2 **誤り** 建物の賃貸借がなされて、賃借人が賃借権の対抗要件を備えた場合、当該建物が第三者に譲渡されたときは、**賃貸人の地位**は建物の**新所有者に当然に移転する**（民法605条の２第１項、最判昭39.8.28）。本肢のＢは専有部分の引渡しを受けているので、賃借権の対抗要件をＣの所有権移転登記よりも先に備えており、賃貸人の地位は当然にＡからＣに移転する。

3 **誤り** **賃貸人**からの建物賃貸借の**解約の申入れ**は、**正当の事由**があると認められる場合でなければ、することができない（借地借家法28条）。また、建物賃貸借契約の更新等に関する規定に反する特約で建物の**賃借人に不利な特約は無効**となる（借地借家法30条）。したがって、賃貸人Ａから正当事由の有無を問わずに中途解約できる旨の特約は、賃借人にとって不利な特約であり、無効である。

4 **誤り** 借地借家法は、**建物の賃貸借であれば適用され**、建物の用途によって違いはない。したがって、事務所として賃貸借する場合でも、借地借家法が適用される。

➔ 攻略テキスト第１編16章

正解 1

定期建物賃貸借

区分所有者であるＡが、自己所有のマンションの専有部分を、居住目的で、借主であるＢと期間３年の定期建物賃貸借契約（以下、本問において「本件契約」という。）を締結した場合に関する次の記述のうち、民法及び借地借家法の規定によれば、正しいものはどれか。

1　賃貸借は諾成契約であるので、本件契約の締結には、当事者の口頭による合意があれば足り、書面又は電磁的記録の作成は不要である。

2　Ａは、本件契約の締結に先立って、Ｂに対し、当該賃貸借は契約の更新がなく、契約期間の満了により終了することについて、その旨を記載した書面を交付し、又は賃借人の承諾を得て電磁的方法により提供して説明しなければならない。

3　Ａは、本件契約の期間が満了する１年前から６月前までの間に、Ｂに対し、本件契約が終了する旨の通知をしなければならず、この通知は書面でしなければ効力を生じない。

4　本件契約の期間が満了する前に、Ｂが死亡した場合、Ｂに相続人がいる場合でも、本件契約は終了する。

	①	②	③	④	⑤
学習日					
理解度 (○/△/×)					

解法のテクニック

定期建物賃貸借独自の規定について覚えよう。肢１は頻出論点である。契約は書面であればよく、公正証書でなくてもよいことにも注意しよう。

1　**誤り**　定期建物賃貸借をする場合、**公正証書等の書面または電磁的記録に**よって契約をするときに限り、契約の更新がないこととする旨を定めることができる（借地借家法38条１項・２項）。契約は公正証書でする必要はないが、何らかの書面か電磁的記録である必要があるので、**口頭での合意は無効**である。

2　**正しい**　定期建物賃貸借をしようとするときは、建物の賃貸人は、あらかじめ、建物の賃借人に対し、契約の更新がなく、期間の満了により当該建物の賃貸借は終了することについて、その旨を記載した**書面を交付し、または賃借人の承諾を得て電磁的方法により提供して説明しなければならない**（借地借家法38条３項・４項）。

3　**誤り**　定期建物賃貸借において、期間が１年以上である場合、建物の賃貸人は、**期間の満了の１年前から６ヵ月前まで**の間に、建物の賃借人に対し期間の満了により建物の賃貸借が終了する旨の通知をしなければ、その終了を建物の賃借人に対抗できない（借地借家法38条６項）。しかし、**この通知については書面によることとはされていない。**

4　**誤り**　**賃借人の死亡**は、賃貸借契約の終了原因とはされていない。そして、相続人は、相続開始の時から、被相続人の財産に属した一切の権利義務を承継する（民法896条本文）。したがって、賃借人Ｂの相続人は、賃借権を承継することになるので、賃貸借契約は終了しない。

➔ 攻略テキスト第１編16章

正解 2

借地借家法

区分所有者が、自己所有のマンションの専有部分を賃貸しようとする場合に、管理業務主任者が当該区分所有者に説明した内容についての次の記述のうち、借地借家法の規定によれば、誤っているものはどれか。

1　契約期間の更新がない定期建物賃貸借契約を締結する場合は、契約内容を明記した書面又は電磁的記録によってしなければなりませんが、必ずしも公正証書による必要はありません。

2　法人に賃貸する場合でも、借地借家法が適用されます。

3　定期建物賃貸借契約でない契約において、1年未満の契約期間を定めたときは契約期間1年の賃貸借契約とみなされることになります。

4「賃貸人が、自己使用の必要性があるときは、6箇月の予告期間を置けば、期間内解約ができる」旨の特約は無効です。

	①	②	③	④	⑤
学習日					
理解度 (○/△/×)					

解法のテクニック

一般の借家契約と定期建物賃貸借契約の相違点に注意しよう。定期建物賃貸借では契約書面等が必要な点、法律上、借主からの中途解約が認められる点等がよく出題されるので注意しよう。

1 **正しい** 期間の定めがある建物の賃貸借をする場合、公正証書による等書面または電磁的記録によって契約をするときに限り、契約の更新がないこととする旨を定めることができる（借地借家法38条1項）。この場合の公正証書は例示であるので、契約は書面または電磁的記録でさえあればよく、必ずしも公正証書による必要はない。

2 **正しい** 借地借家法が適用される当事者について適用対象を限定する規定はない。したがって、法人に賃貸する場合であっても、借地借家法は適用される。

3 **誤り** 定期建物賃貸借契約でない契約において、期間を1年未満とする建物の賃貸借は、期間の定めがない建物の賃貸借とみなされる（借地借家法29条1項）。なお、定期建物賃貸借契約では、1年未満の契約期間も定めることができる（借地借家法38条1項）。

4 **正しい** 建物の賃貸人による建物の賃貸借の解約の申入れは、建物の賃貸人および賃借人が建物の使用を必要とする事情のほか、建物の賃貸借に関する従前の経過、建物の利用状況および建物の現況、建物の賃貸人が建物の明渡しの条件としてまたは建物の明渡しと引換えに建物の賃借人に対して財産上の給付をする旨の申し出をした場合におけるその申し出を考慮して、正当事由がなければ、することができない（借地借家法28条）。本肢の、「賃貸人が、自己使用の必要性があるときは、6カ月の予告期間を置けば、期間内解約ができる」旨の特約は、上記の事由を考慮せず賃貸人に解約を認める特約であり、賃借人に一方的に不利な特約であり無効となる（借地借家法30条）。

➔ 攻略テキスト第1編16章

正解 3

過 R4－3

請負

重要度 A
難易度 易

マンションの管理組合Aが、施工会社Bとの間で締結したリフォーム工事の請負契約に関する次の記述のうち、民法の規定によれば、適切なものはいくつあるか。

ア　Aは、Bとの別段の合意がない限り、Bに対し、仕事に着手した時に報酬の全額を支払わなければならない。

イ　Aは、仕事が完成した後でも、Bに生じた損害を賠償して請負契約を解除することができる。

ウ　Bの行ったリフォーム工事に契約不適合がある場合、Aは、その不適合を知った時から1年以内にその旨をBに対して通知しなければ、履行の追完の請求をすることができない。

エ　請負契約が仕事の完成前に解除された場合であっても、Bが既にしたリフォーム工事によってAが利益を受けるときは、Bは、Aが受ける利益の割合に応じて報酬を請求することができる。

1　一つ
2　二つ
3　三つ
4　四つ

	①	②	③	④	⑤
学習日					
理解度 (○/△/×)					

解法のテクニック

請負の基本論点からの出題である。令和２年民法改正で追加された肢ウの契約不適合責任と肢エの割合的報酬請求権に注意しておこう。

ア　**不適切**　報酬は、仕事の目的物の**引渡しと同時**に、支払わなければならない。ただし、物の**引渡しを要しないとき**は、**仕事が完成したとき**に、支払わなければならない（民法633条、民法624条）。したがって、仕事に着手した時に報酬を支払う義務はない。

イ　**不適切**　請負人が**仕事を完成しない間**は、注文者は、**いつでも損害を賠償して契約の解除をすることができる**（民法641条）。仕事が完成した後は、解除することはできない。

ウ　**適切**　請負人が種類または品質に関して契約の内容に適合しない仕事の目的物を注文者に引き渡した場合に、注文者がその不適合を**知った時から１年以内**にその旨を請負人に**通知**しないときは、注文者は、その不適合を理由として、**履行の追完の請求、報酬の減額の請求、損害賠償の請求**および**契約の解除をすることができない**（民法637条１項）。

エ　**適切**　①注文者の責めに帰することができない事由によって仕事を完成することができなくなったとき、または②**請負契約が仕事の完成前に解除された**ときは、請負人が既にした仕事の結果のうち**可分な部分の給付**によって**注文者が利益を受ける**ときは、その部分を仕事の完成とみなす。この場合、請負人は、**注文者が受ける利益の割合に応じて報酬を請求することができる**（民法634条）。

したがって、**適切なものは肢ウ・エの二つ**であり、正解は２となる。

→ 攻略テキスト第１編17章

正解 2

請負契約

マンションの区分所有者Aは、リフォーム会社Bとの間で、住戸内の浴室をリフォームする内容の請負契約（以下、本問において「本件契約」という。）を締結したが、この場合に関する次の記述のうち、民法の規定によれば、誤っているものはどれか。

1　Bの施工ミスにより浴室から水漏れが生じていても、修補が可能な場合には、AはBに対して、直ちに代金減額請求をすることはできない。

2　Bの工事完成前に、Aが破産手続開始の決定を受けたときは、B又は破産管財人は、本件契約の解除をすることができる。

3　Bが本件契約内容に適合した工事を完成させた場合であっても、Aは、Bに生じる損害を賠償すれば、本件契約の解除をすることができる。

4　Bの工事完成後に、完成品に本件契約内容との不適合があることをAが知った場合には、AはBに対し、その時から1年以内にその旨を通知しなければ、追完請求としての修補請求をすることはできない。

	①	②	③	④	⑤
学習日					
理解度（○/△/×）					

解法のテクニック

請負契約の契約不適合責任は、令和２年の重要改正点である。注文者の責任の内容等について、また問われる可能性が高いので、注意しておこう。

1 **正しい** 引き渡された目的物が**種類、品質**に関して**契約の内容に適合しないもの**であるときは、注文者が請負人に対し、原則として、相当の期間を定めて**履行の追完の催告**をし、その**期間内に履行の追完がない**ときは、注文者は、その不適合の程度に応じて**報酬（請負代金）の減額を請求することができる**（民法563条１項、民法559条）。したがって、直ちに代金減額請求することはできない。

2 **正しい** 注文者（A）が**破産手続開始の決定を受けた**ときは、**請負人**（B）または**破産管財人**は、契約の**解除をすることができる**（民法642条１項本文）。

3 **誤り** 請負人が**仕事を完成しない間**は、注文者は、いつでも**損害を賠償**して**契約の解除をすることができる**（民法641条）。したがって、Bが工事を完成させている本肢では、Aは契約を解除することができない。

4 **正しい** 請負人が**種類**または**品質**に関して**契約の内容に適合しない**仕事の目的物を注文者に引き渡した場合、注文者がその不適合を**知った時から**１年**以内**にその旨を請負人に**通知**しないときは、原則として、注文者は、その不適合を理由として、**履行の追完の請求、報酬の減額の請求、損害賠償の請求**及び**契約の解除**を**することができない**（民法637条）。

仕事の目的物を注文者に引き渡した時において、請負人が契約内容の不適合を知り、または重大な過失によって知らなかったときは、請負人は責任を免れません。

➔ 攻略テキスト第１編17章

正解 3

委任

委任契約に関する次の記述のうち、民法の規定によれば、最も適切なものはどれか。

1　受任者は、委任が終了した後に、遅滞なくその経過及び結果を報告すればよく、委任者の請求があっても委任事務の処理の状況を報告する義務はない。

2　受任者は、特約がなければ、委任者に対して報酬を請求することができない。

3　委任者は、受任者に不利な時期には、委任契約を解除することができない。

4　受任者が報酬を受けるべき場合、履行の中途で委任が終了したときには、受任者は、委任者に対し、既にした履行の割合に応じた報酬についても請求することはできない。

	①	②	③	④	⑤
学習日					
理解度 (○/△/×)					

解法のテクニック

肢４は令和２年民法改正点である。履行の割合に応じて報酬を請求できる点に注意しよう。

1　**不適切**　受任者は、委任者の請求があるときは、いつでも委任事務の処理の状況を報告し、委任が終了した後は、遅滞なくその経過および結果を報告しなければならない（民法645条）。したがって、委任者の請求があるときも、委任事務の処理の状況を報告しなければならない。

2　**最も適切**　受任者は、特約がなければ、委任者に対して報酬を請求することができない（民法648条１項）。

3　**不適切**　委任は、各当事者がいつでもその解除をすることができる（民法651条１項）。そして、①相手方に不利な時期に委任を解除したとき、または②委任者が受任者の利益（専ら報酬を得ることによるものを除く）をも目的とする委任を解除したときは、相手方の損害を賠償しなければならない（民法651条２項）。したがって、損害賠償の必要はあるが、相手方に不利な時期に委任契約を解除することもできる。

4　**不適切**　受任者が報酬を受けることができる特約を定めた場合に、受任者は、①委任者の責めに帰することができない事由によって委任事務の履行をすることができなくなったとき、または②委任が履行の中途で終了したときは、既にした履行の割合に応じて報酬を請求することができる（民法648条３項）。

➔ 攻略テキスト第１編17章

正解 2

委任

区分所有法に定める管理者の権利義務に関する次の記述のうち、民法及び区分所有法の規定によれば、誤っているものはどれか。

1　管理者が、職務を行うに当たって費用を要するときであっても、区分所有者に対して、その費用の前払を請求することはできない。

2　管理者は、その職務上受け取った金銭その他の物を区分所有者に引き渡さなければならない。

3　管理者は、その職務を行うに当たって必要と認められる費用を支出したときは、区分所有者に対して、その費用及び支出の日以後におけるその利息の償還を請求することができる。

4　管理者が、その職務を行うため自己に過失なく損害を受けたときは、区分所有者に対して、その賠償を請求することができる。

	①	②	③	④	⑤
学習日					
理解度 (○/△/×)					

解法のテクニック

民法の委任の規定の問題である。管理者の権利義務については、委任に関する規定に従うとされているので、区分所有法だけでなく、民法の委任についても注意しておこう。

1 **誤り** 区分所有法および規約に定めるもののほか、管理者の権利義務は、委任に関する規定に従うとされている（区分所有法28条）。そして、民法では、委任事務を処理するについて費用を要するときは、委任者は、受任者の請求により、その前払いをしなければならないとしている（民法649条）。したがって受任者である管理者は、費用の前払を請求することができる。

2 **正しい** 受任者は、委任事務を処理するに当たって受け取った金銭その他の物を委任者に引き渡さなければならない（民法646条1項）。したがって受任者である管理者は、職務上受け取った金銭その他の物を区分所有者に引き渡さなければならない。

3 **正しい** 受任者は、委任事務を処理するのに必要と認められる費用を支出したときは、委任者に対し、その費用および支出の日以後におけるその利息の償還を請求することができる（民法650条1項）。したがって受任者である管理者は、委任者である区分所有者に対し、支出した費用および支出の日以後におけるその利息の償還を請求することができる。

4 **正しい** 受任者は、委任事務を処理するため自己に過失なく損害を受けたときは、委任者に対し、その賠償を請求することができる（民法650条3項）。したがって、受任者である管理者は、委任者である区分所有者に対して、その賠償を請求することができる。

要点整理 受任者・委任者の義務

受任者の義務	委任者の義務
①事務処理についての善管注意義務 ※有償・無償に左右されない。 ②委任事務処理の報告義務 ③受取物・果実の引渡義務 ④取得権利の移転義務	①報酬支払義務（特約がある場合） ②費用前払い義務 ③費用償還義務

➔ 攻略テキスト第1編17章

正解 1

委任

委任に関する次の記述のうち、民法の規定によれば、誤っているものはどれか。なお、委任者は受任者に対し報酬を支払う旨の特約があるものとする。

1　受任者は、自己の責任により委任事務の履行をすることができなくなったときは、既にした履行の割合に応じて報酬を請求することができない。
2　委任事務の履行により得られる成果に対して報酬を支払うことを約した場合において、その成果が引渡しを要するときは、報酬は、その成果の引渡しと同時に、支払わなければならない。
3　委任は、各当事者がいつでもその解除をすることができるが、委任者が受任者の利益をも目的とする委任を解除したときは、相手方の損害を賠償しなければならない。
4　委任者の責任によって委任事務を継続することができなくなった場合、委任者は、報酬の全額の支払を拒むことができない。

	①	②	③	④	⑤
学習日					
理解度 (○/△/×)					

解法のテクニック

委任の令和２年の民法改正点からの出題である。報酬の支払関連の規定が整理されたので、確認しておこう。

1　**誤り**　受任者は、次に掲げる場合には、**既にした履行の割合**に応じて報酬を請求することができる（民法648条３項）。

①**委任者の責めに帰することができない事由**によって委任事務の履行をすることができなくなったとき。
②委任が**履行の中途で終了した**とき（受任者に帰責性があっても）。

ただし、②の場合で、受任者に帰責性があるときは、委任者から損害賠償請求を受ける可能性があります。

2　**正しい**　委任事務の履行により得られる**成果に対して報酬を支払う**ことを約した場合において、その成果が引渡しを要するときは、報酬は、その成果の**引渡しと同時**に、支払わなければならない（民法648条の２第１項）。

3　**正しい**　委任は、各当事者が**いつでも**その**解除をすることができる**が、次に掲げる場合には、相手方の損害を賠償しなければならない（民法651条１項・２項）。ただし、やむを得ない事由があったときは、この限りでない。

①相手方に**不利な時期**に委任を解除したとき。
②委任者が**受任者の利益**（専ら報酬を得ることによるものを除く）をも目的とする委任を解除したとき。

建物の管理を無償で行う代わりに、受任者は建物の賃借人から支払われた保証金を利用して利益を上げることができるという管理委託契約を委任者が解除する場合は、上記②に該当し、委任者は受任者に損害を賠償しなければならないという判例があります（最判昭56.1.19）。

4　**正しい**　**債権者（委任者）の責めに帰すべき事由**によって債務を履行することができなくなったときは、債権者は、**反対給付（報酬全般の支払）の履行を拒むことができない**（民法536条２項）。

➔ 攻略テキスト第１編17章

正解 1

使用貸借

マンション管理組合A（以下本問において「A」という。）とマンション管理業者B（以下本問において「B」という。）との間で管理委託契約（以下本問において「本件契約」という。）が締結されたが、同契約において、Bに管理事務を行わせるためAに帰属する管理事務室（以下本問において「本件管理事務室」という。）を無償で使用させる旨が定められている場合に関する次の記述のうち、民法の規定によれば、正しいものはどれか。

1　本件管理事務室の使用は無償であるため、Aは、Bに対して、いつでも本件管理事務室の返還を請求することができる。

2　本件管理事務室の使用期間を1年未満と定めることはできず、1年未満の期間の定めをしたときは、期間の定めのないものとみなされる。

3　本件契約に別段の定めがない限り、本件管理事務室の通常の必要費については、Aが負担する。

4　Aは、本件契約の本旨に反する本件管理事務室の使用によって損害が生じた場合、Bに対し、その賠償請求をすることができるが、本件管理事務室の返還を受けたときには、その時から1年以内に請求しなければならない。

	①	②	③	④	⑤
学習日					
理解度 (○/△/×)					

解法のテクニック

本問は、無償で使用しているという点がポイントである。これにより賃貸借ではなく、使用貸借であることに気付かなければならない。
使用貸借は過去出題されている論点であるので、本問の論点はしっかり覚えておこう。

1　**誤り**　本問の管理事務室を無償で使用させる契約は、使用貸借に該当する（民法593条）。そして、使用貸借契約においては、借主は、使用貸借の期間を定めたときは、**期間満了で使用貸借契約は終了するので、借用物の返還をしなければならず、使用貸借の期間を定めなかったとき**は、原則として、契約に定めた目的に従い使用および収益を終わった時に使用貸借契約は終了するので、返還をしなければならない（民法597条１項・２項）。本件契約では管理事務を行うためという目的が定められているので、その目的に従った使用収益が終わった時に使用貸借は終了し、管理事務室の返還を請求することになる。いつでも返還の請求をすることはできない。

2　**誤り**　使用貸借契約には**借地借家法の適用は**ない。したがって、期間を１年未満とすることも可能である（借地借家法29条１項参照）。

3　**誤り**　使用貸借の借主**は、借用物の**通常の必要費を負担する（民法595条１項）。したがって、本問においては、無償で使用しているＢが本件管理事務室の通常の必要費を負担することになる。

4　**正しい**　契約の本旨に反する使用または収益によって生じた**損害の賠償および借主が支出した費用の償還**は、貸主が返還を受けた時から１年以内に請求しなければならない（民法600条１項）。

要点整理　使用貸借の特徴

①片務・無償・諾成契約である
②借主が通常の必要費を負担する
③借主の死亡で終了し、使用借権は相続されない
④使用貸借の期間を定めたとき：期間の満了により終了
使用貸借の期間を定めなかったとき：使用収益の目的を定めたときは、借主が目的に従い使用収益を終えることで終了

➔ 攻略テキスト第１編17章

正解 4

贈与契約

Aは、自己の所有するマンション（マンション管理適正化法第２条第１号に規定するものをいう。以下同じ。）の一住戸甲（以下、本問において「甲」という。）をBに贈与する契約を締結した。この場合に関する次の記述のうち、民法の規定及び判例によれば、誤っているものはどれか。

1　贈与契約は無償であるから、ＡＢ間で甲に存在する欠陥についてＡは担保責任を負う旨の特約がある場合でも、甲を贈与の目的として特定した時の状態で引き渡せば、甲に存在した欠陥についてＡは契約不適合責任を負わない。

2　ＡＢ間の贈与契約が書面でなされた場合において、その贈与契約の効力がＡの死亡によって生じるものとされていたときは、遺贈の規定が準用されるから、Ａはいつでもこの贈与契約を書面で撤回することができる。

3　ＡＢ間の贈与契約が口頭でなされた場合において、甲をＢに引き渡した後は、Ｂに所有権移転登記をする前であっても、Ａは、贈与契約を解除することができない。

4　ＡＢ間の贈与契約が書面でなされた場合において、ＡＢ間の贈与契約の内容に、ＢがＡを扶養する旨の負担が付いていたときは、Ｂが契約で定められた扶養を始めない限り、Ａは、甲の引渡しを拒むことができる。

	①	②	③	④	⑤
学習日					
理解度（○/△/×）					

解法のテクニック

贈与は過去１度出題されているが、マイナー論点である。本問の論点は一応確認をしておこう。

1　**誤り**　贈与者は、贈与の目的である物または権利を、贈与の目的として特定した時の状態で引き渡し、または移転することを約したものと推定する（民法551条１項）。この規定は推定規定であるから、当事者間でこれと異なる特約がされている場合には、特約の方が優先される。

2　**正しい**　贈与者の死亡によって効力を生ずる贈与については、その性質に反しない限り、遺贈に関する規定が準用される（民法554条）ので、贈与者は、いつでも、その死因贈与の全部又は一部を撤回することができる（民法1022条）。

3　**正しい**　書面によらない贈与は、各当事者が解除することができる。ただし、履行の終わった部分については、解除できない（民法550条）。そして、不動産の引渡しまたは所有権移転登記のいずれかがなされれば、履行は終わったとされる（大判昭2.12.17、最判昭40.3.26）。

4　**正しい**　負担付贈与については、その性質に反しない限り、双務契約に関する規定を準用する（民法553条）。したがって、ＡはＢが契約で定められた扶養を始めない限り、同時履行の抗弁権を主張し、甲の引渡しを拒むことができる。

➡ 攻略テキスト第１編17章

正解 1

不法行為

マンションにおける不法行為責任に関する次の記述のうち、民法の規定によれば、適切なものはいくつあるか。

ア　マンション管理業者は、自らが雇用する管理員が、その業務の執行について第三者に損害を加えたときは、当該管理員個人に不法行為が成立しなくても、使用者責任を負う場合がある。

イ　マンション管理業者は、自らが雇用する管理員が、その業務の執行について第三者に損害を加えた場合、使用者責任に基づいて当該第三者に対してその賠償をしたときでも、当該管理員に対して求償権を行使することは認められない。

ウ　マンションの専有部分にある浴室から水漏れが発生し、階下の区分所有者に損害が生じた場合、当該専有部分に居住する区分所有者は、その損害を賠償する責任を負うが、水漏れの原因が施工会社の責任によるときは、当該施工会社に対して求償権を行使することができる。

エ　マンションの共用部分の修繕工事を請け負った施工会社が、その工事について第三者に損害を加えた場合に、注文者である当該マンションの管理組合は、注文又は指図について過失がない限り、損害を賠償する責任を負わない。

1　一つ
2　二つ
3　三つ
4　四つ

	①	②	③	④	⑤
学習日					
理解度 (○/△/×)					

解法のテクニック

使用者責任の成立要件は繰り返し出題されている。今後も出題が予想されるので、肢アの①～⑤の要件を覚えておこう。

ア **不適切** 使用者責任が成立するためには、次の要件をすべて満たす必要がある。①使用者と被用者の間に使用関係があること、②被用者が第三者へ加害したこと、③被用者が一般の不法行為の成立要件を備えていること、④被用者による加害が「事業の執行について」なされること、⑤使用者が被用者の選任およびその事業の監督について相当の注意をしたとき、または相当の注意をしても損害が生ずべきであったときではないこと（民法715条1項）。

したがって、被用者である管理員個人に不法行為が成立しない場合、上記の③の要件を満たしていないことから、マンション管理業者は、使用者責任を負わない。

イ **不適切** 使用者責任については、使用者または監督者から被用者に対する求償権の行使を妨げない（民法715条3項）。したがって、マンション管理業者が、使用者責任に基づいて当該第三者に対してその賠償をしたときは、当該管理員に対して求償権を行使することが認められる。

ウ **適切** 土地の工作物の設置または保存に瑕疵があることによって他人に損害を生じたときは、その工作物の所有者は、被害者に対してその損害を賠償する責任を負う（民法717条1項・2項）。そして、損害の原因について他にその責任を負う者があるときは、所有者は、その者に対して求償権を行使することができる（同3項）。

エ **適切** 注文者は、請負人がその仕事について第三者に加えた損害を賠償する責任を負わない。ただし、注文または指図についてその注文者に過失があったときは、この限りでない（民法716条）。

したがって、適切なものは肢ウ・エの二つであり、正解は2となる。

➔ 攻略テキスト第1編18章

正解 2

不法行為

マンションにおいて不法行為が発生した場合に関する次の記述のうち、民法及び区分所有法の規定並びに判例によれば、正しいものはどれか。

1　マンション甲の管理組合法人でない管理組合Ａから甲の外壁の修繕工事を依頼された施工会社Ｂの従業員Ｃが、建物の周囲に足場を組んでいたところ、その部品が外れて落下し、通行人Ｄが負傷した場合には、Ａが損害賠償責任を負う。

2　マンション乙の外壁のタイルが落下し、通行人Ｅが負傷した場合には、管理組合法人ＦがＥに対して負う損害賠償債務は、ＥがＦに損害賠償を請求した時点で履行遅滞になる。

3　マンション丙において、区分所有者Ｇが所有し、現に居住している専有部分に設置又は保存に瑕疵（かし）があり、それにより他人に損害が発生した場合には、当該瑕疵が丙の建築工事を請負った施工会社Ｈの過失によるものであっても、Ｇは損害賠償責任を免れない。

4　マンション丁において、区分所有者Ｉの17歳の子Ｊが、丁の敷地内を自転車で走行中に不注意で他の区分所有者Ｋに衝突し、Ｋが負傷した場合には、ＫはＩに対して損害賠償を請求することはできるが、Ｊに対しては、原則として損害賠償を請求できない。

	①	②	③	④	⑤
学習日					
理解度 (○/△/×)					

解法のテクニック

不法行為の論点は、肢1の注文者の責任や肢3の土地工作物責任のような特殊な不法行為からだけでなく、肢4の責任能力のような不法行為全般の要件も問われている。幅広く学習しておこう。

1　**誤り**　注文者は、請負人がその仕事について第三者に加えた損害を賠償する責任を負わない（民法716条）。したがって、注文者であるAは損害賠償責任は負わない。

なお、注文又は指図についてその注文者に過失があったときは、注文者も責任を負います。

2　**誤り**　不法行為に基づく損害賠償債務は、なんらの催告を要することなく、損害の発生と同時に遅滞に陥る（最判昭37.9.4）。

3　**正しい**　土地の工作物（マンション等）の設置または保存に瑕疵があることによって他人に損害を生じたときは、その工作物の所有者はその損害を賠償しなければならない（民法717条1項）。そして、この所有者の責任は無過失責任であるから、区分所有者Gは、瑕疵が施工会社Hの過失によるものであったときでも損害賠償責任を免れない。

4　**誤り**　未成年者は、他人に損害を加えた場合において、自己の行為の責任を弁識するに足りる知能（責任能力）を備えていなかったときは、その行為について賠償の責任を負わない（民法712条）。一般的には12歳ぐらい（小学校卒業程度）を基準として責任能力の有無が判断されるので、本肢の17歳のJは責任能力を有していると考えられる。したがって、KはJに対しても損害賠償を請求することができる。

➔ 攻略テキスト第1編18章

正解 3

58 不法行為

過 R1－3

重要度 A
難易度 普

不法行為に関する次の記述のうち、民法の規定及び判例によれば、正しいものはどれか。

1　債権が悪意による不法行為によって生じたときは、被害者は、加害者の反対債権が金銭債権の場合であっても、相殺をもってその加害者に対抗することができない。

2　土地の工作物の設置又は保存に瑕疵があり、それによって他人に損害を生じた場合において、当該工作物の占有者及び所有者は、その損害の発生を防止するのに必要な注意をしたときは、その損害を賠償する責任を負わない。

3　被害者に対する加害行為とその加害行為の前から存在した当該被害者の疾患がともに原因となり損害が発生した場合において、加害者にその損害の全部を賠償させるのが公平を失するときは、裁判所は、その加害行為の前から存在した当該被害者の疾患を考慮して、損害賠償の額を定めることができる。

4　不法行為により被害者が死亡した場合において、当該被害者の父母は、非財産的損害については、加害者に対して、賠償請求をすることができない。

	①	②	③	④	⑤
学習日					
理解度 (○/△/×)					

解法のテクニック

不法行為に関する基本的な論点である。肢3の判例はやや細かいが、公平性の観点から、疾患を考慮した損害賠償額にすることができると考えよう。

1　**誤り**　①悪意による不法行為に基づく損害賠償の債務または②人の生命または身体の侵害による損害賠償の債務の**債務者**（加害者）は、**相殺**をもって債権者に**対抗することができない**（民法509条）。本肢では、債権者である**被害者からの相殺**であるから、債務者である加害者に**対抗することができる**。

2　**誤り**　土地の工作物の設置または保存に瑕疵があることによって他人に損害を生じたときは、その工作物の占有者は、被害者に対してその損害を賠償する責任を負う。ただし、占有者が**損害の発生を防止するのに必要な注意**をしたときは、**所有者**がその**損害を賠償しなければならない**（民法717条1項）。所有者は、損害の発生を防止するのに必要な注意をしても免責されない（所有者の無過失責任）。

3　**正しい**　被害者に対する加害行為と**加害行為**前から存在した**被害者の疾患**がともに原因となって損害が発生した場合において、当該疾患の態様、程度などに照らし、加害者に損害の全部を賠償させるのが公平を失するときは、裁判所は、損害賠償の額を定めるに当たり、過失相殺の規定を類推適用して、**被害者の疾患を考慮することができる**（最判平4.6.25）。

4　**誤り**　他人の生命を侵害した者は、**被害者の父母**、配偶者及び子に対しては、その**財産権**が**侵害**されなかった場合においても、**損害の賠償**をしなければならない（民法711条）。

例えば、加害者は被害者の父母等に精神的損害による慰謝料を支払わなければならないのです。

→ 攻略テキスト第1編18章

正解 3

不法行為

不法行為に関する次の記述のうち、民法の規定及び判例によれば、正しいものはどれか。

1　不法行為の時点で胎児であった被害者は、出生後、加害者に対して財産的損害の賠償を請求することはできない。

2　不法行為による慰謝料請求権は、被害者がこれを行使する意思を表明し、又はこれを表明したと同視すべき状況にあったときはじめて相続の対象となる。

3　使用者が被用者の選任及びその事業の監督について相当の注意をしたこと、又は相当の注意をしても損害が生ずべきであったことを証明できなければ、被用者に故意又は過失がなくても、使用者は、被用者がその事業の執行につき第三者に加えた損害を賠償しなければならない。

4　土地の工作物の設置又は保存に瑕疵（かし）があることによって他人に損害を生じたときは、その工作物の占有者がその損害を賠償する責任を負うが、当該占有者が損害の発生を防止するのに必要な注意をしたときは、所有者がその損害を賠償しなければならない。

	①	②	③	④	⑤
学習日					
理解度 (○/△/×)					

解法のテクニック

肢１・肢２は初出題の論点である。ただし、肢１は胎児に慰謝料請求権がないとすると、不法行為の直後に出生した子は慰謝料請求ができなくなってしまい、不公平であるとイメージして解答してほしい。また、肢２は事故の被害者が即死した場合をイメージできれば、行使する意思を表明していないと慰謝料請求権が相続されないのは不合理と考えられると思う。

1　**誤り**　胎児は、原則として権利能力を有しないが、例外として、不法行為による損害賠償の請求権については、既に生まれたものとみなされて、その権利が認められている（民法721条）。したがって、出生後、胎児についても加害者に対して財産的損害の賠償請求が認められる。

2　**誤り**　不法行為による慰謝料請求権は、被害者が生前にこれを行使する意思を表明し、または表明したと同視すべき状況になくても、当然に相続の対象となる（最判昭42.11.1）。

3　**誤り**　使用者責任の成立要件として、被用者に故意または過失があることが必要である（民法715条１項）。したがって、被用者に故意または過失がなければ、使用者責任は発生せず、第三者に加えた損害を賠償する必要はない。

4　**正しい**　土地の工作物の設置または保存に瑕疵があることによって他人に損害を生じたときは、その工作物の占有者は、被害者に対してその損害を賠償する責任を負う。ただし、占有者が損害の発生を防止するのに必要な注意をしたときは、所有者がその損害を賠償しなければならない（無過失責任：民法717条１項）。

➔ 攻略テキスト第１編18章

正解 4

60 不法行為

過 H29－2

重要度 A
難易度 普

甲マンション（以下、本問において「甲」という。）において生じた不法行為に関する次の記述のうち、民法、区分所有法の規定及び判例によれば、正しいものはどれか。

1　甲の管理組合法人の防災担当理事Ａが、過失により防災訓練実施中に区分所有者Ｂにけがをさせた場合、甲の管理組合法人とともにＡもＢに対して損害賠償責任を負う。

2　甲の管理組合法人から設備点検を受託している設備会社Ｃの従業員が、過失により甲の施設を点検中に設備を損傷した場合、Ｃは、その従業員の選任及び監督について過失がなかったときでも、甲に生じた損害について損害賠償責任を負う。

3　甲の区分所有者Ｄが、過失により浴室から漏水させ、階下の区分所有者Ｅに損害を与えた場合、ＥがＤに対して損害賠償請求をした時からＤは遅滞の責任を負う。

4　甲の大規模修繕工事に際し、同工事を請け負った建設会社の従業員が、過失により建築資材を地上に落下させ、通行人が負傷した場合、甲の管理組合法人は、注文又は指図について過失がない場合でも、当該通行人に対して損害賠償責任を負う。

	①	②	③	④	⑤
学習日					
理解度 (○/△/×)					

解法のテクニック

不法行為の論点からは、特殊の不法行為から多く出題されている。どのような事例が、どの特殊の不法行為に該当するのか、また、特殊の不法行為それぞれの要件について、しっかりと覚えておこう。

1　**正しい**　管理組合法人の理事は、管理組合法人を代表する（区分所有法49条4項）。そして、**管理組合法人**は、理事がその職務を行うについて第三者に加えた損害を賠償する責任を負う（区分所有法47条10項、一般社団法人及び一般財団法人に関する法律78条）。また、この場合には、当該理事も第三者に対し、民法上の不法行為責任を負う（民法709条）。したがって、本肢では、甲の管理組合法人とともに、AもBに対して損害賠償責任を負う。

2　**誤り**　ある事業のために他人を使用する者（本肢の設備会社C）は、被用者（本肢では、Cの従業員）がその事業の執行について第三者に加えた損害を賠償する責任を負う。ただし、使用者が**被用者の選任およびその事業の監督について**相当の注意をしたとき、または**相当の注意をしても**損害が生ずべきであったときは、責任を負わない（民法715条1項）。

3　**誤り**　故意または過失によって他人の権利または法律上保護される利益を侵害した者は、これによって生じた損害を賠償する責任を負う（民法709条）。ただし、**不法行為に基づく損害賠償債務**は、何らの催告を要することなく、損害の発生と同時に遅滞に陥る（最判昭37.9.4）。なお、本問の漏水事故は、区分所有者Dの過失が原因であるから、土地工作物責任の問題にはならない。

4　**誤り**　請負契約に係る注文者は、請負人がその仕事について第三者に加えた**損害を賠償する責任を**負わない。ただし、注文または指図についてその注文者に過失があったときは、この限りでない（民法716条）。したがって、大規模修繕工事の注文者である甲の管理組合法人は、注文または指図について過失がない場合には、当該通行人に対して損害賠償責任を負わない。

要点整理　使用者責任の要件

①ある事業のために他人を使用していること。
②被用者がその事業の執行につきしたものであること。
③被用者が一般の不法行為の要件を満たしていること。
④使用者が被用者の選任および事業の監督に相当の注意をはらった、または相当の注意をはらっても損害発生を防止できないものでないこと。

➔ 攻略テキスト第1編18章

正解 1

相続

Ａが死亡した場合における相続に関する次の記述のうち、民法の規定によれば、不適切なものはいくつあるか。

ア　Ａの子Ｂが相続放棄をした場合は、Ｂの子でＡの直系卑属であるＣが、Ｂに代わって相続人となる。

イ　Ａの子Ｄに相続欠格事由が存在する場合は、Ｄの子でＡの直系卑属であるＥが、Ｄに代わって相続人となる。

ウ　Ａの遺言によりＡの子Ｆが廃除されていた場合は、Ｆの子でＡの直系卑属であるＧが、Ｆに代わって相続人となる。

エ　Ａの子ＨがＡより前に死亡し、さらにＨの子でＡの直系卑属であるＩもＡより前に死亡していた場合は、Ｉの子でＡの直系卑属であるＪが相続人となる。

1　一つ
2　二つ
3　三つ
4　四つ

	①	②	③	④	⑤
学習日					
理解度 (○/△/×)					

解法のテクニック

肢エは、直系卑属の場合、子が死亡等で相続できなければ孫が代襲相続し、孫も死亡等で代襲相続できなければ、ひ孫が再代襲相続する。これに対し、兄弟姉妹が死亡等で相続できない場合、おい・めいが代襲相続するが、おい・めいが死亡等をしていても、その下の世代には再代襲相続はされない点にも注意しておこう。

ア　**不適切**　被相続人の子（本肢のB）が、**相続の開始以前に死亡**したとき、または**相続欠格事由**に該当し、もしくは**廃除**によって、その相続権を失ったときは、**その者の子**がこれを**代襲して相続人となる**（代襲相続：民法887条2項）。しかし、相続放棄をした場合は、その者の子は、**代襲して相続人と**ならない。

イ　**適切**　肢アの解説参照。被相続人の子（本肢のD）が相続欠格事由に該当し、その相続権を失ったときは、**その者の子**（本肢のE）がこれを**代襲して相続人となる**。

ウ　**適切**　肢アの解説参照。被相続人の子（本肢のF）が廃除され、その相続権を失ったときは、**その者の子**（本肢のG）がこれを**代襲して相続人となる**。

エ　**適切**　**代襲者**（本肢のI）が、**相続の開始以前に死亡**し、または相続欠格事由に該当し、もしくは廃除によって、その代襲相続権を失った場合、**その者の子**（本肢のJ）がこれを再代襲して相続人となる（民法887条3項）。

したがって、**不適切なもの**は**肢アの一つ**であり、正解は1となる。

→ 攻略テキスト第1編19章

正解 1

相続

土地甲を所有するAが死亡した場合に、甲の相続に関する次の記述のうち、民法の規定によれば、正しいものはどれか。なお、Aには配偶者B、子C、直系尊属の父Dのみがいるものとする。

1　AとCは同乗する飛行機の墜落事故で死亡したが、AとCのどちらが先に死亡したか明らかでない場合は、Dの相続分は2分の1である。

2　Aが死亡した後に、Cが交通事故で死亡した場合には、Bのみが甲を相続する。なお、Cには配偶者及び直系卑属はいないものとする。

3　Aが死亡する前に、Cが交通事故で死亡していた場合には、Bの相続分は2分の1である。

4　BとCが法定相続分に従い甲を共同相続したが、その後、Cが甲の共有持分を放棄した場合には、その持分は国庫に帰属する。

	①	②	③	④	⑤
学習日					
理解度 (○/△/×)					

解法のテクニック

肢2はAの死亡後にCが死亡しているので、まずAの相続で誰が相続人になるのかを判断した後に、Cの相続で誰が相続人になるのかを順に考える必要がある。

1 **誤り** 数人の者が死亡した場合において、そのうちの1人が他の者の死亡後になお生存していたことが明らかでないときは、これらの者は、同時に死亡したものと推定する（民法32条の2）。そして、**相続人は相続の開始時に生存していなければならない**（同時存在の原則）ため、**同時死亡の場合**、子Cは相続開始時に生存しておらず、相続権が認められない。したがって、本肢では、**配偶者Bが3分の2、直系尊属Dが3分の1**でAを相続する（民法900条2号）。

なお、もしCに子（Aから見て孫）がいる場合は、孫がAを代襲相続することができます。

2 **正しい** 本肢では、**Aが死亡した時**に、**配偶者B**と**子C**が**それぞれ**持分2分の1の割合で、土地甲を相続する（民法900条1号）。その後、**Cが死亡した時**は、Cの直系尊属であるBのみが相続人として、**Cの有する土地甲の**持分2分の1**を相続する**（民法889条1項1号）。したがって、Bが土地甲の全てを相続することになる。

3 **誤り** 肢1の解説参照。**Aが死亡する**前にCは死亡しているので、**Cは相続人にならない**。したがって、本肢では、**配偶者Bが3分の2、直系尊属Dが3分の1**でAを相続する（民法900条2号）。

4 **誤り** 共有者の1人が、その持分を放棄したとき、または**死亡して相続人がないときは**、その持分は、他の共有者に**帰属する**（民法255条）。したがって、Cが土地甲の持分を放棄した場合、その持分はBに帰属する。

➔ 攻略テキスト第1編19章

正解 2

相続

マンションの一住戸甲（以下、本問において「甲」という。）の区分所有者A（以下、本問において「A」という。）の死亡により、法定相続人であるBとCが甲を相続分2分の1ずつで共同相続した場合に関する次の記述のうち、民法の規定及び判例によれば、正しいものはどれか。

1　BがCと協議で遺産分割をするときには、自己のために相続開始があったことを知った時から3箇月以内にしなければならない。

2　Bが、甲を単独相続するために、Aの死亡後、遺言書を偽造した場合でも、Bは、家庭裁判所がその欠格事由を認定しない限り、相続人としての資格を失わない。

3　Bが、Cに無断で甲を単独で所有する旨の登記をした上で、Dに売却し、移転登記を完了させた場合でも、Cは、自らが相続した甲の持分について、登記がなくてもDに対抗することができる。

4　Bの相続放棄によりCが甲を単独相続したが、その前に、Bが相続した甲の持分についてEが差押えをしていた場合には、CはEの権利を害することができない。

	①	②	③	④	⑤
学習日					
理解度 (○/△/×)					

解法のテクニック

肢3は共同相続と不動産の対抗要件の問題であるが、被相続人の財産（遺産）は、原則として、法律上当然に相続人に法定相続分で帰属するので、登記がなくても、第三者に対抗できると考えよう。

1 **誤り** 相続人は、自己のために相続の開始があったことを**知った時から**3ヵ月以内に、相続について、単純**もしくは**限定の承認または放棄をしなければならないが、遺産分割にはこのような制限はない（民法915条1項）。なお、共同相続人は、被相続人が遺言で禁じた場合、または共同相続人が分割しない旨の契約をした場合を除き、いつでも、その協議で、遺産の分割をすることができる（民法907条1項）。

2 **誤り** 相続に関する被相続人の遺言書を偽造し、**変造**し、**破棄**し、または**隠匿**した者は、相続人となることができない（相続人の欠格事由：民法891条5号）。そして、相続人の欠格事由に該当する場合、家庭裁判所の認定がなくても、法律上当然に相続人となることができない。

3 **正しい** Bの単独名義の登記は、Bの相続分を超える部分に関しては**無権利者の登記**であり、第三者は権利を取得できないため、他の相続人Cは登記なくして自己の相続分をDに対抗できる（最判昭38.2.22）。

4 **誤り** 相続人は、相続の放棄をした場合には**相続開始時に**さかのぼって相続開始がなかったと同じ地位に立ち、当該相続放棄の効力は、登記等の有無を問わず、何人に対してもその効力を生じる（最判昭42.1.20）。したがって、Bが相続した甲の持分についてEが差押えをしていた場合でも、Cが相続をすることができ、このときEの差押えは効力を生じない。

➔ 攻略テキスト第1編5・19章

正解 3

管理費の滞納（消滅時効等）

管理費の滞納に関する次の記述のうち、民法及び民事訴訟法によれば、最も適切なものはどれか。

1　管理組合が、管理費の滞納者に対し、滞納管理費の支払を内容証明郵便で請求した後、その時から６箇月を経過するまでの間に、再度、滞納管理費の支払を内容証明郵便で請求すれば、あらためて時効の完成猶予の効力が生じる。

2　管理費を滞納している区分所有者が死亡した場合、遺産分割によって当該マンションを相続した相続人が滞納債務を承継し、他の相続人は滞納債務を承継しない。

3　管理費の滞納者が、滞納額25万円の一部であることを明示し、管理組合に対し５万円を支払った場合には、残りの20万円については、時効の更新の効力を有する。

4　管理費の滞納者が行方不明になった場合には、管理組合は、当該滞納者に対し、滞納管理費の支払についての訴えを提起することができない。

	①	②	③	④	⑤
学習日					
理解度 (○/△/×)					

解法のテクニック

管理費の滞納対策として、時効の更新や完成猶予と民事訴訟の規定等を複合問題で出題するケースがある。どの法律を根拠に答えればよいか押さえておこう。

1　**不適切**　催告があったときは、その時から６ヵ月を経過するまでの間は、**時効は完成しない**（時効完成猶予：民法150条１項）。そして、この催告によって時効の完成が猶予されている間にされた**再度の催告**は、**時効の完成猶予の効力を有しない**（民法150条２項）。

2　**不適切**　金銭債務のような可分債務は、**法律上当然に分割**され、各相続人がその**相続分に応じてこれを承継する**（最判昭和34.6.19）。したがって滞納債務については、マンションを相続した相続人だけでなく、他の相続人も滞納債務を相続分に応じて承継する。

3　**最も適切**　債務者が**債務の一部であることを示して弁済をした**場合、**債務の全額について承認**したことになり、**債務の全額について時効が更新する**（大判大8.12.26）。したがって、管理費の滞納者が、滞納額25万円の一部であることを明示し、管理組合に対し５万円を支払った場合には、残りの20万円については、時効の更新の効力を有する。

4　**不適切**　管理費の滞納者が行方不明になった場合、管理組合は、**公示送達**により、当該滞納者に対し、滞納管理費の支払についての**訴えを提起することができる**（民事訴訟法110条１項）。

➔ 攻略テキスト第１編４・19章・第２編４章

正解 3

65 管理費の滞納（債務不履行等）

過 R4－11

重要度 A
難易度 易

管理費の滞納に対する法的手続等に関する次の記述のうち、最も適切なものはどれか。

1　管理費を滞納している区分所有者が、不可抗力により、管理費を支払うことができないときは、債務不履行に係る遅延損害金の賠償については、不可抗力をもって抗弁とすることができる。
2　管理費を滞納している区分所有者からその区分所有するマンションを購入した買主は、売主の滞納管理費債務を承継するが、当該債務に係る遅延損害金の債務は承継しない。
3　管理組合は、管理費を滞納している区分所有者に対する訴訟の目的の価額が140万円を超えない場合は、簡易裁判所に訴えを提起することができる。
4　管理組合が、管理費を滞納している区分所有者に対し、滞納管理費の支払を普通郵便により催告しても、時効の完成猶予の効力は生じない。

	①	②	③	④	⑤
学習日					
理解度（○/△/×）					

解法のテクニック

肢3は少額訴訟と間違えないようにしよう。少額訴訟以外でも簡易裁判所において訴訟をすることができ、その場合、訴訟の目的の価額が140万円を超えない請求であることが必要となる。

1　**不適切**　**金銭債務**の損害賠償については、債務者は、不可抗力**をもって抗弁とすることができ**ない（民法419条3項）。

2　**不適切**　区分所有者は、共用部分、建物の敷地もしくは共用部分以外の建物の附属施設につき他の区分所有者に対して有する債権または**規約**もしくは集会の決議に**基づき他の区分所有者に対して有する債権**について、債務者たる区分所有者の特定承継人に対しても行うことができる（区分所有法8条）。これには**遅延損害金も**含まれる。

3　**最も適切**　訴訟の目的の価額が140万円**を超えない**請求については、簡易裁判所が第一審の裁判権を有する（裁判所法33条1項1号）。したがって、訴訟の目的の価額が140万円を超えない場合は、簡易裁判所に訴えることができる。

4　**不適切**　普通郵便による催告も、民法上の催告として有効であり、**催告**の時から6ヵ月を経過するまでの間は、**時効は完成しない**（時効完成猶予：民法150条1項）。

➔ 攻略テキスト第1編4・9章・第2編4章・第3編4章

正解 3

第2編

その他取引に関する法律等

　この分野では民法との複合問題が多く出題されている。瑕疵担保責任に関連する知識・管理費の滞納対策はよく出題されているので必ずマスターしよう。

　出題数は、毎年3～4問程度であるが、民法等との複合で出題されることもある。繰り返し同じ論点が出題される分野であるから得点源にしたい。

66 宅建業法（重要事項の説明）

過 R5－45

法人である宅地建物取引業者Aが、自ら売主として、宅地建物取引業者ではない買主Bに対してマンションの一住戸の売買を行う場合に、宅地建物取引業法第35条の規定により行う重要事項の説明に関する次の記述のうち、最も適切なものはどれか。

1　AがBに対して交付する重要事項説明書に記名する宅地建物取引士は、専任の宅地建物取引士でなければならない。

2　AはBに対して、当該マンションについて、私道に関する負担がない場合であっても、これがない旨の説明をしなければならない。

3　AはBに対して、当該マンションが「土砂災害警戒区域等における土砂災害防止対策の推進に関する法律」第７条第１項により指定された土砂災害警戒区域内にない場合であっても、その旨の説明をしなければならない。

4　AはBに対して、当該住戸の台所や浴室などの設備の整備状況について、説明をしなければならない。

	①	②	③	④	⑤
学習日					
理解度（○/△/×）					

解法のテクニック

宅建業法の重要事項説明は、ほぼ毎年１問出題されている。売買と賃貸とで、重要事項が違う点に注意しよう。

1　**不適切**　宅地建物取引業者は、宅地もしくは建物の売買、交換もしくは貸借の相手方もしくは代理を依頼した者または宅地建物取引業者が行う媒介に係る売買、交換もしくは貸借の各当事者に対して、その者が取得し、または借りようとしている宅地または建物に関し、その売買、交換または貸借の**契約が成立するまでの間**に、**宅地建物取引士**をして、**重要事項**について、これらの事項を記載した**書面を交付**して**説明**をさせなければならない（宅建業法35条１項）。そして、この書面の交付に当たっては、宅地建物取引士は、当該書面に記名しなければならない（宅建業法35条５項）。この書面への記名は宅地建物取引士であればよく、**専任の宅地建物取引士でなくてもできる**。

2　**最も適切**　建物の貸借の契約以外のものであるときは、宅地建物取引士は、**私道に関する負担に関する事項**を説明しなければならない（宅建業法35条１項３号）。そして、私道に関する負担がない場合であっても、これがな**い旨の説明**をしなければならない。

3　**不適切**　宅地建物取引士は、建物が「土砂災害警戒区域等における土砂災害防止対策の推進に関する法律により指定された**土砂災害警戒区域内にあるときは**、その旨」を説明しなければならない（宅建業法施行規則16条の４の３第２号）。

4　**不適切**　宅地建物取引士は、**建物の貸借の契約**にあっては、「**台所、浴室、便所その他の当該建物の設備の整備の状況**」を説明しなければならない（宅建業法施行規則16条の４の３第７号）。しかし、建物（マンション）の売買契約のときは、台所、浴室、便所その他の当該建物の設備の整備の状況を説明する必要はない。

➔ 攻略テキスト第２編１章

正解 2

67 宅建業法（重要事項の説明）

過 R3－45

宅地建物取引業者Ａが自ら売主としてマンションの一住戸の売買を行う場合、宅地建物取引業法第35条の規定に基づく重要事項の説明に関する次の記述のうち、最も適切なものはどれか。なお、説明の相手方は宅地建物取引業者ではないものとする。

1　Ａは、「水防法施行規則」第11条第１号の規定により当該マンションが所在する市町村の長が提供する図面に当該マンションの位置が表示されているときは、当該図面における当該マンションの所在地を買主に説明しなければならない。

2　Ａは、当該マンションについて、石綿の使用の有無を買主に説明するために、自らその調査を行わなければならない。

3　Ａは、当該マンションが既存の建物である場合には、当該マンションについて、建物状況調査結果の概要を記載した書面で、買主に説明するために、自らその調査を実施しなければならない。

4　Ａは、台所、浴室、便所その他の当該住戸の設備の整備の状況について、記載した書面で、買主に説明しなければならない。

	①	②	③	④	⑤
学習日					
理解度 (○/△/×)					

解法のテクニック

肢2・3の「宅建業者が自ら調査する」というひっかけは、耐震診断の結果について重要事項説明をする問題でも使用されている。宅建業者は調査や診断の結果を説明するのであり、調査・診断の義務があるわけではない点に注意しよう。

1　**最も適切**　宅建業者は、「水防法施行規則第11条第1号の規定により当該マンションが所在する**市町村の長が提供する図面（ハザードマップ）**に当該宅地または**建物（マンション）の位置が表示されているとき**は、当該図面における当該宅地または**建物の所在地**」**について買主に説明しなければならない**（宅地建物取引業法施行規則16条の4の3第3号の2）。

2　**不適切**　宅建業者は、建物について、**石綿の使用の有無の調査の結果が記録されているときは、その内容**について記載した**書面または電磁的方法（相手方の承諾が必要）**で、**買主に説明しなければならない**（宅建業法施行規則16条の4の3第4号）。しかし、宅建業者が**自らその調査をする必要はない**。

3　**不適切**　宅建業者は、「**建物状況調査**（実施後1年を経過していないものに限る）を**実施しているかどうか**、およびこれを**実施している場合におけるその結果の概要**」について記載した**書面または電磁的方法（相手方の承諾が必要）**で、**買主に説明しなければならない**（宅建業法35条1項6号の2イ）。しかし、宅建業者が**自らその調査を実施する必要はない**。

4　**不適切**　宅建業者は、建物の**貸借の代理または媒介**を行う場合、「**台所、浴室、便所**その他の当該住戸の**設備の整備の状況**」について、記載した**書面または電磁的方法（相手方の承諾が必要）**で、**借主に説明しなければならない**（宅建業法施行規則16条の4の3第7号）。しかし、**自ら売買・交換の当事者となる場合**および売買・交換の代理または媒介の場合は、**説明をする必要はない**。

➔ 攻略テキスト第2編1章

正解 1

68 宅建業法（重要事項の説明）

過 R2－45改

宅地建物取引業者Aが、自ら売主として、宅地建物取引業者ではないBを買主として、マンションの住戸の売買を行う場合に、宅地建物取引業法によれば、同法第35条の規定に基づく重要事項の説明等に関する次の記述のうち、誤っているものはどれか。

1　Aは、Bに対して、損害賠償額の予定又は違約金に関する事項について、その内容を説明しなければならない。

2　Aは、Bに対して、当該マンションが既存の建物であるときは、建物状況調査（実施後国土交通省令で定める期間を経過していないものに限る。）を実施しているかどうか、及びこれを実施している場合におけるその結果の概要を説明しなければならない。

3　Aは、Bに対して、当該マンションの計画的な維持修繕のための費用の積立てを行う旨の規約の定めがあるときは、その規約の内容について説明すれば足りる。

4　AがBに対して交付する重要事項説明書に記名する宅地建物取引士は、専任の宅地建物取引士である必要はない。

	①	②	③	④	⑤
学習日					
理解度 (○/△/×)					

解法のテクニック

宅建業法の重要事項の説明の基本論点からの出題である。肢２は平成30年度の改正点で、その年に出題もされている。繰り返し出題される可能性が高いので注意しておこう。

1　**正しい**　宅地建物取引業者は、宅地建物取引業者でない買主に対して、宅地建物取引士をして、「損害賠償額の予定または違約金に関する事項」について、その内容を説明しなければならない（宅建業法35条1項9号）。

2　**正しい**　宅地建物取引業者は、宅地建物取引業者でない買主に対して、宅地建物取引士をして、「当該マンションが既存の建物であるときは、建物状況調査（実施後1年を経過していないものに限る）を実施しているかどうか、およびこれを実施している場合におけるその結果の概要」を説明しなければならない（宅建業法35条1項6号の2イ）。

3　**誤り**　「当該一棟の建物の計画的な維持修繕のための費用の積立てを行う旨の規約の定めがあるときは、その内容および既に積み立てられている額」を説明しなければならない（宅建業法施行規則16条の2第6号）。

4　**正しい**　宅地建物取引業者は、宅地・建物の売買・交換・貸借の相手方、代理を依頼した者または宅地建物取引業者が行う媒介に係る売買・交換・貸借の各当事者に対して、その者が取得し、または借りようとしている宅地または建物に関し、その売買、交換または貸借の契約が成立するまでの間に、宅地建物取引士をして、重要事項について、重要事項を記載した書面（重要事項説明書）を交付し、または相手方の承諾を得て電磁的方法により提供して説明をさせなければならない（宅建業法35条1項）。しかし、専任の宅地建物取引士でなければ重要事項説明ができないわけではない。

➔ 攻略テキスト第2編1章

正解 3

宅建業法（重要事項の説明）

宅地建物取引業者Ａが、自ら売主として、宅地建物取引業者ではないＢ又は宅地建物取引業者Ｃを買主として、マンションの一住戸の売買を行う場合における、宅地建物取引業法第35条の規定に基づき宅地建物取引士が書面の交付または相手方の承諾を得て電磁的方法による提供をして行う重要事項の説明等に関する次の記述のうち、正しいものはどれか。

1　ＡＢ間の売買において、天災その他不可抗力による損害の負担に関する定めがあるときは、Ａは、Ｂに対して、その内容について、説明しなければならない。
2　ＡＢ間の売買において、Ａは、Ｂに対して、代金又は交換差金に関する金銭の貸借のあっせんの内容及び当該あっせんに係る金銭の貸借が成立しないときの措置について、説明しなければならない。
3　ＡＢ間の売買において、共用部分に関する規約が案の段階である場合にあっては、Ａは、Ｂに対して、当該規約案の内容について、説明する必要はない。
4　ＡＣ間の売買において、Ａは、Ｃに対して、重要事項について説明しなければならない。

	①	②	③	④	⑤
学習日					
理解度 (○/△/×)					

解法のテクニック

重要事項の説明は、頻出の論点である。また、出題数は多くないが、肢１のように契約締結時の書面の記載事項との複合問題も出題されているので、余裕があれば、契約締結時の書面との違いも確認しておこう。

1　**誤り**　「**天災その他不可抗力による損害の負担の定め**（危険負担に関する定め）」は、**重要事項説明の内容とされていない**（宅建業法35条参照）。なお、契約締結時の書面（37条書面）では、任意的記載事項である（宅建業法37条１項10号）。

2　**正しい**　「代金または交換差金に関する**金銭の貸借のあっせんの内容**および当該**あっせんに係る金銭の貸借が成立しないときの措置**」は、重要事項として**説明をしなければならない**（宅建業法35条１項12号）。

3　**誤り**　区分所有法に規定する「**共用部分に関する規約の定め（その案を含む）**があるときは、その内容」は、重要事項として**説明をしなければならない**（宅建業法35条１項６号、宅建業法施行規則16条の２第２号）。

4　**誤り**　重要事項説明の相手方が**宅地建物取引業者**の場合、**重要事項説明書を交付**すればよく、**説明をする必要はない**（宅建業法35条６項）。

➔ 攻略テキスト第２編１章

正解 2

70 宅建業法（重要事項の説明）

過 H29−45改

宅地建物取引業者Ａが自ら売主として、宅地建物取引業者ではないＢ又は宅地建物取引業者Ｃとの間で、マンションの住戸の売買を行う場合、宅地建物取引業法第35条の規定に基づく重要事項の説明等に関する次の記述のうち、正しいものはどれか。

1　ＡＢ間の売買において、Ａは、飲用水、電気及びガスの供給並びに排水のための施設の整備の状況について、これらの施設が整備されていない場合、これら施設の整備に関して説明する必要はない。

2　ＡＢ間の売買において、Ａが、Ｂから預り金を受領しようとする場合、当該預り金について保全措置を講ずるときは、ＡはＢに対して、保全措置を講ずる旨の説明をすれば、その措置の概要については説明する必要はない。

3　ＡＣ間の売買において、Ａは、売買契約締結後のマンションの住戸の引渡しの時期について、書面に記載又は電磁的方法により記録（Ｃの承諾があった場合。）しなければならない。

4　ＡＣ間の売買において、Ａは、書面の交付を行えば、重要事項の説明を行う必要はない。

	①	②	③	④	⑤
学習日					
理解度（○/△/×）					

解法のテクニック

肢3のように、重要事項の説明と契約締結時の書面等（契約書）の内容を対比する問題も出題されている。過去出題された論点は注意しておこう。また、肢4は平成29年度の改正点である。今後も出題が予想されるので確認しておこう。

1　**誤り**　「飲用水、電気およびガスの供給ならびに排水のための施設の整備の状況（これらの施設が整備されていない場合においては、その整備の見通しおよびその整備についての特別の負担に関する事項）」は、重要事項にあたる（宅建業法35条1項4号）。したがって、宅地建物取引業者Aは、宅地建物取引業者でないBに対し、説明する必要がある。

2　**誤り**　「預り金を受領しようとする場合において、保全措置を講ずるかどうか、およびその措置を講ずる場合におけるその措置の概要」は、重要事項にあたる（宅建業法35条1項11号）。したがって、宅地建物取引業者Aは、宅地建物取引業者でないBに対し、説明する必要がある。

3　**誤り**　「住戸の引渡しの時期」は重要事項にあたらない（宅建業法35条参照）。なお、物件の引渡し時期は、契約締結時の書面（37条書面）の記載事項である（宅建業法37条1項4号）。

宅地建物取引業者は重要事項の説明書の交付の相手方や契約締結時書面の交付の相手方等の承諾を得て、これら書面の交付に代えて、電磁的方法により提供することができます。

4　**正しい**　本肢のCは宅地建物取引業者であるので、AC間は、宅地建物取引業者間の取引となり、重要事項の説明書面の交付を行えば、説明を行う必要はない（宅建業法35条6項）。

➔ 攻略テキスト第2編1章

正解 4

71 宅建業法（契約不適合責任）

過 H24−41改

宅地建物取引業者（宅地建物取引業法（昭和27年法律第176号）第２条３号に規定する者をいう。以下同じ。）Ａが、新築の分譲マンションを宅地建物取引業者でない買主Ｂに売却した場合における、売主の契約した品質等に適合しない欠陥が存在する場合の責任（以下、本問において「契約不適合責任」という。）に関する次の記述のうち、民法及び宅地建物取引業法の規定によれば、正しいものはどれか。

1　ＡＢ間において、Ｂが欠陥が存在することを通知する期間を「物件の引渡しの日から１年以内」と定めた場合でも、Ｂは「物件の引渡しの日から２年以内」に通知をすれば、契約不適合責任を追及することができる。

2　契約不適合責任の内容として、Ｂは損害賠償請求と共に欠陥の補修を請求することもできる旨の特約は有効である。

3　当該マンションの販売代理業者は、マンションの契約した品質等に適合しない欠陥についてＡと連帯して契約不適合責任を負う。

4　Ａに故意又は重大な過失があったときは欠陥の修補等の追完責任を負うが、軽過失のときはその責任を負わない旨の特約は有効である。

	①	②	③	④	⑤
学習日					
理解度 (○/△/×)					

解法のテクニック

令和２年の民法の改正により、宅建業法も改正されている。肢４の追完責任は売主の無過失責任であるが、損害賠償責任は、債務不履行と同様に過失責任になったので注意しよう。

1　**誤り**　宅地建物取引業者は、自ら売主となる宅地または建物の売買契約において、その目的物が種類または品質に関して**契約の内容に適合しない場合**におけるその不適合を担保すべき責任に関し、民法の通知期間についてその目的物の**引渡しの日から２年以上**となる特約をする場合を除き、民法より買主に不利となる特約をしてはならない（宅建業法40条１項）。本肢では、「引渡し日から１年以内」としているので、当該特約は無効となり、民法の原則どおり、買主は、その不適合（本肢の欠陥）を**知った時から１年以内**にその旨を売主に通知すれば足りる（民法566条）。

2　**正しい**　民法上、買主に引き渡された目的物が種類、品質または数量に関して**契約の内容に適合しない**ものであるときは、買主は、売主に対し、**目的物の修補**、代替物の引渡しまたは不足分の引渡しによる**履行の追完**を請求することも、損害賠償請求をすることもできる（民法562条１項）。したがって、本肢の特約は民法と同じであり、買主に不利な特約ではないので有効である。

3　**誤り**　販売代理店は**契約当事者であるとは認められない**から、売主の**契約不適合責任は負わない**（東京地裁平18.1.20）。

4　**誤り**　肢１解説参照。**目的物の修補**、代替物の引渡しまたは不足分の引渡しによる**履行の追完**請求について、売主は、帰責事由の有無に関係なく責任を負う。したがって、「軽過失のときはその責任を負わない旨の特約」は、買主にとって民法の規定よりも不利な特約であるから無効となる。

➔ 攻略テキスト第２編１章

正解 2

72 宅建業法（37条書面）

過 R4－45

宅地建物取引業者の媒介によりマンションの売買契約が成立した場合における宅地建物取引業法第37条の規定により交付すべき書面（以下、本問において「37条書面」という。）に関する次の記述のうち、宅地建物取引業法によれば、最も不適切なものはどれか。

1　宅地建物取引業者は、専有部分の用途その他の利用の制限に関する規約において、ペットの飼育が禁止されているときは、その旨を37条書面に記載しなければならない。

2　宅地建物取引業者は、契約の解除に関する定めがあるときは、その内容を37条書面に記載しなければならない。

3　宅地建物取引業者は、代金についての金銭の貸借のあっせんに関する定めがある場合、当該あっせんに係る金銭の貸借が成立しないときの措置を37条書面に記載しなければならない。

4　宅地建物取引業者は、天災その他不可抗力による損害の負担に関する定めがあるときは、その内容を37条書面に記載しなければならない。

	①	②	③	④	⑤
学習日					
理解度（○/△/×）					

解法のテクニック

37条書面は、一般的には売買契約書や賃貸借契約書が該当する。契約書に載せる必要がある情報かどうかで記載事項を判断できるようにしよう。

1　**最も不適切**　「専有部分の用途その他の利用の制限に関する規約があるときは、その内容（本肢のペットの飼育禁止）」については、37条書面に記載するとはされていない（宅建業法37条参照）。なお、専有部分の用途その他の利用の制限に関する規約があるときは、その内容については、重要事項の説明事項である（宅建業法35条１項６号、宅建業法施行規則16条の２第３号）。

2　**適切**　宅地建物取引業者は、「契約の解除に関する定め」があるときは、その内容を37条書面に記載しなければならない（宅建業法37条１項７号）。

3　**適切**　宅地建物取引業者は、「代金についての金銭の貸借のあっせんに関する定めがある場合、当該あっせんに係る金銭の貸借が成立しないときの措置」を37条書面に記載しなければならない（宅建業法37条１項９号）。

4　**適切**　宅地建物取引業者は、「天災その他不可抗力による損害の負担に関する定めがあるとき」は、その内容を37条書面に記載しなければならない（宅建業法37条１項10号）。

➔ 攻略テキスト第２編１章

正解 1

不動産登記法

不動産登記法に関する次の記述のうち、正しいものはどれか。

1　区分建物の所有権に関する事項は、登記記録の甲区欄に記録され、所有権の仮登記、仮差押え登記は乙区欄に記録される。

2　区分建物の表示に関する登記における区分建物の床面積は、各階ごとに壁その他の区画の中心線で囲まれた部分の水平投影面積（いわゆる壁心計算による面積）により算出する。

3　権利に関する登記を申請する場合において、その申請情報と併せて登記原因を証する情報をその登記所に提供しなければならない。

4　登記記録の表題部には、土地又は建物の固定資産税評価額も記録される。

	①	②	③	④	⑤
学習日					
理解度（○/△/×）					

解法のテクニック

不動産登記法の基本論点からの出題である。どの肢も過去繰り返し出題されているものであるから、しっかりと覚えよう。

1 **誤り** 区分建物の**所有権に関する事項**は、登記記録の甲区欄に記録される（不動産登記規則４条４項）。そして、**所有権の仮登記**や**仮差押え登記**も、所有権に関する事項なので、**甲区に記録される**。

2 **誤り** **区分建物の床面積**は、壁その他の区画の「内側線」で囲まれた部分の**水平投影面積**による（不動産登記規則115条）。
なお、**区分建物以外の建物の床面積**は、各階ごとに壁その他の区画の「**中心線**」で囲まれた部分の**水平投影面積**による。

3 **正しい** **権利に関する登記**を申請する場合には、申請人は、法令に別段の定めがある場合を除き、その**申請情報**と併せて登記原因を証する情報を**提供しなければならない**（不動産登記法61条）。

4 **誤り** **建物の表示に関する登記**の登記事項の中には、所在、家屋番号、種類、構造、床面積というのはあるが、**固定資産税評価額というのは**含まれていない（不動産登記法44条１項）。

➔ 攻略テキスト第２編２章

正解 3

74 不動産登記法

過 H21－43

不動産登記法に関する次の記述のうち、正しいものはどれか。

1　区分建物の所有権の保存登記は、表題部所有者から所有権を取得した者も申請することができる。

2　登記記録の表題部には、表示に関する事項が記録され、土地建物いずれにおいても、当該不動産の評価額も記録される。

3　仮登記がなされた場合、その後に仮登記権利者以外の者に対する所有権移転の本登記をすることはできない。

4　所有権に関するものであっても、所有権の仮登記、所有権の買戻権の登記は、登記記録の乙区に記録される。

	①	②	③	④	⑤
学習日					
理解度 (○/△/×)					

解法のテクニック

不動産登記法の基本的な論点である。不動産登記法は毎年出題されるわけではないが、同じ論点が定期的に出題される。特に区分建物の登記は頻出なので覚えておこう。

1　**正しい**　**区分建物**（専有部分）にあっては、表題部所有者から所有権を取得した者も、**直接自己名義**で**所有権保存登記**を申請することができる（不動産登記法74条２項）。

2　**誤り**　**登記記録の表題部**には、土地または建物の表示に関して所在、地番、地目、地積、構造、床面積等が記録されるが、土地・建物いずれにおいても、**不動産の評価額は記録されない**（不動産登記法44条１項）。

3　**誤り**　仮登記は本登記の申請ができない場合に**順位を保全**するためになされる登記であり、仮登記にもとづく本登記を実行しない限り**対抗力がない**。このため、仮登記後にも仮登記権利者以外の者が所有権移転登記等の登記ができる（不動産登記法105条、106条）。

4　**誤り**　登記記録は表題部と権利部とに分類され、そのうち権利に関する登記は権利部に記録される（不動産登記法２条８号）。そして権利部は、甲区および乙区に区分し、甲区には所有権に関する登記の登記事項を記録するものとし、乙区には所有権以外の権利に関する登記の登記事項を記録する（不動産登記規則４条４項）。**所有権の仮登記**、**所有権の買戻権の登記**は、いずれも所有権に関する登記であることから**登記記録の甲区に記録される**。乙区に記録されるのではない。

➔ 攻略テキスト第２編２章

正解 1

不動産登記法

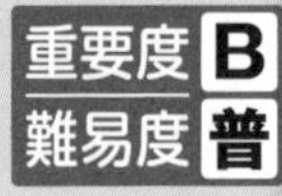

不動産登記法（平成16年法律第123号）に関する次の記述のうち、正しいものはどれか。

1　区分建物が属する一棟の建物が新築された場合における各区分建物についての表題登記の申請は、当該建物に属する他の区分建物についての表題登記の申請と併せてしなければならない。

2　区分建物を売買により取得した者は、取得した日から１月以内に所有権移転の登記を申請しなければならない。

3　権利に関する登記を申請する場合には、登記識別情報を申請情報と併せて提供しなければならず、これを提供できないときには、登記申請をすることができない。

4　登記の前後は、登記記録の同一の区にした登記相互間においても、別の区にした登記相互間においても、ともに順位番号による。

	①	②	③	④	⑤
学習日					
理解度 (○/△/×)					

解法のテクニック

不動産登記法は、２～３年に１度出題されている。肢１の区分建物（専有部分）に特有な登記は注意しておこう。また、肢３のように、登記申請手続きの原則についての問題もよく出題されている。覚えておこう。

1　**正しい**　区分建物（専有部分）が属する一棟の建物が新築された場合における当該区分建物についての表題登記の申請は、当該新築された一棟の建物に属する他の区分建物についての表題登記の申請と併せてしなければならない（一括申請：不動産登記法48条１項）。

2　**誤り**　所有権移転登記は権利の登記であるから、その申請は任意であり、１ヵ月以内に所有権移転の登記を申請しなければならないわけではない。

3　**誤り**　登記権利者および登記義務者が共同して権利に関する登記の申請をする場合その他登記名義人が政令で定める登記の申請をする場合には、申請人は、その申請情報と併せて登記義務者の登記識別情報を提供しなければならない。ただし、登記識別情報が通知されなかった場合その他の申請人が登記識別情報を提供することができないことにつき正当な理由がある場合は、登記識別情報を提供できない場合でも、登記の申請をすることができる（不動産登記法22条）。

4　**誤り**　登記の前後は、登記記録の同一の区にした登記相互間については順位番号、別の区にした登記相互間については受付番号による（不動産登記規則２条１項）。

➔ 攻略テキスト第２編２章

正解 1

品確法

「住宅の品質確保の促進等に関する法律」に関する次の記述のうち、最も不適切なものはどれか。

1　新築住宅の売主は、構造耐力上主要な部分又は雨水の浸入を防止する部分として政令で定めるものについて、引渡しの時から10年間、瑕疵（かし）担保責任を負わなければならない。

2　新築住宅の瑕疵担保責任について、瑕疵を修補する責任に限定し、契約の解除や損害賠償の請求はできないこととする特約は無効である。

3　新築住宅とは、新たに建設された住宅で、かつ、まだ人の居住の用に供したことのないもので、建設工事完了の日から起算して２年を経過していないものをいう。

4　新築住宅の売買契約において、特約により、構造耐力上主要な部分及び雨水の浸入を防止する部分だけでなくその他の部分も含め、瑕疵担保責任の期間を引き渡した時から20年以内とすることができる。

	①	②	③	④	⑤
学習日					
理解度 (○/△/×)					

解法のテクニック

品確法の瑕疵担保責任については、民法の規定との相違点に注意しよう。

1 **適切** 新築住宅の**売買契約**においては、売主は、買主に引き渡した時から**10年間**、住宅の構造耐力上主要な部分および雨水の浸入を防止する部分の瑕疵について、履行の追完、代金減額、損害賠償、契約の解除の**担保の責任を負う**（品確法95条１項）。

2 **適切** 肢１の解説参照。瑕疵担保責任の規定に関する特約で**買主に不利なものは、無効**とする（品確法95条２項）。契約の解除や損害賠償の請求はできないこととする特約は買主に不利となるので無効である。

3 **最も不適切** 「**新築住宅**」とは、**新たに建設された住宅**で、まだ人の居住の用に供したことのないもの（建設工事の完了の日から起算して１**年を経過したものを除く**）をいう（品確法２条２項）。

4 **適切** 住宅新築請負契約または新築住宅の売買契約においては、売主が**構造耐力上主要な部分および雨水の浸入を防止する部分の瑕疵**その他の住宅の瑕疵について担保の責任を負うべき期間は、注文者または買主に引き渡した時から**20年以内**とすることができる（品確法97条）。

➔ 攻略テキスト第２編３章

正解 3

77 品確法（瑕疵担保責任）

過 R4－40

新築の分譲マンションの売買契約における売主の担保責任に関する次の記述のうち、住宅の品質確保の促進等に関する法律（以下、本問において「品確法」という。）によれば、最も不適切なものはどれか。ただし、当該マンションは、品確法上の新築住宅に該当するものとする。

1　当該マンションの構造耐力上主要な部分等の瑕疵については、売主とは別の建築請負会社が建築したものである場合、当該売主が瑕疵担保責任を負う期間は、当該売主がその建築請負会社から引渡しを受けた時から10年間とされる。

2　買主が購入後１年以内に当該マンションを第三者に転売した場合に、その第三者（転得者）は、当初の買主（転売者）が引渡しを受けた時から10年以内であれば、元の売主に対して直接に瑕疵担保責任を当然に追及することができる。

3　当該マンションの買主は、売主に対し、瑕疵の修補請求はできるが、損害賠償請求はできない旨の特約は、買主がそれを容認したとしても無効である。

4　当該マンションが建設工事の完了の日から起算して１年を経過して初めて分譲された場合には、品確法上の担保責任は問えない。

	①	②	③	④	⑤
学習日					
理解度 (○/△/×)					

解法のテクニック

肢２について、瑕疵担保責任は、売買契約または請負契約を締結した相手に対して、契約上の責任を問うものと分かれば、元の売主と転得者という直接契約を結んでいない関係では発生しないと解答できる問題であった。

1　**適切**　新築住宅が住宅新築請負契約に基づき**請負人から売主に引き渡されたもの**である場合にあっては、**売主**は買主に対し、売主**へ引き渡された時から**10年間、住宅の構造耐力上主要な部分または雨水の浸入を防止する部分として政令で定めるものの瑕疵について**担保責任を負う**（品確法94条１項）。

2　**最も不適切**　売主の瑕疵担保責任では、買主は、自己に対する売主に対して責任を追及することができる。したがって、**第三者（転得者）**は、**買主（転売者）には瑕疵担保責任を追及することができるが、元の売主**とは何ら契約関係にあらず、**瑕疵担保責任を追及することは**できない。

3　**適切**　瑕疵担保責任では、買主は売主に対し、①**追完請求**、②**代金減額請求**、③**損害賠償請求**、④**契約の解除**をすることが認められている（品確法95条１項）。そして、これに反する特約で買主に不利なものは、無効とする（同２項）。したがって、瑕疵の修補請求はできるが、損害賠償請求はできない旨の特約は、買主がそれを容認したとしても、買主に不利なため無効となる。

4　**適切**　品確法の瑕疵担保責任は、新築住宅を対象としているが、新築住宅とは、**新たに建設された住宅**で、**まだ**人の居住の用に供したことのない**もの**（**建設工事の完了の日から起算して**１年**を経過したものを除く**）をいう（品確法２条２項）。したがって、建設工事の完了の日から起算して１年を経過している本肢のマンションは新築住宅に該当せず、品確法の瑕疵担保責任を問うことはできない。

➔ 攻略テキスト第２編３章

正解 2

78 品確法

過 H29−40改

住宅の品質確保の促進等に関する法律に関する次の記述のうち、正しいものはどれか。なお、本問の「瑕疵」とは、契約で定めた物件の品質等に適合しないものをいう。

1 「新築住宅」とは、新たに建設された住宅で、建設工事の完了の日から起算して1年を経過していないものをいい、既に人の居住の用に供したことがあるか否かを問わない。

2 新築住宅の売買契約においては、売主が構造耐力上主要な部分及び雨水の浸入を防止する部分について瑕疵(かし)担保責任を負うべき期間を、買主に引き渡した時から5年間に短縮することができる。

3 既存の共同住宅に係る建設住宅性能評価を受ける場合、共用部分と専有部分の両方の評価が必要である。

4 指定住宅紛争処理機関が行う、建設住宅性能評価書が交付された住宅の建設工事の請負契約又は売買契約に関する紛争処理の対象は、新築住宅のみである。

	①	②	③	④	⑤
学習日					
理解度 (○/△/×)					

解法のテクニック

品確法では、肢２の瑕疵担保責任からの問題が多いが、肢３の住宅性能評価制度からも繰り返し出題されている。肢３の論点は初出題であるが、それほど難しいものではないので、覚えておこう。

1　誤り　品確法上、「新築住宅」とは、新たに建設された住宅で、まだ人の居住の用に供したことのないもの（建設工事の完了の日から起算して１年を経過したものを除く）をいう（品確法２条２項）。

2　誤り　新築住宅の売買契約では、売主は、買主への引渡時から10年間、住宅の構造耐力上主要な部分および雨水の浸入を防止する部分の瑕疵について瑕疵担保責任を負う（品確法95条１項）。そして、これに反する特約は無効とされる（同２項）。したがって、売主が瑕疵担保責任を負うべき期間を、引き渡した時から５年間に短縮することは無効となる。

3　正しい　マンションなどの共同住宅では、専有部分に比べて共用部分の占める割合が大きいため、既存の共同住宅に係る建設住宅性能評価を受ける場合、共用部分と専有部分の両方の評価が必要となる。

4　誤り　指定住宅紛争処理機関は、建設住宅性能評価書が交付された住宅（評価住宅）の建設工事の請負契約または売買契約に関する紛争の当事者の双方または一方からの申請により、当該紛争のあっせん、調停および仲裁（住宅紛争処理）の業務を行うものとされている（品確法67条１項）。この制度は、新築住宅に限定されておらず、既存住宅も対象となる。

要点整理　品確法の特徴

対象となる契約	新築住宅の売買・請負契約 ※住宅とは、人の居住の用に供する家屋または家屋部分をいう。 ※新築住宅とは、新たに建築された住宅で、まだ人の居住の用に供したことのないもの（建設工事完了の日から起算して１年を経過したものを除く）。
対象となる部分	①建物の構造耐力上主要な部分 ②雨水の浸入を防止する部分
瑕疵担保責任の内容	①追完請求 ②損害賠償請求 ③契約解除 ④代金減額請求
保護期間	住宅の引渡しから10年

➔ 攻略テキスト第２編３章

正解 3

79 管理費の滞納対策

過 R5－39

重要度 A
難易度 易

マンションの管理費の滞納に関する次の記述のうち、民法及び区分所有法によれば、最も不適切なものはどれか。

1　管理組合は、管理費が滞納されている場合、管理規約に遅延損害金の定めがないときでも、遅延損害金を請求することができる。
2　賃借人が賃貸借契約により管理費を管理組合に支払っていた場合でも、当該賃借人が管理費の支払いを滞納したときは、当該管理組合は、賃貸人である区分所有者に滞納管理費を請求することができる。
3　専有部分の売買契約によって、滞納されていた管理費の支払義務は区分所有権を取得した買主に承継されるが、売主自身の支払義務が消滅するわけではない。
4　競売手続によってマンションの区分所有権を取得した場合には、買受人は、前区分所有者の滞納管理費の支払義務を承継しない。

	①	②	③	④	⑤
学習日					
理解度 (○/△/×)					

解法のテクニック

管理費の滞納対策では、債務不履行や消滅時効等から繰り返し出題されている。同じ論点やひっかけ問題が出題されるので、しっかり覚えておこう。

1　**適切**　管理規約に遅延損害金の定めがないときでも、管理費が滞納されている場合は、債務不履行が生じているので、**遅延損害金を請求することができる**（民法419条1項）。

2　**適切**　**共用部分の各**共有者（区分所有者）は、規約に別段の定めがない限りその**持分に応じて**、共用部分の負担に任じ、共用部分から生ずる利益を収取する（区分所有法19条）。したがって、管理費等の共用部分の負担については、法律上区分所有者に支払義務があるから、賃借人が賃貸借契約により管理費を管理組合に支払っていた場合でも、当該賃借人が管理費の支払いを滞納したときは、当該管理組合は、賃貸人である区分所有者に滞納管理費を請求することができる。

3　**適切**　滞納管理費の請求は、債務者たる区分所有者の特定承継人（買主等）に対しても**行うことができる**（区分所有法8条）。しかし、これによって**売主自身の支払義務が消滅するわけではない**。

4　**最も不適切**　肢3の解説参照。競売手続によって区分所有権を取得した**買受人**も特定承継人**に該当する**ので、買受人は、前区分所有者の滞納管理費の支払義務を承継する。

➔ 攻略テキスト第1編9章・第3編1・4章

正解 4

80 管理費の滞納対策

過 R5－40

重要度 A
難易度 易

マンションの管理費の滞納に関する次の記述のうち、民法、民事訴訟法及び区分所有法によれば、最も不適切なものはどれか。

1　管理費の滞納者が、管理組合に対し、滞納管理費の額と滞納している事実を認めた場合は、その時から、当該債権について時効の更新の効力が生じる。
2　管理費の滞納者が死亡した場合は、その相続人が、当該マンションに居住しているか否かにかかわらず、それぞれの相続分に応じて、当該滞納管理費債務を承継する。
3　管理費の滞納者に対して訴訟を提起するためには、事前に内容証明郵便による督促を行う必要がある。
4　管理費の滞納者が死亡し、その相続人全員が相続放棄した場合は、いずれの相続人も滞納管理費債務を負わない。

	①	②	③	④	⑤
学習日					
理解度 (○/△/×)					

解法のテクニック

管理費の滞納については、肢２や肢４のように、相続の事例で出題されることがある。被相続人である区分所有者の滞納管理費は、相続分に応じて承継される点に注意しよう。

1　**適切**　時効は、**権利の承認**があったときは、**その時から新たにその進行を始める**（時効の更新：民法152条）。したがって、管理費の滞納者が、管理組合に対し、滞納管理費の額と滞納している事実を認めた場合は、その時から、当該債権について時効の更新の効力が生じる。

2　**適切**　相続人は、相続開始の時から、被相続人の財産に属した一切の権利義務を承継する（民法896条）。そして、相続人が数人ある場合に、**被相続人の金銭債務**その他の可分債務は、法律上当然分割され、各共同相続人がその**相続分に応じてこれを承継する**（最判昭和34.6.19）。したがって、管理費の滞納者が死亡した場合は、その相続人が、当該マンションに居住しているか否かにかかわらず、それぞれの相続分に応じて、当該滞納管理費債務を承継する。

3　**最も不適切**　管理費の滞納者に対して訴訟を提起する際に、事前に**内容証明郵便による督促を行う必要がある旨の規定は存在しない**。

4　**適切**　**相続の放棄**をした者は、その相続に関しては、**初めから相続人とならなかった**ものとみなす（民法939条）。したがって、相続放棄をした相続人は、被相続人の**滞納管理費を承継しない**ので、相続人全員が相続放棄した場合は、いずれの相続人も**滞納管理費債務を負わない**。

➔ 攻略テキスト第１編４・19章・第２編４章

正解 3

81 管理費の滞納対策

過 R3－9

重要度 A
難易度 易

管理業務主任者が、管理費の滞納問題について、管理組合の理事会で行った次の説明のうち、最も不適切なものはどれか。

1　管理費を滞納している区分所有者がその有する専有部分を第三者に賃貸しているときは、現に専有部分に居住している賃借人が、管理組合に対して管理費の支払義務を負います。

2　専有部分を２名の区分所有者が各２分の１の持分で共有しているときには、管理組合は、そのいずれか一方の区分所有者に対して滞納管理費の全額を請求することができます。

3　区分所有者が自己破産し、破産手続開始の決定があったときには、管理組合は、滞納管理費債権について、破産手続に参加することができます。

4　滞納管理費について、マンション管理業者は、地方裁判所においては、管理組合の訴訟代理人になることはできません。

	①	②	③	④	⑤
学習日					
理解度 (○/△/×)					

解法のテクニック

肢２は、管理費は共有者が自己の持分に応じた支払義務しか負わないとすると、管理組合に負担がかかるため、不可分債務として、債務者の誰に対しても全額請求が可能としている。

1　**最も不適切**　管理費の支払義務を負うのは、区分所有者であり、**賃借人は支払義務を負わない**（区分所有法19条）。

2　**適切**　債務の目的がその**性質上不可分**である場合において、数人の債務者があるときは、債権者は、その債務者の一人に対し、または同時にもしくは順次に**全ての債務者**に対し、全部または一部の履行を請求することができる（不可分債務）。そして、専有部分が共有である場合の共有者の**管理費債務**は、この**不可分債務**とされるので、管理組合は、共有者のいずれか一方に対して滞納管理費の全額を請求できる（民法430条）。

3　**適切**　**破産債権者**は、その有する破産債権をもって**破産手続に参加することができる**（破産法103条１項）。管理組合は、破産者である区分所有者に対して滞納管理費債権を有しているので、破産債権者であり、破産手続に参加することができる。

4　**適切**　地方裁判所においては、**弁護士でなければ訴訟代理人となることができない**。したがって、マンション管理業者が管理組合の訴訟代理人になることはできない（民事訴訟法54条１項）。

→ 攻略テキスト第１編11章・第２編４章・第３編４章

正解 1

82 管理費の滞納対策

過 R3－10

重要度 A
難易度 普

管理費の滞納が生じたときにとられる通常の民事訴訟によらない法的手段に関する次の記述のうち、最も適切なものはどれか。

1 「内容証明郵便による督促」の場合は、簡便な手続であるが、消滅時効の完成猶予をさせる催告としての効力は生じない。

2 「支払督促」による場合は、簡易裁判所に申し立てることにより書記官が支払を命ずる簡略な手続であるが、債務者から異議申立てがなされると通常の訴訟に移行してしまう。

3 「調停」による場合は、弁護士等の専門家に依頼することはできないが、手続が訴訟に比べ簡明であり、調停委員の意見には強制力があることから、紛争が早期に解決される。

4 「少額訴訟」による場合は、通常訴訟に比べ、少ない経済的負担で迅速かつ効果的に解決することができるが、訴訟の目的の価額が60万円以下に制限されるため、滞納額が60万円を超えるときは、制限額以下に分割したとしてもこの手続を利用できない。

	①	②	③	④	⑤
学習日					
理解度 (○/△/×)					

解法のテクニック

滞納管理費対策からの出題である。消滅時効や少額訴訟は頻出論点なので、しっかり確認をしておこう。肢３の調停はマイナー論点であるが、その仕組みが分かれば解ける問題である。

1　**不適切**　内容証明郵便による督促の場合も、消滅時効の完成猶予をさせる催告としての効力は生じる（民法150条１項）。

2　**最も適切**　支払督促の申立ては、債務者の普通裁判籍の所在地を管轄する簡易裁判所の裁判所書記官に対してする（民事訴訟法383条１項）。そして、適法な督促異議の申立てがあったときは、督促異議に係る請求については、その目的の価額に従い、支払督促の申立ての時に、支払督促を発した裁判所書記官の所属する簡易裁判所またはその所在地を管轄する地方裁判所に訴えの提起があったものとみなす（民事訴訟法395条）。

なお、支払督促の申立て先は「簡易裁判所の書記官」であるので、「簡易裁判所」に申し立てるとする本肢の記述には疑義があるが、管轄裁判所を申立て先と表現していると判断し適切な肢とした。

3　**不適切**　調停による場合も、弁護士等の専門家に依頼することができる。また、拘束力のある調停成立のために当事者の合意を必須としており、調停委員の意見が当事者に対して直接、強制力を持つものではない（民事調停法16条）。

4　**不適切**　少額訴訟による場合は、通常訴訟に比べ、少ない経済的負担で迅速かつ効果的に解決することができるが、訴訟の目的の価額が60万円以下に制限される（民事訴訟法368条１項）。そして、少額訴訟手続において、一部請求を制限する規定は存在しないので、滞納額が60万円を超える場合に、制限額以下に分割して少額訴訟手続を利用することもできる。

➔ 攻略テキスト第１編４章・第２編４章

正解２

管理費の滞納対策

管理費の滞納に関する次の記述のうち、最も不適切なものはどれか。

1　滞納者が、所有している専有部分を売却し、区分所有者でなくなった場合、その専有部分の買受人である区分所有者が滞納管理費債務を承継し、当該滞納者は滞納管理費債務を免れる。

2　滞納者が破産手続開始の決定を受けた場合でも、その決定だけでは、当該滞納者は管理費の支払義務を免れるわけではない。

3　滞納者が死亡し、その相続人全員が相続放棄した場合には、いずれの相続人も滞納管理費債務を負わない。

4　管理規約に管理費について遅延損害金の定めがない場合でも、民法に定める法定利率によって遅延損害金を請求することができる。

	①	②	③	④	⑤
学習日					
理解度 (○/△/×)					

解法のテクニック

管理費の滞納対策からの出題である。肢2の破産手続は、債権者に平等に金銭を配当するための手続であり、それだけで債務者が免責されるわけではない。免責許可が決定することで、債務者は破産手続開始前の債務について免責されることになる。

1　**最も不適切**　区分所有者は、共用部分、建物の敷地もしくは共用部分以外の建物の附属施設につき他の区分所有者に対して有する債権または規約もしくは集会の決議に基づき他の区分所有者に対して有する債権（**管理費等債権**）について、債務者たる区分所有者の特定承継人**に対しても行うことができる**（区分所有法8条）。この場合、**管理費等の滞納者も滞納管理費債務を**免れない。

2　**適切**　破産手続開始の決定を受けても、破産者（管理費の滞納者）はそれだけで**管理費の支払義務を**免れるわけではない。免責の許可**が決定**すると、破産者は、破産手続による配当を除き、**破産債権**についてその**責任を**免れることができる（破産法253条1項）。

3　**適切**　**相続の放棄**をした者は、その相続に関しては、**初めから**相続人とならなかったものとみなす（民法939条）。したがって、相続放棄をした相続人には、滞納管理費を請求することができない。

4　**適切**　管理費等の**金銭の給付を目的とする債務の不履行**については、その**損害賠償の額**は、債務者が遅滞の責任を負った最初の時点における法定利率**によって定める**（民法419条1項）。したがって、管理規約に管理費について遅延損害金の定めがない場合でも、民法に定める法定利率によって遅延損害金を請求することができる。

➔ 攻略テキスト第1編9・19章・第2編4章

正解 1

少額訴訟

管理組合Aが、区分所有者Bに対して滞納管理費の支払を請求するために民事訴訟法上の「少額訴訟」を利用する場合に関する次の記述のうち、適切なものはいくつあるか。

ア　A又はBが、当該少額訴訟の終局判決に対して不服があるときは、管轄の地方裁判所に控訴することができる。

イ　Bは、訴訟が係属している間であれば、いつでも、当該少額訴訟を通常の訴訟手続に移行させる旨の申述をすることができる。

ウ　Bが滞納している管理費の総額が70万円である場合に、Aは、訴訟の目的の価額を60万円として少額訴訟を利用することができる。

エ　Bは、当該少額訴訟において反訴を提起することはできない。

1　一つ
2　二つ
3　三つ
4　四つ

	①	②	③	④	⑤
学習日					
理解度 (○/△/×)					

解法のテクニック

少額訴訟は、頻出論点である。肢ウの一部請求は令和３年でも出題されている。今後も出題の可能性が高いので覚えておこう。

ア　**不適切**　少額訴訟の終局判決に対しては、控訴をすることができない（民事訴訟法377条）。

イ　**不適切**　被告は、訴訟を通常の手続に移行させる旨の申述をすることができる。ただし、被告が最初にすべき口頭弁論の期日において弁論をし、またはその期日が終了した後は、この限りでない（少額訴訟373条１項）。したがって、いつでも通常の訴訟手続に移行させることができるわけではない。

ウ　**適切**　少額訴訟による場合は、通常訴訟に比べ、少ない経済的負担で迅速かつ効果的に解決することができるが、訴訟の目的の価額が60万円以下に制限される（民事訴訟法368条１項）。そして、少額訴訟手続において、一部請求を制限する規定は存在しないので、滞納額が60万円を超える場合に、制限額以下に分割して少額訴訟手続を利用することもできる。

エ　**適切**　少額訴訟においては、反訴を提起することができない（民事訴訟法369条）。

したがって、適切なものは肢ウ・エの二つであり、正解は２となる。

➔ 攻略テキスト第２編４章

正解２

85 少額訴訟

過 R2－11

重要度 A
難易度 易

少額訴訟に関する次の記述のうち、民事訴訟法によれば、正しいものはどれか。

1　少額訴訟による審理及び裁判を求めることができる回数は、同一人が、同一の簡易裁判所において、同一年に10回までである。
2　少額訴訟の終局判決に不服のある当事者は、控訴をすることができる。
3　少額訴訟の被告は、いつでも、通常の訴訟手続に移行させる旨の申述をすることができる。
4　少額訴訟における被告は、反訴を提起することができる。

	①	②	③	④	⑤
学習日					
理解度 (○/△/×)					

解法のテクニック

少額訴訟の基本的論点である。過去出題実績のあるものばかりなので、しっかりと確認をしておこう。

1　**正しい**　少額訴訟による審理及び裁判は、**同一の簡易裁判所**において**同一の年に10回**を超えてこれを求めることができない（民事訴訟法368条1項ただし書、民事訴訟法規則223条）。

2　**誤り**　少額訴訟の終局判決に対しては、**控訴をすることができない**（民事訴訟法377条）。

少額訴訟でも同じ簡易裁判所へ異議の申し立てをすることはできます。

3　**誤り**　**被告**は、**訴訟を通常の手続に移行させる旨の申述**をすることができる。ただし、被告が**最初にすべき口頭弁論の期日において弁論をし**、またはその**期日が終了した後**は、通常の手続に移行させる旨の申述をすることはできない（民事訴訟法373条1項）。

4　**誤り**　少額訴訟においては、**反訴を提起することができない**（民事訴訟法369条）。

➔ 攻略テキスト第2編4章

正解 1

個人情報保護法

「個人情報の保護に関する法律」に関する次の記述のうち、最も適切なものはどれか。

1　個人情報取扱事業者は、個人情報を取得した場合は、あらかじめその利用目的を公表している場合を除き、速やかに、その利用目的を、本人に通知し、又は公表しなければならない。

2　管理組合は、「個人情報取扱事業者」に該当しない。

3　管理組合の総会議事録の署名欄に書かれた氏名は、「個人情報」に該当しない。

4　管理組合の組合員の氏名が記載されている組合員名簿が、電子計算機を用いて検索することができるように体系的に構成したものではなく、紙面で作成されている場合、五十音順など一定の規則に従って整理することにより、容易に検索できるようなときであっても、その組合員名簿は「個人情報データベース等」に該当しない。

	①	②	③	④	⑤
学習日					
理解度 (○/△/×)					

解法のテクニック

肢２は、平成29年改正前においては、5000件以下の個人情報しか取り扱っていない者は、個人情報取扱事業者から除外されていたため、管理組合は個人情報取扱事業者に該当しなかったが、現在ではこの規定は削除されたため、管理組合も個人情報取扱事業者に該当することになる。

1　**最も適切**　個人情報取扱事業者は、個人情報を取得した場合は、**あらかじめその利用目的を公表している場合を除き**、速やかに、その利用目的を、本人に**通知**し、または**公表**しなければならない（個人情報保護法21条１項）。

2　**不適切**　**「個人情報取扱事業者」**とは、**個人情報データベース等を事業の用に供している者**をいう（個人情報保護法16条２項）。例えば、**管理組合**が区分所有者（組合員）の氏名等をデータベースにし、これを事業の用に供している場合は、**個人情報取扱事業者に該当する**。

3　**不適切**　**「個人情報」**とは、生存する個人に関する情報であって、当該情報に含まれる**氏名**、生年月日その他の記述等（文書、図画もしくは電磁的記録で作られる記録をいう）に記載され、もしくは記録され、または音声、動作その他の方法を用いて表された一切の事項（個人識別符号を除く）をいう）により特定の個人を識別することができるもの（他の情報と容易に照合することができ、それにより特定の個人を識別することができることとなるものを含む）をいう（個人情報保護法２条１項１号）。

4　**不適切**　**「個人情報データベース等」**とは、個人情報を含む情報の集合物であって、次に掲げるもの（利用方法からみて個人の権利利益を害するおそれが少ないものとして政令で定めるものを除く）をいう。①特定の個人情報を電子計算機を用いて検索することができるように体系的に構成したもの、**②前述①に掲げるもののほか、特定の個人情報を容易に検索することができるように体系的に構成したもの**として政令で定めるもの（個人情報保護法16条１項）。管理組合の組合員の氏名が記載されている組合員名簿が、電子計算機を用いて検索することができるように体系的に構成したものではなく、紙面で作成されている場合、五十音順など一定の規則に従って整理することにより、容易に検索できるようなときは、②に該当するので、個人情報データベース等に該当する。

➔ 攻略テキスト第２編５章

正解 1

87
過 R2－41

個人情報保護法

重要度 A
難易度 易

管理業務主任者が、マンションの管理組合の役員に対して説明した内容に関する次の記述のうち、「個人情報の保護に関する法律」によれば、誤っているものはどれか。

1　管理組合の組合員の氏名が記載されている名簿が、紙面によるものであっても、五十音順など一定の規則に従って整理・分類され、容易に検索できるものであれば、その名簿上の氏名は「個人データ」に該当します。

2　マンションの共用部分に設置された防犯カメラに映る映像は、特定の個人が識別できるものであれば「個人情報」に該当します。

3　このマンションの居住者の数は、5,000人を超えていないので、管理組合は、個人情報取扱事業者に該当せず、この法律の対象にはなりません。

4　マンション管理業者は、特定の組合員から当該本人が識別される保有個人データの開示を求められたときは、その開示に係る手数料を徴収することができます。

	①	②	③	④	⑤
学習日					
理解度 (○/△/×)					

解法のテクニック

個人情報保護法の基本論点からの出題である。過去繰り返し出題されている基本論点ばかりであるのでしっかり確認しよう。

1　正しい　個人データとは、個人情報データベース等を構成する個人情報をいう（個人情報保護法16条3項）。個人情報データベース等には、特定の個人情報を容易に検索することができるように体系的に構成したものとして政令で定めるものも含まれる（個人情報保護法16条1項2号）したがって紙面によるものであっても、五十音順など一定の規則に従って整理・分類され、容易に検索できるものであれば、その名簿上の氏名は個人データに該当する。

2　正しい　個人情報とは、生存する個人に関する情報であって、当該情報に含まれる氏名、生年月日その他の記述等により特定の個人を識別することができるものであるが、これには音声、動作その他の方法を用いて表された一切の事項も含まれるので、防犯カメラに映る映像も個人情報に該当する（個人情報保護法2条1項1号）

3　誤り　「個人情報取扱事業者」とは、個人情報データベース等を事業の用に供している者をいう（個人情報保護法16条2項）。以前は、保有する個人情報の数が5,000件以上の場合に、個人情報取扱事業者に該当したが、これは撤廃されたため、現在は個人情報を1件でも保有していれば個人情報取扱事業者に該当するため、管理組合も個人情報取扱事業者に該当する。

4　正しい　個人情報取扱事業者は、利用目的の通知または保有個人データの開示の請求を受けたときは、当該措置の実施に関し、手数料を徴収することができる（個人情報保護法38条1項）。

➔ 攻略テキスト第2編5章

正解 3

個人情報保護法

個人情報の保護に関する法律第2条（定義）に関する以下のア～エの文章について、（a）～（d）に入る語句の組み合わせとして、正しいものは次の1～4のうちどれか。

ア 「個人情報」とは、（a）に関する情報であって、当該情報に含まれる氏名、生年月日その他の記述等（文書、図画若しくは電磁的記録）に記載され、若しくは記録され、又は音声、動作その他の方法を用いて表された一切の事項（個人識別符号を除く。）により特定の個人を識別することができるもの、又は個人識別符号が含まれるものをいう。

イ 「個人情報データベース等」とは、個人情報を含む情報の（b）であって、特定の個人情報を電子計算機を用いて検索できるように体系的に構成したもの及び特定の個人情報を容易に検索することができるように体系的に構成したものとして政令で定めるものであって、利用方法からみて個人の権利利益を害するおそれが少ないものとして政令で定めるものを除くものをいう。

ウ 「個人情報取扱事業者」とは、（c）を事業の用に供している者であって、国の機関、地方公共団体、独立行政法人等、地方独立行政法人を除く者をいう。

エ 「（d）」とは、個人情報取扱事業者が、開示、内容の訂正、追加又は削除、利用の停止、消去及び第三者への提供の停止を行うことのできる権限を有する個人データであって、その存否が明らかになることにより公益その他の利益が害されるものとして政令で定めるもの以外のものをいう。

	（a）	（b）	（c）	（d）
1	個人	集合物	個人データ	特別保護データ
2	生存する個人	集合物	個人情報データベース等	保有個人データ
3	個人	総体	個人情報データベース等	特別保護データ
4	生存する個人	総体	個人データ	保有個人データ

	①	②	③	④	⑤
学習日					
理解度（○/△/×）					

解法のテクニック

個人情報保護法の用語の定義からの出題である。個人情報の定義は、平成29年の改正により、大きく変わったので注意しよう。

ア 「**個人情報**」とは、（a生存する個人）に関する情報であって、当該情報に含まれる氏名、生年月日その他の記述等（文書、図画もしくは電磁的記録に記載され、もしくは記録され、または音声、動作その他の方法を用いて表された一切の事項（個人識別符号を除く）をいう）により**特定の個人を識別することができるもの**、または**個人識別符号が含まれるもの**をいう（個人情報保護法２条１項）。

イ 「**個人情報データベース等**」とは、個人情報を含む情報の（b集合物）であって、特定の個人情報を**電子計算機**を用いて検索することができるように体系的に構成したものおよび特定の個人情報を容易に検索することができるように**体系的に構成したもの**として政令で定めるものであって、利用方法からみて個人の権利利益を害するおそれが少ないものとして政令で定めるものを除くものをいう（個人情報保護法16条１項）。

ウ 「**個人情報取扱事業者**」とは、（c個人情報データベース等）を**事業の用**に供している者であって、国の機関、地方公共団体、独立行政法人等、地方独立行政法人を除く者をいう（個人情報保護法16条２項）。

エ 「（d保有個人データ）」とは、個人情報取扱事業者が、開示、内容の訂正、追加または削除、利用の停止、消去および第三者への提供の停止を行うことのできる**権限を有する個人データ**であって、その存否が明らかになることにより公益その他の利益が害されるものとして政令で定めるもの以外のものをいう（個人情報保護法16条４項）。

したがって、ａ生存する個人、ｂ集合物、ｃ個人情報データベース等、ｄ保有個人データとなり、正解は**2**となる。

➔ 攻略テキスト第２編５章

正解 2

89 消費者契約法

過 R3－40

重要度 B
難易度 普

マンションの売買又は賃貸借に関する次の記述のうち、消費者契約法が適用されるものはいくつあるか。

ア　マンションの分譲業者が、マンションの一住戸を合同会社に、その従業員の個人居住用として使用することの明示を受けて売却する契約

イ　宅地建物取引業者が、いわゆる「買取再販事業」として、既存のマンションを購入し、個人に居住用として売却する契約

ウ　個人が、マンションの賃貸業者から、1階の店舗部分を店舗用として賃借する契約

エ　マンションの賃貸業者から、マンションの一住戸を個人の居住用として賃借する契約の場合に、その賃借人が個人の宅地建物取引業者であるとき

1　一つ
2　二つ
3　三つ
4　四つ

	①	②	③	④	⑤
学習日					
理解度 (○/△/×)					

解法のテクニック

消費者契約法では、消費者に該当するか否かが近年よく出題されている。特に宅建業者であっても、個人の居住目的で物件を賃借する場合は消費者に該当する点に注意しよう。居住目的は事業として契約当事者になっていないからである。

ア　**適用されない**　消費者契約法は、**消費者**と**事業者**との間で締結される契約に適用される（消費者契約法2条3項）。そして、**消費者**とは**個人**（事業としてまたは事業のために契約の当事者となる場合におけるものを除く）をいい、**事業者**とは、法人**その他の団体**および事業**としてまたは**事業のために**契約の当事者となる場合における**個人をいう（同1項・2項）。本肢では、分譲業者と合同会社という**事業者間の契約**になるので、**消費者契約法は適用されない。**

イ　**適用される**　肢アの解説参照。本肢は、宅建業者が事業者として、個人に**居住用マンションを**売却**する契約**を締結しているので、**事業者と消費者間の契約**となり、**消費者契約法が適用される。**

ウ　**適用されない**　肢アの解説参照。本肢は、賃貸事業者が**個人に**店舗用**として**マンションを賃借する契約**を締結している。この場合の**個人**は、**「事業としてまたは事業のために契約の当事者となる場合」**に該当するので、事業者**に該当する。**したがって、**事業者間の契約**となり、**消費者契約法が適用されない。**

エ　**適用される**　肢アの解説参照。本肢は、マンションの賃貸業者が、**宅建業者である個人が**マンションの一住戸を**「個人の居住用」**として賃借する契約を締結している。この場合の個人の宅建業者は、**「事業としてまたは事業のために契約の当事者となる場合」に**該当しないので、**消費者契約法が適用される。**

したがって、**適用されるもの**は**肢イ・エの二つ**であり、正解は**2**となる。

➔ 攻略テキスト第2編6章

正解 2

消費者契約法

消費者契約法の適用に関する次の記述のうち、誤っているものはどれか。

1　宅地建物取引業者ではないＡ株式会社が、宅地建物取引業者であるＢ株式会社に対し、社宅用としてマンションの１住戸を売却する契約には、消費者契約法が適用されない。

2　複合用途の賃貸用共同住宅を経営する個人Ｃが、個人経営者であるＤに、当該共同住宅の１階の店舗部分をＤの事業のために賃貸する契約には、消費者契約法が適用される。

3　宅地建物取引業者である個人Ｅが、賃貸用共同住宅を経営する個人Ｆから、自らの居住用として当該共同住宅の１室を賃借する契約には、消費者契約法が適用される。

4　賃貸用共同住宅を経営する個人Ｇが、宅地建物取引業者であるＨ株式会社に対し、当該共同住宅の媒介を依頼する契約には、消費者契約法が適用されない。

	①	②	③	④	⑤
学習日					
理解度 (○/△/×)					

解法のテクニック

消費者契約法の定義に関する問題である。消費者と事業者の定義は頻出なので覚えておこう。
また、本肢のように「消費者契約」に該当するかどうかという問題も出題されているので注意しよう。

1 **正しい** **「消費者契約」**とは、消費者**と事業者**との間で締結される契約をいう（消費者契約法２条１項）。そして、**「事業者」**とは、法人**その他の団体**及び事業としてまたは**事業のために契約の当事者となる場合における個人**をいう（同２項）。本肢の契約は、株式会社（事業者）間の契約であるから、消費者契約法は適用されない（同３項）。

2 **誤り** 肢１の解説参照。本肢の契約は、ＣＤともに、「**事業のために契約の当事者となる場合における個人**（事業者）」に該当するため、事業者間の契約であるから、消費者契約法は適用されない（消費者契約法２条３項）。

3 **正しい** 肢１の解説参照。本肢のＥは、宅建業者ではあるが、あくまで「自らの居住用**として**」本肢賃貸借契約を締結しており、「**事業としてまたは事業のために契約の当事者となる場合における個人**」に該当しない。したがって、個人Ｅは消費者に該当し、消費者Ｅと事業者Ｆとの間の契約には、消費者契約法が適用される（消費者契約法２条３項）。

4 **正しい** 本肢の契約は、「**事業としてまたは事業のために契約の当事者となる場合における個人**（事業者）」Ｇと**株式会社**（事業者）Ｈの間の契約になるので、消費者契約法は適用されない（消費者契約法２条３項）。

➔ 攻略テキスト第２編６章

正解 2

91 賃貸住宅管理業法

過 R5－44

重要度 A
難易度 普

賃貸住宅管理業法に関する次の記述のうち、最も適切なものはどれか。

1　賃貸住宅管理業を営もうとする者は、二以上の都道府県の区域内に事務所を設置してその事業を営もうとする場合は国土交通大臣の、一の都道府県の区域内にのみ事務所を設置してその事業を営もうとする場合は当該事務所の所在地を管轄する都道府県知事の登録を受けなければならない。

2　賃貸住宅管理業者の登録は、5年ごとにその更新を受けなければ、その期間の経過によって効力を失うが、更新の申請期間内に申請があった場合、登録の有効期間の満了の日までにその申請に対する処分がされないときは、その処分がされるまでの間は、なお効力を有する。

3　賃貸住宅管理業者は、その営業所又は事務所ごとに、賃貸住宅管理業に従事する者の数に対し、その割合が5分の1以上となる数の業務管理者を置かなければならない。

4　賃貸住宅管理業者は、管理受託契約を締結しようとするときは、賃貸人に対し、当該管理受託契約を締結するまでに、賃貸住宅管理業法に定める事項について、書面を交付して説明しなければならないが、賃貸人の承諾を得た場合に限り、この説明を省略することができる。

	①	②	③	④	⑤
学習日					
理解度 (○/△/×)					

解法のテクニック

賃貸住宅管理業法は、「賃貸住宅」の管理・特定転貸事業（サブリース事業）を規制する法律である。マンション管理適正化法や宅建業法との相違点に注意しよう。

1　**不適切**　**賃貸住宅管理業**を営もうとする者は、国土交通大臣**の登録**を受けなければならない。ただし、賃貸住宅管理業に係る賃貸住宅の戸数が200戸未満であるときは、この限りでない（賃貸住宅管理業法３条１項、施行規則３条）。一の都道府県の区域内にのみ事務所を設置してその事業を営もうとする場合でも、国土交通大臣の登録を受けなければならない。

2　**最も適切**　登録は、5年**ごと**にその**更新**を受けなければ、その期間の経過によって、その効力を失う（賃貸住宅管理業法３条２項）。そして、更新の申請があった場合において、登録の有効期間の満了の日までにその**申請に対する処分がされないとき**は、従前の登録は、**登録の有効期間の満了後**もその処分がされるまでの間は、なおその効力を有する（賃貸住宅管理業法３条３項）。

3　**不適切**　賃貸住宅管理業者は、その**営業所または事務所ごと**に、１人以上**の業務管理者**を選任して、当該営業所または事務所における業務に関し、管理受託契約の内容の明確性、管理業務として行う賃貸住宅の維持保全の実施方法の妥当性その他の賃貸住宅の入居者の居住の安定および賃貸住宅の賃貸に係る事業の円滑な実施を確保するため必要な国土交通省令で定める事項についての管理および監督に関する事務を行わせなければならない（賃貸住宅管理業法12条１項）。賃貸住宅管理業に従事する者の数に対し、その割合が５分の１以上の数の業務管理者を設置するのではない。

4　**不適切**　賃貸住宅管理業者は、**管理受託契約を締結しようとするとき**は、管理業務を委託しようとする賃貸住宅の賃貸人（賃貸住宅管理業者である者その他の管理業務に係る専門的知識および経験を有すると認められる者として国土交通省令で定めるものを除く）に対し、当該**管理受託契約を**締結するまでに、管理受託契約の内容およびその履行に関する事項であって国土交通省令で定めるものについて、書面を交付**して**説明**しなければならない**（賃貸住宅管理業法13条１項）。**賃貸人の承諾**を得た場合でも、この説明は**省略することができない**。

➔ 攻略テキスト第２編７章

正解 2

統計・データ

国土交通省が公表している分譲マンションの統計・データ等に関する次の記述のうち、最も適切なものはどれか。

1　2022年末時点における分譲マンションストック総数は、700万戸を超えている。

2　マンションの新規供給戸数は、2000年以降、一貫して増加傾向にある。

3　「平成30年度マンション総合調査結果」によると、現在の修繕積立金の積立額が長期修繕計画に比べて不足しているマンションは、３割を超えている。

4　「平成30年度マンション総合調査結果」によると、回答した区分所有者のうち永住するつもりである区分所有者は、６割には満たない。

	①	②	③	④	⑤
学習日					
理解度 (○/△/×)					

解法のテクニック

分譲マンションの統計・データ等は、ここ数年頻出の論点である。今後も定番論点になりそうなので、重要な数字は押さえておこう。

1 **不適切** 2022年末時点のマンションストック総数は約694.3万戸であり、700万戸は超えていない。

2 **不適切** 2022年の分譲マンションの**新規供給戸数**は9.4万戸で2021年の**10.6万戸**よりも減少している。したがって、マンションの新規供給戸数は、2000年以降、一貫して増加傾向というわけではない。

3 **最も適切** 計画上の修繕積立金の積立額と現在の修繕積立金の積立額の差は、**現在の積立額が計画に比べて不足している**マンションが34.8%となっており、3割を超えている。

4 **不適切** 区分所有者の永住意識については、「**永住するつもりである**」が62.8%となっている。したがって、永住するつもりである区分所有者は、6割を超えている。

➔ 攻略テキスト第2編8章

正解 3

第3編

区分所有法

区分所有法の最近の動向としては、民法と区分所有法との複合問題が出題されている。単純な条文の知識だけではなく、他の分野との横断的な知識を問うものが出題されている。また、判例からも多数出題されている。

出題数は、毎年6問程度であるが、標準管理規約が多く出題される年には区分所有法の出題数が減少することもある。十分得点源とすることができる科目である。

専有部分の要件

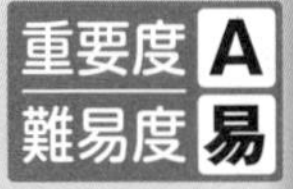

マンションの建物内の倉庫部分や車庫部分の内部に排気管や雑排水マンホール等の共用設備がある場合であっても、当該建物部分が建物の専有部分となるための基準に関する次の記述のうち、最高裁判所の判例によれば、不適切なものはどれか。

1　当該建物部分の権利者の当該部分の使用によって共用設備の保存及び他の区分所有者らによる利用に影響を及ぼすことがないこと。

2　当該建物部分について、専有部分である旨の登記がなされ、かつ、規約において専有部分である旨の定めがあること。

3　共用設備の当該建物部分に占める割合が小部分にとどまり、それ以外の部分をもって当該建物部分の権利者が独立の建物の場合と実質的に異なるところのない態様の排他的使用に供することができること。

4　他の区分所有者らによる共用設備の利用及び管理によって、当該建物部分の権利者の排他的使用に格別の制限ないし障害を生ずることがないこと。

	①	②	③	④	⑤
学習日					
理解度 (○/△/×)					

解法のテクニック

利用上の独立性に関する重要判例からの出題である。判例の内容はしっかりと覚えておく必要があるが、本問については、肢2は、規約で専有部分である旨の定めがあることという点で不適切であると判断したい。

判例では①共用設備が当該**建物部分の小部分**であること（共用設備の小規模性）、②その余の部分をもって独立の建物の場合と実質的に異なることのない**排他的使用が可能**であること（排他的利用可能性）、③かかる排他的利用によって、**共用設備の保存、他の区分所有者の利用に影響を及ぼすことがない**ことを要件に、専有部分としての利用上の独立性を認めている（最判昭56.7.17）。

1 **適切** 権利者による排他的利用によって、共用設備の保存、他の区分所有者の利用に影響を及ぼすことがないことは、専有部分となるための要件③に該当し適切である。

2 **不適切** このような**判断基準はなく**、専有部分になるための要件として不適切である。

3 **適切** 共用設備が当該建物部分の小部分であること（共用設備の小規模性）は、専有部分となるための要件①に該当し適切である。

4 **適切** 独立の建物の場合と実質的に異なることのない排他的使用が可能であること（排他的利用可能性）は、専有部分となるための要件②に該当し適切である。

➔ 攻略テキスト第3編1章

正解 2

94 専有部分等

過 H28－34

重要度 A
難易度 易

マンションの専有部分及び専用使用権に関する次の記述のうち、区分所有法、標準管理規約及び判例によれば、最も不適切なものはどれか。

1　専有部分とは、一棟の建物に構造上区分され、かつ、住居、店舗、事務所又は倉庫その他建物としての用途に独立して供することができるように利用上区分された、区分所有権の目的である建物の部分である。

2　地下に設けられた駐車場部分は、必ずしも周囲すべてが完全に遮蔽されていなくても、構造上、利用上の独立性を備えている場合には、専有部分として登記して分譲することができる。

3　専用使用権とは、敷地及び共用部分等の一部について、特定の区分所有者が排他的に使用できる権利であり、専用使用権の対象となっている当該部分を専用使用部分という。

4　敷地に、特定の区分所有者に対して無償の駐車場専用使用権が規約に基づいて設けられていた場合、後に、当該駐車場部分の使用を有償化する決議をするには、必ず当該専用使用権者の承諾を得なければならない。

	①	②	③	④	⑤
学習日					
理解度（○/△/×）					

解法のテクニック

専有部分の定義や要件等についての問題である。肢２と肢４の判例は繰り返し出題されている重要判例であるからしっかり覚えておこう。

1　**適切**　「**専有部分**」とは、一棟の建物に構造上**区分**された数個の部分で**独立して**住居、店舗、事務所または倉庫その他**建物としての用途に供することができる**ものであり、**区分所有権の目的**となる建物部分である（区分所有法１条）。

2　**適切**　専有部分として成立するためには、建物の構成部分である隔壁等により他の専有部分または共用部分から独立した物的支配に適する程度に遮蔽され、その範囲が明確であれば、必ずしも**周囲すべてが完全に遮断されていることを**要しない（最判昭56.6.18）。

3　**適切**　「**専用使用権**」とは、**敷地および共用部分等の一部**について、特定の区分所有者が排他的**に使用できる権利**をいう。また、「**専用使用部分**」とは、**専用使用権**の対象となっている敷地及び共用部分等の部分をいう（標準管理規約２条８号・９号）。

4　**最も不適切**　区分所有者が専用使用権を有するマンション駐車場の使用料を増額する規約の設定、変更等は、増額**の必要性及び合理性**が認められ、かつ、増額された使用料が当該区分所有関係において**社会通念上相当な額**であると認められる場合には、専用使用権者の権利に区分所有法31条１項後段にいう「**特別の影響**」を**及ぼすものでは**ない（最判平10.10.30）。したがって、必ずしも専用使用権者の**承諾を得る必要があるわけではない**（区分所有法31条１項）。

→ 攻略テキスト第３編１章

正解４

95 管理所有

過 R2－36

重要度 B
難易度 普

管理所有に関する次の記述のうち、区分所有法の規定によれば、正しいものはどれか。

1　管理所有の主体は、区分所有権を有する管理者でなければならない。

2　管理所有の対象物は、共用部分、共有の建物、附属施設、敷地に限られる。

3　管理者が、その職務の範囲内の行為として、区分所有者の専有部分等の一時使用権を請求する場合には、当該管理者は管理所有者であることが必要である。

4　管理所有が成立するためには、区分所有者及び議決権の各４分の３以上の多数による集会の決議と管理所有である旨の登記が必要である。

	①	②	③	④	⑤
学習日					
理解度（○/△/×）					

解法のテクニック

管理所有は、平成23年以来の出題である。マイナー論点ではあるが、基本的な論点は覚えておこう。

1　**誤り**　共用部分の**管理所有**は、管理者だけでなく区分所有者もすることができる（区分所有法11条2項、27条1項）。

2　**誤り**　**管理所有**の対象物は共用部分**のみ**であり、共用部分ではない**共有の建物、附属施設、敷地**は含まれない（区分所有法11条2項、27条1項）。

3　**正しい**　**管理者**が管理所有**をしている**場合、専有部分または共用部分を保存し、または改良するため必要な範囲内において、**他の区分所有者の専有部分又は自己の所有に属しない共用部分の使用を請求することができる**（区分所有法27条2項、6条2項）。

4　**誤り**　管理所有をするためには、規約**に特別の定め**が必要であるため、集会において、**区分所有者および議決権の各4分の3以上の決議**が必要となる（区分所有法11条2項）。しかし、管理所有である旨の**登記は**不要**である**。

要点整理　管理所有

管理所有者になれる者	①　**特定の区分所有者** ②　**管理者**（区分所有者、区分所有者以外の者も可）
権限等	①　共用部分を管理する義務を負う ②　区分所有者に相当な管理費用を請求することができる ※　報酬は、特約がないと請求できない ③　管理のための「所有」であるので、**管理所有者は共用部分の重大変更をすることはできない**
その他	①　区分所有者の共有持分に変動は生じない ②　管理所有者は共用部分の所有権登記はできない

➔ 攻略テキスト第3編1章

正解 3

一部共用部分

共用部分の管理に関する次の記述のうち、区分所有法によれば最も不適切なものはどれか。

1　共用部分のうち、一部の区分所有者のみに供されることが明らかな部分（以下、本問において「一部共用部分」という。）は、それらの者の管理に服する。

2　一部共用部分に関する事項であっても、当該部分が区分所有者全員の利害に関係する部分である場合には、規約にその定めがなくても区分所有者全員で管理する。

3　一部共用部分に関する事項で、区分所有者全員の利害に関係しないものは、これを共用すべき区分所有者の規約によって管理することができるが、区分所有者全員の規約に別段の定めをすれば、区分所有者全員で管理できる。

4　1棟の建物に設置された1基のエレベーターの管理を区分所有者全員で管理することはできるが、その旨を規約で定めておかなければならず、費用負担に階差を設けなければならない。

	①	②	③	④	⑤
学習日					
理解度 (○/△/×)					

解法のテクニック

一部共用部分の管理についての問題である。肢２の全員の利害に関係する管理については、規約の定めがなくても、区分所有者全員で管理することができる点に注意したい。肢３の全員の利害に関係しない管理であっても、規約で定めることで全員で管理できることとの違いに気を付けよう。

1　**適切**　一部共用部分の管理のうち、区分所有者全員の利害に関係するものまたは規約に定めがあるものは、区分所有者全員で管理し、その他のものは、これを共用すべき一部の区分所有者のみで管理する（区分所有法16条）。

2　**適切**　肢１解説参照。一部共用部分の管理が、全員の利害に関係するものである場合には、規約でその定めがなくても区分所有者全員で管理する。

3　**適切**　一部共用部分に関する事項で区分所有者全員の利害に関係しないものは、区分所有者全員の規約に定めがある場合を除いて、これを共用すべき区分所有者の規約で定めることができる（区分所有法30条２項）。つまり、区分所有者全員の規約に別段の定めをすれば、区分所有者全員の利害に関係しない一部共用部分であっても、区分所有者全員で管理できる。

4　**最も不適切**　１棟の建物に設置されたエレベーターは、区分所有者全員の共用部分に該当する（区分所有法４条参照）。したがって、当然に区分所有者全員で管理することになり、規約でその旨を定める必要はない。また、費用負担に階差を設けなければならない旨の規定はない。

➔ 攻略テキスト第３編１章

正解 4

共用部分等の持分

共用部分及びその持分等に関する次の記述のうち、区分所有法の規定によれば、最も不適切なものはどれか。

1　区分所有者が数個の専有部分を所有する場合の各敷地利用権の割合は、共用部分の持分の割合と同一であり、規約で別段の定めをすることができない。

2　共用部分の管理に関する事項であっても、それが専有部分の使用に特別の影響を及ぼすべきときは、その専有部分の所有者の承諾を得なければならない。

3　共用部分の持分の割合と管理費等の負担割合は、一致しないこともある。

4　共用部分の共有者は、この法律に別段の定めがある場合を除いて、その有する専有部分と分離して共用部分の持分を処分することができない。

	①	②	③	④	⑤
学習日					
理解度 (○/△/×)					

解法のテクニック

肢1は、敷地共有者間の持分割合ではなく、例えば、区分所有者Aが101号室と102号室を所有している場合に、101号室・102号室それぞれの敷地利用権の割合の規定である。101号室の面積が50㎡で102号室の床面積が100㎡なら、敷地利用権は、101号が1：102号室が2の割合になる。

1　**最も不適切**　専有部分に係る敷地利用権とを分離して処分することができない場合において、**区分所有者が数個の専有部分を所有するときは**、各専有部分**に係る敷地利用権の割合**は、共用部分の持分割合による。ただし、規約**でこの割合と異なる割合**が定められているときは、**その割合による**（区分所有法22条2項）。したがって、規約で別段の定めをすることができる。

2　**適切**　**共用部分の管理**に関する事項について、共用部分の変更が専有部分の使用に特別の影響**を及ぼすべきとき**は、その**専有部分の所有者の承諾**を得なければならない（区分所有法18条3項、17条2項）。

3　**適切**　各共有者は、規約**に別段の定めがない限り**その**持分に応じて、共用部分の負担に任じ**、共用部分から生ずる利益を収取する（区分所有法19条）。したがって、規約に別段の定めがあれば、共用部分の持分の割合とは異なる負担割合になることもある。

4　**適切**　共有者は、この法律**に別段の定めがある場合を除いて**、その有する専有部分と**分離して持分を処分することができない**（区分所有法15条2項）。

➔ 攻略テキスト第3編1章

正解 1

共有持分の割合

マンション（マンションの管理の適正化の推進に関する法律（平成12年法律第149号。以下「マンション管理適正化法」という。）第２条第１号に規定するものをいう。以下同じ。）の建物及び敷地の共有持分の割合に関する次の記述のうち、民法及び建物の区分所有等に関する法律（昭和37年法律第69号。以下「区分所有法」という。）の規定によれば、誤っているものはどれか。

1　専有部分が共有されている場合に、各共有者の持分の割合は、相等しいものと推定される。

2　共用部分の各共有者の持分の割合は、その有する専有部分の床面積の割合によるが、規約で別段の定めをすることを妨げない。

3　一部共用部分の各共有者の持分の割合は、その有する専有部分の床面積の割合によるが、規約で別段の定めをすることを妨げない。

4　敷地の各共有者の持分の割合は、その有する敷地上の建物の専有部分の床面積の割合によるが、規約で別段の定めをすることを妨げない。

	①	②	③	④	⑤
学習日					
理解度 (○/△/×)					

解法のテクニック

専有部分・共用部分・敷地の共有に関する、民法と区分所有法の複合問題である。専有部分・敷地の共有については民法の規定が適用され、共用部分については区分所有法の規定が適用されることを注意しよう。

1　**正しい**　専有部分が共有の場合、民法の規定が適用されることになるので、各共有者の持分は、相等しい**ものと推定される**（民法250条）。

2　**正しい**　共用部分について、**各共有者**（区分所有者）**の持分**は、原則として、その有する専有部分の床面積の割合によるが（区分所有法14条1項）、これは規約で別段の定め**をすることが可能**である（同4項）。

3　**正しい**　**一部共用部分**の各共有者の持分は、原則として、その有する専有部分の床面積の割合によるが（区分所有法14条1項）、これは規約で別段の定め**をすることができる**（同4項）。

4　**誤り**　**共用部分の持分割合の規定は、**敷地には準用されていない（区分所有法21条）。したがって、敷地の共有持分については民法の規定が適用され、**各共有者の持分は、分譲契約等で定められていなければ、**相等しいもの**と推定される**（民法250条）。また、敷地の共有持分については分譲契約や共有者間の合意で定めるのであり、規約で別段の定めはできない。

要点整理　専有部分・共用部分・敷地の共有持分

区分所有法	民法	
共用部分の持分割合	敷地利用権の持分割合	専有部分
専有部分の床面積の割合	分譲契約等で定めなければ、各共有者の持分は相等しいものと推定される。	各共有者の持分は相等しい

➡ 攻略テキスト第1編7章・3編1章

正解 4

99 共用部分の変更と規約の変更

過 R3－33

共用部分の変更（その形状又は効用の著しい変更を伴わないものを除く。）又は規約の変更を集会で決議する場合に関する次の記述のうち、区分所有法の規定によれば、適切なものはいくつあるか。

ア　集会決議の要件に関し、共用部分の変更については、規約で別段の定めをして区分所有者の定数のみを過半数まで減ずることはできるが、規約については、同様の変更はできない。

イ　共用部分の変更は、区分所有者全員の承諾があれば、集会によらず書面による決議ですることができるが、規約の変更は、集会によらず書面による決議ですることはできない。

ウ　集会の招集通知を発するに際して、共用部分の変更にかかる議案については、議案の要領を各区分所有者に通知しなければならないが、規約の変更にかかる議案については、その必要はない。

エ　規約の変更は、その規約事項について区分所有者間の利害の衡平が図られなければならない。

1　一つ

2　二つ

3　三つ

4　四つ

	①	②	③	④	⑤
学習日					
理解度 (○/△/×)					

解法のテクニック

共用部分の変更と規約の変更には多くの共通点があるが、肢1の規約で区分所有者の定数を過半数まで減じられるか否かの点だけ異なることを覚えておこう。

ア　**適切**　共用部分の変更（その形状または効用の著しい変更を伴わないものを除く：重大変更）は、区分所有者の定数について、規約でその過半数まで減ずることができる（区分所有法17条1項）。これに対し、規約の設定・変更・廃止については、区分所有者の定数を減ずることはできない（区分所有法31条1項）。

イ　**不適切**　区分所有法または規約により集会において決議をすべき場合において、区分所有者全員の承諾があるときは、書面または電磁的方法による決議をすることができる（区分所有法45条1項）。この規定は、集会決議事項であればすべてに適用されるので、共用部分の変更も規約の変更も、どちらも書面または電磁的方法による決議をすることができる。

ウ　**不適切**　集会の招集通知を発するに際して、共用部分の変更にかかる議案および規約の変更にかかる議案の、どちらも議案の要領を各区分所有者に通知しなければならない（区分所有法35条5項）。

エ　**適切**　規約は、専有部分もしくは共用部分または建物の敷地もしくは附属施設（建物の敷地または附属施設に関する権利を含む）につき、これらの形状、面積、位置関係、使用目的および利用状況ならびに区分所有者が支払った対価その他の事情を総合的に考慮して、区分所有者間の利害の衡平が図られるように定めなければならない（区分所有法30条3項）。

したがって、適切なものは肢ア・エの二つであり、正解は2となる。

➔ 攻略テキスト第3編1章

正解 2

共用部分の管理等

共用部分の管理、変更又は規約の変更における特別の影響に関する次の記述のうち、区分所有法によれば、最も不適切なものはどれか。

1　1住戸1議決権の定めを1区分所有者1議決権とする規約に変更する場合、2住戸以上を所有する区分所有者がいるときは、その区分所有者の承諾が必要である。

2　101号室前の敷地に防災用倉庫を新設するには、区分所有者及び議決権の各4分の3以上の多数による集会の決議が必要であり、さらに工事期間中の騒音が101号室に及ぶ場合には、その影響の程度にかかわらず、その区分所有者の承諾が必要である。

3　101号室前の共用廊下に管理組合の掲示板を設置するには、区分所有者及び議決権の各過半数の集会の決議で足り、101号室の使用に影響が生じないときは、その区分所有者の承諾は不要である。

4　共用部分の変更に関する決議要件のうち、区分所有者の定数を4分の3以上から過半数とする規約に変更するには、区分所有者及び議決権の各4分の3以上の多数による集会の決議が必要であるが、この場合、2住戸以上を所有する区分所有者がいるときでも、その区分所有者の承諾を得る必要はない。

	①	②	③	④	⑤
学習日					
理解度 (○/△/×)					

解法のテクニック

特別の影響を受けるか否かを判断させる問題である。肢1は、議決権の減少は集会における影響力等の減少につながるため、特別の影響があると判断しよう。

1　**適切**　規約の設定、変更または廃止は、区分所有者および議決権の各4分の3以上の多数による集会の決議によってする。この場合、規約の設定、変更または廃止が一部の区分所有者の権利に特別の影響をおよぼすべきときは、その承諾を得なければならない（区分所有法31条1項）。1住戸1議決権を1区分所有者1議決権とすると、2住戸以上を有する区分所有者は議決権が減少するという不利益を受けることになるため、「一部の区分所有者の権利に特別の影響」があるといえる。

2　**最も不適切**　敷地に防災倉庫を新設することは、建物の敷地の重大変更に該当するので、区分所有者および議決権の各4分の3以上の多数による集会の決議で決する（区分所有法21条、17条1項本文）。そして当該新設工事期間中の騒音が「専有部分の使用に特別の影響」をおよぼすものであれば、その区分所有者の承諾が必要となるが、特別の影響に該当しなければ承諾は不要であるので、影響の程度にかかわらず承諾が必要となるのではない。

3　**適切**　共用部分である共用廊下に掲示板を設置することは、管理行為に該当するので集会の普通決議（区分所有者および議決権の過半数）でできる（区分所有法18条1項）。そして管理行為が専有部分の使用に特別な影響をおよぼす場合には、その区分所有者の承諾が必要となるが、本肢では使用に影響がないとしているので承諾は不要である。

4　**適切**　共用部分の重大変更は、区分所有者および議決権の各4分の3以上の多数による集会の決議で決する。ただし、この区分所有者の定数は、規約でその過半数まで減ずることができる（区分所有法17条1項）。本肢の場合、区分所有者の定数を4分の3以上から過半数としても、2住戸以上を所有する区分所有者には何ら影響はないので、その区分所有者の承諾を得る必要はない。

➔ 攻略テキスト第3編1章

正解 2

敷地利用権

借地上のマンションに関する次の記述のうち、民法及び区分所有法によれば、最も適切なものはどれか。

1　土地所有者と各区分所有者との間で締結された借地契約相互の関係は、一つの借地契約を準共有する関係にある。

2　区分所有者の一人に借地料の不払いが生じた場合には、土地所有者は、当該区分所有者の借地料を他の区分所有者に請求することができる。

3　区分所有者の一人が借地契約を解除された場合には、当該区分所有者は、敷地利用権を有しない区分所有者となる。

4　敷地利用権を有しない区分所有者は、土地所有者に対して当該区分所有権を時価で買い取るように請求することができる。

	①	②	③	④	⑤
学習日					
理解度 (○/△/×)					

解法のテクニック

肢2は、地代を負担する理由が借地権の割合的持分の設定（分譲時の売買契約など）にある以上、その対価も持ち分割合に限られるべきという趣旨である。

1　**不適切**　土地所有者と各区分所有者との間で締結された借地契約相互の関係は、各区分所有者ごとに締結された**複数の借地契約**に基づく**借地権を準共有**する関係にある。

2　**不適切**　地上権付き区分所有建物部分の事案で、区分所有者の地上権の対価である地代支払債務について、**自己の有する地上権の持分割合に対応する地代を支払えば足りる**とする判例がある（東京地裁平成7.6.7）。したがって、区分所有者の1人に借地料の不払いが生じた場合でも、土地所有者は、当該区分所有者の借地料を他の区分所有者に請求することができない。

3　**最も適切**　区分所有者の1人が**借地契約を解除**された場合には、当該区分所有者は、**敷地利用権を有しない区分所有者**となる。

4　**不適切**　敷地利用権を有しない区分所有者があるときは、その**専有部分の収去を請求する権利を有する者**（土地所有者等）は、その区分所有者に対し、**区分所有権を時価で売り渡すべきこと**を請求することができる（区分所有法10条）。敷地利用権を有しない区分所有者が、土地所有者に対して当該区分所有権を時価で買い取るように請求できるのではない。

➔ 攻略テキスト第3編2章

正解 3

102 敷地

過R2－35

重要度 A
難易度 易

敷地に関する次の記述のうち、区分所有法の規定によれば、正しいものはどれか。

1　区分所有者が建物及び建物が所在する土地と一体として管理又は使用をする庭、通路その他の土地は、その旨の登記により建物の敷地とすることができる。

2　甲地と乙地の２筆の土地の上に１棟のＡマンションが建っていた場合には、規約で、甲地、乙地ともにＡマンションの敷地とする旨の定めが必要である。

3　甲地と乙地の２筆の土地の上に１棟のＡマンションが建っていた場合に、Ａマンションの一部が滅失して、乙地上には建物部分がなくなったときは、乙地は、規約でＡマンションの敷地であることを定めない限り、Ａマンションの敷地ではなくなる。

4　１筆の甲地の上にＡマンションが建っていたが、その後、甲地が乙地と丙地に分筆され、丙地上にＡマンションの建物部分がなくなった場合には、丙地は、規約でＡマンションの敷地であることを定めなくても、Ａマンションの敷地である。

	①	②	③	④	⑤
学習日					
理解度 (○/△/×)					

解法のテクニック

敷地の種類や要件については頻出論点である。肢3・4のみなし規約敷地は、規約敷地とみなされる（扱われる）ので、規約の定めは不要である。

1　誤り　区分所有者が建物および建物が所在する土地と一体として管理または使用をする庭、通路その他の土地は、規約により建物の敷地とすることができる（区分所有法5条1項）。登記によって敷地となるのではない。

2　誤り　建物が所在する土地は、当然に敷地になる（法定敷地：区分所有法2条5項）。

3　誤り　建物が所在する土地が建物の一部の滅失により建物が所在する土地以外の土地となったときは、その土地は規約で建物の敷地と定められたものとみなす（みなし規約敷地：区分所有法5条2項）。規約の定めがなくても、規約敷地とみなされるので、乙地はAマンションの敷地となる。

4　正しい　建物が所在する土地の一部が分割（分筆）により建物が所在する土地以外の土地となったときは、その土地は規約で建物の敷地と定められたものとみなす（みなし規約敷地：区分所有法5条2項）。

みなし規約敷地は、法定敷地であった土地の一部が、法定敷地の要件を満たさなくなった場合に、マンションの敷地でなくなってしまうのは管理上問題が生じることがあるので、規約を定めていなくても、規約敷地と同じ扱いにしているのです。

要点整理　敷地の種類

法定敷地	建物が所在する土地
規約敷地	建物及び建物が所在する土地と一体として管理又は使用する庭、通路、その他の土地で、規約により建物の敷地とされた土地 ※　法定敷地に隣接している必要はない
みなし規約敷地	建物の一部の滅失や土地の一部の分割により、当然に規約敷地とみなされる土地

➔ 攻略テキスト第3編2章

正解 4

敷地利用権

専有部分と敷地利用権との分離処分等に関する次の記述のうち、民法及び区分所有法の規定によれば、誤っているものはどれか。

1　敷地利用権が数人で有する所有権その他の権利である場合には、区分所有者は、規約に別段の定めがない限り、その有する専有部分とその専有部分に係る敷地利用権とを分離して処分することができない。

2　敷地利用権が数人で有する所有権その他の権利である場合、規約の定めに違反した専有部分又は敷地利用権の分離処分については、当該処分の前に、不動産登記法の定めるところにより分離して処分することができない専有部分及び敷地利用権であることを登記していたときは、当該規約の定めを知らなかった相手方に対して、その処分の無効を主張することができる。

3　敷地利用権が借地権であるマンションにおいて、区分所有者の一人が借地料を滞納し、当該区分所有者と土地所有者との借地契約が解除された場合には、その区分所有者の敷地利用権は消滅する。

4　敷地利用権を有しない専有部分の所有者があるときは、その者は、敷地の所有者に対して、それぞれの敷地利用権の持分の割合に応じて、敷地利用権を時価で売り渡すべきことを請求することができる。

	①	②	③	④	⑤
学習日					
理解度 (○/△/×)					

解法のテクニック

敷地利用権からの出題は、管理業務主任者試験ではあまり多くないが、本問は基本的な論点であるので、覚えておこう。肢4は、もしこのような規定が認められると、なんら落ち度のない土地所有者に対し、土地の共有持分の売買を強制することになってしまうので、認められるはずがないと判断しよう。

1 **正しい** 敷地利用権が数人で有する所有権その他の権利である場合には、区分所有者は、**規約に別段の定め**がない限り、その有する専有部分とその専有部分に係る敷地利用権とを分離して処分することができない（区分所有法22条1項）。

2 **正しい** 専有部分とその専有部分に係る敷地利用権との分離処分の禁止の規定に違反する専有部分または敷地利用権の処分については、その無効を**善意の相手方に主張することができない**。ただし、分離して処分することができない専有部分および敷地利用権であることを登記した後に、その処分がされたときは、善意の相手方に分離処分の禁止を主張することができる（区分所有法23条）。

3 **正しい** 敷地利用権が借地権であるマンションにおいて、借地料の滞納（債務不履行）を理由に区分所有者と土地所有者の借地契約が解除された場合、当該区分所有者の敷地利用権は消滅する（民法545条1項）。

4 **誤り** 敷地利用権を有しない区分所有者があるときは、その専有部分の収去を請求する権利を有する者（借地の所有者等）は、その区分所有者に対し、**区分所有権を**時価で売り渡すべきこと**を請求することができる**（区分所有法10条）。しかし、敷地利用権を有しない専有部分の所有者が、敷地の所有者に対し敷地利用権の売り渡しを請求することは**できない**。

➔ 攻略テキスト第3編2章

正解 4

管理者の代理権

民法で定める代理人と区分所有法で定める管理者又は理事を比較した場合に関する次の記述のうち、民法及び区分所有法の規定によれば、正しいものはどれか。

1　民法上の代理人の行った権限内の代理行為の効力は、本人に対して生じ、管理者の行った職務の範囲内の行為の効力は、区分所有者に対して生ずる。

2　権限の定めのない民法上の代理人は、保存行為をする権限を有しないが、管理者は、保存行為をする権限を有する。

3　管理組合法人においては、理事が民法でいう代理人に該当し、管理組合法人が民法でいう本人に該当する。

4　民法上の代理人が損害保険契約をするためには本人から代理権を授与される必要があるが、管理者は、権限内の行為として自己の判断により共用部分につき損害保険契約をすることができる。

	①	②	③	④	⑤
学習日					
理解度 (○/△/×)					

解法のテクニック

民法上の代理人の規定と、管理者の規定の相違を問うものである。今後も民法と区分所有法との複合問題が予想されるので、横断的な知識の整理を心がけたい。

1　**正しい**　代理人がその権限内において本人のためにすることを示してした意思表示は、本人に対して直接にその効力を生ずる（民法99条１項）。また、管理者は、その職務に関し、区分所有者を代理する（区分所有法26条２項前段）。したがって、代理人たる管理者の行った職務の範囲内の行為の効力は、本人である区分所有者に対して生ずる。

2　**誤り**　権限の定めのない代理人は、①保存行為、②代理の目的である物または権利の性質を変えない範囲内において、その利用または改良を目的とする行為をする権限を有する（民法103条）。したがって、権限の定めのない民法上の代理人は、保存行為をする権限を有しないとする本肢は誤りである。また、管理者は、共用部分等を保存し、集会の決議を実行し、並びに規約で定めた行為をする権利を有し、義務を負う（区分所有法26条１項）。

3　**誤り**　管理組合法人は、その事務に関し、区分所有者を代理する（区分所有法47条６項）。理事は、管理組合法人を代表する（区分所有法49条３項）。すなわち、区分所有者が本人、管理組合法人が区分所有者の代理人、そして、理事は代理人である管理組合法人の代表者ということになる。

4　**誤り**　民法上の代理人は、損害保険契約をするためには本人から代理権を授与される必要がある。また、共用部分につき損害保険契約をすることは、共用部分の管理に関する事項とみなす（区分所有法18条４項）とされており、集会の普通決議が原則として必要である（区分所有法18条１項）。したがって、管理者が自己の判断により共用部分の損害保険契約をすることはできない。

➔ 攻略テキスト第３編３章

正解 1

管理者

管理者に関する次の記述のうち、区分所有法の規定によれば、正しいものはどれか。

1　規約又は集会の決議によっても、マンション管理業者が管理者になることはできない。
2　管理者は、共用部分についての損害保険契約に基づく保険金額並びに共用部分について生じた損害賠償金及び不当利得による返還金の請求及び受領について、区分所有者を代理する。
3　管理者は、集会において、毎年一回一定の時期に、その事務に関する報告をしなければならないが、各区分所有者に対する当該事務に関する報告を記した文書の配布をもって、これに代えることができる。
4　管理者は、必ず集会における議長となる。

	①	②	③	④	⑤
学習日					
理解度 (○/△/×)					

解法のテクニック

管理者に関する基本論点からの出題である。肢2が正解であることは、すぐにわかったと思う。肢3は文書の配布をもって、報告に代えられるかを問うものであったが、このような例外規定は存在しないと分かれば、誤りと判断できたであろう。

1 誤り 区分所有者は、規約に別段の定めがない限り集会の決議によって、管理者を選任し、または解任することができる（区分所有法25条1項）。そして、区分所有法に管理者の資格を制限する規定はないから、マンション管理業者が管理者になることはできる。

2 正しい 管理者は、共用部分についての損害保険契約に基づく保険金額並びに共用部分について生じた損害賠償金および不当利得による返還金の請求および受領について、区分所有者を代理する（区分所有法26条2項後段）。

3 誤り 管理者は、集会において、毎年1回一定の時期に、その事務に関する報告をしなければならない（区分所有法43条）。この報告義務を、各区分所有者に対する当該事務に関する報告を記した文書の配布をもって代えることができる旨の規定は存在しない。

4 誤り 集会においては、規約に別段の定めがある場合および別段の決議をした場合を除いて、管理者または集会を招集した区分所有者の1人が議長となる（区分所有法41条）。したがって、区分所有者の1人が議長となることもある。また、規約に別段の定めがある場合または別段の集会の決議があるときは、管理者が議長とならない場合がある。

➔ 攻略テキスト第3編3章

正解 2

管理組合法人

管理組合法人に関する次の記述のうち、区分所有法によれば、不適切なものはいくつあるか。

ア　規約で、数人の理事のみが共同して管理組合法人を代表する旨を定めることはできない。

イ　理事の任期を、規約で５年と定めることができる。

ウ　管理組合法人の成立前の集会の決議、規約及び管理者の職務の範囲内の行為は、成立後の管理組合法人についても効力を生ずる。

エ　管理組合法人の代表理事に管理者を兼任させることができる。

1　一つ
2　二つ
3　三つ
4　四つ

	①	②	③	④	⑤
学習日					
理解度 (○/△/×)					

解法のテクニック

管理組合法人は頻出論点である。管理組合法人の理事と管理組合の管理者との違いに注意しよう。

ア　不適切　規約もしくは集会の決議によって、管理組合法人を代表すべき理事を定め、もしくは数人の理事が共同して管理組合法人を代表すべきことを定め、または規約の定めに基づき理事の互選によって管理組合法人を代表すべき理事を定めることができる（区分所有法49条5項）。

イ　不適切　理事の任期は、2年とする。ただし、規約で3年以内において別段の期間を定めたときは、その期間とする（区分所有法49条6項）。したがって、規約で理事の任期を5年と定めることはできない。

ウ　適切　管理組合法人の成立前の集会の決議、規約および管理者の職務の範囲内の行為は、管理組合法人につき効力を生ずる（区分所有法47条5項）。

エ　不適切　管理組合法人では、代表者として理事が選任されるので、管理者を選任することはできない。したがって、管理組合法人の代表理事と管理者を兼任させることはできない。

したがって、不適切なものは肢ア・イ・エの三つであり、正解は3となる。

攻略テキスト第3編3章

正解 3

107 管理組合法人

過 R1－38

重要度 A
難易度 易

管理組合法人に関する次の記述のうち、区分所有法の規定によれば、誤っているものはどれか。

1　管理組合法人は、理事の任期を5年と定めることができる。
2　管理組合法人は、代表権のない理事を置くことができる。
3　管理組合法人は、管理者を置くことができない。
4　管理組合法人の監事は、理事又は管理組合法人の使用人を兼ねてはならない。

	①	②	③	④	⑤
学習日					
理解度 (○/△/×)					

解法のテクニック

管理組合法人の基本的論点からの問題である。繰り返し出題されている論点なので、必ず覚えておこう。

1 誤り 理事の任期は、2年とする。ただし、規約で3年以内において別段の期間を定めたときは、その期間とする（区分所有法49条6項）。したがって、理事の任期を5年と定めることはできない。

2 正しい 理事が数人あるときは、各自管理組合法人を代表する（区分所有法49条4項）。ただし、規約もしくは集会の決議によって、管理組合法人を代表すべき理事（代表理事）を定め、もしくは数人の理事が共同して管理組合法人を代表すべきことを定め、または規約の定めに基づき理事の互選によって管理組合法人を代表すべき理事を定めることを妨げない（区分所有法49条5項）。この代表理事の規定は、本来代表権を有する理事から代表権を無くし、代表理事にのみ代表権を認める規定である。したがって、代表権のない理事を置くことができる。

3 正しい 管理組合法人においては、区分所有者を代理するのは管理組合法人である（区分所有法47条6項）。したがって、管理者を置くことはできない。

4 正しい 監事は、理事または管理組合法人の使用人と兼ねてはならない（区分所有法50条2項）。

➔ 攻略テキスト第3編3章

正解 1

108 管理組合法人

過 H26−32

管理組合法人に関する次の記述のうち、区分所有法の規定によれば、正しいものはいくつあるか。

ア　管理組合法人は、区分所有者名簿を備え置き、区分所有者の変更があるごとに必要な変更を加えなければならない。

イ　理事は、損害保険契約に基づく保険金額の請求及び受領のほか、共用部分等について生じた損害賠償金及び不当利得による返還金の請求及び受領について、区分所有者を代理する。

ウ　管理組合法人と理事との利益が相反する事項については、監事が管理組合法人を代表する。

エ　理事は、集会の決議により、管理組合法人の事務に関し、区分所有者のために、原告又は被告となることができるが、この場合には、遅滞なく、原告又は被告となった旨を区分所有者に通知しなければならない。

1　一つ
2　二つ
3　三つ
4　四つ

	①	②	③	④	⑤
学習日					
理解度 (○/△/×)					

解法のテクニック

管理組合法人の権限・義務、理事の権限・義務はそれぞれ確認しておこう。

ア　正しい　管理組合法人は、区分所有者名簿を備え置き、区分所有者の変更があるごとに必要な変更を加えなければならない（区分所有法48条の２第２項）。

イ　誤り　管理組合法人は、その事務に関し、区分所有者を代理する。損害保険契約に基づく保険金額ならびに共用部分等について生じた損害賠償金および不当利得による返還金の請求および受領についても、区分所有者を代理する（区分所有法47条６項）。理事は区分所有者を代理しない。

ウ　正しい　管理組合法人と理事との利益が相反する事項については、監事が管理組合法人を代表する（区分所有法51条）。

エ　誤り　管理組合法人は、規約または集会の決議により、その事務に関し、区分所有者のために、原告または被告となることができる（区分所有法47条８項）。理事は原告にならない。また、管理組合法人は、規約により原告または被告となったときは、遅滞なく、区分所有者にその旨を通知しなければならない（区分所有法47条９項）が、集会の決議により原告または被告となった場合には通知をする必要はない。

したがって、正しいものは、肢ア・ウの二つであり、正解は2となる。

要点整理　管理組合法人の義務

①代表者の行為についての損害賠償責任	管理組合法人は、代表理事その他の代表者がその職務を行うについて第三者に加えた損害を賠償する責任を負う。
②財産目録	管理組合法人は、設立の時および毎年１月から３月までの間に財産目録を作成し、常にこれをその主たる事務所に備え置かなければならない。ただし、特に事業年度を設けるものは、設立の時および毎事業年度の終了の時に財産目録を作成しなければならない。
③区分所有者名簿	管理組合法人は、区分所有者名簿を備え置き、区分所有者の変更があるごとに必要な変更を加えなければならない。

➡ 攻略テキスト第３編３章

正解 2

管理組合法人

管理組合法人に関する次の記述のうち、区分所有法によれば、誤っているものはどれか。

1　管理組合法人は、その名称中に管理組合法人という文字を用いなければならない。

2　管理組合法人は、理事及び監事の氏名、住所を登記しなければならない。

3　管理組合法人は、理事がその職務を行うについて第三者に損害を加えた場合には、その損害を賠償しなければならない。

4　管理組合法人が、集会の特別決議によって解散する場合には、区分所有法第3条の団体としての管理組合はなお存続する。

	①	②	③	④	⑤
学習日					
理解度 (○/△/×)					

解法のテクニック

管理組合法人は頻出論点である。本肢は、組合等登記令や一般社団法人および一般財団法人に関する法律の知識からも出題されており、やや難しい問題であった。次に出題されたときには解答できるようにしよう。

1　**正しい**　管理組合法人は、その名称中に管理組合法人という文字を用いなければならない（区分所有法48条1項）。

2　**誤り**　管理組合法人の登記においては、代表権を有する者の氏名、住所および資格を登記しなければならない（組合等登記令2条2項4号）。登記が必要となるのは、代表権を有する者であるから、代表権を有しない監事は氏名、住所および資格を登記する必要はない。

3　**正しい**　管理組合法人は、理事がその職務を行うについて第三者に加えた損害を賠償する責任を負う（区分所有法47条10項、一般社団法人及び一般財団法人に関する法律78条）。

4　**正しい**　管理組合法人は、集会の特別決議で解散することができる（区分所有法55条1項3号・2項）。この場合、法人格を喪失するだけで、団体がなくなるわけではないから、区分所有法3条の団体として法人でない管理組合として存続することになる。

要点整理　管理組合法人の解散

管理組合法人の解散原因は以下の3つである。

①建物（一部共用部分を共用すべき区分所有者で構成する管理組合法人にあっては、その共用部分）の全部の滅失
②建物に専有部分がなくなったこと。
③集会の決議（特別決議）

※③の場合は、非法人の管理組合として存続する。

➔ 攻略テキスト第3編3章

正解 2

管理組合法人

管理組合法人に関する次の記述のうち、区分所有法の規定及び判例によれば、正しいものはどれか。

1　管理組合法人は、その設立登記によって、その事務に関し、区分所有者のために原告又は被告となることができる。

2　理事は、規約又は集会の決議によって禁止されていないときに限り、配偶者又は1親等の親族のみに特定の行為の代理を委任することができる。

3　全ての専有部分が1人の区分所有者に帰属することになった場合、管理組合法人は解散したものとみなされる。

4　代表理事が、個人として、管理組合法人名義の土地を購入する場合は、その価格が適正なものであっても、監事が管理組合法人を代表する必要がある。

	①	②	③	④	⑤
学習日					
理解度 (○/△/×)					

解法のテクニック

管理組合法人の論点は頻出である。肢1は理事ではなく、「管理組合法人」が区分所有者のために原告や被告になれる点に注意しよう。

1　**誤り**　管理組合法人は、**規約**または**集会の決議**により、その事務に関し、区分所有者のために、**原告または被告**となることができる（区分所有法47条8項）。設立登記は、管理組合法人の成立要件であって（同1項）、これにより原告または被告となるのではない。

2　**誤り**　理事は、**規約**または**集会の決議**によって**禁止されていないとき**に限り、特定の行為の代理を**他人に委任**することができる。この場合、委任できる他人は、配偶者または1親等の親族に限定されていない（区分所有法49条の3）。

3　**誤り**　全ての専有部分が**1人の区分所有者に帰属すること**になった場合は、管理組合法人の**解散事由に該当しない**（区分所有法55条1項参照）。

4　**正しい**　代表理事が、個人として、管理組合法人名義の土地を購入する場合は、たとえその価格が適正なものであっても、**利益相反取引**に該当する。そして、管理組合法人と理事との**利益が相反する事項**については、**監事**が管理組合法人を**代表する**。（区分所有法51条）。

たとえ値段が適切であったとしても、その土地が管理組合法人にとって不要な場合等もあるので、利益相反取引に該当します。

→ 攻略テキスト第3編3章

正解 4

111 管理組合法人

過 H27－37

重要度 A
難易度 易

計画修繕を怠っていたために、マンションの外壁が老朽化により落下して通行人に大けがをさせた場合の損害賠償責任について、当該マンションの理事会における各理事の意見のうち、民法及び区分所有法の規定によれば、誤っているものはどれか。

1　理事Ａ「当組合は管理組合法人なので、まずは、管理組合法人の財産によって損害賠償をしなければなりません。」

2　理事Ｂ「管理組合法人の財産には、各区分所有者の共有に属する建物の共用部分、付属施設、付属建物、敷地等の他、管理組合法人名義で有する不動産、動産、金銭、権利一切が含まれることになります。」

3　理事Ｃ「もし、管理組合法人の財産でまかなえない場合、その残債務については、全区分所有者で負うことになります。」

4　理事Ｄ「ただし、Ｃ理事の言われる残債務は金銭債務であるため、原則として、各区分所有者の共用部分の持分の割合に応じて、分割された債務となり、各区分所有者はその分割された範囲で無限責任を負うことになります。」

	①	②	③	④	⑤
学習日					
理解度 (○/△/×)					

解法のテクニック

肢2　共用部分等は管理組合法人になっても、「区分所有者」が共有持分を有しているので、管理組合法人の財産になるわけではないことに注意しよう。

1　**正しい**　管理組合法人の債務は、まず管理組合法人の財産をもってその債務を弁済する必要がある（区分所有法53条1項参照）。

区分所有者の責任は「管理組合法人の財産をもってその債務を完済することができないとき」に生じます。

2　**誤り**　管理組合法人名義で有する不動産、動産、金銭、権利一切は、管理組合法人の財産となるが、建物の共用部分、付属施設、付属建物、敷地は、区分所有者で共有しており、区分所有者の財産である。

3　**正しい**　管理組合法人の財産をもってその債務を完済することができないときは、区分所有者は、共用部分の持分割合と同一の割合で、その債務の弁済の責めに任ずる（区分所有法53条1項）。

なお、規約により費用負担の割合が定められている場合は、その割合によります。

4　**正しい**　肢3解説参照。区分所有者は、共用部分の持分割合と同一の割合で、その債務の弁済の責めを負うが、損害賠償債務は金銭債務なので、各区分所有者が分割された範囲で無限責任を負う（区分所有法53条1項）。

無限責任とは、管理組合法人の債務について、無制限に責任を負うことをいいます。これに対し、株式会社は出資した財産の範囲でしか責任を負わない（出資した財産が返ってこないが、それ以上は責任を負わない）ので有限責任といいます。

➔ 攻略テキスト第3編3章

正解 2

112 義務違反者に対する措置

過 H24−39

次の文章は、ある事件に関する最高裁判所の判決文の一部分であるが、文中の（ア）から（エ）の中に入る用語の組合せとして、最も適切なものはどれか。なお、文中の「法」は、「区分所有法」である。

「法57条に基づく（ア）等の請求については、マンション内部の不正を指摘し是正を求める者の言動を（イ）の名において封じるなど、少数者の言動の自由を必要以上に制約することにならないよう、その要件を満たしているか否かを判断するに当たって慎重な配慮が必要であることはいうまでもないものの、マンションの区分所有者が、業務執行に当たっている（ウ）をひぼう中傷する内容の文書を配布し、マンションの防音工事等を受注した業者の業務を妨害するなどする行為は、それが単なる特定の個人に対するひぼう中傷等の域を超えるもので、それにより管理組合の業務の遂行や運営に支障が生ずるなどしてマンションの正常な管理又は使用が阻害される場合には、法６条１項所定の「区分所有者の（エ）に反する行為」に当たるとみる余地があるというべきである。」

	（ア）	（イ）	（ウ）	（エ）
1	差止め	多数	管理組合の役員ら	共同の利益
2	損害賠償	区分所有者全員	管理人	共同の利益
3	損害賠償	過半数決議	特定の区分所有者	規約遵守義務
4	差止め	多数	マンション管理業者	善管注意義務

	①	②	③	④	⑤
学習日					
理解度（○/△/×）					

解法のテクニック

義務違反者に対する措置の重要な判例である。誹謗（ひぼう）中傷も管理組合活動を阻害するようになると、共同の利益に反する行為に該当する点に注意しよう。

〈判決文抜粋〉

「法57条に基づく（ア：差止め）等の請求については、マンション内部の不正を指摘し是正を求める者の言動を（イ：多数）の名において封じるなど、少数者の言動の自由を必要以上に制約することにならないよう、その要件を満たしているか否かを判断するに当たって慎重な配慮が必要であることはいうまでもないものの、マンションの区分所有者が、業務執行に当たっている（ウ：管理組合の役員ら）をひぼう中傷する内容の文書を配布し、マンションの防音工事等を受注した業者の業務を妨害するなどする行為は、それが単なる特定の個人に対するひぼう中傷等の域を超えるもので、それにより管理組合の業務の遂行や運営に支障が生ずるなどしてマンションの正常な管理または使用が阻害される場合には、法６条１項所定の「区分所有者の（エ：共同の利益）に反する行為」に当たるとみる余地があるというべきである。」（最判平24.1.27）

したがって、ア：差止め、イ：多数、ウ：管理組合の役員ら、エ：共同の利益、がそれぞれ入り、正解は１となる。

➔ 攻略テキスト第３編４章

正解 1

113 特定承継人の責任等

過 H30－34

区分所有法第8条に規定される特定承継人の責任に関する次の記述のうち、民法及び区分所有法の規定によれば、誤っているものの組み合わせはどれか。

ア　債務者たる区分所有者の特定承継人とは、特定の原因により区分所有権を承継して実質的に区分所有関係に入る者をいい、単に当該区分所有権を転売する目的で取得した者は、特定承継人には該当しない。

イ　区分所有者は、共用部分、建物の敷地若しくは共用部分以外の建物の附属施設につき他の区分所有者に対して有する債権について、債務者たる区分所有者の特定承継人に対しても行うことができる。

ウ　区分所有者は、規約若しくは集会の決議に基づき他の区分所有者に対して有する債権について、債務者たる区分所有者の特定承継人に対しても行うことができる。

エ　マンションの外壁の剥落（はくらく）事故により負傷した第三者は、事故後に当該マンションの区分所有者となった特定承継人に対して、その損害の賠償を請求することができる。

1　ア・イ
2　ア・ウ
3　ア・エ
4　イ・エ

	①	②	③	④	⑤
学習日					
理解度 (○/△/×)					

解法のテクニック

この問は、肢エだけ第三者の損害賠償請求権という、管理費や修繕積立金といった、共用部分等の管理に関係する費用ではない請求権である点に気付けたら解ける問題である。特定承継人に請求できるのは、「区分所有者」や「管理者」、「管理組合法人」であり、また、請求できる権利は、共用部分、建物の敷地若しくは共用部分以外の建物の附属施設につき他の区分所有者に対して有する債権、規約もしくは集会の決議に基づき他の区分所有者に対して有する債権、管理者または管理組合法人がその職務又は業務を行うにつき区分所有者に対して有する債権である。

ア　**誤り**　区分所有法8条に規定される特定承継人とは、区分所有者から売買、贈与等の特定の原因に基づいて**区分所有権を承継取得した者**をいい、区分所有権を**転売する目的で取得した者もこれに含まれる**。

イ　**正しい**　区分所有者は、共用部分、建物の敷地もしくは共用部分以外の建物の附属施設**につき他の区分所有者に対して有する債権**について、債務者たる区分所有者の特定承継人に対しても行うことができる（区分所有法8条、7条1項前段）。

ウ　**正しい**　区分所有者は、規約もしくは集会の決議**に基づき他の区分所有者に対して有する債権**について、債務者たる区分所有者の特定承継人に対しても行うことができる（区分所有法8条、7条1項前段）。

エ　**誤り**　マンションの外壁の剥落事故により負傷した第三者は、区分所有者に対して**不法行為に基づく損害賠償請求**をすることができる（民法717条1項、区分所有法9条）。しかし、当該損害賠償請求権は、債務者たる区分所有者の特定承継人に対して行使することができる債権に**含まれていない**。

したがって、**誤っているもの**は**肢ア・エ**であり、正解は**3**となる。

➔ 攻略テキスト第3編4章

正解 3

先取特権

区分所有者間に生じる債権に関する次の記述のうち、民法及び区分所有法の規定によれば、誤っているものはどれか。

1　区分所有者は、規約又は集会の決議により他の区分所有者に対して有する債権について、その債務者の区分所有権及び建物に備え付けた動産の上に先取特権を有する。

2　区分所有者は、共用部分、建物の敷地又は共用部分以外の建物の付属施設につき他の区分所有者に対して有する債権について、その債務者の区分所有権及び建物に備え付けた動産の上に先取特権を有する。

3　区分所有者が、規約又は総会の決議により他の区分所有者に対して有する債権について、その債務者の区分所有権の上に有する先取特権は、規約又は集会の決議で承継する旨を定めた場合にのみ、特定承継人にもその効力が及ぶ。

4　区分所有者が、共用部分、建物の敷地又は共用部分以外の建物の付属施設につき他の区分所有者に対して有する債権について、債務者の区分所有権の上に有する先取特権は、その順位と効力については、共益費用の先取特権として扱われる。

	①	②	③	④	⑤
学習日					
理解度 (○/△/×)					

解法のテクニック

先取特権では、肢１のように民法とは異なる規定が区分所有法で定められているものと、肢４のような民法の規定を準用しているものとの違いに注意しよう。

1　**正しい**　区分所有者は、「**規約または集会の決議に基づき他の区分所有者に対して有する債権**」について、債務者の区分所有権及び**建物に備え付けた**動産の上に**先取特権**を有する（区分所有法７条１項）。

民法の一般の先取特権は債務者の「総財産」が対象でした。

2　**正しい**　区分所有者は、「**共用部分、建物の敷地もしくは共用部分以外の建物の附属施設につき他の区分所有者に対して有する債権**」について、債務者の区分所有権および建物に備え付けた動産の上に先取特権を有する（区分所有法７条１項）。

3　**誤り**　区分所有者が、「**規約または総会の決議により他の区分所有者に対して有する債権**」は、債務者たる区分所有者の特定承継人**に対しても行うこ**とができ、その債務者の区分所有権の上に有する**先取特権**は、**特定承継人にもその効力が及ぶ**。これは、規約または集会の決議で承継する旨を定めた場合に限らない（区分所有法８条）。

4　**正しい**　区分所有者が、「**共用部分、建物の敷地または共用部分以外の建物の付属施設につき他の区分所有者に対して有する債権**」について、債務者の区分所有権の上に有する先取特権は、**優先権の順位および効力**については、共益費用**の先取特権**とみなされている（区分所有法７条２項）。

➔ 攻略テキスト第３編４章

正解 3

規約の定め

マンションの管理規約の定めに関する次の記述のうち、区分所有法によれば、不適切なものはいくつあるか。

ア　管理組合法人の理事の任期を１年と定めること

イ　共用部分の管理に関する事項を議事とする総会が成立する定足数を組合員総数の３分の２以上と定めること

ウ　共用部分の変更（その形状又は効用の著しい変更を伴わないものを除く。）は、組合員総数の過半数及び議決権総数の４分の３以上の多数による集会の決議で決すると定めること

エ　マンションの価格の２分の１以下に相当する部分が滅失した場合の共用部分の復旧は、組合員総数及び議決権総数の各過半数の賛成による集会の決議で決すると定めること

1　一つ
2　二つ
3　三つ
4　なし

	①	②	③	④	⑤
学習日					
理解度 (○/△/×)					

解法のテクニック

規約で別段の定めができるか否かは頻出論点である。区分所有法で、「規約で別段の定めができる」とされている規定を覚えておくのはもちろん、肢イのように、標準管理規約に似た規定が存在しているものもあるので、区分所有法と標準管理規約を関連付けて学習しておこう。

ア　**適切**　**理事の任期**は、**2年**とする。ただし、**規約**で**3年以内**において別段の期間を定めたときは、その期間とする（区分所有法49条6項）。したがって、規約で理事の任期を1年と定めることができる。

イ　**適切**　区分所有法では集会の定足数についての規定は存在しないが、**規約**により**定足数を定めることも認められている**（区分所有法30条1項、標準管理規約47条1項参照）。したがって、規約で総会が成立する定足数を組合員総数の3分の2以上と定めることができる。

ウ　**適切**　共用部分の変更（その形状または効用の著しい変更を伴わないものを除く）は、区分所有者および議決権の各**4分の3以上の多数**による集会の決議で決する。ただし、この**区分所有者の定数**は、**規約**でその**過半数まで減ずることができる**（区分所有法17条1項）。

エ　**適切**　建物の価格の**2分の1以下**に相当する部分が滅失したときは、各区分所有者は、原則として滅失した**共用部分**および自己の専有部分を**復旧することができる**（区分所有法61条1項）が、この規定については、**規約で別段の定めをすることを妨げない**（区分所有法61条4項）。したがって、共用部分の復旧は、規約で組合員総数および議決権総数の各過半数の賛成による集会の決議で決すると定めることができる。

したがって、**不適切なものはなし**であり、正解は4となる。

➔ 攻略テキスト第3編5章

正解 4

規約の定め

次の事項のうち、区分所有法の規定によれば、規約で別段の定めをすることができないものはどれか。

1　専有部分と敷地利用権の分離処分の禁止

2　先取特権の被担保債権の範囲

3　集会におけるあらかじめ通知していない事項（集会の決議につき特別の定数が定められているものを除く。）の決議

4　解散した管理組合法人の残余財産の帰属の割合

	①	②	③	④	⑤
学習日					
理解度 (○/△/×)					

解法のテクニック

規約により別段の定めができるか否かの問題である。肢2の先取特権については規約で別段の定めができる旨が存在しないことに注意しよう。

1 **できる** 敷地利用権が数人で有する所有権その他の権利である場合には、区分所有者は、その有する**専有部分**とその**専有部分に係る敷地利用権**とを**分離して処分**することができないが、**規約で分離処分可能とすることが**できる（区分所有法22条1項）。

2 **できない** 先取特権は、法律で被担保債権の範囲が決まっており、**規約で別段の定めをすることは**できない（民法306条、区分所有法7条参照）。

3 **できる** 集会においては、あらかじめ**通知した事項**についてのみ、決議をすることができるが、集会の決議につき**特別の定数が定められている事項を除いて、規約で別段の定めをすることを**妨げない（区分所有法37条1項・2項）。

4 **できる** 解散した管理組合法人の財産は、規約に別段の定め**がある場合を**除いて、**共用部分の持分割合と同一の割合**で各区分所有者に帰属する（区分所有法56条）。したがって、規約で別段の定めをすることができる。

➔ 攻略テキスト第3編5章

正解 2

117 規約の定め

過 H22−35

重要度 A
難易度 易

あるマンションにおける次の管理規約の改正内容と、改正に際し、その承諾を得なければならない特別の影響を受ける区分所有者の組合せのうち、適切なものはいくつあるか。

	管理規約の改正内容	特別の影響を受ける区分所有者
ア	マンション敷地内で野良猫の餌やりを禁止する定めを新設	当該マンション敷地内で野良猫に餌やりをしている区分所有者
イ	共用部分の共有持分に応じて算出されている管理費について、利用状況にかかわらず法人である区分所有者を個人である区分所有者の２倍とする定めに改正	住居として使用している法人である区分所有者
ウ	分譲業者から１区画100万円で購入していた駐車場使用権について、それを消滅させる改正	当該駐車場専用使用権を有する区分所有者
エ	午後８時以降にピアノ演奏をするには防音工事を施さなければならないとする定めを新設	ピアノを日常的に演奏する区分所有者

1　一つ
2　二つ
3　三つ
4　四つ

	①	②	③	④	⑤
学習日					
理解度 (○/△/×)					

解法のテクニック

規約の設定・変更・廃止について、特別の影響を受ける者からの出題である。過去出題されている判例から繰り返し出題されているので、重要判例はしっかりと確認しておきたい。

ア **不適切** 規約の設定、変更または廃止は、**区分所有者および議決権の各4分の3以上の多数による集会の決議**によってするが、規約の設定、変更または廃止が一部の区分所有者の権利に特別の影響を及ぼすべきときは、その承諾を得なければならない（区分所有法31条1項）。マンション敷地内で野良猫に餌やりをしている区分所有者が、餌やりを禁止されたところで、**承諾が必要な特別な影響を受ける区分所有者に**該当しない。

イ **適切** 合理的な理由もなく、法人である区分所有者の管理費負担割合を、個人である区分所有者の管理費負担割合の約1.7倍とした規約・集会の決議は、無効であるとした判例がある（東京地判平2.7.24）。したがって、本肢の法人である区分所有者は、**承諾が必要な特別の影響を受ける区分所有者に**該当する。

ウ **適切** 分譲契約によって特定の区分所有者が取得した駐車場等の専用使用権を消滅させる規約改正は、専用使用権者に対して、特別の影響を与えるとした判例がある（最判平10.11.20）。したがって、本肢の駐車場専用使用権を有する区分所有者は、**承諾が必要な特別の影響を受ける区分所有者に**該当する。

エ **不適切** ピアノを演奏する区分所有者に対して、午後8時以降にピアノを演奏するには防音工事を施さなければならないという制限を規約で定めた場合でも、当該区分所有者は、**承諾が必要な特別の影響を受ける区分所有者に**該当しない。

したがって、**適切なものは、肢イ・ウの二つ**となり、正解は2となる。

➡ 攻略テキスト第3編5章

正解 2

118 規約の定め

過 H27−33

次の記述のうち、区分所有法によれば、規約の定めとして効力を有しないものはどれか。

1　各専有部分に属する排水枝管を管理組合が定期的に点検・補修を行うと定めること。

2　各住戸の専有部分の床面積に差異が少ない場合に、共用部分に対する各区分所有者の共有持分の割合を、全住戸均等に配分すると定めること。

3　各住戸の専有部分の床面積に差異が少ない場合に、総会における議決権割合を、議決権の過半数による決議事項については１住戸１議決権、議決権の４分の３以上の多数による決議事項については専有部分の床面積割合と定めること。

4　管理者は、毎年１回一定の時期にその事務に関する報告をしなければならないが、当該報告を各区分所有者に郵送又は電子メールで送信することにより、総会での報告に代えることができると定めること。

	①	②	③	④	⑤
学習日					
理解度 (○/△/×)					

解法のテクニック

規約で別段の定めができるか否かを問う問題である。頻出な論点であるから、規約でどのような変更が可能か覚えておこう。

1 **効力を有する** 建物またはその敷地もしくは附属施設の管理または使用に関する区分所有者相互間の事項は、この法律に定めるもののほか、規約で定めることができる（区分所有法30条）。そして、この“建物”には、共用部分だけでなく**専有部分も含まれる**ので、専有部分に属する排水枝管を管理組合の管理対象とし、定期的に点検・補修を行う規約の定めも可能である。

2 **効力を有する** **共用部分の各共有者の持分**は、その有する専有部分の床面積の割合によるが、規約で別段の定めをすることもできる（区分所有法14条１項・４項）。したがって、全住戸均等に配分する規約も有効である。

3 **効力を有する** 各区分所有者の議決権は、規約に別段の定めがない限り、その有する**専有部分の床面積の割合**による共用部分の各共有者の持分の割合による（区分所有法38条、14条１項）。規約に別段の定めをすることが認められているので、規約で定めることにより、本肢のような過半数による決議事項は１住戸１議決権とし、４分の３以上の多数による決議事項については、床面積割合とすることも可能である。

4 **効力を有しない** 管理者は、集会において、**毎年１回一定の時期**に、その**事務に関する報告**をしなければならない（区分所有法43条）。そして、この規定については、区分所有法上規約で別段の定めをできる旨の定めは存在しない。したがって、郵送または電子メールで送信することにより、総会での報告に代える旨の規約は定めることはできない。

➔ 攻略テキスト第３編１・５章

正解 ４

119 規約の定め

過 H26−35改

マンションの駐車場に関する次の記述のうち、民法、区分所有法及び判例によれば、最も不適切なものはどれか。

1　分譲業者が、敷地に区画された駐車場部分に排他的利用を可能とする専用使用権を設定して、区分所有権とは別に分譲・販売することは、民法第90条の公序良俗に反し無効な契約であり、分譲業者は受け取った対価を管理組合に返還しなければならない。

2　建物内の構造上、利用上の独立性が認められる駐車場部分を、専有部分として登記して、住戸部分とは別に分譲・販売することができる。

3　敷地上の駐車場使用契約が使用貸借契約である場合には、契約の相手方である区分所有者以外の駐車場使用者との契約更改がない限り、集会決議によって有償化することはできない。

4　敷地に区画された駐車場について、無償で利用している一部の区分所有者等の専用使用権を消滅させるには、その変更に必要性、合理性、相当性が認められない限り、集会の決議のほかにその者の承諾が必要である。

	①	②	③	④	⑤
学習日					
理解度 (○/△/×)					

解法のテクニック

特別の影響を及ぼすか否かについての判例は重要論点である。ぜひ覚えて、次に出題されたときは確実に得点できるようにしよう。

1 **最も不適切** マンションの分譲業者が、敷地に区画された駐車場部分に排他的利用を可能とする専用使用権を設定して、区分所有権とは別に分譲・販売した事案において、**駐車場の専用使用権の分譲**に当たって、分譲当事者および駐車場の専用使用権の分譲を受けなかった区分所有者ともにその対価は、専用使用権の分譲の対価であることを認識していたと解されるから、同対価は分譲業者に帰属する（最判昭56.1.30）。したがって、分譲業者は受け取った対価を管理組合に返還する必要はない。

2 **適切** 構造上の独立性と利用上の独立性を有する建物の部分は、専有部分とすることができるが、その**用途は限定されておらず**、駐車場とすることもできる（区分所有法１条参照）。したがって、建物内の構造上、利用上独立性が認められる駐車場部分を、専有部分として登記して、住戸部分とは別の専有部分として分譲・販売することはできる。

3 **適切** 駐車場使用契約をすでに締結している場合には、当事者間の契約更改等の事情がない限り、契約の相手方である区分所有者以外の駐車場使用者の意思を無視して、一方的に集会の決議によって有償化することはできない（区分所有法30条４項参照）。

4 **適切** 専用使用権を消滅させることは、専用使用権者に対し特別の影響を及ぼすべきときに該当し、専用使用権者の**承諾を得ない変更決議は**無効である（最判平10.11.20）。したがって、本肢の駐車場を無償使用している区分所有者等の専用使用権を消滅させるには、集会の決議のほかにその者の承諾が必要である。

➔ 攻略テキスト第３編５章

正解 1

120 公正証書規約

過 R2－38

重要度 C
難易度 難

公正証書による原始規約（以下、本問において「本件規約」という。）の設定に関する次の記述のうち、区分所有法の規定によれば、誤っているものはどれか。

1　本件規約は内部関係に関する規律であるため、規約共用部分を定める場合に、その旨の登記をしなくても第三者に対抗することができる。

2　本件規約の設定ができる者には、最初に建物の専有部分の全部を所有する者や、当該建物を新たに区分所有建物とすることによってその全部を所有することになった者が想定されている。

3　本件規約の設定は相手方のない単独行為であり、かつ、その後に取得する区分所有者の、団体的な権利義務関係を規律することから、あらかじめその内容を明確にしておくために、公正証書によることが求められている。

4　本件規約に設定できる内容は、規約共用部分に関する定め、規約による建物の敷地に関する定め、専有部分と敷地利用権を分離処分できる旨の定め、各専有部分に係る敷地利用権の割合に関する定めに限られる。

	①	②	③	④	⑤
学習日					
理解度（○/△/×）					

解法のテクニック

公正証書規約は、管理業務主任者試験では初めての出題である。公正証書規約で定められる事項は限定されているので、しっかり覚えよう。

1　**誤り**　専有部分および附属の建物は、規約により**共用部分とすることができる**。この場合には、その旨の登記をしなければ、これをもって**第三者に対抗することができない**（区分所有法４条２項）。

2　**正しい**　最初に建物の**専有部分の**全部**を所有する者**は、公正証書により、**①規約共用部分、②規約敷地、③敷地利用権の分離処分の許容、④１人の区分所有者が複数の専有部分を有する場合の各専有部分の敷地利用権の持分割合**の規約を設定することができる（区分所有法32条）。

3　**正しい**　肢２の解説参照。公正証書によることが求められている。

4　**正しい**　肢２の解説参照。公正証書による規約で定められるのは、**①規約共用部分、②規約敷地、③敷地利用権の分離処分の許容、④１人の区分所有者が複数の専有部分を有する場合の各専有部分の敷地利用権の持分割合**に限られている。

➔ 攻略テキスト第３編５章

正解 1

121 規約の保管

過 R4－34

重要度 B
難易度 難

マンションの規約の保管に関する次の記述のうち、区分所有法によれば、最も不適切なものはどれか。

1　区分所有者全員で構成する団体に管理者が選任されている場合には、規約は、管理者が保管しなければならない。

2　区分所有者全員で構成する団体に管理者がいない場合には、区分所有者で規約又は集会の決議で定めるものが保管しなければならない。

3　規約を保管する者は、利害関係人の請求があったときは、正当な理由がある場合を除いて、規約の閲覧（規約が電磁的記録で作成されているときは、当該電磁的記録に記録された情報の内容を法務省令で定める方法により表示したものの当該規約の保管場所における閲覧）を拒んではならない。

4　規約の保管場所は、建物内の見やすい場所に掲示しなければならない。

	①	②	③	④	⑤
学習日					
理解度 (○/△/×)					

解法のテクニック

肢1は、管理者がいる場合、管理者が保管者となる。これは、保管者を明確にすることで、区分所有者等からの閲覧請求をしやすくするためである。

1 **適切** 規約は、**管理者が保管しなければならない**。ただし、**管理者がない**ときは、**建物を使用している区分所有者**またはその**代理人**で**規約または集会の決議で定めるもの**が保管しなければならない（区分所有法33条１項）。したがって、管理者が選任されている場合は、規約は管理者が保管しなければならない。

2 **最も不適切** 肢１の解説参照。**管理者がないとき**は、建物を使用している区分所有者だけでなく、その**代理人**も**規約を保管することができる**。

3 **適切** 規約を保管する者は、**利害関係人の請求**があったときは、**正当な理由がある場合**を除いて、**規約の閲覧**（規約が電磁的記録で作成されているときは、当該電磁的記録に記録された情報の内容を法務省令で定める方法により表示したものの当該規約の保管場所における閲覧）を**拒んではならない**（区分所有法33条２項）。

4 **適切** **規約の保管場所**は、**建物内の見やすい場所に掲示**しなければならない（区分所有法33条３項）。

➔ 攻略テキスト第３編５章

正解 2

122 集会の招集通知

過 R5－26

重要度 A
難易度 易

集会の招集通知に関する次の記述のうち、区分所有法によれば、不適切なものはいくつあるか。

ア　夫婦共有住戸で夫が議決権行使者としての届出があったが、夫が長期海外出張中だと分かっていた場合には、その妻にあてて招集通知を発しなければならない。

イ　区分所有者が管理者に対して通知を受けるべき場所を通知しなかったときは、区分所有者の所有する専有部分が所在する場所にあててすれば足りる。

ウ　全ての区分所有者が建物内に住所を有する場合には、集会の招集の通知は、規約に特別の定めをしなくても、建物内の見やすい場所に掲示してすることができる。

エ　集会は、区分所有者全員の同意があるときは、招集の手続を経ないで開くことができる。

1　一つ

2　二つ

3　三つ

4　四つ

	①	②	③	④	⑤
学習日					
理解度 (○/△/×)					

解法のテクニック

肢アのように、条文にはない、「海外出張中」のような記述が加えられたときに、区分所有法には海外出張中等の事情を考慮するような規定はなかったので、条文どおり、議決権行使者に通知しなければならないと判断できるようにしよう。

ア **不適切** 専有部分が数人の共有に属するときは、**集会の招集の通知**は、議決権を行使すべき者（その者がないときは、共有者の１人）にすれば足りる（区分所有法35条２項）。本肢では、夫が議決権行使者として届出があったのであるから、たとえ海外出張中であっても夫にあてて通知を発しなければならない。

イ **適切** 区分所有者が管理者に対して通知を受けるべき場所を通知したときはその場所に、これを**通知**しなかった**とき**は区分所有者の所有する専有部分**が所在する場所**にあててすれば足りる（区分所有法35条３項）。

ウ **不適切** 建物内に住所を有する区分所有者または集会の招集通知を受けるべき場所を通知しない区分所有者に対する通知は、規約に特別の定めがあるときは、**建物内の見やすい場所に掲示**してすることができる（区分所有法35条４項）。

エ **適切** 集会は、区分所有者全員の同意があるときは、**招集の手続を経ないで**開くことができる（区分所有法36条）。

したがって、**不適切なもの**は**肢ア・ウの二つ**であり、正解は**2**となる。

➔ 攻略テキスト第３編６章

正解 2

123 集会

過 R5－31改

総住戸数60の甲マンションで、管理組合を管理組合法人にするための集会に関する次の記述のうち、民法及び区分所有法によれば、適切なものはいくつあるか。ただし、規約で１住戸１議決権の定めがあり、その他別段の定めはないものとする。なお、甲マンションには、単独名義で２住戸を所有する区分所有者が５人いるものとする。

ア　集会開催日を令和６年12月３日とする場合に、集会招集通知は同年11月25日までに各区分所有者に発しなければならない。

イ　集会開催のための招集通知書は、55部で足りる。

ウ　管理組合を管理組合法人にするためには、区分所有者数42以上及び議決権数45以上の多数による集会の決議が必要である。

エ　集会の目的たる事項が「管理組合を管理組合法人にする件」のため、議案の要領をも通知しなければならない。

1　一つ
2　二つ
3　三つ
4　四つ

	①	②	③	④	⑤
学習日					
理解度 (○/△/×)					

解法のテクニック

肢イ・ウは管理業務主任者試験ではおなじみの区分所有者数等を問うものである。複数住戸を所有する区分所有者の分だけ、住戸数よりも区分所有者数が少なくなる点に注意しよう。

ア **適切** 集会の招集の通知は、会日より少なくとも**1週間前**に、会議の目的たる事項を示して、各区分所有者に発しなければならない（区分所有法35条1項）。そして、**通知を発した初日は期間に含めないので**（民法140条）、12月3日を集会開催日とする場合、11月25日までに各区分所有者に通知を発しなければならない。

イ **適切** 本問では、総住戸数は60であるが、**2住戸を所有する区分所有者が5人いる**ので、総住戸数に対して**区分所有者数は5少ない55人**になる。したがって、集会開催のための招集通知書は55部で足りる。

ウ **適切** 肢イの解説参照。管理組合法人となるための集会決議は、**区分所有者および議決権の各4分の3以上の賛成**が必要である（区分所有法47条1項）。そして、本問のマンションの区分所有者数は55人、議決権は1住戸1議決権の旨の規約の定めがあるので60となる。したがって、区分所有者数は55×4分の3＝41.25となり42人以上、議決権は45（60×4分の3）以上が必要となる。

エ **不適切** 会議の目的たる事項が**①共用部分の重大変更、②規約の設定等、③大規模滅失からの復旧、④建替え、⑤団地規約の設定の特例、⑥一括建替承認決議に付する旨**であるときは、その**議案の要領**をも通知しなければならない（区分所有法35条5項）。したがって、集会の会議の目的たる事項が、管理組合を**管理組合法人**にする件である場合は、**議案の要領の通知は不要**である。

したがって、**適切なもの**は肢ア・イ・ウの**三つ**であり、正解は3となる。

➔ 攻略テキスト第3編6章

正解 3

集会の招集

集会及び集会招集通知に関する次の記述のうち、区分所有法によれば、最も適切なものはどれか。

1　規約には集会の招集の通知を少なくとも会日の２週間前までに発すると定めていたが、集会の会議の目的たる事項が理事会でまとまらなかったため、集会の開催日時及び場所を会日の２週間前に通知し、その１週間後に会議の目的たる事項が記載された招集の通知を発した。

2　集会招集通知で示していなかった会議の目的たる事項について、出席した区分所有者から決議を求められたが、規約に別段の定めがなかったので議事とすることを認めなかった。

3　集会の招集通知手続は、あらかじめ各区分所有者の日程や会議の目的たる事項についての熟慮期間を確保するものであるから、区分所有者全員の同意があっても、当該手続を省略することはできない。

4　一部の区分所有者による集会招集権の濫用を防ぐため、規約を変更して、集会の招集を請求できる者の定数を区分所有者及び議決権の各４分の１以上にすることは可能である。

	①	②	③	④	⑤
学習日					
理解度 (○/△/×)					

解法のテクニック

集会の招集手続に関する基本的な論点である。規約の別段の定めの可否や区分所有者全員の同意等の要件に注意しよう。

1 **不適切** 集会の招集の通知は、**規約で別段の定めがある場合**（本肢では会日の2週間前）、その定められた期間までに**会議の目的たる事項**を示して、各区分所有者に発しなければならない（区分所有法35条1項）。したがって、招集通知には、会議の目的たる事項を示さなければならないので、会議の目的たる事項を記載せず、集会の開催日時および場所のみを会日の2週間前に通知したことは不適切であり、また、会議の目的たる事項を示した招集通知を会日の1週間前に通知しているが、会日の2週間前までに発するという規約に反しているので、この通知も不適切である。

2 **最も適切** 集会においては、**あらかじめ通知した事項**についてのみ、決議をすることができる（区分所有法37条1項）。ただし、区分所有法に集会の決議につき特別の定数が定められている事項を除いて、**規約で別段の定めをすることを妨げない**（区分所有法37条2項）。本肢では、規約に別段の定めがないので、集会招集通知で示していなかった会議の目的たる事項については議事にすることができず、議事とすることを認めなかったことは適切である。

3 **不適切** 集会は、**区分所有者全員の同意**があるときは、招集の手続を経ないで開くことができる（区分所有法36条）。

4 **不適切** **区分所有者の5分の1以上で議決権の5分の1以上**を有するものは、管理者に対し、会議の目的たる事項を示して、集会の招集を請求することができる。ただし、この定数は、**規約で減ずることができる**（区分所有法34条3項）。したがって、区分所有者および議決権の各4分の1以上と定数を増加することはできない。

➔ 攻略テキスト第3編6章

正解 2

集会の招集等

集会に関する次の記述のうち、区分所有法の規定によれば、正しいものはいくつあるか。

ア　集会は、会日より少なくとも1週間前に、会議の目的たる事項を示して各区分所有者に通知を発しなければならず、議案の要領をも通知しなければならない場合もある。

イ　集会は、区分所有者全員の同意があるときは、招集の手続きを経ないで開催することができる。

ウ　集会で決議すべき場合において、区分所有者全員の承諾があるときは、書面による決議をすることができ、その承諾を得た事項についての書面による決議は、集会の決議と同一の効力を有する。

エ　集会で決議すべきものとされた事項について、区分所有者全員の書面による合意があったときは、書面による決議があったものとみなす。

1　一つ

2　二つ

3　三つ

4　四つ

	①	②	③	④	⑤
学習日					
理解度 (○/△/×)					

解法のテクニック

肢ウと肢エは似ているが、肢ウは「集会を開催しない」ことについて区分所有者全員の承諾が必要となるのに対し、肢エは「決議事項」について全員合意（同意）が必要とされている。

ア　**正しい**　集会の招集の通知は、会日より**少なくとも1週間前**に、会議の目的たる事項を示して、各区分所有者に発しなければならない（区分所有法35条1項）。また、会議の目的たる事項が**①共用部分の重大変更、②規約の設定・変更・廃止、③大規模滅失からの復旧、④建替え決議、⑤団地規約設定の特例、⑥一括建替え承認決議に付する旨の決議**に規定する決議事項であるときは、その**議案の要領**をも通知しなければならない（同5項）。

イ　**正しい**　集会は、**区分所有者全員の同意**があるときは、**招集の手続を経ないで開く**ことができる（区分所有法36条）。

ウ　**正しい**　区分所有法または規約により集会において決議をすべき場合において、**区分所有者全員の承諾**があるときは、**書面または電磁的方法による決議**をすることができる（区分所有法45条1項）。そして、この書面または電磁的方法による決議は、**集会の決議と同一の効力を有する**（同3項）。

エ　**正しい**　区分所有法または規約により集会において決議すべきものとされた事項については、**区分所有者全員の書面または電磁的方法による合意**があったときは、**書面または電磁的方法による決議があったものとみなす**（区分所有法45条2項）。

したがって、**適切なものは肢ア・イ・ウ・エの四つ**であり、正解は4となる。

→ 攻略テキスト第3編6章

正解 4

集会の招集

集会の招集通知に関する次の記述のうち、区分所有法の規定によれば、誤っているものはどれか。

1　区分所有者の５分の１以上で議決権の５分の１以上を有するものが管理者に対し集会の招集を請求した場合、管理者は自らの名で集会の招集通知を発することができる。

2　管理者が一定期間内に区分所有者の５分の１以上で議決権の５分の１以上を有するものの集会招集請求に応じなかった場合、５分の１以上の者の代表者１人が、その名で集会の招集通知を発することができる。

3　管理組合法人が集会を招集する場合、理事が数人いても、そのうちの１人の名で招集通知を発することができる。

4　管理者が事故で急死し、管理者がない場合、区分所有者の５分の１以上で議決権の５分の１以上を有するものが、連名で集会の招集通知を発することができる。

	①	②	③	④	⑤
学習日					
理解度 (○/△/×)					

解法のテクニック

肢２と肢４は「連名」で区分所有者から招集をする点に注意しよう。区分所有者の５分の１以上で議決権の５分の１以上で集会の招集をする場合、この要件を満たしているか確認するため、連名である必要がある。

1　**正しい**　区分所有者の５分の１以上で議決権の５分の１以上を有するものは、管理者に対し、会議の目的たる事項を示して、**集会招集を請求できる**（集会招集請求：区分所有法34条３項）。この規定は、あくまで区分所有者が管理者に対し集会の招集を請求するものであるから、原則として、管理者が集会を招集することになる。

2　**誤り**　管理者が、区分所有者の５分の１以上で議決権の５分の１以上を有するものの集会招集の請求を受けた日から２週間以内に、その請求の日から４週間以内の日を会日とする集会の招集通知を発しなかったときは、区分所有者の５分の１以上で議決権の５分の１以上を有するものは、集会の招集通知を発することができる（区分所有法34条４項）。

ただし、この区分所有者の**集会招集は連名**である必要があり、代表者の１人の名では招集できない。

3　**正しい**　理事が数人あるときは、各自管理組合法人を代表する（区分所有法49条４項）。したがって、理事が数人いても、各人に集会招集権限が認められるのでそのうちの**１人の名で招集通知を発することができる**。

4　**正しい**　管理者がないときは、区分所有者の５分の１以上で議決権の５分の１以上を有するものは、連名で集会の招集通知を発することができる（区分所有法34条５項本文）。

➔ 攻略テキスト第３編６章

正解 2

127 議事録・規約の作成等

過 R5－32

管理組合が管理組合の運営において、電磁的記録及び電磁的方法を採用する場合に関する次の記述のうち、区分所有法によれば、最も不適切なものはどれか。

1　集会の議事録は、規約にその旨の定めがなくても、電磁的記録により作成することができる。
2　管理規約は、規約にその旨の定めがなくても、電磁的記録により作成することができる。
3　議決権の行使は、集会の決議又は規約にその旨を定めることにより、書面に代えて電磁的方法によることができる。
4　集会の決議は、規約にその旨の定めがなければ、電磁的方法によることができない。

	①	②	③	④	⑤
学習日					
理解度 (○/△/×)					

解法のテクニック

議事録・規約の電磁的記録による作成の要件と、肢3の電磁的方法による議決権行使の要件の違いに注意しよう。議事録・規約は区分所有者等が閲覧できればよいので、わざわざ規約等の設定は不要なのである。

1 **適切** 集会の議事については、議長は、書面または**電磁的記録**により、**議事録**を作成しなければならない（区分所有法42条）。電磁的記録により議事録を作成する場合でも、規約の定めは不要である。

2 **適切** **規約**は、書面または**電磁的記録**により、これを作成しなければならない（区分所有法30条5項）。電磁的記録により規約を作成する場合でも、規約の定めは不要である。

3 **適切** 区分所有者は、規約または集会の決議により、書面による議決権の行使に代えて、**電磁的方法によって議決権を行使する**ことができる（区分所有法39条3項）。

4 **最も不適切** 区分所有法または規約により集会において決議をすべき場合において、**区分所有者**全員**の承諾**があるときは、**書面**または**電磁的方法による決議**をすることができる（区分所有法45条1項）。規約の定めがなくても、区分所有者全員の承諾があれば、電磁的方法による決議をすることができる。

➔ 攻略テキスト第3編6章

正解 4

128 区分所有法複合

過 H28－37

管理者でない区分所有者Aが、単独で行使できる裁判上の請求に関する次の記述のうち、民法及び区分所有法によれば、請求が認められないものの組み合わせはどれか。ただし、規約又は集会の決議による請求権者や請求方法についての定めはないものとする。

ア　区分所有者Bが、自らが所有する住戸の共用廊下側の窓を改造して出入口を作っていたところ、管理者が黙認し、放置状態にあるので、共用部分の共有持分権に基づく保存行為として、同改造部分の原状回復を請求すること

イ　マンション管理業者がずさんな管理を続けているところ、管理者が黙認し、放置状態にあるので、管理委託契約の準共有持分権に基づく保存行為として、当該管理業者との契約の解除を請求すること

ウ　管理者に不正な行為その他その職務を行うに適しない事情があるので、管理者の解任を請求すること

エ　区分所有者Cが、自ら専有部分を暴力団事務所として利用し、他の方法によってはその障害を除去することが困難であるため、当該専有部分の競売を請求すること

1　ア・イ
2　ア・ウ
3　イ・エ
4　ウ・エ

	①	②	③	④	⑤
学習日					
理解度 (○/△/×)					

解法のテクニック

共用部分の保存や管理行為等に関する問題である。本問のように事例で出題されることもあるため、違反行為に対し、各区分所有者がどのような対応をすることができるか確認しよう。

ア **認められる** 共用部分の保存行為は、各区分所有者がすることができる(区分所有法18条1項ただし書)。区分所有者Bが、自らが所有する住戸の共用廊下側の窓を改造して出入口を作ったことは、**共用部分の無断改造**であり、違法行為である。したがって、Aは共用部分の保存行為として、**単独で**改造部分の原状回復を請求することができる。

イ **認められない** 管理委託契約は、共用部分の管理行為に該当する。したがって、管理委託契約を解除するためには、**区分所有者及び議決権の各過半数**による**集会の決議**が必要であり、区分所有者が単独で管理業者との契約の解除を請求することはできない(区分所有法18条1項)。

ウ **認められる** 管理者に**不正な**行為その他その**職務を行うに適しない事情**があるときは、**「各」区分所有者**は、その**解任を裁判所に請求することができる**。したがって、Aは単独で管理者の解任の請求をすることができる(区分所有法25条2項)。

エ **認められない** 区分所有者の共同生活上の障害が著しく、他の方法によってはその障害を除去して共用部分の利用の確保その他の区分所有者の共同生活の維持を図ることが困難であるときは、他の区分所有者の全員または管理組合法人は、**「集会の決議」**に基づき、**訴えをもって**、当該行為に係る区分所有者の**区分所有権および敷地利用権の競売**を請求することができる(区分所有法59条1項)。したがって、Aは単独では競売の請求をすることはできない。

なお、区分所有権及び敷地利用権の競売を請求の場合の集会の決議は、区分所有者及び議決権の各4分の3以上の多数が必要です。

したがって、区分所有者Aが、単独で行使できる裁判上の請求として**認められないもの**は、**肢イ・エ**であり、正解は**3**となる。

➔ **攻略テキスト第3編1・3・4章**

正解 3

129 滅失からの復旧

過 H30−36

重要度 B
難易度 普

1棟の区分所有建物の復旧に関する次の記述のうち、区分所有法の規定によれば、誤っているものはどれか。

1　建物の価格の2分の1以下に相当する部分が滅失した場合、規約に別段の定めがない限り、滅失した共用部分について、各区分所有者は、その復旧工事に着手するまでに、集会において、滅失した共用部分を復旧する旨の決議、建物の建替え決議又は団地内の建物の一括建替え決議があったときは、滅失した共用部分を復旧することができない。

2　建物の価格の2分の1を超える部分が滅失（以下、本問において「大規模滅失」という。）した場合、復旧の決議がされた後2週間を経過したときは、復旧の決議に賛成しなかった者（以下、本問において「決議非賛成者」という。）は、賛成者（以下、本問において「決議賛成者」という。）の全部又は一部に対して、その者が有する建物及び敷地に関する権利を時価で買い取るべきことを請求（以下、本問において「買取請求」という。）することができる。

3　大規模滅失した場合、復旧の決議の日から2週間以内に、決議賛成者の全員の合意により買取指定者が指定され、決議非賛成者が、当該買取指定者から書面でその旨の通知を受け取ったときは、以後、決議非賛成者は、その買取指定者に対してのみ、買取請求を行うことができる。

4　買取指定者が、買取請求に基づく売買の代金に係る債務の弁済をしないときは、当該債務について、決議賛成者は、当該買取請求を行う者に対して、決議非賛成者を除いて算定した区分所有法第14条に定める割合に応じて弁済の責めに任じられる。

	①	②	③	④	⑤
学習日					
理解度 (○/△/×)					

解法のテクニック

6年ぶりに復旧から出題された。マイナー論点ではあるが、小規模滅失からの復旧の手段と大規模滅失からの復旧の手段や、買取請求については押さえておこう。

1　**正しい**　建物の価格の2分の1以下に相当する部分が滅失（小規模滅失）したときは、各区分所有者は、**滅失した共用部分及び自己の専有部分**を単独で**復旧することができる**（区分所有法61条1項）。ただし、共用部分については、復旧の工事に着手するまでに滅失した共用部分を**復旧する旨の決議**、建物の**建替え決議**または団地内の建物の**一括建替え決議**があったときは、**単独での復旧は認められない**（同1項ただし書）。なお、小規模滅失からの復旧については、規約で別段の定めをすることができる（同4項）。

2　**正しい**　建物の価格の2分の1を超える部分が滅失（大規模滅失）した場合において、復旧の決議がなされた後2週間を経過したときは、その決議に賛成した区分所有者以外の区分所有者（決議非賛成者）は、決議賛成者の全部または一部に対し、建物及びその敷地に関する権利を時価で**買い取るべきことを請求**（買取請求）**することができる**（区分所有法61条7項前段）。

3　**正しい**　大規模滅失した場合において、復旧の決議の日から2週間以内に、決議賛成者がその全員の合意により建物及びその敷地に関する権利を**買い取ることができる者**（買取指定者）**を指定**し、かつ、その指定された者がその旨を決議非賛成者に対して**書面または電磁的方法で通知**したときは、その**通知を**受けた決議非賛成者は、**買取指定者に対してのみ、買取請求をすることができる**（区分所有法61条8項・9項）。

4　**誤り**　買取指定者が、決議非賛成者からの買取請求に基づく売買の代金に係る債務の全部または一部の弁済をしないときは、**決議賛成者**は、連帯してその債務の全部**または一部の弁済の責めに任じられる**（区分所有法61条10項）。区分所有法14条に定める割合（共用部分の持分割合）に応じて弁済の責任を負うのではない。

➡ 攻略テキスト第3編7章

正解 4

建替え決議

マンションの建替えに関する次の記述のうち、区分所有法の規定によれば、正しいものはどれか。

1　建替えに参加しない旨を回答した区分所有者は、建替え決議に賛成した各区分所有者（建替えに参加する旨を回答した者等を含む。）に対して、区分所有権及び敷地利用権を時価で買い取るべきことを請求することができる。

2　建替え決議に賛成した区分所有者が建替えに参加しないすべての区分所有者の区分所有権及び敷地利用権を取得したときは、当然に、建替え参加者の間で建替えを行う旨の合意が成立する。

3　建替え決議の日から2年以内に建物の取壊しの工事に着手しない場合において、売渡請求権を行使され、区分所有権又は敷地利用権を売り渡した者が、現在、当該売り渡した区分所有権又は敷地利用権を有している者に対し、売り渡すよう請求したときは、当該請求の日から6ヵ月以内に工事が開始されないときは、売買契約が成立したものとみなされる。

4　建替えに参加するか否かを回答すべき旨を書面で催告された区分所有者は、催告を受けた日から2ヵ月以内に回答しない場合、建替えに参加する旨を回答したことになる。

	①	②	③	④	⑤
学習日					
理解度（○/△/×）					

解法のテクニック

建替え決議からの出題は少ないが、基本的な論点は出題の可能性が十分にある。肢1の売渡請求権と買取請求権の混同には注意しよう。建替え決議の場合は売渡請求が可能であり、買取請求は、大規模滅失からの復旧決議の場合に可能である。

1　**誤り**　建替え決議に賛成した各区分所有者（建替えに参加する旨を回答した者等を含む）は、建替えに参加しない旨を回答した区分所有者に対して、区分所有権および敷地利用権を時価で売り渡すべきことを請求することができる（区分所有法63条5項）。建替えに参加しない旨の回答をした区分所有者が買い取るべきことを請求するのではない。

2　**正しい**　区分所有法は、建替え決議に賛成した区分所有者、建替え決議の内容により建替えに参加する旨を回答した区分所有者および区分所有権または敷地利用権を買い受けた買受指定者（これらの者の承継人を含む）は、建替え決議の内容により建替えを行う旨の合意をしたものとみなす（区分所有法64条）。

3　**誤り**　建替え決議の日から2年以内に建物の取壊しの工事に着手しない場合で、売渡請求権を行使され、区分所有権または敷地利用権を売り渡した者は、区分所有権または敷地利用権を現在有する者に対して、建替え決議の日から2年の期間が満了した日から6ヵ月以内に、支払われた代金額に相当する金銭を提供して、売り渡した区分所有権または敷地利用権を再度売り渡すことを請求することができる（区分所有法63条7項本文）。

6ヵ月以内というのは、再売渡請求ができる期限であって、請求の日から6ヵ月経過すると、売買契約が成立するわけではない。

4　**誤り**　建替え決議があったときは、集会を招集した者は、遅滞なく、建替え決議に賛成しなかった区分所有者に対し、建替え決議の内容により建替えに参加するか否かを回答すべき旨を書面または電磁的方法で催告しなければならず（区分所有法63条1項・2項）、建替えに参加するか否かを回答すべき旨を催告された区分所有者は、催告を受けた日から2ヵ月以内に回答しない場合、建替えに参加しない旨の回答をしたものとみなされる（区分所有法63条3項・4項）。

➔ 攻略テキスト第3編8章

正解 2

131 団地

過 R4－38

団地関係に関する次の図についての各記述のうち、区分所有法によれば、最も不適切なものはどれか。

1

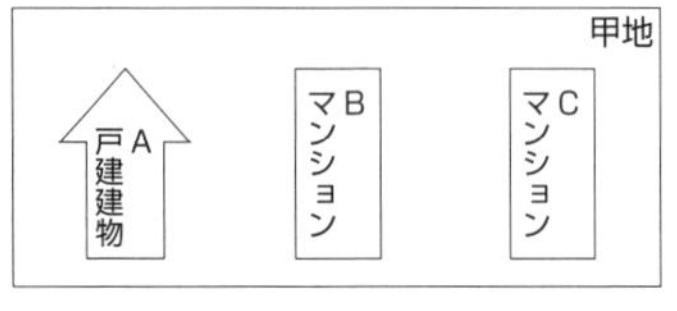

Ａの建物所有者とＢの建物所有者とＣの建物所有者が甲地を共有している場合には、甲地を目的とするＡとＢとＣの団地関係が成立する。

2

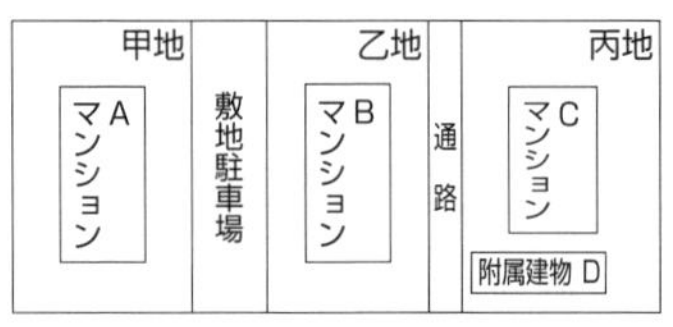

Ａの建物所有者とＢの建物所有者が敷地駐車場を共有し、Ａの建物所有者とＢの建物所有者とＣの建物所有者がＤと通路を共有している場合には、Ｄと通路を目的としたＡとＢとＣの団地関係と、敷地駐車場を目的としたＡとＢの団地関係が、重畳的に成立する。

3

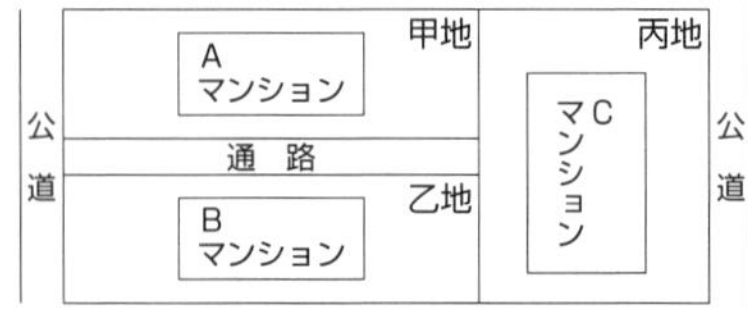

Ａの建物所有者とＢの建物所有者が通路を共有している場合でも、規約で定めれば、甲地と乙地と丙地を団地共用部分とするＡとＢとＣの団地関係が成立する。

4

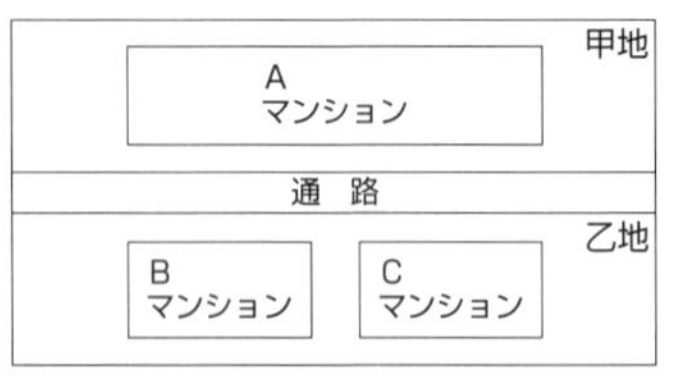

Ａの建物所有者が甲地を単独所有し、Ｂの建物所有者とＣの建物所有者が乙地を共有し、Ａの建物所有者とＢの建物所有者とＣの建物所有者が通路を共有し、ＡとＢ、ＡとＣの往来に利用されている場合には、通

路を目的としたＡとＢとＣの団地関係と、乙地を目的としたＢとＣの団地関係が、重畳的に成立する。

	①	②	③	④	⑤
学習日					
理解度 (○/△/×)					

解法のテクニック

団地関係（団地管理組合）も、一棟の建物における管理組合と同じで、一部の建物所有者のみの共有となる敷地等がある場合に、一部の団地管理組合が成立することに注意しよう。

1　**適切**　一団地内に**数棟の建物**があって、その**団地内の土地**または**附属施設**（これらに関する権利を含む）がそれらの建物の所有者（専有部分のある建物では、区分所有者）の共有**に属する場合**には、それらの所有者（団地建物所有者）は、全員で、その**団地内の土地**、**附属施設**および**専有部分のある建物の**管理を行うための団体を構成し、この法律の定めるところにより、集会を開き、規約を定め、および管理者を置くことができる（区分所有法65条）。

本肢では、甲地をＡＢＣの建物所有者が共有しているので、ＡＢＣの団地関係が成立する。

2　**適切**　本肢では、敷地駐車場を**ＡＢの建物所有者が共有**しているので、敷地駐車場を目的とした**ＡＢの団地関係が成立する**。また、Ｄ**（附属建物）と**通路を**ＡＢＣが共有**しているので、これらを目的とした**ＡＢＣの団地関係が成立する**。

3　**最も不適切**　**団地共用部分**となれるのは、一団地内の**附属施設たる**建物または団地内建物の専有部分であり、**土地は団地共用部分と**なれない（区分所有法67条１項）。したがって、甲地と乙地と丙地を団地共用部分とするＡＢＣの団地関係が成立しない。

4　**適切**　本肢では、通路を**ＡＢＣで共有**しているので、通路を目的とした**ＡＢＣの団地関係が成立する**。また、乙地を**ＢＣで共有**しているので、乙地を目的とした**ＢＣの団地関係が成立する**。そして、この２つの団地関係は重畳的**に成立する**。

➔ 攻略テキスト第３編９章　　**正解３**

MEMO

132 団地内建物の建替え

過 R5－33

団地内建物の建替え決議に関する次の記述のうち、区分所有法によれば、不適切なものはいくつあるか。

ア　団地内建物の建替え決議については、一括建替え決議をする場合でも、団地内の特定の建物のみを建て替える場合でも、いずれも、全ての建物が専有部分のある建物である必要はない。

イ　一括建替え決議は、団地内建物の敷地が、その団地内建物の区分所有者全員の共有になっている場合でなければならない。

ウ　団地管理組合の規約の定めにより、団地内の専有部分のある建物の管理を棟別の管理組合で行うことになっている場合には、その規約の定めを、団地管理組合の管理で行う旨に改正しない限り一括建替え決議はできない。

エ　団地内の特定の建物のみで建替え決議をする場合には、当該建物の建替え決議に加えて、団地管理組合の集会において、敷地共有者の数及び議決権の各４分の３以上の特別多数による建替え承認決議と、当該建替えによって特別の影響を受ける者の承諾が別途必要である。

1　一つ
2　二つ
3　三つ
4　四つ

	①	②	③	④	⑤
学習日					
理解度 (○/△/×)					

解法のテクニック

団地の規定はあまり出題されないが、建替え承認決議と一括建替え決議の要件の相違について押さえておこう。

ア 不適切 一括建替え決議については、団地内建物の全部が専有部分のある建物である必要がある（区分所有法70条１項）。これに対し、団地内の建物の建替え承認決議については、団地内建物の全部または一部が専有部分のある建物である必要がある（区分所有法69条１項）。

イ 適切 一括建替え決議は、団地内建物の敷地が当該団地内建物の区分所有者の共有に属する場合でなければすることができない（区分所有法70条１項）。

ウ 適切 一括建替え決議は、団地内建物について団地管理組合の管理で行う旨の規約が定められている必要がある（区分所有法70条１項、68条１項２号）。したがって、団地内の専有部分のある建物の管理を棟別の管理組合で行うことになっている場合は、団地管理組合の管理で行う旨に改正する必要がある。

エ 不適切 団地内の特定の建物のみで建替え決議をする場合、①当該特定の建物（棟）での建替え決議または合意、②議決権の４分の３以上の多数による建替え承認決議、③建替え承認決議に係る建替えが当該特定建物以外の建物の建替えに特別の影響を及ぼすべきときは、当該他の建物が専有部分のある建物である場合、建替え承認決議の集会において当該他の建物の区分所有者全員の議決権の４分の３以上の議決権を有する区分所有者等が当該建替え承認決議に賛成していることが必要である（区分所有法68条）。建替え承認決議に、敷地共有者の数は要件とされていない。

したがって、不適切なものは肢ア・エの二つであり、正解は２となる。

➔ 攻略テキスト第３編９章

正解 ２

133 団地

過 H25−31

重要度 C
難易度 難

団地管理組合の成立に関する次の記述のうち、区分所有法の規定によれば、誤っているものはどれか。

1　一筆の土地である甲の上に建物Ａ（区分所有建物)、建物Ｂ（区分所有建物)、建物Ｃ（区分所有建物)、建物Ｄ（区分所有建物）が存在する場合において、甲が建物Ａ、建物Ｂ、建物Ｃ、建物Ｄの区分所有者全員の共有に属しているときは、団地管理組合が成立する。

2　一筆の土地である甲の上に建物Ａ（区分所有建物)、建物Ｂ（戸建て住宅)、建物Ｃ（戸建て住宅）が存在する場合において、建物Ａ、建物Ｂ、建物Ｃの所有者全員が甲を共有するときは、団地管理組合が成立する。

3　四筆の土地である甲、乙、丙、丁の上に、それぞれ、建物Ａ（戸建て住宅)、建物Ｂ（戸建て住宅)、建物Ｃ（戸建て住宅)、集会所Ｄが存在する場合において、建物Ａ、建物Ｂ、建物Ｃの所有者全員が集会所Ｄを共有していたとしても団地管理組合は成立しない。

4　四筆の土地である甲、乙、丙、丁の上に、それぞれ、建物Ａ（区分所有建物)、建物Ｂ（区分所有建物)、建物Ｃ（区分所有建物)、建物Ｄ（区分所有建物）が存在する場合において、建物Ｄの中に存在する管理事務室が建物Ａ、建物Ｂ、建物Ｃ、建物Ｄの区分所有者全員の共有に属しているときは団地管理組合が成立する。

	①	②	③	④	⑤
学習日					
理解度 (○/△/×)					

解法のテクニック

管理業務主任者試験ではあまり出題されていない団地の成立に関する問題である。団地管理組合は、①数棟の建物の存在、②土地または附属施設が共有であることが、成立要件となっている。

一団地内に数棟の建物があって、その団地内の土地または附属施設（これらに関する権利を含む）がそれらの建物の所有者（専有部分のある建物にあっては、区分所有者）の共有に属する場合には、団地建物所有者は、全員で、その団地内の土地、附属施設および専有部分のある建物の管理を行うための団体を構成し、区分所有法の定めるところにより、集会を開き、規約を定め、および管理者を置くことができる（区分所有法65条）。

1　**正しい**　本肢では、一団地内にＡＢＣＤと複数の区分所有建物が存在し、団地内の甲土地がＡＢＣＤの団地建物所有者の共有となっているので、団地管理組合が成立する。

2　**正しい**　本肢では、一団地内にＡＢＣと複数の建物が存在し、団地内の甲土地がＡＢＣの団地建物所有者の共有となっているので、団地管理組合が成立する。

なお、団地管理組合が成立するのに必要な数棟の建物は、区分所有建物に限定されておらず、戸建住宅でも団地管理組合を構成することになります。

3　**誤り**　本肢では、一団地内にＡＢＣの複数の建物が存在し、団地内の附属施設である集会所ＤがＡＢＣの団地建物所有者の共有となっているので、団地管理組合が成立する。

4　**正しい**　一団地内にＡＢＣＤと複数の区分所有建物が存在し、団地内のＤ棟内の管理事務室がＡＢＣＤの団地建物所有者の共有となっているので、団地管理組合が成立する。

➔ 攻略テキスト第３編９章

正解 3

罰則

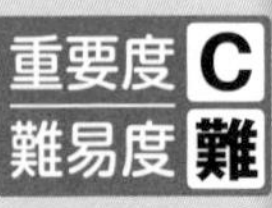

区分所有法第71条の罰則規定に関する次の記述のうち、誤っているものはどれか。

1　管理組合法人において、登記に関して必要な事項の登記を怠った場合にあっては、理事は過料に処せられる。
2　議長は、集会の議事において、議事録に記載すべき事項を記載しなかった場合に、過料に処せられる。
3　監事は、集会の議事において、管理者の管理事務についての監査報告を怠った場合に、過料に処せられる。
4　管理組合法人において、規約に定めた理事の員数が欠けた場合にあって、その選任手続を怠ったときは、理事は過料に処せられる。

	①	②	③	④	⑤
学習日					
理解度 (○/△/×)					

解法のテクニック

区分所有法の罰則からの出題である。過去１度出題されたことがあるが、非常に細かい内容なので、本問の論点くらいを覚えておければ十分である。

1　**正しい**　管理組合法人において政令に定める**登記を怠ったときは、理事は過料に処せられる**（区分所有法71条５号）。

2　**正しい**　議長が議事録を作成せず、または議事録に記載し、もしくは**記録すべき事項を記載せず**、もしくは記録せず、もしくは虚偽の記載もしくは記録をしたときは、**20万円以下の過料に処せられる**（区分所有法71条３号）。

3　**誤り**　監事が、集会の議事において、管理者の管理事務についての**監査報告を怠った場合**に、**過料に処される旨の規定は存在しない**（区分所有法71条参照）。

4　**正しい**　理事もしくは監事が欠けた場合または規約で定めたその員数が欠けた場合において、その**選任手続を怠ったときは**、理事は**20万円以下の過料に処せられる**（区分所有法71条７号）。

➔ 攻略テキスト第３編９章

正解 3

135 建替え等円滑化法（要除却認定）

過 R4－41

次の記述のうち、マンションの建替え等の円滑化に関する法律によれば、最も不適切なものはどれか。ただし、本問において「マンション」とは、同法第2条第1項第1号に規定するものとする。

1　非法人の管理組合において、マンションの管理者又は区分所有者集会で指定された区分所有者は、特定行政庁に対し、当該マンションを除却する必要がある旨の認定を申請することができる。

2　特定行政庁が行う除却の必要性に係る認定は、外壁等が剥離（はくり）し、落下することにより周辺に危害を生ずるおそれに対する安全性に係る基準に該当するのみでは行われない。

3　特定要除却認定を受けた場合において、特定要除却認定マンションに係る敷地利用権が数人で有する所有権又は借地権であるときは、区分所有者集会において、区分所有者、議決権及び当該敷地利用権の持分の価格の各5分の4以上の多数で、当該特定要除却認定マンション及びその敷地（当該敷地利用権が借地権であるときは、その借地権）を売却する旨の決議をすることができる。

4　その敷地面積が政令で定める規模以上であるマンションのうち、要除却認定マンションに係るマンションの建替えにより新たに建築されるマンションで、特定行政庁が交通上、安全上、防火上及び衛生上支障がなく、かつ、その建ぺい率、容積率及び各部分の高さについて総合的な配慮がなされていることにより市街地の環境の整備改善に資すると認めて許可したものの容積率には、特例が認められる。

	①	②	③	④	⑤
学習日					
理解度 （○/△/×）					

解法のテクニック

昨年度の改正点からの出題である。改正点の中でも特に重要な要除却認定・特定要除却認定からの出題であるから、要件や効果について押さえておこう。

1　**適切**　マンションの**管理者等**（管理者がないときは、区分所有者集会において指定された区分所有者または管理組合法人の理事）は、特定行政庁に対し、**当該マンションを除却する必要がある旨の認定を申請することができる**（建替え等円滑化法102条１項）。

2　**最も不適切**　特定行政庁は、**除却の必要性に係る認定**の申請に係るマンションが**外壁、外装材その他これらに類する建物の部分が剥離し、落下することにより周辺に危害を生ずるおそれがあるものとして国土交通大臣が定める基準に該当する**と認められるときは、その旨の認定をするものとする（建替え等円滑化法102条２項３号）。

3　**適切**　特定要除却認定を受けた場合において、**特定要除却認定マンション**に係る敷地利用権が数人で有する所有権または借地権であるときは、区分所有者集会において、**区分所有者、議決権**および当該**敷地利用権の持分の価格の各５分の４以上**の多数で、当該**特定要除却認定マンションおよびその敷地**（当該敷地利用権が借地権であるときは、その借地権）を**売却する旨の決議**をすることができる（建替え等円滑化法108条１項）。

4　**適切**　その敷地面積が政令で定める規模以上であるマンションのうち、**要除却認定マンションに係るマンションの建替え**により新たに建築されるマンションで、特定行政庁が交通上、安全上、防火上および衛生上支障がなく、かつ、その**建ぺい率、容積率**および各部分の**高さ**について総合的な配慮がなされていることにより市街地の環境の整備改善に資すると認めて許可したものの容積率には、**特例が認められる**（建替え等円滑化法105条）。

➔ 攻略テキスト第３編10章

正解 2

136
過 R1 −43

建替え等円滑化法

重要度 B
難易度 普

マンション建替事業に関する次の記述のうち、「マンションの建替え等の円滑化に関する法律」の規定によれば、正しいものはどれか。

1　権利変換計画の決定及びその変更を行うときは、マンション建替組合（以下、本問において「組合」という。）の総会において、組合員の議決権及び持分割合の各４分の３以上の決議で決する。

2　マンション建替事業は、組合によるほか、区分所有者又はその同意を得た者が１人でも施行することができる。

3　参加組合員として組合の組合員となることができる者は、当該マンションの区分所有者又はその包括承継人に限られる。

4　建替えに参加しない旨を組合に回答した区分所有者（その承継人を含み、その後に建替え合意者等となった者を除く。）は、組合に対し、区分所有権及び敷地利用権を時価で買い取るべきことを請求することができる。

	①	②	③	④	⑤
学習日					
理解度 (○/△/×)					

解法のテクニック

建替え等円滑化法の基本的な論点からの出題である。肢１の権利変換計画の決議要件は重要な数字であるから覚えておこう。

1　**誤り**　権利変換計画およびその変更は、**組合員の議決権**及び**持分割合**の各５分の４以上で決する（建替え等円滑化法27条７号、30条３項）。

2　**正しい**　マンションの**区分所有者**または**その同意を得た者**は、１人で、又は数人共同して、当該マンションについて**マンション建替事業を施行することができる**（個人施行：建替え等円滑化法５条２項）。

3　**誤り**　組合が施行するマンション建替事業に**参加することを希望**し、かつ、それに**必要な資力**および**信用を有する者**であって、定款**で定められたもの**は、参加組合員として、組合の組合員となる（建替え等円滑化法17条）。したがって、参加組合員は、区分所有者またはその包括承継人に限定されていない。

4　**誤り**　組合は、**建替組合設立の公告の日から**２ヵ月以内に、**建替えに参加しない旨を回答した区分所有者**（その承継人を含み、その後に建替え合意者等となったものを除く）に対し、区分所有権および敷地利用権を時価で売り渡すべきこと**を請求することができる**（建替え等円滑化法15条１項）。建替えに参加しない旨を回答した区分所有者が、建替組合に対し買取請求をできるのではない。

➔ 攻略テキスト第３編10章

正解２

137 建替え等円滑化法

過 H24−42

マンション建替組合（以下本問において「組合」という。）に関する次の記述のうち、マンションの建替え等の円滑化に関する法律（平成14年法律第78号）の規定によれば、正しいものはどれか。

1　組合は、必ずしも法人としなくてもよい。

2　組合を設立するためには、建替え合意者が５人以上共同して、定款を定め、都道府県知事等の認可を受けなければならないが、事業計画を定めるのは認可後でよい。

3　組合の設立の認可を申請しようとする建替え合意者は、組合の設立について、建替え合意者の５分の４以上の同意を得なければならない。

4　組合において権利変換計画及びその変更を行うときは、組合員の議決権及び持分割合の各５分の４以上の総会決議で決する。

	①	②	③	④	⑤
学習日					
理解度（○/△/×）					

解法のテクニック

建替え円滑化法の基本論点からの出題である。建替え円滑化法自体は頻出論点ではないが、本問の論点くらいは押さえておきたい。

1　**誤り**　建替組合は、法人とするとされている（建替え等円滑化法６条１項）。したがって、必ず法人とならなければならない。

2　**誤り**　建替え決議の内容によりマンションの建替えを行う旨の合意をしたものとみなされた者（建替え合意者）は、５人以上共同して、定款および事業計画を定め、国土交通省令で定めるところにより、**都道府県知事の認可**を受けて組合を設立することができる（建替え等円滑化法９条１項）。定款だけでなく事業計画も認可前に定めておかなければならない。

3　**誤り**　建替組合設立の認可を申請しようとする**建替え合意者**は、組合の設立について、建替え合意者の４分の３以上の同意（同意した者の議決権の合計が、建替え合意者の議決権の合計の４分の３以上となる場合に限る。）を得なければならない（建替え等円滑化法９条２項）。

4　**正しい**　権利変換計画は、組合員の議決権および持分割合の各５分の４以上で決する（建替え等円滑化法27条７号、30条３項）。

➔ 攻略テキスト第３編10章

正解 4

138 建替え等円滑化法

過 H29−42改

マンションの建替え等の円滑化に関する法律の規定によれば、マンション敷地売却に関する次の記述のうち、誤っているものはどれか。なお、本問において、「マンション」とは、同法第2条第1項第1号に規定するものとする。

1　建築物の耐震改修の促進に関する法律に規定する耐震診断が行われた結果、耐震性が不足していると認められたマンションの管理者等は、特定行政庁に対し、当該マンションを除却する必要がある旨の認定を申請することができる。

2　耐震性不足等により、除却する必要がある旨の認定（特定要除却認定）を受けたマンション（特定要除却認定マンション）については、区分所有者集会において、区分所有者、議決権及び敷地利用権の持分の価格の各5分の4以上の多数で、当該マンション及びその敷地（敷地利用権が借地権であるときは、その借地権）を売却する旨の決議をすることができる。

3　マンション敷地売却組合は、その名称中に「マンション敷地売却組合」という文字を用いた法人でなければならない。

4　マンション敷地売却組合を設立するためには、マンション敷地売却合意者が5人以上共同して、定款及び資金計画を定め、都道府県知事等の認可を求めるとともに、マンション敷地売却組合の設立について、マンション敷地売却合意者の敷地利用権の持分の価格の5分の4以上の同意を得なければならない。

	①	②	③	④	⑤
学習日					
理解度 (○/△/×)					

解法のテクニック

平成26年度の改正点である。建替えるだけでなく、除却する必要性がある旨の認定を受けたマンションとその敷地を売却するために組合を設立できる点に注意しよう。

1 **正しい** 建築物の耐震改修の促進に関する法律に規定する耐震診断が行われた結果、耐震性が不足している等の一定の要件を満たすと認められたマンションの管理者等は、特定行政庁に対し、当該マンションを除却する必要がある旨の認定を申請することができる（建替え等円滑化法102条１項、２項１号）。

2 **正しい** 耐震性不足等により、除却する必要がある旨の認定を受けたマンション（特定要除却認定マンション）については、当該マンションに係る敷地利用権が数人で有する所有権または借地権であるときは、区分所有者集会において、区分所有者、議決権および当該敷地利用権の持分の価格の各５分の４以上の多数で、当該マンション及びその敷地（当該敷地利用権が借地権であるときは、その借地権）を売却する旨の決議（マンション敷地売却決議）をすることができる（建替え等円滑化法108条１項）。

3 **正しい** マンション敷地売却組合は、法人とする（建替え等円滑化法117条１項）。また、マンション敷地売却組合は、その名称中にマンション敷地売却組合という文字を用いなければならない（建替え等円滑化法119条１項）。

4 **誤り** マンション敷地売却合意者は、５人以上共同して、定款及び資金計画を定め、都道府県知事等の認可を受けてマンション敷地売却組合を設立することができる（建替え等円滑化法120条１項）。そして、この都道府県知事の認可を申請しようとするときは、当該組合の設立について、マンション敷地売却合意者の４分の３以上の同意（同意した者の議決権の合計がマンション敷地売却合意者の議決権の合計の４分の３以上であり、かつ、同意した者の敷地利用権の持分の価格の合計がマンション敷地売却合意者の敷地利用権の持分の価格の合計の４分の３以上となる場合に限る）を得なければならない（建替え等円滑化法120条２項）。

➔ 攻略テキスト第３編10章

正解 4

139 判例

過 R5－38

重要度 A
難易度 易

マンションの分譲業者が、区分所有者に対して、建物の専有部分の区分所有権、共用部分の共有持分及び敷地の共有持分を分譲したが、一部の区分所有者に対しては、それらとともに敷地の駐車場の専用使用権を分譲した。この場合において専用使用権及び専用使用料に関する次の記述のうち、最高裁判所の判決によれば、適切なものの組合せはどれか。

ア　駐車場の専用使用権は、区分所有者全員の共有に属するマンション敷地の使用に関する事項ではなく、専用使用権を有する区分所有者のみに関する事項であるから、区分所有者全員の規約及び集会決議による団体的規制に服すべき事項ではない。

イ　規約の設定、変更等をもって、一部の区分所有者の権利を変更するときには、その承諾を得なければならないから、当該駐車場の専用使用権者の承諾を得ないで当該駐車場の使用料を増額することはできない。

ウ　規約の設定、変更等をもって、一部の区分所有者の権利に特別の影響を及ぼすべきときには、その承諾を得なければならないが、ここでの「特別の影響を及ぼすべきとき」とは、一部の区分所有者の受ける不利益がその区分所有者の受忍限度を超えると認められる場合をいう。

エ　規約の設定、変更等をもって、増額された駐車場の使用料が、増額の必要性及び合理性が認められ、かつ、当該区分所有関係において社会通念上相当な額であると認められる場合には、専用使用権者は、当該駐車場の使用料の増額を受忍すべきである。

1　ア・イ
2　ア・ウ
3　イ・エ
4　ウ・エ

	①	②	③	④	⑤
学習日					
理解度(○/△/×)					

解法のテクニック

駐車場の専用使用権や使用料の増額等について、過去繰り返し問われている判例である。特別の影響の有無について注意しておこう。

ア　**不適切**　駐車場も管理組合が管理すべき共用部分や敷地に該当するので、**駐車場の専用使用権**は、区分所有者全員の規約および集会決議による団体的規制に服すべき事項**に該当する**（最判平10.11.20）。

イ　**不適切**　**駐車場の専用使用料の増額**は、一般的に当該権利者に不利益を及ぼすが、**増額する**必要性・合理性が認められ、かつ、設定された使用料が**社会通念上**相当な額であれば、その者は増額を受忍すべきであり、**「特別の影響」を**及ぼすものではない（最判平10.10.30）。

ウ　**適切**　規約の設定、変更等をもって、一部の区分所有者の権利に特別の影響を及ぼすべきときには、その承諾を得なければならないが、ここでの「**特別の影響を及ぼすべきとき**」とは、一部の区分所有者の受ける不利益がその区分所有者の受忍限度**を超えると認められる場合**をいう（最判平10.11.20）。

エ　**適切**　肢イの解説参照。有償化と同様に、駐車場使用料について**増額する**必要性・合理性が認められ、かつ、増額された使用料が**社会通念上**相当な額であれば、その者は有償化を受忍すべきであり、**「特別の影響」を**及ぼすものではない（最判平10.11.20）。

したがって、**適切なものの組合せ**は**肢ウ・エ**であり、正解は4となる。

➔ 攻略テキスト第３編+αで役立つ判例集

正解 4

140 区分所有法等（判例）

過 R4－39

次の記述のうち、判例によれば、適切なものはいくつあるか。

ア　区分所有者の団体のみが共用部分から生ずる利益を収取する旨を集会で決議し、又は規約で定めた場合には、各区分所有者は、その持分割合に相当する利益についての返還を請求することはできない。

イ　区分所有者の集会で複数の理事を選任し、理事長は理事会で理事の互選で選任する旨を規約で定めた場合には、理事の職は維持しつつ、理事長の職を解くことについて、理事会の決議で決することができる。

ウ　建物の建築に携わる設計者、施工者及び工事監理者は、建物の建築に当たり、契約関係にない居住者を含む建物利用者、隣人、通行人等に対する関係でも、当該建物の建物としての基本的な安全性が欠けることのないように配慮すべき注意義務を負う。

エ　管理組合の業務を分担することが一般的に困難な不在組合員に対し一定の金銭負担を求めることは、規約の変更に必要性及び合理性があり、不在組合員の受ける不利益の程度を比較衡量して一定の金銭負担に相当性のある場合には、受忍限度を超えるとまではいうことはできない。

1　一つ
2　二つ
3　三つ
4　四つ

	①	②	③	④	⑤
学習日					
理解度 (○/△/×)					

解法のテクニック

肢エ以外は初めて見る判例からの出題だが、肢アとイは区分所有法や標準管理規約で似た規定があるので、そこから適切と判断できるはずである。また、肢ウは法的な思考からすれば、常識で判断できる内容である。

ア　適切　区分所有者の団体のみが共用部分から生ずる利益を収取する旨を集会で決議し、または規約で定めた場合には、各区分所有者は、その持分割合に相当する利益についての返還を請求することはできない（東京地裁平成3.5.29）。

イ　適切　区分所有者の集会で複数の理事を選任し、理事長は理事会で理事の互選で選任する旨を規約で定めた場合には、理事の職は維持しつつ、理事長の職を解くことについて、理事会の決議で決することができる（最高裁平成29.12.18）。

ウ　適切　建物の建築に携わる設計者、施工者および工事監理者は、建物の建築に当たり、契約関係にない居住者を含む建物利用者、隣人、通行人等に対する関係でも、当該建物の建物としての基本的な安全性が欠けることのないように配慮すべき注意義務を負う（最高裁平成19.7.6）。

エ　適切　管理組合の業務を分担することが一般的に困難な不在組合員に対し一定の金銭負担を求めることは、規約の変更に必要性および合理性があり、不在組合員の受ける不利益の程度を比較衡量して一定の金銭負担に相当性のある場合には、受忍限度を超えるとまではいうことはできない（最高裁平成22.1.26）。

したがって、適切なものは肢ア・イ・ウ・エの四つであり、正解は4となる。

➔ 攻略テキスト第3編3・5章、+αで役立つ判例集

正解 4

141 判例等

過 H27−39

次の記述のうち、判例によれば、正しいものの組合せはどれか。

ア　甲マンションにおいて、これまでにペットの飼育に関する規約がなかった場合に、盲導犬等を除いて犬や猫などのペットの飼育を禁止する旨の規約を設定することは、その飼育による実害の発生又はその発生の蓋然性がないときでも許される。

イ　乙マンションの区分所有者が、業務執行に当たっている管理組合の役員らをひぼう中傷等することによって管理組合の業務の遂行や運営に支障を生じさせた場合には、区分所有法に定める「区分所有者の共同の利益に反する行為」に該当する余地がある。

ウ　丙マンションの建物内の倉庫部分について、構造上及び利用上の独立性があっても、当該倉庫部分の一部に他の区分所有者のための共用設備が設置されている場合には、当該倉庫部分が専有部分となる余地はない。

エ　丁建物について、区分所有建物である旨の登記が可能であるにもかかわらず、区分所有建物ではない１棟の建物としての登記がなされた場合には、丁建物は「区分所有建物ではない建物」とみなされるので、その後、これにつき区分所有建物である旨の登記をすることはできない。

1　ア・イ
2　ア・ウ
3　イ・エ
4　ウ・エ

	①	②	③	④	⑤
学習日					
理解度 (○/△/×)					

解法のテクニック

区分所有法の重要判例からの出題である。肢４は難しいように見えるが、誤って一棟の建物として登記をした場合や当初は賃貸マンションだった建物を後に分譲マンション（区分所有建物）に変更する場合等をイメージしてほしい。

ア　**正しい**　ペットの飼育に関する規約がなかった場合に、**盲導犬等を除いて**犬や猫などの**ペットの飼育を禁止する旨の規約**を設定することは、その飼育による**実害の発生**又はその**発生の蓋然性が**ないときでも許される（東京高裁平6.8.4）。

イ　**正しい**　マンションの区分所有者が、業務執行に当たっている管理組合の役員らをひぼう中傷する内容の文書を配布し、マンションの防音工事等を受注した業者の業務を妨害するなどする行為は、それが単なる**特定の個人に対するひぼう中傷等の域を超える**もので、それにより管理組合の業務の遂行や運営に支障が生ずるなどして**マンションの正常な管理または使用が**阻害される場合には、法６条１項所定の「**区分所有者の共同の利益に反する行為**」に当たるとみる余地があるというべきである（最判平24.1.17）。

ウ　**誤り**　構造上及び利用上の独立性があれば、当該倉庫部分の一部に他の区分所有者のための共用設備が設置されている場合でも、この共用設備が当該倉庫部分の小部分**を占めるにとどまり**、その余の部分をもって独立の建物の場合と実質的に異なるところのない態様の**排他的使用に供することができる**等の場合であれば、当該倉庫部分は専有部分となりうる（最判昭56.6.18）。

エ　**誤り**　区分所有建物である旨の登記が可能であるにもかかわらず、区分所有建物ではない**１棟の建物としての登記**がなされた場合であっても、その後、これにつき**区分所有建物である旨の登記**をすることはできる。

したがって、**正しいものの組合せ**は**肢ア・イ**であり、正解は１となる。

➔ 攻略テキスト第３編１・４・５章、+αで役立つ判例集

正解 1

判例等

マンションに関する次の記述のうち、最高裁判所の判例によれば、正しいものはどれか。

1　構造上及び機能上、独立性を有する建物部分ではあるが、その一部に他の区分所有者らの共用に供される設備が設置されている以上、当該建物部分は、専有部分として区分所有権の目的とはなり得ない。

2　専有部分が賃貸され暴力団事務所として使用されていることを理由に、賃貸借契約の解除及びその専有部分の引渡しを請求する訴えを提起するために集会の決議をするには、あらかじめ賃借人と共に賃貸人たる区分所有者に対して弁明の機会を与えなければならない。

3　管理規約の規定に基づいて、区分所有者に対し管理費の支払いが義務づけられ、月ごとに所定の方法でそれが支払われる場合に、その管理費の債権は、基本権たる定期金債権から派生する支分権として消滅時効にかかる。

4　法人格を取得していない権利能力なき社団であるマンション管理組合について原告適格が認められることはなく、訴訟担当が認められるのは、管理者又は集会の決議により指定された区分所有者のみである。

	①	②	③	④	⑤
学習日					
理解度 (○/△/×)					

解法のテクニック

区分所有法の重要判例からの出題である。繰り返し出題されている論点ばかりであるから、しっかりと覚えておこう。

1 **誤り** 構造上及び利用上の独立性があれば、当該建物部分の一部に他の区分所有者のための共用設備が設置されている場合でも、この共用設備が当該建物部分の**小部分を占めるにとどまり**、その余の部分をもって独立の建物の場合と実質的に異なるところのない態様の**排他的使用に供することができる**等の場合であれば、当該建物部分は専有部分となりうる（最判昭56.6.18）。

2 **誤り** 共同の利益に反する行為を行う占有者に対する引渡し請求を提起するための集会の決議の際に、弁明の機会を与えなければならない者は、賃借人であり、**賃貸人に弁明の機会を与える必要はない**（最判昭62.7.17）。

3 **正しい** 管理費債権は、管理規約の規定に基づいて、区分所有者に対し管理費の支払いが義務づけられ、月ごとに所定の方法でそれが支払われるもので、**基本権たる定期金債権から派生する支分権**として**消滅時効にかかる**（最判平16.4.23）。

4 **誤り** **法人でない社団**または財団で**代表者**又は**管理人の定めがある**ものは、その名において**訴え**、または**訴えられる**ことができる（民事訴訟法29条）。したがって、法人格を取得していない権利能力なき社団であるマンション管理組合についても原告適格が認められる。

→ 攻略テキスト第１編４章・２編４章・３編１・４章

正解 3

第4編

マンション標準管理規約

標準管理規約は区分所有法との複合問題が出題されている。また、単なる条文の知識ではなく、事例問題のように考えさせるものが増えてきている。応用力が問われる科目になりつつあるので、注意しよう。

出題数は毎年７～10問程度である。

共用部分の範囲

標準管理規約（単棟型）の定めによれば、マンションの住戸の次の修繕工事のうち、共用部分の工事に該当するものの組み合わせとして、最も適切なものはどれか。

ア　床のフローリング工事
イ　玄関扉内部塗装の補修工事
ウ　網戸の交換工事
エ　バルコニー床面の防水工事

1　ア・イ
2　ア・エ
3　イ・ウ
4　ウ・エ

	①	②	③	④	⑤
学習日					
理解度（○/△/×）					

解法のテクニック

本問は、共用部分と専有部分の範囲を問うものである。過去にも共用部分の範囲についての問題が繰り返し出題されているので覚えておこう。

ア　**該当しない**　天井、床および壁は、**躯体部分を除く部分を専有部分とする**（標準管理規約７条２項１号）。したがって、床の**上塗り部分であるフローリングの工事は、専有部分の工事**であり、共用部分の工事には該当しない。

イ　**該当しない**　**玄関扉**は、錠および**内部塗装部分を専有部分とする**（標準管理規約７条２項２号）。したがって、**玄関扉の内部塗装の補修工事**は、**専有部分の工事**であり、共用部分の工事には該当しない。

ウ　**該当する**　窓枠、窓ガラス、雨戸、**網戸**は、**専有部分に含まれない**ものとする（標準管理規約７条２項３号、同関係コメント④）。したがって、**網戸の交換工事**は、**共用部分の工事**に該当する。

エ　**該当する**　**バルコニー**は**専有部分に属しない建物の部分**に該当し、共用部分である（標準管理規約別表第２）。したがって、**バルコニー床面の防水工事**は、**共用部分の工事**に該当する。

したがって、**共用部分の工事に該当するものの組合せ**は**肢ウ・エ**であり、正解は４となる。

➔ 攻略テキスト第４編１章

正解 4

144 共用部分の範囲

過 R1−29

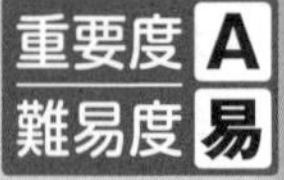

次のア～オのうち、標準管理規約（単棟型）の定めによれば、共用部分の範囲に属するものはいくつあるか。

ア　インターネット通信設備
イ　雑排水管の配管継手
ウ　集合郵便受箱
エ　トランクルーム
オ　給湯器ボイラー

1　二つ
2　三つ
3　四つ
4　五つ

	①	②	③	④	⑤
学習日					
理解度（○/△/×）					

解法のテクニック

本問は、共用部分と専有部分の範囲を問うものである。過去にも共用部分の範囲についての問題が繰り返し出題されているので覚えておこう。

ア　共用部分の範囲に属する　インターネット通信設備は、専有部分に属さない「建物の附属物」に該当し、共用部分である（標準管理規約別表２）。

イ　共用部分の範囲に属する　雑排水管および汚水管については、配管継手および立て管は、専有部分に属さない「建物の附属物」に該当し、共用部分である（標準管理規約別表２）。

ウ　共用部分の範囲に属する　集合郵便受箱は、専有部分に属さない「建物の附属物」に該当し、共用部分である（標準管理規約別表２）。

エ　共用部分の範囲に属する　トランクルームは、共用部分に該当する（標準管理規約別表２）。

オ　専有部分である　給湯器ボイラーは、共用部分の範囲から除かれており、専有部分に該当する（標準管理規約別表２）。

したがって、適切なものは肢ア・イ・ウ・エの四つであり、正解は3となる。

➔ 攻略テキスト第４編１章

正解 3

145 専有部分・共用部分の工事等

過 R5－36

専有部分及び共用部分の工事等に関する次の記述のうち、標準管理規約（単棟型）によれば、最も適切なものはどれか。

1　区分所有者は専有部分の床のフローリングの設置をしようとするときは、理事長にその旨を申請し、理事長の判断により書面による承認を受けなければならない。

2　専用使用部分である窓ガラスが、当該住戸の区分所有者の過失により破損した場合には、当該区分所有者の申請に基づき、管理組合が修繕する。

3　区分所有者が、屋上からの雨漏りにより専有部分の使用に支障が生じ緊急を要するため当該共用部分の保存行為を行ったが、あらかじめ理事長に申請して書面による承認を受けなかったときは、当該保存行為に要した費用は、当該保存行為を行った区分所有者が負担する。

4　共用部分のうち各住戸に付属する玄関扉の改良工事で住宅の性能向上に資するものについて、計画修繕としてこれを速やかに実施できる場合には、管理組合がその責任と負担において実施するものとする。

	①	②	③	④	⑤
学習日					
理解度 (○/△/×)					

解法のテクニック

専有部分や共用部分の保存行為や修繕工事は頻出論点である。専有部分なのか共用部分なのか、保存行為なのか改良工事等なのかを見分けられるようにしよう。

1　**不適切**　区分所有者は、その専有部分について、修繕、模様替えまたは建物に定着する物件の取付けもしくは取替えであって**共用部分または他の専有部分に影響を与えるおそれのあるもの**を行おうとするときは、**あらかじめ、理事長にその旨を申請し、書面による承認**を受けなければならない（標準管理規約17条1項）。そして、理事長は、当該申請について、**理事会の決議**により、その承認または不承認を決定しなければならない（標準管理規約17条3項）。理事長が判断するのではない。

2　**不適切**　バルコニー等の保存行為のうち、**通常の使用に伴うもの**については、**専用使用権を有する者**がその**責任と負担**においてこれを行わなければならない（標準管理規約21条1項）。本肢の窓ガラスが住戸の区分所有者の過失により割れた場合の修繕は、通常の使用に伴うものに該当するので、専用使用権を有する区分所有者が修繕をしなければならない。

3　**不適切**　区分所有者は、専用使用部分の通常の使用に伴うものの場合またはあらかじめ理事長に申請して書面による承認を受けた場合を除き、敷地および共用部分等の保存行為を行うことができない。ただし、**専有部分の使用に支障が生じている場合**に、当該専有部分を所有する区分所有者が行う**保存行為**の実施が、**緊急を要するもの**であるときは、保存行為を行うことができる（標準管理規約21条3項）。そして、この場合の費用は、**管理組合が負担する**（標準管理規約21条1項）。

4　**最も適切**　共用部分のうち各住戸に付属する窓枠、窓ガラス、玄関扉その他の開口部に係る**改良工事**であって、防犯、防音または断熱等の住宅の**性能の向上等に資するもの**については、**管理組合**がその**責任と負担**において、**計画修繕としてこれを実施する**ものとする（標準管理規約22条1項）。ただし、区分所有者は、管理組合が上記の工事を**速やかに実施できない場合**には、あらかじめ**理事長に申請**して**書面による承認**を受けることにより、当該工事を当該**区分所有者**の**責任と負担**において実施することができる（標準管理規約22条2項）。

➡ 攻略テキスト第4編2章

正解 4

専有部分の修繕

専有部分の修繕等に関する次の記述のうち、区分所有法の規定及び標準管理規約（単棟型）によれば、最も不適切なものはどれか。

1　区分所有者は、工事業者に依頼し、畳の交換や壁紙の張替えを行う場合においては、あらかじめ、理事長にその旨を届け出る必要がある。

2　理事長の承認を受けた工事であっても、当該工事の結果、共用部分又は他の専有部分に生じた事後的な影響については、当該工事を発注した区分所有者は、その責任や負担を免れるわけではない。

3　理事長は、施工状況の確認のために立入り、調査を行った結果、申請又は届出を受けたものとは異なる内容の工事が行われていることが確認された場合においては、原状回復のための必要な措置等をとることができる。

4　理事長の承認を受けた工事であれば、総会の決議を経なくても、当該工事に必要な外壁の穿孔、躯体の一部撤去を行うことができる。

	①	②	③	④	⑤
学習日					
理解度 (○/△/×)					

解法のテクニック

肢1は、理事長への届出で足りる専有部分の修繕工事についての論点である。承認が必要となる工事かどうか判断できるようにしよう。

1 **適切** 区分所有者は、**理事長の承認を要しない修繕等**のうち、工事業者の立入り、工事の資機材の搬入、工事の騒音、振動、臭気等工事の実施中における共用部分または他の専有部分への影響について**管理組合が事前に把握する必要があるもの**を行おうとするときは、あらかじめ、**理事長にその旨を届け出なければならない**（標準管理規約17条7項）。本肢の畳の交換や壁紙の張り替えは上記に該当するので、理事長へ届出が必要となる。

2 **適切** 理事長の承認を受けた修繕等の工事後に、当該工事により共用部分または他の専有部分に**影響が生じた場合**は、当該**工事を発注した区分所有者の責任と負担**により必要な措置をとらなければならない（標準管理規約17条6項）。

3 **適切** 立入り、調査の結果、理事長に申請または**届出を行った内容と異なる内容の工事**が行われている等の事実が確認された場合、理事長は、その是正等のため必要な勧告または指示もしくは警告を行うか、その差止め、排除または**原状回復のための必要な措置等をとることができる**（標準管理規約17条関係コメント⑬）。

4 **最も不適切** 理事長の承認があったときは、区分所有者は、承認の範囲内において、専有部分の修繕等に係る**共用部分の工事を行うことができる**（標準管理規約17条4項）。しかし、専有部分の増築または**建物の主要構造部に影響を及ぼす行為を実施することはできない**ので、躯体の一部撤去をすることは認められない（同関係コメント①）。

➔ 攻略テキスト第4編2章

正解 4

147 専用使用部分の保存行為等

過 H28−29

専用使用部分の損傷等に関する次の記述のうち、標準管理規約によれば、最も不適切なものはどれか。

1　区分所有者の不注意により損傷した窓ガラスを、区分所有者の希望により、窓枠等の変更を必要としない範囲で、強度の高いものに取り換える場合には、理事会の承認を得たうえ、区分所有者がその責任と負担で行う。

2　通常の使用に伴い損傷した網戸の補修は、区分所有者がその責任と負担で行う。

3　第三者による犯罪行為により損傷した面格子の補修をする場合には、管理組合がその責任と負担で行う。

4　専有部分の賃借人の不注意により損傷した玄関扉の補修については、賃貸人である区分所有者はその責任と負担を負わない。

	①	②	③	④	⑤
学習日					
理解度 (○/△/×)					

解法のテクニック

平成28年度の改正により、専用使用部分の保存行為について細かく分類された。本問では出題されていないが、台風等で住戸の窓ガラスが割れた場合に、専有部分への雨の吹き込みを防ぐため、割れたものと同様の仕様の窓ガラスに張り替えるというようなケースは、通常の使用に伴う保存行為ではないが、専用使用権を有する区分所有者が取替工事をできる点にも注意しておこう。

1　**適切**　共用部分のうち各住戸に附属する窓枠、窓ガラス、玄関扉その他の開口部に係る改良工事であって、防犯、防音または断熱等の住宅の性能の向上等に資するものについて、管理組合が当該改良工事を速やかに実施できない場合には、区分所有者は、あらかじめ**理事長に申請して**書面または電磁的方法による承認を受けることにより、当該工事を当該区分所有者の責任と負担**において実施することができる**（標準管理規約22条1項・2項）。本肢の強度の高いものに取り換える工事は、上記の窓ガラス等の改良工事に該当するので、あらかじめ理事長に申請して書面による承認を受けることにより、当該工事を当該区分所有者の責任と負担において実施することができる。

2　**適切**　網戸といった**バルコニー等の保存行為**のうち、通常の使用に伴うものについては、**専用使用権を有する者**がその**責任と負担**においてこれを行わなければならない（標準管理規約21条1項ただし書）。

3　**適切**　面格子といったバルコニー等の破損が第三者による犯罪行為等によることが明らかである場合の保存行為の実施については、**通常の使用**に伴わないものであるため、管理組合がその責任と負担においてこれを行うものとする（標準管理規約21条関係コメント⑥）。

4　**最も不適切**　同居人や賃借人等による破損については、**通常の使用に伴うもの**として、当該バルコニー等の専用使用権を有する者がその責任と負担において保存行為を行うものとする（標準管理規約21条関係コメント⑥ただし書）。

➔ 攻略テキスト第4編2章

正解 4

148 専有部分の配管の取替え

過R4－33

専有部分にある設備の管理に関し、理事長から次のア～エの順で説明があった。標準管理規約（単棟型）によれば、不適切なものはいくつあるか。

ア　そもそも、専有部分に係る配管の取替えに要する費用については、各区分所有者が実費に応じて負担するのが原則です。

イ　ただし、専有部分に係る配管のうち共用部分と構造上一体となった部分の管理を共用部分の管理と一体として行う必要があるときは、専有部分に係る配管を含めて管理組合が管理を行うことができます。

ウ　その場合には、あらかじめ長期修繕計画において専有部分の配管の取替えについても記載することで、共用部分と一体的な専有部分の配管の取替工事も行うことができます。

エ　そして、その工事費用を修繕積立金から拠出することについて規約に規定することで、修繕積立金を取り崩して専有部分の工事費用に充てることができます。

1　一つ
2　二つ
3　三つ
4　なし

	①	②	③	④	⑤
学習日					
理解度 (○/△/×)					

解法のテクニック

肢ウとエは、昨年度の改正点である。規約の定めがあれば、専有部分の配管の取替え費用も修繕積立金から支出できるようになったので注意しよう。

ア　**適切**　**配管の取替え等に要する費用**のうち**専有部分に係るもの**については、**各区分所有者が実費に応じて負担すべきもの**である（標準管理規約21条関係コメント⑦）。

イ　**適切**　**専有部分に係る配管**のうち共用部分と構造上一体となった部分の管理を**共用部分の管理と一体として行う必要があるとき**は、専有部分に係る配管を含めて**管理組合が管理を行うことができる**（標準管理規約21条２項）。

ウ　**適切**　共用部分の配管の取替えと専有部分の配管の取替えを同時に行うことにより、専有部分の配管の取替えを単独で行うよりも費用が軽減される場合には、これらについて**一体的に工事を行う**ことも考えられる。その場合には、あらかじめ**長期修繕計画**において**専有部分の配管の取替え**について記載し、その工事費用を修繕積立金から拠出することについて規約に規定するとともに、先行して工事を行った区分所有者への補償の有無等についても十分留意することが必要である（標準管理規約21条関係コメント⑦）。

エ　**適切**　肢ウの解説参照。専有部分の配管取替え工事費用を**修繕積立金から拠出する**ことについて**規約に規定する**ことで、修繕積立金を取り崩して専有部分の工事費用に充てることができる。

したがって、**不適切なものはなし**であり、正解は４となる。

➔ 攻略テキスト第４編２章

正解 4

駐車場の管理

マンションの敷地上の駐車場に関する記述のうち、マンション標準管理規約によれば、不適切なものはいくつあるか。

ア　駐車場使用契約により使用者から使用料を徴収している以上、管理組合は必ず車両の保管責任を負わなければならない。

イ　駐車場使用者は、その専有部分を他の区分所有者に貸与した場合にあっても、区分所有者である以上、当該駐車場使用契約は効力を失わない。

ウ　駐車場使用者が、管理費、修繕積立金等の滞納等の規約違反をしている場合にあっても、駐車場使用細則、駐車場使用契約等に明文規定がなければ、管理組合は当該駐車場使用契約を解除することはできない。

エ　賃借人等の占有者にも駐車場を使用させることができるようにするためには、管理規約を改正しなければならない。

1　一つ
2　二つ
3　三つ
4　四つ

	①	②	③	④	⑤
学習日					
理解度 (○/△/×)					

解法のテクニック

駐車場の管理に関する問題である。平成24年度も出題されており、駐車場使用料等とあわせて頻出論点となっている。肢ウは、類似の論点が平成24年に出題済みである。これからも出題される可能性があるので注意しよう。

ア　**不適切**　**車両の保管責任**については、管理組合が負わない旨を**駐車場使用契約または駐車場使用細則に**規定することが望ましい（標準管理規約15条関係コメント⑥）。したがって、管理組合が車両の保管責任を負わない旨を定めることもできる。

イ　**不適切**　区分所有者がその所有する専有部分を、他の区分所有者または第三者に譲渡または貸与したときは、その区分所有者の**駐車場使用契約は**効力を失う（標準管理規約15条３項）。

ウ　**適切**　駐車場使用細則、**駐車場使用契約**等に、管理費、修繕積立金の滞納等の規約違反の場合は、契約を解除できるかまたは次回の選定時の**参加資格をはく奪する**ことができる旨の規定を定めることもできる（標準管理規約15条関係コメント⑦）。したがって、駐車場使用細則や駐車場使用契約等に契約を解除できる旨の規定を定めていない場合、管理組合は駐車場使用契約を解除することはできない。

エ　**適切**　標準管理規約では、管理組合は、駐車場について、特定の区分所有者に**駐車場使用契約**により**使用させることができる**としている（標準管理規約15条１項）。また、管理組合は、総会の決議を経て、敷地および共用部分等（駐車場および専用使用部分を除く）の一部について、第三者に使用させることができるとしている（標準管理規約16条２項）。つまり、占有者に駐車場を使用させることは、標準管理規約上認められておらず、占有者にも駐車場を使用させるためには、管理規約を改正しなければならない。

したがって、**不適切なものは肢ア・イの二つ**であり、正解は２となる。

➔ 攻略テキスト第４編２章

正解 ２

150 占有者に関する規定

過 R5－28

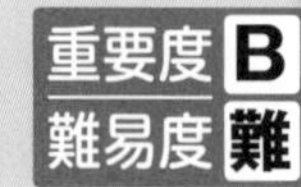

専有部分の占有者等に関する次の記述のうち、標準管理規約（単棟型）によれば、最も適切なものはどれか。

1　総会の議題が専有部分でのペットの飼育を禁止にする件であったため、同居しているペットの飼い主である甥を代理人として議決権を行使させた。

2　管理費等相当額を家賃に含めて支払っている賃借人は、管理費等の値上げが総会の議題となっている場合でも、利害関係人として管理組合の会計帳簿の閲覧請求をすることができない。

3　水漏れ事故により、他の専有部分に対して物理的に又は機能上重大な影響を与えるおそれがあることから、理事長が調査をするために専有部分への立入りを請求しても、賃借人は、賃貸人である区分所有者の承諾がない限り当該専有部分への立入りを拒むことができる。

4　区分所有者は、専有部分を第三者に賃貸する場合には、規約及び使用細則に定める事項を賃借人に遵守させる旨を誓約する書面を管理組合に提出しなければならない。

	①	②	③	④	⑤
学習日					
理解度（○/△/×）					

解法のテクニック

肢２は、管理費の値上げについて、賃借人等の占有者は、議題については利害関係はない。しかし、例えば賃貸人である区分所有者との家賃の見直し等のために会計帳簿等の内容を知る必要がある可能性があるので、会計帳簿等の閲覧については利害関係が生じる可能性がある。

1 **最も適切** 組合員が代理人により議決権を行使しようとする場合において、その**代理人**は、次の者でなければならない。①その組合員の配偶者（婚姻の届出をしていないが事実上婚姻関係と同様の事情にある者を含む)、②一親等の親族、③**その組合員の住戸に同居する親族**、④他の組合員（標準管理規約46条５項)。本肢の同居している甥は、③に該当するので、代理人として議決権を行使させることができる。

2 **不適切** 理事長は、会計帳簿、什器備品台帳、組合員名簿およびその他の帳票類を作成して保管し、組合員または利害関係人の理由を付した**書面による請求**があったときは、これらを閲覧させなければならない（標準管理規約64条１項)。本肢の管理費等相当額を家賃に含めて支払っている賃借人は、利害関係人として管理組合の会計帳簿の閲覧請求をすることができる。

3 **不適切** 管理を行う者は、管理を行うために必要な範囲内において、他の者が管理する専有部分または専用使用部分への**立入りを請求することができる**（標準管理規約23条１項)。そして、立入りを請求された者は、正当な理由がなければこれを**拒否してはならない**（標準管理規約23条２項)。

4 **不適切** 区分所有者は、専有部分を第三者に賃貸する場合には、その貸与に係る契約にこの規約および使用細則に定める事項を遵守する旨の条項を定めるとともに、契約の相手方にこの規約および使用細則に定める事項を遵守する旨の**誓約書**を**管理組合に提出させなければならない**（標準管理規約19条２項)。誓約書を提出するのは、契約の相手方（賃借人等）である。

➔ 攻略テキスト第４編２・４・６章

正解 1

151 暴力団排除条項

過 H30－35

マンションにおける平穏な居住環境の維持を目的として、暴力団員（暴力団員による不当な行為の防止等に関する法律第２条第６号に規定する暴力団員をいう。以下同じ。）への専有部分の貸与を禁止する場合等における次の記述のうち、区分所有法の規定、標準管理規約及び判例によれば、最も不適切なものはどれか。

1　組合員が、その専有部分を賃貸する場合、契約の相手方が暴力団員でないこと及び契約後に暴力団員にならないことを確約することを、当該賃貸借契約に定めなければならない。

2　組合員が、その専有部分を賃貸する場合、契約の相手方が暴力団員であることが判明したときには、管理組合は、相当の期間を定めた催告後、区分所有者に代理して解約権を行使することができることを、当該賃貸借契約に定めなければならない。

3　組合員が所有する専有部分を暴力団組長に賃貸した場合、常時暴力団員が出入りするなど、居住者の日常生活に著しい障害を与えているときは、管理組合の管理者又は集会において指定された区分所有者は、区分所有法第60条に基づき、当該専有部分の占有者に弁明の機会を与え、当該賃貸借契約の解除及び専有部分の引渡しを請求することができる。

4　暴力団員である者又は暴力団員でなくなった日から５年を経過しない者は、管理組合の役員となることができない。

	①	②	③	④	⑤
学習日					
理解度 (○/△/×)					

解法のテクニック

肢2は、暴力団が使用していることが判明したのに、「相当な期間を定めた催告」が必要な点がおかしいと気付ければ解ける問題である。

1 **適切** 区分所有者は、その専有部分を第三者に貸与する場合には、**契約の相手方が暴力団員ではないことおよび契約後において暴力団員にならないことを確約することを**、その**貸与に係る契約**に定めなければならない（標準管理規約19条の2第1項1号）。

2 **最も不適切** 区分所有者は、その専有部分を第三者に貸与する場合には、契約の相手方が暴力団員であることが判明した場合には、何らの催告を要せずして、当該**契約を解約することができる**こと、および区分所有者がこの解約権を行使しないときは、管理組合は、**区分所有者に代理して解約権を行使することができる**ことを、その貸与に係る契約に定めなければならない（標準管理規約19条の2第1項2号・3号）。

3 **適切** 常時暴力団員が出入りするなど、居住者の日常生活に著しい障害を与えていることは、区分所有者の**共同の利益に反する行為**にあたるので、管理組合の管理者または集会において指定された区分所有者は、区分所有法60条の規定に基づき、当該専有部分の占有者に**弁明の機会**を与えて、当該**賃貸借契約の解除**および**専有部分の引渡しを請求**することができる（標準管理規約66条、区分所有法60条）。

4 **適切** **暴力団員等**（暴力団員または暴力団員でなくなった日から5年を経過しない者をいう）は、管理組合の役員となることができない（標準管理規約36条の2第3号）。

➔ 攻略テキスト第4編2章

正解 2

152 標準管理規約（総合）

過 R5－10

次の記述のうち、標準管理規約（単棟型）によれば、適切なものはいくつあるか。

ア　敷地及び共用部分等の一部に広告塔や看板等を第三者に設置させる場合は、総会の決議を経なければならない。

イ　管理組合は、駐車場区画の位置等による利便性・機能性の差異や、特定の位置の駐車場区画を希望する者がいる等の状況に応じて、駐車場使用料について柔軟な料金設定を行うことも考えられる。

ウ　管理組合は、町内会等との渉外業務に要する費用に管理費を充当することができる。

エ　管理組合は、共用部分と構造上一体となった専有部分の配管の清掃等に要する費用については、「共用設備の保守維持費」として管理費を充当することができる。

1　一つ
2　二つ
3　三つ
4　四つ

	①	②	③	④	⑤
学習日					
理解度（○/△/×）					

解法のテクニック

肢アは、共用部分を第三者に貸し出すわけだから、区分所有法の共用部分の管理行為に該当するので、集会（総会）の普通決議が必要となると考えよう。

ア　**適切**　管理組合は、総会の決議を経て、敷地および共用部分等（駐車場および専用使用部分を除く）の一部について、**広告塔、看板等の設置等**のために**第三者に使用させる**ことができる（標準管理規約16条2項）。

イ　**適切**　平置きか機械式か、屋根付きの区画があるかなど駐車場区画の位置等による**利便性・機能性の差異**や、使用料が高額になっても**特定の位置の駐車場区画を希望する者**がいる等の状況に応じて、柔軟な料金設定を行うことも考えられる（標準管理規約15条関係コメント⑨）。

ウ　**適切**　**管理組合の業務に要する費用**は、管理費を充当することができる（標準管理規約27条11号）。そして、官公署、町内会等との渉外業務は、管理組合の業務である（標準管理規約32条11号）。したがって、管理組合は、町内会等との渉外業務に要する費用に管理費を充当することができる。

エ　**適切**　配管等の**専有部分である設備**のうち**共用部分と**構造上一体**となった部分**の管理を共用部分の管理と一体として行う必要があるときは、**管理組合**がこれを行うことができる（標準管理規約21条2項）。そして、**配管の清掃等に要する費用**については、**「共用設備の保守維持費」**として管理費**を充当することが可能**である（標準管理規約21条関係コメント⑦）。

したがって、**適切なもの**は**肢ア・イ・ウ・エ**の**四つ**であり、正解は4となる。

➔ 攻略テキスト第4編2・4・6章

正解 4

153 標準管理規約（複合）

過 R1－41

マンションの損害保険に関する次の記述のうち、区分所有法、地震保険に関する法律及び標準管理規約（単棟型）によれば、最も不適切なものはどれか。

1　地震若しくは噴火又はこれらによる津波を直接又は間接の原因とする火災、損壊、埋没、流失による損害（政令で定めるものに限る。）をてん補する地震保険契約は、火災保険契約等特定の損害保険契約に附帯して締結される。

2　共用部分に係る損害保険料は、各区分所有者が、その有する専有部分の床面積の割合に応じて負担するが、規約でこれと異なる定めをすることができる。

3　理事長（管理者）は、共用部分に係る損害保険契約に基づく保険金額の請求及び受領について、区分所有者を代理する。

4　共用部分について、損害保険契約をするか否かの決定を、理事会の決議により行う旨を規約で定めることはできない。

	①	②	③	④	⑤
学習日					
理解度（○/△/×）					

解法のテクニック

肢１の地震保険に関する法律であるが、地震保険は単独で締結することはできず、火災保険等に附帯して締結される点は覚えておこう。

1　**適切**　地震もしくは噴火またはこれらによる津波を直接または間接の原因とする火災、損壊、埋没、流失による損害（政令で定めるものに限る）をてん補する**地震保険契約**は、火災保険契約等**特定の損害保険契約に附帯して締結される**ものをいう（地震保険に関する法律２条２項２号）

2　**適切**　区分所有者は、**規約に別段の定めがない限り**その**持分に応じて**、共用部分の負担に任じ、共用部分から生ずる利益を収取する（区分所有法19条）。また、共用部分の持分は、その有する**専有部分の床面積の割合**による（区分所有法14条１項）。共用部分に係る損害保険料は、共用部分の負担に該当するので、各区分所有者は、原則として、専有部分の床面積の割合により負担することになるが、規約でこれと異なる定めをすることができる。

3　**適切**　**理事長**は、共用部分の損害保険契約に基づく保険金額の請求および受領について、**区分所有者を代理する**（標準管理規約単棟型24条２項）。

4　**最も不適切**　共用部分につき損害保険契約をすることは、**共用部分の管理に関する事項**とみなす（区分所有法18条４項）。そして、管理に関する事項は、**規約で別段の定めをすることを妨げない**（区分所有法18条２項）。したがって、損害保険契約をするか否かの決定を、理事会の決議による行う旨を規約で定めることもできる。

➔ 攻略テキスト第４編１・２章

正解 4

長期修繕計画

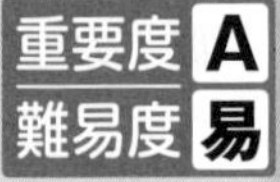

マンション標準管理規約のコメントにおける長期修繕計画の内容に関する次の記述のうち、最も不適切なものはどれか。

1　マンションの長期修繕計画は、計画期間が30年程度以上で、かつ大規模修繕工事が２回含まれる期間以上あることが必要である。

2　計画修繕の対象となる工事として、外壁補修、屋上防水、給排水管取替え、窓及び玄関扉等の開口部の改良等が掲げられ、各部位ごとに修繕周期、工事金額等が定められていることが必要である。

3　長期修繕計画の作成又は変更及び修繕工事の実施の前提として、劣化診断（建物診断）を管理組合として併せて行うことが必要である。

4　長期修繕計画の内容については、定期的な見直しをする必要はない。

	①	②	③	④	⑤
学習日					
理解度（○/△/×）					

解法のテクニック

長期修繕計画に関する基本論点である。肢１は令和３年の改訂により、新築マンションだけでなく中古マンションについても計画期間が30年以上になったことに注意しよう。

1　**適切**　長期修繕計画の内容として、計画期間が**30年程度以上**で、かつ大規模修繕工事が２回含まれる期間以上あることとされている（標準管理規約32条関係コメント②１）

2　**適切**　計画修繕の対象となる工事として**外壁補修、屋上防水、給排水管取替え**、窓および**玄関扉等の開口部の改良**等が掲げられ、各部位ごとに修繕周期、工事金額等が定められているものであることとされている（標準管理規約32条関係コメント②２）。

3　**適切**　**長期修繕計画の作成**または変更および**修繕工事の実施**の前提として、劣化診断（建物診断）を管理組合として**併せて行う**必要があるとされている（標準管理規約32条関係コメント③）。

4　**最も不適切**　長期修繕計画の内容については定期的な**見直しをする**ことが必要である（標準管理規約32条関係コメント②３）。

要点整理　費用の充当まとめ

劣化診断の種類		費用の充当
①長期修繕計画の作成 ②長期修繕計画の変更（見直し） ③長期修繕計画の作成等のための劣化診断（建物診断）	これらに要する経費	管理組合の財産状態等に応じて管理費又は修繕積立金のどちらからでもできる。
修繕工事の前提としての劣化診断（建物診断）に要する経費		修繕工事の一環としての経費であることから、原則として修繕積立金から取り崩すこととなる。

➔ 攻略テキスト第４編３章

正解 4

155 区分所有法・標準管理規約複合

過 H30－33

次の表は、各項目について、A欄には区分所有法の原則的な内容、B欄には標準管理規約の原則的な内容をそれぞれ記載したものであるが、A欄、B欄の内容の組み合わせとして、最も不適切なものは次の1～4のうちどれか。

	項目	A欄	B欄
1	集会（総会）の招集通知の発信日（会議の目的が、建替え決議又はマンション敷地売却決議である場合を除く。）	会日より少なくとも1週間前に発しなければならない	少なくとも会議を開く日の2週間前までに発しなければならない
2	共用部分の負担の割合	壁その他の区画の内側線で囲まれた部分の水平投影面積による専有部分の床面積の割合	界壁の中心線で囲まれた部分の面積による専有部分の床面積の割合
3	集会（総会）の議事の普通決議要件	区分所有者及び議決権の各過半数	総組合員の議決権の過半数
4	集会（通常総会）の開催	少なくとも毎年1回招集しなければならない	毎年1回新会計年度開始以後2か月以内に招集しなければならない

	①	②	③	④	⑤
学習日					
理解度（○/△/×）					

解法のテクニック

標準管理規約と区分所有法の違いに関する問題である。基本的な数字等ばかりなので、しっかり確認しておこう。

1　**適切**　区分所有法では、「**集会の招集の通知**は、会日より少なくとも『1週間』前に、会議の目的たる事項を示して、各区分所有者に発しなければならない」と規定している（区分所有法35条1項）。また、**標準管理規約**では、「**総会を招集**するには、少なくとも会議を開く日の『2週間』前（会議の目的が建替え決議またはマンション敷地売却決議であるときは2か月前）までに、会議の日時、場所（WEB会議システム等を用いて会議を開催するときは、その開催方法）および目的を示して、組合員に通知を発しなければならない」と規定している（標準管理規約43条1項）。

2　**適切**　**区分所有法**では、「**専有部分の床面積**は、壁その他の区画の『内側線』で囲まれた部分の水平投影面積による」と規定している（区分所有法14条3項）。また、標準管理規約では、「**共有持分の割合の基準となる面積**は、『壁心』計算（界壁の中心線で囲まれた部分の面積を算出する方法をいう）によるものとする」と規定している（標準管理規約10関係コメント①）。

3　**最も不適切**　区分所有法では、「集会の議事は、この法律または規約に別段の定めがない限り、『区分所有者および議決権』**の各過半数**で決する」とされている（区分所有法39条1項）。また、標準管理規約では、「総会の議事は、『出席組合員**の議決権**』**の過半数**で決する」と規定している（標準管理規約47条2項）。標準管理規約において、『総』組合員の議決権の過半数とされているわけではない。

4　**適切**　区分所有法では、「管理者は、少なくとも**毎年1回集会を招集**しなければならない」と規定している（区分所有法34条2項）。また、標準管理規約では、「理事長は、通常**総会**を、**毎年1回新会計年度開始以後2ヵ月以内**に招集しなければならない」と規定している（標準管理規約42条3項）。

➔ 攻略テキスト第4編1・4章

正解 3

156 総会の招集手続

過 H18−30

あるマンションの総会に関する次の理事会の措置のうち、区分所有法及びマンション標準管理規約の定めによれば、最も不適切なものはどれか。

1　駐車場増設工事の議題につき、区分所有者及び議決権の各4分の3以上の賛成が必要な特別決議事項である旨を記載せずに議案書を作成配布した。

2　管理組合の法人格取得の議題につき、法人格取得のメリットや理由を記載せずに議案書を作成配布した。

3　管理規約改正の議題につき議案の要領を通知せず、会議の日時、場所及び目的のみ記載した総会案内を作成配布した。

4　外壁タイルの一部落下の復旧工事の議題につき、工事業者の名称、工事金額の概算及び同工事に要する費用は修繕積立金の取り崩しによることを記載し、他の事項は理事会に一任する旨の議案書を作成配布した。

	①	②	③	④	⑤
学習日					
理解度 (○/△/×)					

解法のテクニック

議題・議案の通知に関する問題である。やや実務的な取扱いについてのものであるが、ベースとなるのは標準管理規約の基本知識であるから、根拠をしっかり確認した上で解答しよう。

1 **適切** 総会の目的が①**規約の制定**、変更または廃止、②敷地および共用部分等の変更（その形状または効用の著しい変更を伴わないものを除く）、③建物の価格の２分の１を超える部分が滅失した場合の滅失した共用部分の復旧に関する決議、④建替え決議、⑤マンション敷地売却決議であるときは、その議案の要領をも通知しなければならない（標準管理規約43条４項）。しかし、議案の要領を通知する必要はあるが、特別決議事項であるか否かについては通知をする必要はない。

2 **適切** 肢１解説参照。管理組合の法人化については、そもそも**議案の要領を通知する必要がなく**、法人格取得のメリット等も記載する必要がない。

3 **最も不適切** 肢１解説参照。規約の制定、変更または廃止が総会の目的となっている場合、**議案の要領も通知**しなければならない。

4 **適切** 外壁タイルの一部落下の復旧工事は、共用部分の形状または効用の著しい変更を伴わない変更行為（軽微変更）と考えられるので、議案の要領を通知する必要はなく、議題を記載すればよい。

要点整理　議案の要領の通知が必要な事項

①規約の設定・変更・廃止
②敷地および共用部分等の重大変更
③建物の大規模滅失からの復旧
④建物の建替え
⑤マンション敷地売却

➔ 攻略テキスト第４編４章

正解 3

第４編 マンション標準管理規約

157 議長

過 H26−33

総会の議長に関する次の記述のうち、マンション標準管理規約の定めによれば、不適切なものはいくつあるか。

ア　理事長が通常総会を欠席した場合、議長は、副理事長が理事長を代理して務める。

イ　組合員が組合員総数の５分の１以上及び議決権総数の５分の１以上に当たる区分所有者の同意を得て、総会の招集を請求した場合において、理事長が規約の定めに従った期間内に臨時総会の招集通知を発したときの議長は、理事長が務める。

ウ　組合員が組合員総数の５分の１以上及び議決権総数の５分の１以上に当たる区分所有者の同意を得て、総会の招集を請求した場合において、規約の定めに従った期間内に、理事長が総会の招集通知を発しなかったときは、総会の招集を請求した組合員は臨時総会を招集することができるが、この場合の議長は、総会に出席した組合員（書面、電磁的方法又は代理人によって議決権を行使する者を含む。）の議決権の過半数をもって、組合員の中から選任する。

エ　総会の議事は、議長を含む出席組合員（書面、電磁的方法又は代理人によって議決権を行使する者を含む。）の議決権の過半数で決する。

1　一つ
2　二つ
3　三つ
4　四つ

	①	②	③	④	⑤
学習日					
理解度 (○/△/×)					

解法のテクニック

議長に関する問題である。議長は理事長が就任することが原則であるが、副理事長や組合員から選ばれることがあるので注意しよう。

ア　**適切**　副理事長は、**理事長を補佐**し、理事長に事故があるときは、その**職務を代理**し、理事長が欠けたときは、その**職務を行う**（標準管理規約39条）。したがって、理事が通常総会を欠席した場合は、**副理事長が議長を務める**ことになる。

イ　**不適切**　組合員が組合員総数の**5分の1以上**および議決権総数の**5分の1以上**に当たる組合員の同意を得て、会議の目的を示して総会の招集を請求し、理事長が請求があった日から2週間以内に4週間以内の日を会日とする集会の招集通知を発した場合、総会の議長は、**総会に出席した組合員の議決権の過半数**をもって、**組合員の中から選任する**（標準管理規約44条3項）。

なお、肢イ・ウ・エの「出席組合員の議決権」には書面、電磁的方法または代理人によって議決権を行使する者も含まれます。

ウ　**適切**　組合員が組合員総数の**5分の1以上**および議決権総数の**5分の1以上**に当たる組合員の同意を得て、会議の目的を示して総会の招集を請求したにもかかわらず、**理事長が招集通知を発しない**場合には、招集請求をした組合員は、**臨時総会を招集することができる**が、この場合には、総会の議長は、総会に**出席した組合員の議決権の過半数**をもって、**組合員の中から選任する**（標準管理規約44条3項）。

エ　**適切**　総会の議事は、**出席組合員の議決権の過半数**で決する。これは、**議長を含む**出席組合員の議決権の過半数で決議し、過半数の賛成を得られなかった議事は否決とすることを意味するものである（標準管理規約47条関係コメント②）。

したがって、**不適切なものは肢イの一つ**であり、正解は1となる。

➔ 攻略テキスト第4編4章

正解 1

158 総会・理事会の決議事項

過 R5－9

総会又は理事会の決議に関する次の記述のうち、標準管理規約（単棟型）によれば、最も不適切なものはどれか。

1　修繕積立金の保管及び運用方法は、総会の決議事項とされる。

2　管理費等及び使用料の額並びに賦課徴収方法は、総会の決議事項とされる。

3　役員活動費の額及び支払方法を決めるにあたっては、理事会の決議で足りる。

4　災害等により総会の開催が困難である場合に、応急的な修繕工事の実施等を理事会で決議したときには、当該工事の実施に伴い必要となる資金の借入れを決めるにあたっても理事会の決議で足りる。

	①	②	③	④	⑤
学習日					
理解度 (○/△/×)					

解法のテクニック

総会の決議事項は頻出論点である。理事会決議事項との比較をしておこう。

1 **適切** **修繕積立金の保管および運用方法**は、**総会**の決議事項である（標準管理規約48条７号）。

2 **適切** **管理費等および使用料の額並びに賦課徴収方法**は、**総会**の決議事項である（標準管理規約48条６号）。

3 **最も不適切** **役員の選任および解任**並びに**役員活動費の額および支払方法**は、**総会**の決議事項である（標準管理規約48条２号）。

4 **適切** 理事会は、災害等により総会の開催が困難である場合における応急的な修繕工事の**実施**等の決議をした場合においては、当該決議に係る応急的な修繕工事の実施に充てるための**資金の借入れ**および**修繕積立金の取崩し**について決議することができる（標準管理規約54条１項10号・２項）。

→ 攻略テキスト第４編４・５章

正解 3

159 総会の決議事項

過 R2－31

マンションの共用部分の工事における総会の決議要件に関する次の記述のうち、標準管理規約の定めによれば、最も不適切なものはどれか。

1　各住戸の玄関扉の一斉交換工事には、出席組合員の議決権の過半数の賛成が必要である。

2　マンションの耐震改修工事のために、1階の全ての柱下部を切断し、その箇所に免震部材を挿入する工事には、組合員総数の4分の3以上及び議決権総数の4分の3以上の賛成が必要である。

3　下水道が完備されたため、不要となった浄化槽を撤去する工事には、組合員全員の合意が必要である。

4　エントランスホールの一部を集会室に変更する工事には、組合員総数の4分の3以上及び議決権総数の4分の3以上の賛成が必要である。

	①	②	③	④	⑤
学習日					
理解度 (○/△/×)					

解法のテクニック

修繕工事等の決議要件については、平成22、26、30年と繰り返し出題されている。形状又は効用を著しく変更するか否かで、特別決議事項になるか普通決議事項になるか判断できるようにしよう。

1 **適切** 窓枠、窓ガラス、**玄関扉等の一斉交換工事、既に不要となったダストボックスや高置水槽等の撤去工事**は普通決議により、実施可能と考えられる（標準管理規約47条関係コメント⑥カ）。そして、**普通決議**は、**出席組合員の議決権の過半数で決する**（標準管理規約単棟型47条２項）。

2 **適切** 本肢の１階の柱下部を切断し、その箇所に免震部材を挿入する耐震改修工事のように、**基本的構造部分への加工が大きいもの**は、特別決議**が必要となる**（標準管理規約47条関係コメント⑥イ参照）。そして、**特別決議**は、**組合員総数の４分の３以上および議決権総数の４分の３以上**が必要である（標準管理規約47条３項）。

3 **最も不適切** 肢１の解説参照。**不要となった浄化槽等の設備の撤去工事**は、普通決議により実施可能と考えられる。したがって、組合員全員の合意は不要である。

4 **適切** **集会室**、駐車場、駐輪場の増改築工事などで、**大規模なものや著しい加工を伴うもの**は特別決議（組合員総数の４分の３以上及び議決権総数の４分の３以上）が必要となる（標準管理規約47条関係コメント⑥カ）。

➔ 攻略テキスト第４編４章

正解 3

総会の決議

総住戸数96（この中には、1人で2住戸を所有する区分所有者が6人おり、それ以外に2人で1住戸を共有する住戸が3つ含まれる。）の甲マンションにおける総会に関する次のア～エの記述のうち、標準管理規約（単棟型）によれば、不適切なものはいくつあるか。ただし、議決権については1住戸1議決権の定めがあるものとする。

ア　総会開催のための招集通知書は、最低93部が必要である。

イ　総会の会議は、出席する組合員の議決権数の合計が49以上でなければ成立しない。

ウ　理事長に対し会議の目的を示して総会の招集を請求するためには、組合員数18以上及び議決権数20以上の同意が必要である。

エ　総会で規約変更の決議をするためには、組合員数68以上及び議決権数72以上の賛成が必要である。

1　一つ
2　二つ
3　三つ
4　四つ

	①	②	③	④	⑤
学習日					
理解度 (○/△/×)					

解法のテクニック

管理業務主任者試験では、定期的に本問のような区分所有者数を数えさせる事例問題が出題されている。１人で複数の住戸を所有する区分所有者がいる場合、区分所有者数は住戸数より少なくなることに注意しよう。

本問では、総住戸96のうち、１人で２住戸を所有する区分所有者が６人いるということなので、**総区分所有者数**は総住戸96よりも６少ない**90人**となる。また、２人で１住戸を共有する住戸が３つ含まれるが、共有者は合わせて１人の区分所有者と算定するので、総住戸と総区分所有者数に差は生じない。

ア　**不適切**　本問では、**区分所有者は90人**なので、総会開催のための招集通知書は、最低**90部**あれば足りる。

イ　**不適切**　**総会の会議**（WEB会議システム等を用いて開催する会議を含む）は、**議決権総数の半数以上**を有する組合員が出席しなければならない（標準管理規約47条１項）。本問では、総住戸96で一住戸一議決権の規約の定めがあるから、総議決権は96となるので、その半数である**48議決権**を有する組合員が出席すれば足りる。

ウ　**適切**　組合員が理事長に総会の招集を請求するためには、**組合員（区分所有者）総数の５分の１以上**および**議決権総数の５分の１以上**に当たる組合員の同意が必要となる（標準管理規約44条１項）。本問では、区分所有者総数は90人であるから、その５分の１は**18人**となる。また、議決権総数は96なので、その５分の１は19.2となり、端数は切り上げるので、**20議決権**となる。

エ　**適切**　規約の変更決議は、総会において**組合員総数の４分の３以上**および**議決権総数の４分の３以上**で決する（標準管理規約47条３項１号）。本問では、区分所有者数は90人であるから、その４分の３は67.5となり、端数は切り上げるので、**68人**となる。また、議決権総数は96なので、その４分の３は**72議決権**となる。

したがって、**不適切なものは肢ア・イの二つ**であり、正解は２となる。

→ 攻略テキスト第４編４章

正解 2

161 総会への出席資格

過 R2－32

総会に出席することができる者に関する次の記述のうち、区分所有法及び標準管理規約の定めによれば、最も不適切なものはどれか。

1　数人の共有に属する場合の住戸で、議決権を行使する者として選任され理事長に届け出た者以外の当該住戸の区分所有者

2　修繕積立金の値上げが議題になっている場合の賃借人

3　区分所有者から議決権行使の委任状を受け取った当該区分所有者の配偶者

4　共同利益背反行為により、賃借人に対する専有部分の引渡し請求訴訟が議題になっている場合の当該賃借人

	①	②	③	④	⑤
学習日					
理解度 (○/△/×)					

解法のテクニック

総会への出席資格からの出題である。基本論点ばかりなので、しっかりと確認しておこう。また、肢3の代理人の資格は、配偶者以外にも一親等親族や同居の親族、他の組合員が該当するので覚えておこう。

1 **適切** 共有者は、議決権を行使する者1名を選任し、その者の氏名をあらかじめ総会開会までに理事長に届け出なければならないが、議決権を行使する者以外の区分所有者も総会に出席することができる（標準管理規約46条3項）。

2 **最も不適切** 区分所有者の承諾を得て専有部分を占有する者は、会議の目的につき利害関係を有する場合には、総会に出席して意見を述べることができる。しかし、修繕積立金の値上げは賃借人に利害関係はないので、総会に出席することができない（標準管理規約45条2項）。

3 **適切** 組合員の配偶者は、代理人となることができる（標準管理規約46条5項1号）。したがって、区分所有者から議決権行使の委任状を受け取った当該区分所有者の配偶者は総会に出席することができる。

4 **適切** 肢2の解説参照。本肢の共同利益背反行為による専有部分の引渡し請求訴訟は、占有者（賃借人）に利害関係があるので、総会に出席することができる。

要点整理 代理人の資格

①その組合員の配偶者（婚姻の届出をしていないが事実上婚姻関係と同様の事情にある者を含む）
②一親等の親族
③その組合員の住戸に同居する親族
④他の組合員

→ 攻略テキスト第4編4章

正解 2

議決権行使

甲マンションに居住している組合員Aが死亡し、同居する妻Bと、甲マンションの近隣に住む子Cが共同相続した場合に関する次の記述のうち、標準管理規約によれば、最も適切なものはどれか。

1　総会の招集通知を発するときは、ＢとＣの両方に対して発しなければならない。

2　Ｃが議決権を行使する者としての届出をしたときは、Ｂは、議決権を行使することができない。

3　ＢとＣが議決権を行使する者の届出をしなかったときは、ＢとＣは、その相続分に応じて議決権を行使することができる。

4　Ｃは、甲マンションに現に居住している組合員ではないので、管理組合の役員になることはできない。

	①	②	③	④	⑤
学習日					
理解度（○/△/×）					

解法のテクニック

肢１は標準管理規約に直接の規定は存在しないが、区分所有法の知識があれば、不適切と分かったであろう。また、肢２も標準管理規約に直接の規定はないが、議決権行使者として届け出た者以外が議決権を行使すると総会が混乱すると考えれば解けると思う。

1　**不適切**　住戸１戸が数人の共有に属する場合、その議決権行使については、これら共有者を**あわせて一の組合員**とみなす（標準管理規約46条２項）。また、共有者は、議決権を行使する者１名を選任し、その者の氏名を、あらかじめ総会開会までに理事長に届け出なければならない（標準管理規約46条３項）。そして区分所有法では、専有部分が数人の共有に属するときは、招集通知は、議決権を行使すべき者（**その者がないときは、**共有者の１人）にすれば足りるとしている（区分所有法35条２項）。

2　**最も適切**　議決権を行使する者**の氏名を理事長に届け出た**場合、その者しか議決権を行使することができず、他の共有者は議決権を行使できない（標準管理規約46条３項）。

3　**不適切**　議決権行使は、共有者をあわせて一の組合員とみなす。したがって、議決権を行使する者の届出をしなかったとしても、**相続分に応じて議決権を行使する**ことは**認められない**（標準管理規約46条２項、３項）。

4　**不適切**　役員（理事および監事）は、組合員のうちから、総会で選任し、または解任する（標準管理規約35条２項）。この場合、現にマンションに居住しているという要件はないので、組合員であれば役員となることができる。したがって、相続により甲マンションの組合員となったＣは、現に甲マンションに居住していなくとも、管理組合の役員となることができる。

➔ 攻略テキスト第４編４章

正解２

議決権等

管理組合が行った規約の変更又は取り扱いに関する次の記述のうち、区分所有法及びマンション標準管理規約によれば、最も適切なものはどれか。

1　専有部分の賃貸借契約において、管理費相当額の負担を約束した賃借人は、管理費の増額を議題とする集会で意見を述べるべき利害関係を有する者であると判断した。

2　管理規約の変更についての集会における決議要件を、区分所有者及び議決権の各４分の３以上から各３分の２以上に改めた。

3　大規模修繕工事を円滑に実施するにあたり、集会における決議要件を「区分所有者及び議決権の各過半数」から「出席組合員の議決権の過半数」に改めた。

4　管理者の都合で、年１回の集会での事務報告ができなくなったので、書面による報告を区分所有者全員に送付する方法を採用した。

	①	②	③	④	⑤
学習日					
理解度 (○/△/×)					

解法のテクニック

総会の決議についての問題である。標準管理規約も区分所有法も、総会の運営や決議についてよく出題されている。規約で変更等が可能かどうかについて覚えておこう。

1 **不適切** 区分所有者の承諾を得て専有部分を占有する者は、会議の目的につき利害関係を有する場合には、総会に出席して意見を述べることができる（標準管理規約45条２項）。しかし、管理費は原則として区分所有者が支払うものであり、賃借人に支払義務はないから管理費の増額については、賃借人は利害関係を有しない。

2 **不適切** 規約の設定、変更または廃止は、区分所有者および議決権の各４分の３以上の多数による集会の決議によってする（区分所有法31条１項）。そして、この定数を規約で変更できる旨の規定は存在しないので、各４分の３以上から各３分の２以上と改めることはできない。

3 **最も適切** 共用部分の変更のうち、大規模修繕工事のような、その形状または効用の著しい変更を伴わないものは、集会の普通決議（区分所有者および議決権の各過半数）で決することができる（区分所有法17条１項）。そして、集会の普通決議は、規約で変更することが可能である（区分所有法39条１項）。したがって、大規模修繕工事の決議要件を「出席組合員の議決権の過半数」とすることができる。

4 **不適切** 区分所有法または規約により集会において決議をすべき場合において、区分所有者全員の承諾があるときは、書面または電磁的方法による決議をすることができる（区分所有法45条１項）。しかし、管理者が年１回行う事務報告については、書面による報告は認められていない（区分所有法43条）。

➔ 攻略テキスト第４編４章

正解 3

164 オリジナル 代理人

組合員が代理人により総会における議決権行使をしようとする場合において、マンション標準管理規約の定めによれば、代理人になれないものは、次のうちどれか。

1　その組合員の配偶者ではないが、事実上婚姻関係と同様の事情にある者
2　その組合員の住戸を借り受けた者
3　その組合員の住戸に同居する二親等の親族
4　その組合員と同居していない一親等の親族

	①	②	③	④	⑤
学習日					
理解度（○/△/×）					

解法のテクニック

平成28年度の改正により、代理人の範囲に制限が加えられた。
誰が代理人として議決権を行使できるか覚えよう。

1 **代理人になれる** その組合員の配偶者（婚姻の届出をしていないが事実上婚姻関係と同様の事情にある者を含む）は、代理人になることができる（標準管理規約46条5項1号）。

2 **代理人になれない** その組合員の住戸を借り受けた者は代理人になることはできない（標準管理規約46条5項参照）。

3 **代理人になれる** その組合員の住戸に同居する親族は代理人になることができる（標準管理規約46条5項2号）。この場合の親族は、一親等の親族に限定されていない（標準管理規約46条5項1号参照）。

4 **代理人になれる** その組合員の一親等の親族は代理人になることができる（標準管理規約46条5項1号）。そして、一親等の親族については同居は要件とされておらず、同居していない場合でも代理人となることができる（標準管理規約46条5項2号参照）。

➔ 攻略テキスト第4編4章

正解 2

役員

管理組合の役員に関する次の記述のうち、標準管理規約（単棟型）によれば、適切なものはいくつあるか。

ア　組合員以外の者から理事又は監事を選任する場合の選任方法については細則で定める。

イ　理事は、管理組合に著しい損害を及ぼすおそれのある事実があることを発見したときは、直ちに、当該事実を理事長に報告しなければならない。

ウ　役員は、別に定めるところにより、役員としての活動に応ずる必要経費の支払と報酬を受けることができる。

エ　監事は、管理組合の業務の執行及び財産の状況について不正があると認めるときは、理事長に対し、直ちに、理事会の招集を請求しなければならない。

1　一つ
2　二つ
3　三つ
4　四つ

	①	②	③	④	⑤
学習日					
理解度（○/△/×）					

解法のテクニック

標準管理規約の役員の義務や権限は頻出論点である。肢イは「監事」への報告である。監事には調査・監査権限があるので、監事に報告し調査等をしてもらうのである。

ア　適切　組合員以外の者から理事または監事を選任する場合の選任方法については細則で定める（標準管理規約35条4項）。

イ　不適切　理事は、管理組合に著しい損害を及ぼすおそれのある事実があることを発見したときは、直ちに、当該事実を監事に報告しなければならない（標準管理規約40条2項）。

ウ　適切　役員は、別に定めるところにより、役員としての活動に応ずる必要経費の支払と報酬を受けることができる（標準管理規約37条2項）。

エ　不適切　監事は、管理組合の業務の執行および財産の状況について不正があると認めるときは、臨時総会を招集することができる（標準管理規約41条3項）。理事長に対し、直ちに、理事会の招集を請求しなければならないのではない。

したがって、適切なものは肢ア・ウの二つであり、正解は2となる。

➔ 攻略テキスト第4編5章

正解 2

役員

管理組合の役員に関する次のア〜エの記述のうち、標準管理規約の定めによれば、適切なものはいくつあるか。

ア　理事長は、必要と認める場合には、理事長の権限で臨時総会を招集することができる。

イ　監事は、必要と認めるときは、直ちに理事会を招集することができる。

ウ　理事は、管理組合に著しい損害を及ぼすおそれのある事実があることを発見したときは、直ちに、当該事実を監事に報告しなければならない。

エ　管理組合は、会計に関する業務を担当させるために、会計担当理事を置かなければならない。

1　一つ
2　二つ
3　三つ
4　四つ

	①	②	③	④	⑤
学習日					
理解度 (○/△/×)					

解法のテクニック

肢ウは、管理組合の業務執行・財産状況の調査権限は監事にあるので、理事は監事に報告する点に注意しよう。

ア　**不適切**　**理事長**は、必要と認める場合には、理事会の決議を経て、いつでも**臨時総会を招集することができる**（標準管理規約42条4項）。理事会の決議が必要であり、理事長の権限で臨時総会を招集することはできない。

イ　**不適切**　**監事**は、理事に不正な行為等があった場合、必要があると認めるときは、**理事長**に対し、**理事会の招集を**請求**することができる**（標準管理規約41条6項）。そして、当該請求があった日から**5日以内**に、その請求があった日から**2週間以内**の日を理事会の日とする理事会の招集の通知が発せられない場合は、その請求をした監事は、理事会を招集することができる（同7項）。したがって、監事が**直ちに理事会を招集することはできない**。

ウ　**適切**　**理事**は、管理組合に**著しい損害を及ぼすおそれのある事実**があることを発見したときは、直ちに、当該事実を監事**に報告しなければならない**（標準管理規約40条2項）。

エ　**適切**　管理組合には、管理費等の**収納**、**保管**、**運用**、**支出**等の会計に関する業務を担当させるために、会計担当理事を置かなければならない（標準管理規約35条1項3号、40条3項）。

したがって、**適切なものは肢ウ・エの二つ**であり、正解は**2**となる。

要点整理　臨時総会の招集と理事会の決議の要否

臨時総会の招集者	理事会の決議の要否
理事長の臨時総会招集	必要
監事の臨時総会招集	不要
組合員からの臨時総会招集	

➔ 攻略テキスト第4編5章

正解 2

監事

管理組合の監事に関する次の記述のうち、標準管理規約（単棟型）によれば、最も不適切なものはどれか。

1　監事は、いつでも、理事及び管理組合の職員に対して業務の報告を求め、又は業務及び財産の状況の調査をすることができる。

2　監事は、管理組合の業務の執行及び財産の状況について不正があると認めるときは、臨時総会を招集することができる。

3　監事は、理事会に出席し、必要があると認めるときは、意見を述べなければならない。

4　監事は、理事が不正の行為をし、若しくは当該行為をするおそれがあると認めるときは、直ちに、理事会を招集することができる。

	①	②	③	④	⑤
学習日					
理解度 (○/△/×)					

解法のテクニック

過去繰り返し出題されている論点である。肢２の「管理組合の業務の執行および財産の状況」に不正がある場合に臨時総会を招集することができる規定と、肢４の「理事が不正の行為をし、もしくは当該行為をするおそれがあると認めるとき」は、理事会の招集を請求できる点に注意しよう。

1　**適切**　監事は、いつでも、理事および職員に対して**業務の報告**を求め、または**業務および財産の状況の調査**をすることができる（標準管理規約41条２項）。

2　**適切**　監事は、管理組合の**業務の執行**および**財産の状況**について**不正**があると認めるときは、臨時総会を招集することができる（標準管理規約41条３項）。

3　**適切**　監事は、**理事会**に出席し、必要があると認めるときは、**意見を述べなければならない**（標準管理規約41条４項）。

4　**最も不適切**　監事は、**理事が不正の行為をし、もしくは当該行為をするおそれがあると認めるとき等**は、遅滞なく、その旨を**理事会に報告しなければならない**（標準管理規約41条５項）。そして、この場合、監事は、必要があると認めるときは、理事長に対し、**理事会の招集を請求することができる**（標準管理規約41条６項）。したがって、監事が直ちに理事会を招集できるのではない。なお、監事から理事会招集の請求があった日から５日以内に、その請求があった日から２週間以内の日を理事会の日とする理事会の招集の通知が発せられない場合は、その請求をした監事は、理事会を招集することができる（標準管理規約41条７項）。

➔ 攻略テキスト第４編５章

正解４

168 監事

過 R3－28

監事の職務に関する次の記述のうち、標準管理規約（単棟型）によれば、適切なものはいくつあるか。

ア　監事は、管理組合の業務執行及び財産の状況について不正があると認めるときは、臨時総会を招集することができる。

イ　監事は、当該会計年度の収支決算案の会計監査をし、通常総会に報告し、その承認を得なければならない。

ウ　監事は、理事の業務執行が著しく不当であると認めるときは、直ちに理事会を招集することができる。

エ　監事は、理事が理事会の決議に違反する事実があると認めるときは、遅滞なく、その旨を理事会に報告しなければならない。

1　一つ

2　二つ

3　三つ

4　四つ

	①	②	③	④	⑤
学習日					
理解度 (○/△/×)					

解法のテクニック

監事の職務権限についての基本論点である。肢ウは、理事長に理事会の招集を請求し、理事長が一定期間内に招集をしなかった場合に監事が直接理事会を招集できる点に注意しよう。

ア　**適切**　監事は、管理組合の**業務の執行**および**財産の状況**について**不正があると認めるときは**、臨時総会**を招集することができる**（標準管理規約41条3項）。

イ　**不適切**　監事は、当該会計年度の**収支決算案の**会計監査をしなければならないが、**通常総会に報告**し、その承認を得る必要はない（標準管理規約59条参照）。なお、理事長は、毎会計年度の収支決算案を監事の会計監査を経て、通常総会に報告し、その承認を得なければならない。

ウ　**不適切**　監事は、理事の業務執行が**著しく不当であると認めるとき**は、その旨を**理事会に報告しなければならない**（標準管理規約41条5項）。監事は、上記の報告をしなければならない場合において、必要があると認めるときは、**理事長**に対し、**理事会の招集を**請求**することができる**（同6項）。そして、当該請求があった日から5日**以内**に、その請求があった日から2週間**以内の日**を理事会の日とする**理事会の招集の通知が発せられない場合**は、その請求をした**監事**は、**理事会を招集することができる**（同7項）。したがって、監事が直ちに理事会を招集することはできない。

エ　**適切**　監事は、**理事**が不正の行為をし、もしくは当該行為をするおそれがあると認めるとき、または法令、規約、使用細則等、総会の決議もしくは理事会の決議に違反する事実もしくは著しく不当な事実**があると認めるとき**は、遅滞なく、その旨を理事会**に報告しなければならない**（標準管理規約41条5項）。

したがって、**適切なものは肢ア・エの二つ**であり、正解は**2**となる。

➔ 攻略テキスト第4編5章

正解 2

169 役員の任期

過 R1－34

役員の任期に関する次のア～エの記述のうち、標準管理規約（単棟型）の定めによれば、適切なものはいくつあるか。

ア　任期満了により退任する会計担当理事は、後任の会計担当理事が就任するまでの間、引き続きその職務を行う。

イ　任期途中に理事長が海外に単身赴任した場合においては、後任の理事長が就任するまでの間、当該住戸に居住する配偶者が、不在区分所有者となった理事長の職務を代理する。

ウ　任期途中で辞任した監事は、後任の監事が就任するまでの間、引き続きその職務を行う。

エ　任期途中で理事長が、総会決議で解任された場合においては、後任の理事長が就任するまでの間、引き続きその職務を行う。

1　一つ
2　二つ
3　三つ
4　四つ

	①	②	③	④	⑤
学習日					
理解度（○/△/×）					

解法のテクニック

役員の職務継続義務等に関する問題である。基本的な論点ばかりなので正確に覚えておこう。

ア **適切** 任期の満了または**辞任**によって退任する役員は、後任の役員が就任するまでの間**引き続きその職務を行う**（標準管理規約36条3項）。したがって、任期満了により退任する会計担当理事は、後任の会計担当理事が就任するまでの間引き続きその職務を行う必要がある。

イ **不適切** **副理事長**は、理事長を補佐し、理事長に事故があるときは、その職務を代理し、**理事長が欠けたときは、その職務を行う**（標準管理規約39条）。したがって、不在区分所有者となった理事長の職務については、配偶者ではなく、副理事長が代理して行う。

ウ **適切** 肢ア解説参照。**辞任した監事**は、後任の監事が就任するまでの間引き続き**その職務を行う**必要がある。

エ **不適切** 肢ア解説参照。任期の満了または辞任によって退任する役員は、後任の役員が就任するまでの間引き続きその職務を行うが、**解任**された理事長は引き続き**職務を行えない**。

したがって、**適切なもの**は**肢ア・ウの二つ**であり、正解は2となる。

➔ 攻略テキスト第4編5章

正解 2

役員

管理組合の役員の職務に関する次の記述のうち、標準管理規約の定めによれば、最も適切なものはどれか。

1　理事長と管理組合との利益が相反する事項については、理事長は、管理組合が承認した場合を除いて、代表権を有しない。

2　監事は、理事会に出席し、必要があると認めるときは、意見を述べなければならない。

3　理事は、管理組合に著しい損害を及ぼすおそれのある事実があることを発見したときは、直ちに、その事実を理事長に報告しなければならない。

4　監事は、会計担当理事に不正行為があると認めたときは、直ちに理事会を招集しなければならない。

	①	②	③	④	⑤
学習日					
理解度 (○/△/×)					

解法のテクニック

平成28年度の改正により、役員の職務に関して大幅な追加・変更があった。出題頻度の非常に高い論点であるから、要件等をしっかり覚えよう。

1　**不適切**　役員は、**管理組合と取引**をしようとする場合、理事会において、当該取引につき重要な事実を開示し、その**承認を受けなければならない**（標準管理規約37条の2）。そして、管理組合と理事長との利益が相反する事項については、理事長は、代表権を有しない。この場合においては、監事または理事長以外の理事が管理組合を代表する（標準管理規約38条6項）。したがって、管理組合と理事長との利益が相反する事項について、理事会が承認をしない事項はそもそも行うことができず、管理組合が承認をした場合でも、理事長は代表権を有しない。

2　**最も適切**　監事は、理事会に出席し、必要があると認めるときは、意見を述べなければならない（標準管理規約41条4項）。

3　**不適切**　理事は、**管理組合に著しい損害を及ぼすおそれのある事実**があることを発見したときは、直ちに、当該事実を監事に報告しなければならない（標準管理規約40条2項）。

4　**不適切**　監事は、**理事が不正の行為**等をしたときは、遅滞なく、その旨を理事会に報告**しなければならない**（標準管理規約41条5項）。そして、この場合、必要があると認めるときは、理事長に対し、理事会の招集を請求することができる（標準管理規約41条6項）。

まず、理事長に理事会の招集を請求しなければならないので、直ちに理事会を招集するわけではない。また、この理事会の招集請求は「できる」という任意の規定である。

➔ 攻略テキスト第4編5章

正解 2

171 役員

過 H26−37

管理組合の役員に関する次の記述のうち、区分所有法及びマンション標準管理規約によれば、適切なものはいくつあるか。

ア　非法人の管理組合においては、理事とは別に必ず管理者を定めなければならないが、管理組合法人においては、法人の代表理事以外に管理者を定めることはできない。

イ　管理組合法人の監事は、管理組合法人の業務の執行及び財産の状況について不正があると認めるときは、理事の業務執行を中止できるとともに、管理組合法人と理事との利益が相反する事項については、監事が管理組合法人を代表する。

ウ　管理組合法人においても、非法人の管理組合においても、監事が欠けた場合にあって、予め職務代行者が定まっていないときは、理事長は、至急に理事会を開いて監事を選任しなければならない。

エ　副理事長は、理事長に事故があるときは、その職務を代理し、理事長が欠けたときは、その職務を行う。

1　一つ
2　二つ
3　三つ
4　四つ

	①	②	③	④	⑤
学習日					
理解度 (○/△/×)					

解法のテクニック

区分所有法の管理者・理事・監事と標準管理規約の役員との違いについての問題である。各役員等の相違に注意しよう。

ア　**不適切**　非法人の管理組合においては、**管理者**の制度は任意であり、管理者を定めなければならないわけではない（区分所有法25条１項）。また、管理組合法人においては**理事**が定められ、**管理者は置かれない**（区分所有法47条12項参照）。

イ　**不適切**　管理組合法人の監事は、**財産の状況**または**業務の執行**について、法令もしくは規約に違反し、または著しく不当な事項があると認めるときは、**集会に報告**したり、**報告のため集会を招集する**ことは認められているが、理事の**業務執行の中止**までは**認められていない**。また、管理組合法人と理事との**利益が相反する事項**については、**監事**が管理組合法人を代表する（区分所有法50条３項３号、51条）。

ウ　**不適切**　管理組合法人の**監事**も、非法人の管理組合の監事も**総会**（集会）で選任されるのであり、理事会で選任するわけではない（区分所有法50条４項、標準管理規約35条２項）。

標準管理規約では、非法人の管理組合を対象としています。

エ　**適切**　副理事長は、**理事長を補佐**し、理事長に事故があるときは、その**職務を代理**し、理事長が欠けたときは、その**職務を行う**（標準管理規約39条）。

したがって、**適切なものは肢エの一つ**であり、正解は１となる。

➔ 攻略テキスト第４編５章

正解 1

172 役員

過 H20−29 改

重要度 A
難易度 普

役員の任期等に関する次の記述のうち、マンション標準管理規約の定めによれば、適切なものはいくつあるか。なお、役員は外部専門家から選任されていないものとする。

ア　任期満了により退任する会計担当理事は、次の会計担当理事が就任するまでの間、引き続きその職務を行う。

イ　任期途中でマンションを売却し、組合員でなくなった理事長はその地位を失うが、後任の理事長が就任するまでの間、引き続きその職務を行う。

ウ　任期途中で辞任した監事は、次の監事が就任するまでの間、引き続きその職務を行う。

エ　任期途中で解任された副理事長はその地位を失うが、後任の副理事長が就任するまでの間、引き続きその職務を行う。

1　一つ
2　二つ
3　三つ
4　四つ

	①	②	③	④	⑤
学習日					
理解度 (○/△/×)					

解法のテクニック

役員の任期に関する基本論点である。ただし、個数問題なので単純な四肢択一問題よりは難易度は高くなっている。
「任期満了」と「辞任」が職務を継続するケースに該当することに注意しよう。

ア　**適切**　任期の満了または辞任によって退任する役員は、後任の役員が就任するまでの間引き続きその職務を行う（標準管理規約36条3項）。したがって、任期満了により退任する会計担当理事は、次の会計担当理事が就任するまでの間、引き続きその職務を行う。

イ　**不適切**　役員が組合員でなくなった場合には、その役員はその地位を失う（標準管理規約36条4項）。そして、後任の役員が就任するまでの間引き続き職務を行うのは、任期の満了または辞任によって退任する役員とされているから、組合員でなくなったことにより役員の地位を失った理事長はその職務を継続しない。

ウ　**適切**　肢ア解説参照。任期の満了または辞任によって退任する役員は、後任の役員が就任するまでの間引き続きその職務を行う（標準管理規約36条3項）。

エ　**不適切**　肢ア解説参照。後任の役員が就任するまでの間引き続き職務を行うのは、任期の満了または辞任によって退任する役員とされているから、解任された副理事長は、その職務を継続しない。

したがって、適切なものは肢ア・ウの二つであり、正解は2となる。

➔ 攻略テキスト第4編5章

正解 2

173 理事会

過 R4－31

理事会に関する次の記述のうち、標準管理規約（単棟型）によれば、適切なものはいくつあるか。

ア　会計担当理事の会計担当の職を解くことは、出席理事の過半数により決することができる。

イ　ＷＥＢ会議システムを用いて理事会を開催する場合は、当該理事会における議決権行使の方法等を、規約や細則において定めなければならない。

ウ　理事会の議事録については、議長及び議長の指名する２名の理事会に出席した理事がこれに署名しなければならない。

エ　総会提出議案である収支予算案は、理事の過半数の承諾があるときは、電磁的方法により決議することができる。

1　一つ
2　二つ
3　三つ
4　なし

	①	②	③	④	⑤
学習日					
理解度 (○/△/×)					

解法のテクニック

肢イは昨年度の改正点である。ＷＥＢ会議システムについては、標準管理規約において当然に利用することが認められており、また、議決権行使の方法等を、規約や細則で定めなければならないとされていない。

ア　**適切**　理事長、副理事長および**会計担当理事**は、理事会の決議によって、理事のうちから選任し、または**解任する**（標準管理規約35条３項）。そして、理事会の会議（WEB会議システム等を用いて開催する会議を含む）は、理事の半数以上が出席しなければ開くことができず、その議事は**出席理事の過半数で決する**（標準管理規約53条１項）。

イ　**不適切**　ＷＥＢ会議システム等を用いて開催する理事会を開催する場合は、当該理事会における議決権行使の方法等を、**規約や細則において定めることも考えられる**（標準管理規約53条関係コメント⑤）。しかし、規約や細則において定めなければならないわけではない。

ウ　**適切**　**理事会の議事録**については、議長および議長の指名する２名の**理事会に出席した理事**がこれに署名しなければならない（標準管理規約53条４項）。

エ　**不適切**　①**専有部分の修繕工事**、②**共用部分等の保存行為**、③**窓ガラス等の改良工事**の承認または不承認については、**理事の過半数の承諾**があるときは、書面または電磁的方法による決議によることができる（標準管理規約53条２項、54条１項５号）。しかし、収支予算案については、書面または電磁的方法による決議によることができない。

したがって、**適切なものは肢ア・ウの二つ**であり、正解は２となる。

➔ 攻略テキスト第４編５章

正解 2

174 理事会の決議・総会の決議

過 R3－38

次の記述のうち、区分所有法の規定、標準管理規約（単棟型）及び判例によれば、理事会の決議のみで行うことができるものはいくつあるか。

ア　管理組合の業務を委託するマンション管理業者を変更すること。

イ　組合員が利用していないマンションの屋上部分に、携帯電話基地局の設置を認めて、電信電話会社から賃料収益を得る契約を締結すること。

ウ　敷地及び共用の施設での禁煙細則案と、それに伴う規約の改正案を検討するために、別途の予算を要さずに組合員で構成される専門委員会を設置すること。

エ　管理者である理事長が１箇月入院することになったため、理事長と他の理事との職務を交代すること。

1　一つ
2　二つ
3　三つ
4　四つ

	①	②	③	④	⑤
学習日					
理解度 (○/△/×)					

解法のテクニック

理事会決議事項と総会決議事項は頻出の論点である。肢エの役員の変更については、理事・監事の交代は総会決議事項となるが、理事の中で役職を交代するのは、理事会決議で可能である点に注意しよう。

ア　**総会の決議が必要となる**　マンション管理業者の変更は、新たなマンション管理業者と管理委託契約を締結することになるので、**総会の普通決議**が必要となる（標準管理規約48条16号）。

イ　**総会の決議が必要となる**　管理組合は、**総会の決議**を経て、敷地および**共用部分等**（駐車場および専用使用部分を除く）の一部について、第三者に使用させることができる（標準管理規約16条２項）。本肢のマンションの屋上部分に、携帯電話基地局の設置を認めて、電信電話会社から賃料収益を得る契約を締結することは、共用部分である屋上を第三者に使用させることになるので、総会の決議が必要となる。

ウ　**理事会の決議のみで行うことができる**　**理事会**は、**その責任と権限の範囲内**において、専門委員会を設置し、特定の課題を調査または検討させることができる（標準管理規約55条１項）。したがって、専門委員会の設置は**理事会の決議**のみで行うことができる。

エ　**理事会の決議のみで行うことができる**　**理事長**、副理事長および会計担当理事の選任および解任は、**理事会の決議**により行うことができる（標準管理規約51条２項３号）。本肢の理事長と他の理事との職務を交代することは、現職の理事長を解任して理事にし、別の理事を理事長に選任することになるので、理事会の決議で可能である。

したがって、**理事会の決議のみで行えるものは肢ウ・エの二つ**であり、正解は２となる。

➔ 攻略テキスト第４編４・５章

正解 2

175 理事会の決議

過 H30−31

理事会に関する次の取扱いのうち、標準管理規約によれば、最も適切なものはどれか。

1　出席が予定されていた理事が急病になったので、理事会の決議によって、その配偶者の出席を認め、議決権を代理行使してもらった。

2　組合員から、給排水管の改修を伴う浴室の改修工事についての「専有部分修繕等工事申請書」が提出されたので、理事の過半数の承諾を得て、電磁的方法により承認の決議をした。

3　海外出張のため出席できない理事に対して、理事会の決議によって、議決権行使書により議決権を行使してもらった。

4　不正が明らかになった会計担当理事の役職を解くため、入院中で出席できない理事に対して、理事会の決議によって、委任状により議決権を行使してもらった。

	①	②	③	④	⑤
学習日					
理解度 (○/△/×)					

解法のテクニック

肢１と肢４の代理出席・代理人の議決権行使は注意しよう。理事会では、総会と異なり、規約で定めれば、配偶者または一親等の親族が代理出席・議決権行使が認められる点に注意しよう。

1　**不適切**　「理事に事故があり、理事会に出席できない場合は、その配偶者または一親等の親族（理事が、組合員である法人の職務命令により理事となった者である場合は、法人が推挙する者）に限り、**代理出席を認める**」旨も認められるが、この場合、規約**の規定が必要である**（標準管理規約53条関係コメント③）。したがって、本肢のように、理事会の決議により、配偶者に議決権の代理行使を認めることはできない。

2　**最も適切**　組合員から、給排水管の改修を伴う浴室の改修工事について、**専有部分修繕等**工事申請書が提出された場合、理事の過半数の承諾があるときは、**書面または電磁的方法による決議**によることができる（標準管理規約53条２項、54条１項５号、17条１項・２項）。

3　**不適切**　理事会において、理事がやむを得ず欠席する場合には、代理出席によるのではなく、**事前に**議決権行使書**または**意見を記載した書面を出せるようにすることが考えられる。これを認める場合には、理事会に出席できない理事が、あらかじめ通知された事項について、書面をもって表決することを認める旨を、規約**の明文の規定で定めることが必要である**（標準管理規約53条関係コメント④）。したがって、理事会の決議によって、欠席の理事が、議決権行使書により議決権を行使することはできない。

4　**不適切**　肢１の解説参照。規約で定めれば、その配偶者または一親等の親族に限り、**代理出席を認める**旨を定めることはできるが、理事会の決議によって行うことはできない。また、配偶者と一親等の親族に限定しているので、**委任状により議決権を行使することはできない**（標準管理規約53条関係コメント③、④参照）。

➔ **攻略テキスト第４編５章**　　　　**正解 2**

176 利益相反取引

過 R1－31

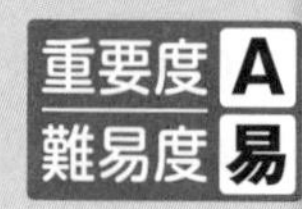

理事長が、自己の経営する会社のために管理組合と取引（以下、本問において「当該取引」という。）をしようとする場合における次の記述のうち、標準管理規約（単棟型）によれば、最も不適切なものはどれか。

1　理事長は、理事会において、当該取引につき重要な事実を開示し、その承認を受けなければならない。

2　当該取引の承認について、理事長は、理事会の議決に加わることができない。

3　管理組合が当該取引のための契約を締結するに当たっては、必ず理事長以外の理事が、管理組合を代表しなければならない。

4　理事長以外の理事は、当該取引が管理組合に著しい損害を及ぼすおそれがあることを発見したときは、直ちに、その事実を監事に報告しなければならない。

	①	②	③	④	⑤
学習日					
理解度 (○/△/×)					

解法のテクニック

役員と管理組合の利益相反取引についての問題である。肢１の理事会の承認が必要な点や理事会で議決権行使ができない点等の理事会の論点と関係する論点に注意しよう。

1　**適切**　役員（本肢の理事長）は、**自己または第三者**（自己の経営する会社）**のために管理組合と取引をしようとする場合**、利益相反取引に該当するので、理事会において、当該取引につき重要な事実を開示し、その**承認を受けなければならない**（標準管理規約37条の２第１号）。

2　**適切**　理事会の決議について特別の利害関係**を有する理事**は、**議決**に加わることができない（標準管理規約53条３項）。したがって、本問の利益相反取引の承認について、理事長は特別の利害関係があるため、議決に加わることができない。

3　**最も不適切**　管理組合と理事長との**利益**が**相反する事項**については、**理事長**は、**代表権を**有しない。この場合においては、監事または理事長以外の理事が管理組合を**代表する**（標準管理規約38条６項）。

4　**適切**　理事は、管理組合に著しい損害を及ぼすおそれのある事実があることを発見したときは、直ちに、当該事実を監事**に報告しなければならない**（標準管理規約40条２項）。

➔ 攻略テキスト第４編５章

正解３

費用の負担

次の記述のうち、標準管理規約（単棟型）によれば、管理組合が修繕積立金を充当できる費用として適切なものはいくつあるか。ただし、規約に別段の定めはないものとする。

ア　外灯設備の管球の交換に要した費用
イ　一定年数の経過ごとに計画的に行う修繕工事を前提に専門家に建物診断を委託した費用
ウ　新たに整備された公共下水道に汚水を直接放流するので、不要となった浄化槽を解体し、その場所にプレイロットを新設するのに要した費用
エ　排水管取替え工事において、共用配管と構造上一体となった専有部分である配管の工事に要した費用

1　一つ
2　二つ
3　三つ
4　四つ

	①	②	③	④	⑤
学習日					
理解度（○/△/×）					

解法のテクニック

修繕積立金は、「特別の管理」に要する経費に充当することをしっかり理解していれば、肢アの管球の交換は違うと判断できる。また、肢エの「専有部分の配管」は取替費用について各区分所有者負担となる点に注意しよう。

ア　**不適切**　本肢の該当設備の管球の交換に要した費用は、**共用設備の保守維持費および運転費**に該当するので、**管理費から充当**する必要があり、修繕積立金からは充当することができない（標準管理規約27条3号）。

イ　**適切**　**修繕工事の前提としての劣化診断**（建物診断）に要する経費の充当については、修繕工事の一環としての経費であることから、原則として修繕積立金**から取り崩す**こととなる（標準管理規約32条関係コメント④）。

ウ　**適切**　本肢の不要となった浄化槽を解体し、その場所にプレイロットを新設することは、**敷地および共用部分等の変更**に該当するので、その費用は修繕積立金**から充当**しなければならない（標準管理規約28条1項3号）。

エ　**不適切**　配管等の専有部分である設備のうち共用部分と構造上一体となった部分の管理を共用部分の管理と一体として行う必要があるときは、管理組合がこれを行うことができる（標準管理規約21条2項）。そして、**配管の取替え等に要する費用**のうち**専有部分に係るもの**については、**各区分所有者が実費に応じて負担**すべきものである（標準管理規約21条関係コメント⑦）。

したがって、**適切なもの**は**肢イ・ウの二つ**であり、正解は2となる。

➔ 攻略テキスト第4編6章

正解 2

178 費用の負担

過 R4－30

次の記述のうち、標準管理規約（単棟型）によれば、修繕積立金を取り崩して充当することができるものとして最も適切なものはどれか。

1　建物の建替えに係る合意形成に必要となる事項の調査に要する経費に充当する場合

2　共用部分の階段のすべり止めに数箇所の剥離（はくり）が生じたため、その補修費に充当する場合

3　共用部分に係る火災保険料に充当する場合

4　ＷＥＢ会議システムを用いて理事会を開催するため、パソコン数台を購入する費用に充当する場合

	①	②	③	④	⑤
学習日					
理解度（○/△/×）					

解法のテクニック

修繕積立金が取り崩せるのは、特別な管理に要する費用に充当するためである。すべり止めの補修費や火災保険料、パソコンの購入費用等は、特別な管理ではないので、修繕積立金を取り崩して充当できないとイメージするようにしよう。

1　**最も適切**　建物の建替えに係る合意形成に必要となる事項の調査に要する経費に充当する場合は、修繕積立金を取り崩して充当できる（標準管理規約28条1項4号）。

2　**不適切**　共用部分の階段のすべり止めに数箇所の剥離（はくり）が生じたため、その補修費に充当する場合は、経常的な補修費に該当し、管理費から充当され、修繕積立金を取り崩して充当できない（標準管理規約27条6号）。

3　**不適切**　共用部分等に係る火災保険料、地震保険料その他の損害保険料は、管理費から充当され、修繕積立金を取り崩して充当できない（標準管理規約27条5号）。

4　**不適切**　ＷＥＢ会議システムを用いて理事会を開催するため、パソコン数台を購入する費用に充当する場合は、備品費、通信費その他の事務費に該当し、管理費から充当され、修繕積立金を取り崩して充当できない（標準管理規約27条4号）。

➔ 攻略テキスト第４編６章

正解 1

費用の負担

標準管理規約によれば、管理費等に関する次の記述のうち、最も不適切なものはどれか。

1　管理費等に不足を生じた場合には、管理組合は組合員に対して、管理費等の負担割合により、その都度必要な金額の負担を求めることができる。
2　管理費等の負担割合を定めるに当たっては、共用部分等の使用頻度等は勘案しない。
3　管理費のうち、管理組合の運営に要する費用については、組合費として管理費とは分離して徴収することができる。
4　議決権割合の設定方法について、1戸1議決権や価値割合を採用する場合、管理費等の負担もこの割合によらなければならない。

	①	②	③	④	⑤
学習日					
理解度 (○/△/×)					

解法のテクニック

肢４は、議決権と管理費等の負担割合を連動させなければならない義務はなかったと判断できれば解ける問題である。議決権は決議を採りやすくするために変更することがあるから、必ずしも費用負担と連動するわけではないのである。

1　**適切**　管理費に不足を生じた場合には、管理組合は組合員に対して、管理費等の負担割合により、その都度必要な金額の**負担を求めることができる**（標準管理規約61条２項、25条２項）。

2　**適切**　管理費等の額については、各区分所有者の**共用部分の共有持分に応じて算出する**ものとし、管理費等の負担割合を定めるに当たっては、**使用頻度等は**勘案しない（標準管理規約25条２項、同関係コメント①）。

3　**適切**　管理費のうち、**管理組合の運営に要する費用**については、組合費として**管理費とは分離して徴収することもできる**（標準管理規約25条関係コメント②）。

4　**最も不適切**　議決権割合の設定方法について、１戸１議決権や価値割合を採用する場合であっても、これとは別に管理費等の負担額については、**共用部分の共有持分に応じて算出することが考えられる**（標準管理規約25条２項、同コメント③、46条関係コメント②・③）。

➔ 攻略テキスト第４編６章

正解 4

180 費用の負担等

過 H26−29

修繕積立金に関する次の記述のうち、マンション標準管理規約によれば、不適切なものはいくつあるか。

ア　積み立てた修繕積立金がかなり潤沢になったので、総会の決議により、その一部を取り崩して各区分所有者に配分した。

イ　大規模修繕工事を間近に控えて、積み立てた修繕積立金が不足することがわかったので、総会の決議により、毎月徴収する修繕積立金月額を、各区分所有者の共用部分の共有持分にかかわらず、各戸同額の値上げを行った。

ウ　給水管取替え工事につき、総会の決議により、専有部分に係る工事費用を、積み立てた修繕積立金を取り崩して支払った。

エ　駐車場使用料につき、駐車場の管理に要する費用に充てるほか、修繕積立金として積み立てた。

1　一つ
2　二つ
3　三つ
4　四つ

	①	②	③	④	⑤
学習日					
理解度 (○/△/×)					

解法のテクニック

修繕積立金に関する基本的な論点である。肢イは一見すると適切なようにみえるが、管理費等は共有持分に応じて算出された額となるので、同額値上げは規約違反となるので注意しよう。

ア　不適切　修繕積立金を総会の決議で取崩し、各区分所有者に配分できる旨の規定は存在せず、配分することはできない（標準管理規約28条参照）。

イ　不適切　管理費等および使用料の額並びに賦課徴収方法は総会の決議事項とされているので、修繕積立金月額を総会の決議で値上げることはできる（標準管理規約48条６号）。ただし、管理費等の額については、各区分所有者の共用部分の共有持分に応じて算出するものとするとされており、共有持分にかかわらず、各戸同額の値上げを行ったことは不適切である（標準管理規約25条２項）。

ウ　不適切　専有部分である設備のうち共用部分と構造上一体となった部分の管理を共用部分の管理と一体として行う必要があるときは、管理組合がこれを行うことができる（標準管理規約21条２項）。この場合の給水管の取替え等に要する費用のうち専有部分に係るものについては、各区分所有者が実費に応じて負担すべきものである（標準管理規約21条関係コメント⑦）。

エ　適切　駐車場使用料その他の敷地および共用部分等に係る使用料は、それらの管理に要する費用に充てるほか、修繕積立金として積み立てる（標準管理規約29条）。

したがって、不適切なものは肢ア・イ・ウの三つであり、正解は３となる。

語呂合わせ

▶修繕積立金から充当される費用

刊　計画修繕

事が　事故等による修繕

変装し　共用部分等の変更

建物調査を　建物の建替え等の合意形成に必要となる調査

特別に行う　特別に必要となる管理

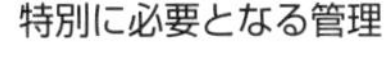

➔ 攻略テキスト第４編２・６章

正解 3

第４編 マンション標準管理規約

181 オリジナル 費用の負担

次に掲げる費用のうち、マンション標準管理規約及びマンション標準管理規約コメントによれば、管理費から支出することができないものはいくつあるか。

ア　管理組合の組合員が町内会に加入している場合における町内会費

イ　マンションやその周辺における美化や清掃活動で、経費に見合ったマンションの資産価値の向上がもたらされないもの

ウ　一部の者のみに対象が限定されるクラブやサークル活動経費

エ　主として親睦を目的とする飲食の経費

1　一つ
2　二つ
3　三つ
4　四つ

	①	②	③	④	⑤
学習日					
理解度 (○/△/×)					

解法のテクニック

平成28年度の改正により、地域コミュニティにも配慮したコミュニティ形成に要する経費が削除された。肢ウやエのように、一部の者のみに対象が限定されるクラブやサークル活動経費、主として親睦を目的とする飲食の経費などは、参加者が支払うものとされ、管理費からは支払ができなくなった。

ア　**管理費から支出することができない**　各居住者が各自の判断で自治会または町内会等に加入する場合に支払うこととなる自治会費または町内会費等は、地域住民相互の親睦や福祉、助け合い等を図るために居住者が任意に負担するものであり、マンションを維持・管理していくための費用である管理費等とは別のものである（標準管理規約27条関係コメント③）

イ　**管理費から支出することができない**　マンションやその周辺における美化や清掃、景観形成、防災・防犯活動、生活ルールの調整等で、その経費に見合ったマンションの資産価値の向上がもたらされる活動は、それが区分所有法第３条に定める管理組合の目的である「建物並びにその敷地および附属施設の管理」の範囲内で行われる限りにおいて、管理費から支出することができる（標準管理規約27条関係コメント②）。

ウ　**管理費から支出することができない**　一部の者のみに対象が限定されるクラブやサークル活動経費、主として親睦を目的とする飲食の経費などは、マンションの管理業務の範囲を超え、マンション全体の資産価値向上等に資するとも言い難いため、区分所有者全員から強制徴収する管理費をそれらの費用に充てることは適切ではなく、管理費とは別に、参加者からの直接の支払や積立て等によって費用を賄うべきである（標準管理規約27条関係コメント④）。

エ　**管理費から支出することができない**　肢ウの解説参照。主として親睦を目的とする飲食の経費などは、管理費とは別に、参加者からの直接の支払や積立て等によって費用を賄うべきである。（標準管理規約27条関係コメント④）

したがって、管理費から支出できないものは肢ア・イ・ウ・エの四つであり、正解は４となる。

➔ 攻略テキスト第４編６章

正解 4

182 過R4－13

管理組合の会計

重要度 A
難易度 易

管理組合の会計等に関する次の記述のうち、標準管理規約（単棟型）によれば、最も不適切なものはどれか。

1　理事長は、管理組合の会計年度の開始後、通常総会において収支予算案の承認を得るまでの間に、通常の管理に要する経費のうち、経常的であり、かつ、通常総会において収支予算案の承認を得る前に支出することがやむを得ないと認められるものについては、理事会の承認を得て支出を行うことができ、当該支出は収支予算案による支出とみなされる。

2　駐車場使用料収入は、当該駐車場の管理に要する費用に充てるほか、修繕積立金として積み立てる。

3　収支決算の結果、管理費に余剰を生じた場合には、その余剰は翌年度における管理費に充当する。

4　管理組合の会計処理に関する細則の変更は、総会の特別多数決議を経なければならない。

	①	②	③	④	⑤
学習日					
理解度 (○/△/×)					

解法のテクニック

過去繰り返し出題されている論点である。肢2のような駐車場使用料等の収入は、駐車場等の使用料が発生している部分の管理に充当し、管理費には充当されないことに注意しよう。

1　**適切**　理事長は、会計年度の開始後、通常総会において収支予算案の承認を得るまでの間に、通常の管理に要する経費のうち、**経常的**であり、かつ、通常総会において収支予算案の承認を得る前に**支出することがやむを得ない**と認められるものの支出が必要となった場合には、理事会の承認を得てその**支出を行うことができる**（標準管理規約58条3項1号）。そして、この支出は、収支予算案の承認を得たときは、当該収支予算案による支出とみなす（標準管理規約58条4項）。

2　**適切**　**駐車場使用料**その他の敷地および共用部分等に係る使用料は、**それら（駐車場等）の管理に要する費用**に充てるほか、修繕積立金として積み立てる（標準管理規約29条）。

3　**適切**　収支決算の結果、**管理費に余剰**を生じた場合には、その余剰は翌年度における管理費**に充当する**（標準管理規約61条1項）。

4　**最も不適切**　**使用細則等**の制定、変更または廃止は、総会の普通決議で決することができる（標準管理規約48条1号、47条3項参照）。

第4編 マンション標準管理規約

攻略テキスト第4編6章

正解 4

183 管理組合の会計等

過 R3－12

管理組合の会計等に関する次の記述のうち、標準管理規約（単棟型）によれば、不適切なものはいくつあるか。

ア　預金口座に係る印鑑等の保管にあたっては、適切な取扱い方法を検討し、その取扱いについて総会の承認を得て細則等に定めておくことが望ましい。

イ　理事会の議決事項の中には、収支決算案、事業報告案、収支予算案及び事業計画案がある。

ウ　災害等により総会の開催が困難である場合に、応急的な修繕工事の実施等を理事会で決議したときには、理事会は、当該工事の実施に充てるための修繕積立金の取崩しについて決議できるが、資金の借入れについては決議できない。

エ　修繕積立金の保管及び運用方法を決めるにあたっては、理事会の決議だけで足り、総会の決議は不要である。

1　一つ
2　二つ
3　三つ
4　四つ

	①	②	③	④	⑤
学習日					
理解度（○/△/×）					

解法のテクニック

理事会の決議事項と総会の決議事項は頻出論点である。それぞれの決議事項について押さえておこう。

ア　適切　預金口座に係る印鑑等の保管にあたっては、施錠の可能な場所（金庫等）に保管し、印鑑の保管と鍵の保管を理事長と副理事長に分けるなど、適切な取扱い方法を検討し、その取扱いについて総会の承認を得て細則等に定めておくことが望ましい（標準管理規約62条関係コメント）。

イ　適切　理事会の決議事項には、収支決算案、事業報告案、収支予算案および事業計画案がある（標準管理規約54条1項1号）。

ウ　不適切　災害等により総会の開催が困難である場合における応急的な修繕工事の実施等は、理事会の決議で行うことができる（標準管理規約54条1項10号）。また、理事会は、上記の応急的な修繕工事の実施等の決議をした場合においては、当該決議に係る応急的な修繕工事の実施に充てるための資金の借入れおよび修繕積立金の取崩しについて決議することができる（同2項）。

エ　不適切　修繕積立金の保管および運用方法は、総会の決議事項である（標準管理規約48条7号）。

したがって、不適切なものは肢ウ・エの二つであり、正解は2となる。

➔ 攻略テキスト第4編6章

正解 2

管理組合の会計

管理組合の会計等に関する次の記述のうち、標準管理規約の定めによれば、最も適切なものはどれか。

1　管理組合は、通常の管理に要する経費の支払いに不足が生じた場合には、理事長は、理事会の決議を経て、業務を行うため必要な範囲内の借入れをすることができる。

2　管理組合は、収支決算の結果、管理費に余剰を生じた場合には、その余剰は修繕積立金として積み立てなければならない。

3　管理組合は、管理費等に不足を生じた場合には、総会の決議により、組合員に対して共用部分の共有持分に応じて、その都度必要な金額の負担を求めることができる。

4　理事長は、毎会計年度の収支決算案について、やむを得ない場合には、通常総会での承認後に会計監査を受けることができる。

	①	②	③	④	⑤
学習日					
理解度 (○/△/×)					

解法のテクニック

管理組合の会計の基本的な論点である。管理費と修繕積立金の違いや理事会決議や総会決議等の要件について注意しよう。

1　**不適切**　管理組合は、**特別の管理**を行うため必要な範囲内において、**借入れをすることができる**が、**通常の管理**に要する経費の支払いのためには**借入れをすることができない**（標準管理規約63条）。なお、「特別の管理の実施並びにそれに充てるための資金の借入れ及び修繕積立金の取崩し」は総会の決議事項である（標準管理規約48条10号）。

2　**不適切**　収支決算の結果、**管理費に余剰を生じた場合**には、その余剰は翌年度における**管理費に充当する**（標準管理規約61条１項）。

3　**最も適切**　**管理費等に不足を生じた場合**には、管理組合は組合員に対して**管理費等の負担割合**により、**その都度必要な金額の負担を求めることができる**（標準管理規約61条２項）。

4　**不適切**　理事長は、毎会計年度の**収支決算案**を**監事の会計監査**を経て、**通常総会に報告**し、その**承認を得なければならない**（標準管理規約59条）。この監事の会計監査は、やむを得ない場合であっても、通常総会の承認後に受けることはできない。

➡ 攻略テキスト第４編６章

正解 3

185 管理組合の会計

過 H30－12

管理組合の会計等における理事長の職務に関する次の記述のうち、標準管理規約によれば、最も不適切なものはどれか。

1　毎会計年度の収支予算案を通常総会に提出し、その承認を得なければならない。

2　会計年度の開始後、収支予算案が通常総会で承認を得るまでの間に、通常の管理に要する経費のうち、経常的であり、かつ、収支予算案が通常総会で承認を得る前に支出することがやむを得ないと認められるものについては、理事会の承認を得ずに支出を行うことができる。

3　収支予算を変更しようとするときは、その案を臨時総会に提出し、その承認を得なければならない。

4　毎会計年度の収支決算案を監事の会計監査を経て、通常総会に報告し、その承認を得なければならない。

	①	②	③	④	⑤
学習日					
理解度 (○/△/×)					

解法のテクニック

管理組合の会計の基本的な論点である。肢２は理事会の承認決議が必要である点に注意しよう。

1 **適切** 理事長は、毎会計年度の収支予算案を**通常総会に提出**し、その承認を得なければならない（標準管理規約58条１項）。

2 **最も不適切** 理事長は、会計年度の開始後、通常総会で収支予算案の承認を得るまでの間に、**通常の管理に要する経費**のうち、経常的であり、かつ、収支予算案が通常総会で承認を得る前に**支出することがやむを得ないと認められるもの**については、理事会の承認を得てその支出を行うことができる（標準管理規約58条３項１号）。

3 **適切** **収支予算を変更**しようとするときは、理事長は、その案を臨時総会に提出し、その承認を得なければならない。（標準管理規約58条２項）。

4 **適切** 理事長は、毎会計年度の**収支決算案**を監事**の会計監査**を経て、通常総会に報告し、その承認を得なければならない（標準管理規約59条）。

なお、監事も管理組合の業務の執行・財産状況の監査をし、監査結果を総会に報告しなければなりません。

➔ 攻略テキスト第４編６章

正解 2

186 帳簿等の保存・閲覧

過 H28－31

次のうち、標準管理規約によれば、理事長が、組合員又は利害関係人の閲覧請求に応じる必要のないものはどれか。

1　理由を付さない書面で、管理規約原本の閲覧請求があった場合

2　理由を付した書面で、会計帳簿と出金に関する請求書及び領収書の閲覧請求があった場合

3　理由を付した書面で、長期修繕計画書の閲覧請求があった場合

4　理由を付した書面で、各組合員の総会における議決権行使書及び委任状の閲覧請求があった場合

	①	②	③	④	⑤
学習日					
理解度 (○/△/×)					

解法のテクニック

肢１の規約原本や総会の議事録は、理由を付した書面までは求められていない点に注意しよう。組合員名簿、会計帳簿や長期修繕計画については、個人情報の保護や防犯の観点から理由を付すことが求められている。

1　**応じる必要がある**　区分所有者または**利害関係人の**書面または電磁的方法による請求があったときは、理事長は、規約原本、規約変更を決議した総会の議事録および現に有効な規約の内容を記載した書面または記録した電磁的記録（規約原本等）ならびに現に有効な使用細則等の閲覧をさせなければならない。この場合、理由を付した書面または電磁的方法で請求をする必要はない（標準管理規約72条４項）。

2　**応じる必要がある**　理事長は、会計帳簿、什器備品台帳、組合員名簿およびその他の帳票類（領収書や請求書、管理委託契約書、修繕工事請負契約書、駐車場使用契約書、保険証券など）を作成して保管し、組合員または利害関係人の理由を付した書面または電磁的方法による請求があったときは、これらを**閲覧させなければならない**（標準管理規約64条１項・64条関係コメント②）。

3　**応じる必要がある**　理事長は、長期修繕計画書、設計図書および修繕等の履歴情報を書面または電磁的記録により保管し、組合員または利害関係人の理由を付した書面または電磁的方法による請求があったときは、これらを**閲覧させなければならない**（標準管理規約64条２項）。

4　**応じる必要はない**　各組合員の総会における議決権行使書および委任状について、組合員または利害関係人の理由を付した書面による請求があったときに、理事長がこれらを閲覧させなければならない旨の規定は存在しない（標準管理規約64条参照）。したがって、これらの閲覧請求については、理事長は応じる必要がない。

➔ 攻略テキスト第４編６章

正解 4

187 オリジナル 管理組合の会計等

次の記述のうち、マンション標準管理規約の定めによれば、最も適切なものはどれか。

1　理事長が保管する長期修繕計画書、設計図書等、修繕等の履歴情報は、区分所有者に公開すべきものではありませんから、これらについては閲覧に応じる必要はありません。

2　理事長は、毎会計年度の収支予算案を通常総会に提出し、その承認を得なければ経費を支出することができませんが、特別の管理に関する事項であり、承認を受ける前に支出することがやむを得ないと認められる経費については、理事会の決議を経て支出することができます。

3　理事長は、毎会計年度の収支予算案を通常総会に提出し、その承認を得なければ経費を支出することができませんが、総会の承認を得て実施している工事で、長期の施工期間を要する工事に係る経費であり、承認を得る前に支出することがやむを得ないと認められるものについては、理事会の決議を経て支出することができます。

4　預金口座に係る印鑑等の保管にあたっては、金庫等の施錠の可能な場所に保管し、印鑑の保管と鍵の保管を理事長と副理事長に分けるなど、適切な取扱い方法を検討し、その取扱について理事会の承認を得て細則等に定めておくことが望ましいです。

	①	②	③	④	⑤
学習日					
理解度 (○/△/×)					

解法のテクニック

標準管理規約の平成27年度改正点からの問題である。肢２と肢３の、通常総会の承認を得ずに経費の支出が認められるものについて覚えておこう。

1　**不適切**　理事長が保管する**長期修繕計画書、設計図書等、修繕等の履歴情報**について組合員または利害関係人の理由を付した書面または電磁的記録による請求があったときは、これらを**閲覧させなければならない**（標準管理規約64条２項）。

2　**不適切**　理事長は、毎会計年度の**収支予算案**を**通常総会**に提出し、その承認を得なければ経費を支出することができない（標準管理規約58条１項）。しかし、通常の管理に要する経費のうち、経常的であり、かつ、承認を受ける前に支出することがやむを得ないと認められる経費については、**理事会の決議**を経て支出することができる（標準管理規約58条３項１号）。

3　**最も適切**　理事長は、毎会計年度の**収支予算案**を**通常総会**に提出し、その承認を得なければ経費を支出することができない（標準管理規約58条１項）。しかし、総会の承認を得て実施している長期の施工期間を要する工事に係る経費であり、承認を得る前に支出することがやむを得ないと認められるものについては、**理事会の決議**を経て支出することができる（標準管理規約58条３項２号）。

4　**不適切**　**預金口座に係る印鑑等の保管**にあたっては、金庫等の施錠の可能な場所に保管し、印鑑の保管と鍵の保管を理事長と副理事長に分けるなど、適切な取扱い方法を検討し、その取扱いについて総会の承認を得て細則等に定めておくことが望ましい（標準管理規約62条関係コメント）。

➔ 攻略テキスト第４編６章

正解 3

会計帳簿等

管理組合の管理すべき書類に関する次の記述のうち、マンション標準管理規約の定めによれば、最も適切なものはどれか。

1　理事長は、総会の議事録等の閲覧の対象とされる管理組合の財務・管理に関する情報については、組合員又は利害関係人の理由を付した書面又は電磁的方法による請求に基づき、当該請求をした者が求める情報を記入した書面を交付し、又は当該書面に記載すべき事項を電磁的方法により提供することができる。

2　理事長は、会計帳簿、什器備品台帳、組合員名簿及びその他の帳票類を、書面又は電磁的記録により作成して保管し、当該帳票類の保管場所を掲示しなければならない。

3　長期修繕計画書及び設計図書は、理事長が保管しなければならないが、修繕等の履歴情報については、理事長が保管するものとはされていない。

4　区分所有者又は利害関係人の書面による請求があったときは、理事長は、規約原本、規約変更を決議した総会の議事録及び現に有効な規約の内容を記載した書面を閲覧させなければならないが、現に有効な使用細則の閲覧をさせる必要はない。

	①	②	③	④	⑤
学習日					
理解度 (○/△/×)					

解法のテクニック

平成27年度の改正により、長期修繕計画書や設計図書等も理事長の保管義務が追加された。

1 **最も適切** 理事長は、総会の議事録・規約原本等の閲覧の対象とされる管理組合の財務・管理に関する情報については、組合員または利害関係人の理由を付した書面または電磁的方法による請求に基づき、当該**請求をした者が求める情報を記入した書面**を交付し、または当該書面に記載すべき事項を電磁的方法により提供することができる（標準管理規約64条３項）。

2 **不適切** 理事長は、会計帳簿、什器備品台帳、組合員名簿およびその他の帳票類を、書面または電磁的記録により作成して保管し、組合員または利害関係人の理由を付した書面または電磁的方法による請求があったときは、これらを**閲覧させなければならない**（標準管理規約64条１項）。しかし、これらの**保管場所を掲示するものとは**されていない。

3 **不適切** 理事長は、**長期修繕計画書**、**設計図書**および**修繕等の履歴情報**を、書面または電磁的記録により保管し、組合員または利害関係人の理由を付した書面または電磁的方法による請求があったときは、これらを**閲覧させなければならない**（標準管理規約64条２項）。

4 **不適切** 区分所有者または利害関係人の書面または電磁的方法による請求があったときは、理事長は、**規約原本**、**規約変更を決議した総会の議事録**および**現に有効な規約の内容を記載した書面または記録した電磁的記録**（規約原本等）ならびに**現に有効な使用細則**および総会および理事会の運営、会計処理、管理組合への届出事項等についての細則その他の細則の内容を記載した**書面または電磁的記録**（使用細則等）の**閲覧を**させなければならない（標準管理規約72条４項）。

➔ 攻略テキスト第４編６章

正解 1

189 理事長の勧告等

過 R5－37

管理規約違反行為、使用細則違反行為又は義務違反行為に関する次の記述のうち、区分所有法及び標準管理規約（単棟型）によれば、不適切なものはいくつあるか。

ア　管理規約上ペットの飼育が禁止されているマンションにおいて、住戸の賃借人がペットを飼育している場合、理事長は、理事会の決議を経て、賃貸人である区分所有者に対して警告をすることはできるが、当該賃借人に対して警告をすることはできない。

イ　区分所有者が、専有部分の使用細則に違反して、常習的に深夜に大音量でピアノの演奏をしていることから、当該行為の差止めを求めて訴訟を提起する場合には、総会の決議を経る必要がある。

ウ　区分所有者が共用部分の破壊行為を繰り返すなどして他の区分所有者の共同の利益に反する行為を行い、他の区分所有者の共同生活上の障害が著しいことから、訴えをもって当該区分所有者による専有部分の使用の禁止を請求する旨の集会の決議をするには、あらかじめ、当該区分所有者に対し、弁明する機会を与えなければならない。

エ　区分所有者に対し、管理規約違反行為の差止めを求める訴訟を提起する場合は、理事長は当該区分所有者に対して違約金としての弁護士費用を請求することができる。

1　一つ
2　二つ
3　三つ
4　なし

	①	②	③	④	⑤
学習日					
理解度 (○/△/×)					

解法のテクニック

標準管理規約では、「共同の利益に反する行為」の他に、「規約等に違反する場合」に理事会決議で勧告や訴訟を提起できるとしている。両者の違いに注意しよう。

ア　**不適切**　区分所有者もしくはその同居人または専有部分の貸与を受けた者もしくはその同居人（区分所有者等）が、法令、**規約**または使用細則等に**違反したとき**、または対象物件内における共同生活の秩序を乱す行為を行ったときは、**理事長**は、**理事会の決議**を経てその区分所有者等に対し、その是正等のため必要な**勧告**または**指示**もしくは警告**を行うことができる**（標準管理規約67条１項）。

イ　**不適切**　区分所有者等が規約もしくは**使用細則等に違反したとき**、または区分所有者等もしくは区分所有者等以外の第三者が敷地および共用部分等において不法行為を行ったとき、**理事長**は、理事会の決議を経て、行為の差止めの請求に関し、管理組合を代表して、**訴訟その他法的措置を追行すること**に関し、区分所有者のために、訴訟において原告または被告となること、その他法的措置をとることができる（標準管理規約67条３項）。

ウ　**適切**　区分所有者または占有者が建物の保存に有害な行為その他建物の管理または使用に関し**区分所有者の共同の利益に反する行為**をした場合またはその行為をするおそれがある場合には、**区分所有法の規定**に基づき必要な措置をとることができる（標準管理規約66条）。そして、共同の利益に反する行為をした区分所有者に対する**使用禁止請求**をするには、あらかじめ弁明の機会を付与しなければならない（区分所有法58条３項）。

エ　**適切**　肢イの解説参照。区分所有者に対し、管理規約違反行為の差し止めを求める訴えを提起する場合、理事長は、請求の相手方に対し、違約金としての弁護士費用および**差止め等の諸費用**を**請求することができる**（標準管理規約67条４項）。

したがって、**不適切なもの**は**肢ア・イの二つ**であり、正解は２となる。

→ 攻略テキスト第３編４章・第４編５・６章

正解 2

190 標準管理規約（団地型）

過 R1－30

次の記述のうち、標準管理規約（団地型）の定めによれば、団地総会の決議を必要とせず、棟総会の決議のみで決することができる事項はどれか。

1　各棟修繕積立金の保管及び運用方法
2　１棟を同一規模の建物に建て替える場合の建替え決議の承認
3　各棟の階段及び廊下の補修工事
4　建物の一部が滅失した場合の滅失した棟の共用部分の復旧

	①	②	③	④	⑤
学習日					
理解度（○/△/×）					

解法のテクニック

標準管理規約団地型からは、団地総会の決議事項と棟総会の決議事項の違いから繰り返し出題されている。肢1の「各棟」修繕積立金の保管等は棟総会ではなく、団地総会の決議事項であることに注意しよう。

1　**団地総会の決議が必要**　団地修繕積立金及び**各棟修繕積立金**の保管及び運用方法は、団地総会の**決議**を経なければならない（標準管理規約団地型50条7号）。

2　**団地総会の決議が必要**　1棟を同一規模の建物に建て替える場合の**建替えの**承認については、団地総会の**決議**を経なければならない（標準管理規約団地型50条12号）。

建替え決議は棟総会の決議を経なければなりません。

3　**団地総会の決議が必要**　各棟の階段および廊下の**補修工事**は、**特別の管理**に該当する。そして、**特別の管理の実施**については、団地総会の**決議**を経なければならない（標準管理規約団地型50条10号）。

4　**棟総会の決議のみで決することができる**　建物の一部が滅失した場合の**滅失した棟の共用部分の復旧**は、棟総会の**決議**を経なければならない（標準管理規約団地型72条3号）。

→ 攻略テキスト第4編6章

正解 4

191 標準管理規約（団地型）

過 H29－31

ともに専有部分のある建物であるＡ棟及びＢ棟の２棟からなる団地に関する次の記述のうち、マンション標準管理規約（団地型）及びマンション標準管理規約（団地型）コメント（令和３年６月22日国住マ第33号。）の定めによれば、最も不適切なものはどれか。

1　Ａ棟の外壁タイル剥離の全面補修工事の実施及びそれに充てるためのＡ棟の各棟修繕積立金の取崩しには、Ａ棟の棟総会の決議が必要である。

2　Ｂ棟の建替えに係る合意形成に必要となる事項の調査の実施及びその経費に充当するためのＢ棟の各棟修繕積立金の取崩しには、Ｂ棟の棟総会の決議が必要である。

3　Ａ棟の区分所有者Ｃに対し、区分所有法第59条の競売請求の訴えを提起するには、Ａ棟の棟総会の決議が必要である。

4　Ｂ棟の建物の一部が滅失した場合、その共用部分を復旧するには、Ｂ棟の棟総会の決議が必要である。

	①	②	③	④	⑤
学習日					
理解度（○/△/×）					

解法のテクニック

標準管理規約（団地型）では、団地総会の決議事項と棟総会の決議事項との違いが問われている。区分所有法で団地に準用されていない規定は、棟総会の決議が必要となる。

1　**最も不適切**　特別の管理の実施のための「各棟」**修繕積立金**の取崩しは、**団地総会の決議**を経なければならない（標準管理規約団地型50条10号）。

標準管理規約団地型は、各棟の管理も団地管理組合で管理するとしていることから、「各棟」の修繕積立金も原則として団地総会の決議が必要となっています。

2　**適切**「**建替え等に係る合意形成**に必要となる事項の調査の実施およびその経費に充当する場合の各棟**修繕積立金の取崩し**」については、棟**総会**の決議を経なければならない（標準管理規約団地型72条６号）。

建替え等に係る合意形成に必要となる事項の調査は各棟ごとの差異が大きいため、この費用の充当についてだけは各棟総会で決議します。

3　**適切**　区分所有法第59条の**競売請求**の訴えの提起およびこれらの訴えを提起すべき者の選任は、棟**総会の決議**を経なければならない（標準管理規約団地型72条２号）。

4　**適切**　建物の**一部が滅失**した場合の滅失した棟の**共用部分の**復旧は、棟総会の決議を経なければならない（標準管理規約団地型72条３号）。

➔ 攻略テキスト第４編６章

正解 1

192 標準管理規約（複合用途型）

過 R1－32

複合用途型マンションに関する次の記述のうち、標準管理規約（複合用途型）によれば、最も適切なものはどれか。

1　管理組合は、区分所有者が納入する費用について、全体管理費、住宅一部管理費、店舗一部管理費及び全体修繕積立金の４つに区分して経理しなければならない。

2　駐車場使用料は、その管理に要する費用に充てるほか、全体修繕積立金として積み立てる。

3　新たに店舗部分の区分所有者となった者は、店舗として使用する場合の営業形態及び営業行為について書面で届け出なければ、組合員の資格を取得することができない。

4　管理組合には、その意思決定機関として、住宅部分の区分所有者で構成する住宅部会及び店舗部分の区分所有者で構成する店舗部会を置かなければならない。

	①	②	③	④	⑤
学習日					
理解度（○/△/×）					

解法のテクニック

標準管理規約複合用途型は初めての出題である。今後の出題も考えられるので、本問の論点は覚えておこう。

1　**不適切**　管理組合は、①**全体管理費**、②**住宅一部管理費**、③**店舗一部管理費**、④**全体修繕積立金**、⑤住宅一部修繕積立金、⑥店舗一部修繕積立金ごとにそれぞれ区分して経理しなければならない（標準管理規約複合用途型32条）。

2　**最も適切**　**駐車場使用料**その他の敷地及び共用部分等に係る使用料は、それらの管理に要する費用に充てるほか、全体修繕積立金として積み立てる（標準管理規約複合用途型33条）。

3　**不適切**　組合員の資格は、区分所有者となったときに**取得**し、区分所有者でなくなったときに喪失する（標準管理規約複合用途型34条）。したがって、店舗として使用する場合の営業形態および営業行為について**書面で届け出なくても**、区分所有者となれば**組合員の資格を取得する**。

4　**不適切**　**住宅部会**および**店舗部会**は管理組合としての**意思を決定する機関**ではないが、それぞれ住宅部分、店舗部分の一部共用部分の管理等について**協議する組織**として位置づけるものである（標準管理規約複合用途型60条関係コメント①）。

➔ 攻略テキスト第４編６章

正解 2

第5編

標準管理委託契約書

標準管理委託契約書の最近の傾向としては、過去問からの出題が多くなっている。ただし、出納についてはやや細かい知識について出題される。過去出題論点をしっかりと覚えていこう。

標準管理委託契約書は毎年3問、多いときには4問出題されている。令和5年に大きな改正があったので、改正点に注意したい。

193 標準管理委託契約書（管理事務の範囲等）

過 R4－7改

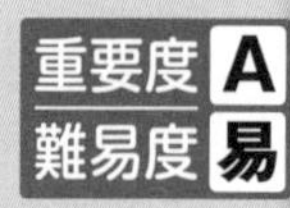

標準管理委託契約書に関する次の記述のうち、最も不適切なものはどれか。

1　標準管理委託契約書は、管理組合が管理事務を管理業者に委託する場合を想定しており、マンション管理計画認定制度及び民間団体が行う評価制度に係る業務、警備業法に定める警備業務、消防法に定める防火管理者が行う業務は、管理事務に含まれない。

2　管理業者の管理対象部分は原則として敷地及び共用部分等であるが、専有部分の設備であっても、管理組合が管理を行うとされている場合において、管理組合から依頼があるときには、契約内容にこれを含めることも可能である。

3　管理事務室は、管理組合が管理業者に管理事務を行わせるため、有償で使用させるものとしている。

4　組合員が滞納した管理費等の督促については、弁護士法第72条の規定を踏まえ、債権回収はあくまで管理組合が行うものであることに留意し、管理業者の管理費等滞納者に対する督促に関する協力について、事前に協議が調っている場合は、協力内容、費用の負担等に関し、具体的に規定するものとする。

	①	②	③	④	⑤
学習日					
理解度（○/△/×）					

解法のテクニック

過去繰り返し出題されている論点からの出題である。肢４は、弁護士または弁護士法人でない者は、報酬を得る目的で、法律事務を取り扱ってはいけないという弁護士法72条と滞納管理費の督促の整合性についての規定である。

1　**適切**　標準管理委託契約書では、管理事務を管理業者に委託する場合を想定しており、マンション管理計画認定制度および民間団体が行う評価制度に係る業務、**警備業法に定める警備業務、消防法に定める防火管理者が行う業務は、管理事務に含まれない**（標準管理委託契約書全般関係コメント③）。

2　**適切**　管理業者の管理対象部分は、原則として、敷地および共用部分等であるが、**専有部分である設備のうち共用部分と構造上一体となった部分**（配管、配線等）は共用部分と一体で管理を行う必要があるため、**管理組合が管理を行うとされている場合**において、**管理組合から依頼があるとき**に**管理委託契約に含めることも可能**である（標準管理委託契約書３条関係コメント③）。

3　**最も不適切**　管理組合は、管理業者に**管理事務を行わせるために不可欠な管理事務室**、管理用倉庫、清掃員控室、器具、備品等を**無償で使用させる**ものとする（標準管理委託契約書７条１項）。

4　**適切**　管理組合の組合員が滞納した管理費等の督促については、弁護士法72条の規定を踏まえ、債権回収はあくまで**管理組合が行うもの**であることに留意し、管理業者の管理費等滞納者に対する督促に関する協力について、事前に協議が調っている場合は、**協力内容**（管理組合の名義による配達証明付内容証明郵便による督促等）、**費用の負担等**に関し、**具体的に規定する**ものとする（標準管理委託契約書11条関係コメント①）。

➔ 攻略テキスト第５編１章

正解 3

194 標準管理委託契約書（管理事務の範囲等）

過 R1－7改

次のア～エの記述のうち、標準管理委託契約書によれば、適切なものはいくつあるか。

ア　管理業者（マンション管理適正化法第２条第８号に規定する者をいう。以下同じ。）が行う管理事務（マンション管理適正化法第２条第６号に規定するものをいう。以下同じ。）の対象となる部分は、管理規約により管理組合が管理すべき部分のうち、管理業者が受託して管理する部分であり、オートロック設備や宅配ボックスも管理事務の対象に含まれる。

イ　管理業者が行う管理事務の内容として、事務管理業務、管理員業務、清掃業務、建物・設備管理業務及び警備業法に定める警備業務がある。

ウ　管理業者は、建築基準法第12条第１項に規定する特定建築物定期調査及び同条第３項に規定する特定建築物の建築設備等定期検査を行うとともに、その報告等に係る補助を行うものとする。

エ　管理業者は、受託した管理事務の内容にかかわらず、災害又は事故等の事由により、管理組合のために、緊急に行う必要がある業務で、管理組合の承認を受ける時間的な余裕がないものについては、管理組合の承認を受けないで実施することができる。

1　一つ
2　二つ
3　三つ
4　四つ

	①	②	③	④	⑤
学習日					
理解度（○/△/×）					

解法のテクニック

標準管理委託契約書の基本論点からの出題である。肢ウは管理業者が特定建築物の定期調査等も行う点に注意しよう。

ア　**適切**　管理対象部分とは、管理規約により管理組合が管理すべき部分のうち、管理業者が受託して管理する部分をいい、**組合員が管理すべき部分を含まない**（標準管理委託契約書２条関係コメント①）。また、**オートロック設備、宅配ボックス**は専有部分に属さない建物の附属物として、**管理対象部分に該当する**（標準管理委託契約書２条５号ハ）。

イ　**不適切**　標準管理委託契約では、管理事務を管理業者に委託する場合を想定しており、マンション管理計画認定制度および民間団体が行う評価制度に係る業務、**警備業法に定める警備業務、消防法に定める防火管理者が行う業務**は、**管理事務に含まれない**（標準管理委託契約書全般関係コメント③）。

ウ　**適切**　管理業者は、建築基準法12条１項に規定する**特定建築物定期調査**および**特定建築物の建築設備等定期検査を行うとともに、その報告等に係る補助を行う**（標準管理委託契約書別表１の２（３）②一、別表４）

エ　**適切**　管理業者は、受託した管理事務の内容にかかわらず、**災害または事故等の事由**により、管理組合のために、**緊急に行う必要がある業務**で、管理組合の**承認を受ける時間的な余裕がない**ものについては、管理組合の**承認を受けないで実施することができる**（標準管理委託契約書９条１項）。

したがって、**適切なものは肢ア・ウ・エの三つ**であり、正解は３となる。

➔ 攻略テキスト第５編１章

正解３

195 標準管理委託契約書（管理事務の範囲等）

過 H30－7改

次の記述のうち、標準管理委託契約書によれば、適切なものはいくつあるか。

ア　管理業者（マンション管理適正化法第2条第8号に規定する者をいう。以下同じ。）の管理対象部分は、原則として、敷地及び共用部分等であるが、専有部分である設備のうち共用部分と構造上一体となった配管や配線は共用部分と一体で管理を行う必要があるため、管理組合が管理を行うとされている場合において、管理組合から依頼があるときに管理委託契約に含めることも可能である。

イ　管理業者は、管理事務の遂行に際して組合員等に関する個人情報を取り扱う場合には、管理委託契約の目的の範囲において取り扱い、正当な理由なく、第三者に提供、開示又は漏えいしてはならない。

ウ　管理業者は、管理組合に対し、自らが、暴力団、暴力団関係企業、総会屋若しくはこれらに準ずる者又はその構成員ではないことを確約するが、管理委託契約の有効期間内に、当該確約に反する申告をしたことが判明した場合、管理組合が当該契約を解除するには、管理業者に対して相当の期間を定めて催告しなければならない。

エ　管理業者は、管理組合が、管理委託契約にかかるマンションの維持又は修繕（大規模修繕を除く修繕又は保守点検等。）を外注により、当該管理業者以外の業者に行わせる場合、見積書の受理を行うが、当該見積書の内容に対する管理組合への助言は含まれない。

1　一つ
2　二つ
3　三つ
4　四つ

	①	②	③	④	⑤
学習日					
理解度（○/△/×）					

解法のテクニック

平成30年度の改正点からの出題である。コメントの改正点等細かい点から出題されているが、内容としては難しくはないので、確実に得点できるようにしておこう。

ア　**適切**　管理業者の管理対象部分は、原則として、敷地および共用部分等であるが、**専有部分である設備のうち共用部分と構造上一体となった部分**（配管、配線等）は、共用部分と一体で管理を行う必要があるため、**管理組合が管理を行うとされている場合**において、管理組合から依頼があるときに管理委託契約に含めることも可能である（標準管理委託契約書３条関係コメント③）。

イ　**適切**　管理業者は、管理事務の遂行に際して組合員等に関する個人情報を取り扱う場合には、管理委託契約の目的の範囲において取り扱い、**正当な理由なく、第三者に提供、開示または漏えい**してはならない（標準管理委託契約書18条１項）。

ウ　**不適切**　管理業者は、管理組合に対し、自らが、**暴力団、暴力団関係企業、総会屋もしくはこれらに準ずる者**またはその**構成員ではないことを確約するが**、管理委託契約の有効期間内に、当該確約に反する申告をしたことが判明した場合には、何らの催告を要せずして、管理委託契約を**解除することができる**（標準管理委託契約書20条２項５号・27条）。

エ　**適切**　管理業者は、管理組合が管理委託契約にかかるマンションの維持または修繕（大規模修繕を除く修繕または保守点検等）を外注により、当該管理業者以外の業者に行わせる場合、**見積書の受理、発注補助、実施の確認を行う**（標準管理委託契約書別表第１の１（３）二）。ただし、**見積書の内容に対する管理組合への**助言等は含まれない（同関係コメント⑤）。

したがって、**適切なものは肢ア・イ・エの三つ**であり、正解は3となる。

➔ 攻略テキスト第５編１章

正解 3

196 管理対象部分

過 H29－28

標準管理委託契約書の定めによれば、管理対象部分に関する次の記述のうち、不適切なものはいくつあるか。

ア　エレベーターホールは、「専有部分に属さない建物の部分」に含まれる。
イ　テレビ共同受信設備は、「専有部分に属さない建物の附属物」に含まれる。
ウ　専用庭は、「規約共用部分」に含まれる。
エ　管理事務室は、「附属施設」に含まれる。

1　一つ
2　二つ
3　三つ
4　四つ

	①	②	③	④	⑤
学習日					
理解度 (○/△/×)					

解法のテクニック

管理対象部分の分類についての問題である。基本論点なのでしっかり確認しておこう。

ア　**適切**　エレベーターホールは、「**専有部分に属さない建物の部分**」である（標準管理委託契約書2条5号ロ）。

イ　**適切**　テレビ共同受信設備は、「**専有部分に属さない建物の附属物**」である（標準管理委託契約書2条5号ハ）。

ウ　**不適切**　専用庭は、「**附属施設**」である（標準管理委託契約書2条5号ホ）。

エ　**不適切**　管理事務室は、「**規約共用部分**」である（標準管理委託契約書2条5号ニ）。

以上より、**不適切なものは、肢ウ・エの二つ**であり、正解は2となる。

要点整理　管理対象部分まとめ

敷地	
専有部分に属さない建物の部分（規約共用部分を除く）	エントランスホール、廊下、階段、エレベーターホール、共用トイレ、屋上、屋根、塔屋、ポンプ室、自家用電気室、機械室、受水槽室、高置水槽室、パイプスペース、内外壁、床、天井、柱、バルコニー、風除室
専有部分に属さない建物の附属物	エレベーター設備、電気設備、給水設備、排水設備、テレビ共同受信設備、消防・防災設備、避雷設備、各種の配線・配管、オートロック設備、宅配ボックス
規約共用部分	管理事務室、管理用倉庫、清掃員控室、集会室、トランクルーム、倉庫
附属施設	塀、フェンス、駐車場、通路、自転車置場、ゴミ集積所、排水溝、排水口、外灯設備、植栽、掲示板、専用庭、プレイロット

➔ 攻略テキスト第5編1章

正解 2

197 標準管理委託契約書(事務管理業務)

過 R4－6改

標準管理委託契約書「別表第1事務管理業務」に関する次の記述のうち、最も適切なものはどれか。

1　管理業者は、年に一度、管理組合の組合員の管理費等の滞納状況を、当該管理組合に報告する。

2　管理業者は、長期修繕計画案の作成業務並びに建物・設備の劣化状況等を把握するための調査・診断の実施及びその結果に基づき行う当該計画の見直し業務を実施する場合は、本契約の一部として追加・変更することで対応する。

3　管理業者は、管理組合の要求に基づいて、自己の名をもって総会議事録を作成し、組合員等に交付する。

4　管理業者は、管理対象部分に係る各種の点検、検査等の結果を管理組合に報告するとともに、改善等の必要がある事項については、具体的な方策を当該管理組合に助言する。

	①	②	③	④	⑤
学習日					
理解度 (○/△/×)					

解法のテクニック

過去繰り返し出題されている論点からの出題である。肢２以外にも、修繕工事の前提としての建物等劣化診断業務やマンション建替え支援業務等についても別個の契約とすることが望ましいとされているので覚えておこう。

1　**不適切**　管理業者は、毎月、管理組合の**組合員の管理費等の滞納状況**を、**管理組合に報告する**（標準管理委託契約書別表１の１（２）②一）。

2　**不適切**　**長期修繕計画案の作成業務**ならびに**建物・設備の劣化状況等を把握するための調査・診断**の実施およびその結果に基づき行う当該計画の**見直し業務**を実施する場合は、本契約とは別個の契約とする（標準管理委託契約書別表１の１（３）一）。

3　**不適切**　管理業者は、管理組合が管理業者の協力を必要とする場合、総会議事録案の作成を行うとされているが、**自己の名をもって総会議事録を作成するとはされていない**。また、**組合員等に交付するとはされていない**（標準管理委託契約書別表１の２（２）六）。

4　**最も適切**　管理対象部分に係る各種の**点検、検査等の結果**を管理組合に報告するとともに、改善等の必要がある事項については、**具体的な方策を管理組合に助言する**（標準管理委託契約書別表１の２（３）①）。

→ 攻略テキスト第５編１章

正解４

198 出納業務等

過 H27－9改

マンション標準管理委託契約書における出納業務及び会計業務に関する次の記述のうち、最も適切なものはどれか。なお、書面には電磁的方法による提供を含むものとする。

1　管理業者は、管理組合の会計に係る管理費等の出納簿や支出に係る証拠書類等を整備、保管し、当該管理組合の定期総会終了後、遅滞なく、当該管理組合に引き渡さなければならない。

2　保証契約を締結して管理組合の収納口座と管理組合の保管口座を設ける場合、保管口座については当該口座に係る通帳、印鑑等の保管者を別紙に明記しなければならないが、収納口座についてはその必要はない。

3　管理業者は、毎月、管理組合の収支状況及び収納状況が確認できる書面を作成し、管理業務主任者（マンション管理適正化法第2条第9号に規定する者をいう。以下、本試験問題において同じ。）をして管理組合に報告させなければならない。

4　管理業者は、管理組合の管理規約等の定め若しくは総会決議、組合員名簿若しくは組合員異動届又は専用使用契約書に基づき、毎月、組合員別管理費等負担額一覧表を管理組合に提出しなければならない。

	①	②	③	④	⑤
学習日					
理解度 (○/△/×)					

解法のテクニック

肢2はやや細かい論点であるが、繰り返し問われている。口座の名義人と印鑑等の保管者について覚えておこう。

1 **最も適切** 管理業者は、管理組合の会計に係る帳簿等（管理費等の出納簿や支出に係る証拠書類等）を整備、保管する（標準管理委託契約書別表1の1（2）⑤一、同コメント⑨）。また、管理業者は、当該帳簿等を、管理組合の定期総会終了後、遅滞なく、管理組合に引き渡さなければならない（標準管理委託契約書別表1の1（2）⑤二）。

2 **不適切** 保証契約を締結して**管理組合の**収納口座と**管理組合の**保管口座を設ける場合、保管口座および収納口座について当該口座に係る通帳、印鑑等の保管者を別紙に明記しなければならない（標準管理委託契約書別表1の1（2）③一、別紙4）。

3 **不適切** 管理業者は、毎月末日までに、**前月**における管理組合の会計の収支状況に関する書面の交付を行う必要がある（標準管理委託契約書別表1の1（1）③）。そして、会計の収支状況に関する書面として、収支状況および収納状況が確認できる書面の作成が必要である（同コメント③）。しかし、この場合、管理業務主任者に報告させる必要はない。

4 **不適切** 管理業者は管理組合の管理規約等の定めもしくは総会決議、組合員名簿もしくは組合員異動届または専用使用契約書に基づき、組合員別の1ヵ月当たりの**管理費等の負担額の一覧表**（**「組合員別管理費等負担額一覧表」**）を管理組合に提出しなければならない（標準管理委託契約書別表1の1（2）①一）。しかし、「毎月」提出する必要はない。

➔ 攻略テキスト第5編1章

正解 1

199 マンションの維持又は修繕に関する企画又は実施の調整業務

過 R2－9改

マンションの維持又は修繕に関する企画又は実施の調整の業務に関する次のア～エの記述のうち、標準管理委託契約書の定めによれば、適切なものはいくつあるか。なお、書面には電磁的方法による提供を含むものとする。

ア　管理業者は、管理組合の長期修繕計画における修繕積立金の額が著しく低額である場合もしくは設定額に対して実際の積立額が不足している場合又は管理事務を実施する上で把握した本マンションの劣化等の状況に基づき、当該計画の修繕工事の内容、実施予定時期、工事の概算費用もしくは修繕積立金の見直しが必要であると判断した場合には、書面をもって管理組合に助言する。

イ　管理業者が、管理組合の委託により、長期修繕計画案の作成業務並びに建物・設備の劣化状況等を把握するための調査・診断を実施及びその結果に基づき行う当該計画の見直し業務を実施する場合には、管理委託契約とは別個の契約にすることが望ましい。

ウ　管理業者は、管理組合が本マンションの維持又は修繕（大規模修繕を除く修繕又は保守点検等。）を外注により、当該管理業者以外の業者に行わせる場合の見積書の受理、管理組合と受注業者との取次ぎ、実施の確認を行う。

エ「大規模修繕」とは、建物の全体又は複数の部位について、修繕積立金を充当して行う計画的な修繕又は特別な事情により必要となる修繕等をいう。

1　一つ
2　二つ
3　三つ
4　四つ

	①	②	③	④	⑤
学習日					
理解度 (○/△/×)					

解法のテクニック

肢イの管理委託契約とは別個の契約にする業務は、ここ数年繰り返し問われている。長期修繕計画案の作成業務等以外の「別個の契約とする業務」を覚えておこう。

ア　**適切**　管理業者は、管理組合の長期修繕計画における修繕積立金の額が著しく低額である場合もしくは設定額に対して実際の積立額が不足している場合または管理事務を実施する上で把握した本**マンションの劣化等の状況に基づき**、当該計画の修繕工事の内容、実施予定時期、工事の概算費用もしくは修繕積立金の**見直しが必要であると判断した場合**には、書面**をもって管理組合に助言する**（標準管理委託契約書別表1の1（3）一）。

イ　**適切**　**長期修繕計画案の作成業務**ならびに建物・設備の劣化状況などを把握するための**調査・診断を実施**およびその結果に基づき行う当該**計画の見直し業務**を実施する場合は、**本契約とは**別個**の契約とする**（標準管理委託契約書別表1の1（3）一）。

ウ　**適切**　管理業者は、管理組合が本**マンションの維持または修繕**（大規模修繕を除く修繕または保守点検等）を外注により管理業者以外の業者に行わせる場合の**見積書の受理、管理組合と受注業者との取次ぎ、実施の確認を行う**（標準管理委託契約書別表1の1（3）二）。

エ　**適切**　**大規模修繕**とは、**建物の全体**または**複数の部位**について、**修繕積立金を充当して行う**計画的な修繕または特別な事情**により必要となる修繕**等をいう（標準管理委託契約書別表1の1（3）関係コメント④）。

したがって、**適切なもの**は**肢ア・イ・ウ・エの四つ**であり、正解は4となる。

➔ 攻略テキスト第5編1章

正解 4

第5編 標準管理委託契約書

200 標準管理委託契約書(マンションの維持又は修繕に関する企画・実施等)

過 H30－8改

マンションの維持又は修繕に関する企画又は実施の調整の業務に関する次の記述のうち、標準管理委託契約書によれば、最も不適切なものはどれか。なお、書面には電磁的方法による提供を含むものとする。

1　管理業者は、管理組合が、管理委託契約にかかるマンションの維持又は修繕（大規模修繕を除く修繕又は保守点検等。）を外注により、当該マンション管理業者以外の業者に行わせる場合、実施の確認を行うこととされているが、当該実施の確認は、管理員が外注業務の完了の立会いにより確認できる内容のものをいう。

2　管理業者は、管理組合の長期修繕計画における修繕積立金の額が著しく低額である場合もしくは設定額に対して実際の積立額が不足している場合又は管理事務（マンション管理適正化法第2条第6号に規定するものをいう。以下同じ。）を実施する上で把握したマンションの劣化等の状況に基づき、当該計画の修繕工事の内容もしくは修繕積立金の見直しが必要であると判断した場合には、書面又は口頭により当該管理組合に助言をする。

3　長期修繕計画案の作成業務以外にも、必要な年度に特別に行われ、業務内容の独立性が高いという業務の性格から、建物・設備の性能向上に資する改良工事の企画又は実施の調整の業務を管理業者に委託するときは、管理委託契約とは別個の契約にすることが望ましい。

4　長期修繕計画案の作成及び見直しは、長期修繕計画標準様式、長期修繕計画作成ガイドライン、長期修繕計画作成ガイドラインコメント（平成20年6月国土交通省公表（令和3年9月改訂））を参考にして作成することが望ましい。

	①	②	③	④	⑤
学習日					
理解度 (○/△/×)					

解法のテクニック

肢2の書面が必要なケースで、口頭で行ったとするひっかけは、他の問題でもよく使われる。書面と限定されてる論点が出てきたら注意しよう。

1　**適切**　管理業者は、管理組合が管理委託契約にかかるマンションの維持または修繕（大規模修繕を除く修繕または保守点検等）を外注により、当該管理業者以外の業者に行わせる場合、実施の確認を行うが、当該「実施の確認」とは、**管理員が外注業務の完了の立会いにより確認できる内容のもの等**をいう（標準管理委託契約書別表第1の1（3）二）。

2　**最も不適切**　管理業者は、管理組合の長期修繕計画における修繕積立金の額が著しく低額である場合もしくは設定額に対して実際の積立額が不足している場合又は管理事務を実施する上で把握したマンションの劣化等の状況に基づき、当該計画の修繕工事の内容、実施予定時期、工事の概算費用もしくは修繕積立金の**見直しが必要であると判断した場合**には、**書面をもって管理組合に助言する**（標準管理委託契約書別表第1の1（3）一）。口頭での助言は認められない。

3　**適切**　長期修繕計画案の作成業務（長期修繕計画案の作成のための建物等劣化診断業務を含む）以外にも、必要な年度に特別に行われ、業務内容の独立性が高いという業務の性格から、以下の業務を管理業者に委託するときは、**管理委託契約とは別個の契約にすることが望ましい**（標準管理委託契約書別表第1の1（3）関係コメント②）。

①　修繕工事の前提としての建物等劣化診断業務（耐震診断を含む）
②　大規模修繕工事実施設計および工事監理業務
③　**建物・設備の性能向上に資する改良工事の企画または実施の調整**（耐震改修工事、防犯化工事、バリアフリー化工事、ＩＴ化工事等）
④　マンション建替え支援業務

4　**適切**　長期修繕計画案の作成及び見直しは、長期修繕計画標準様式、**長期修繕計画作成ガイドライン**、長期修繕計画作成ガイドラインコメントを**参考にして作成することが望ましい**（標準管理委託契約書別表第1の1（3）関係コメント①）。

➔ 攻略テキスト第5編1章

正解 2

201 標準管理委託契約書(マンションの維持又は修繕に関する企画・実施等)

過 H28－9改

次の記述のうち、標準管理委託契約書によれば、最も不適切なものはどれか。なお、書面には電磁的方法による提供を含むものとする。

1　管理業者及びその使用人等は、正当な理由なく、管理事務に関して知り得た管理組合及び当該管理組合の組合員等の秘密を漏らしてはならない。

2　管理業者は、管理事務を通じて当該マンションの劣化等の状況を把握することができることから、長期修繕計画案の作成業務を実施する場合、当該業務に係る契約については、管理委託契約と別個の契約としてはならない。

3　管理業者は、管理組合の長期修繕計画における修繕積立金の額が著しく低額である場合もしくは設定額に対して実際の積立額が不足している場合又は管理事務を実施する上で把握した当該マンションの劣化等の状況に基づき、当該計画の修繕工事の内容もしくは修繕積立金の見直しが必要であると判断した場合には、書面をもって管理組合に助言するものとする。

4　管理業者が、理事会の設置する各種専門委員会の運営支援業務を実施する場合は、その業務内容、費用負担について、別途、管理組合および管理業者が協議して定めるものとする。

	①	②	③	④	⑤
学習日					
理解度 (○/△/×)					

解法のテクニック

肢4がやや難しかったが、他は基本論点である。消去法で答えを出せるようにしたい。また、肢2の管理委託契約とは別個の契約とするものは、ここ数年繰り返し出題されている。肢2の長期修繕計画等の作成と劣化診断以外にも別個の契約となるものを覚えておこう。

1　**適切**　管理業者およびその使用人等は、**正当な理由**なく、管理事務に関して知り得た管理組合および管理組合の組合員等の**秘密を漏らしてはならない**（標準管理委託契約書17条）。

2　**最も不適切**　長期修繕計画案の作成業務ならびに建物・設備の劣化状況などを把握するための**調査・診断**の実施およびその結果に基づき行う当該計画**の見直し業務**を実施する場合は、**管理委託契約とは別個の契約**とする（標準管理委託契約書 別表第1の1（3）一）。

肢2以外にも以下をマンション管理業者に委託するときは、本契約とは別個の契約にすることが望ましいとされています。
①修繕工事の前提としての建物等劣化診断業務（耐震診断を含む）
②大規模修繕工事実施設計及び工事監理業務
③建物・設備の性能向上に資する改良工事の企画又は実施の調整（耐震改修工事、防犯化工事、バリアフリー化工事、ＩＴ化工事等）
④マンション建替え支援業務

3　**適切**　管理業者は、管理組合の長期修繕計画における修繕積立金の額が著しく低額である場合もしくは設定額に対して実際の積立額が不足している場合または管理事務を実施する上で把握した本マンションの劣化等の状況に基づき、当該計画の修繕工事の内容、実施予定時期、工事の概算費用もしくは修繕積立金の見直しが必要であると判断した場合には、**書面**をもって管理組合に**助言する**（標準管理委託契約書 別表第1の1（3）一）。

4　**適切**　管理業者は、**大規模修繕、長期修繕計画変更、管理規約改正**等、理事会が設置する各種**専門委員会の運営支援業務**を実施する場合は、その業務内容、費用負担について、別途、管理組合および管理業者が**協議して定める**ものとする（標準管理委託契約書 別表第1の2関係コメント⑥）。

→ 攻略テキスト第5編1章

正解 2

202 標準管理委託契約書（管理員業務）

過 R4－8改

標準管理委託契約書「別表第２管理員業務」に関する次の記述のうち、最も不適切なものはどれか。

1　受付等の業務には、宅配物の預かり、引渡しは含まれないが、利害関係人に対する管理規約等の閲覧は含まれる。

2　点検業務には、建物の外観目視点検、無断駐車等の確認が含まれる。

3　立会業務には、災害、事故等の処理の立会い、そのための専有部分の鍵の保管が含まれる。

4　報告連絡業務には、立会結果等の報告、事故等発生時の連絡が含まれる。

	①	②	③	④	⑤
学習日					
理解度 （○/△/×）					

解法のテクニック

管理員業務は初めての出題であった。ただ、管理業者が専有部分の鍵を保管することは一般的ではないので、解答はしやすかったと思う。

1　**適切**　**受付等の業務**には、①管理組合が定める各種使用申込の受理および報告、②管理組合が定める組合員等異動届出書の受理および報告、③利害関係人に対する管理規約等の閲覧、④共用部分の鍵の管理および貸出し、⑤管理用備品の在庫管理、⑥引越業者等に対する指示が含まれる（標準管理委託契約書別表２の２（１））。宅配物の預り、引渡しは改正により受付等の業務に含まれないこととされた。

2　**適切**　**点検業務**には、①建物、諸設備および諸施設の外観目視点検、②照明の点灯および消灯並びに管球類等の点検、交換（高所等危険箇所は除く）、③諸設備の運転および作動状況の点検ならびにその記録、④無断駐車等の確認が含まれる（標準管理委託契約書別表２の２（２））。

3　**最も不適切**　**立会業務**には、①外注業者の業務の着手、実施の立会い、②ゴミ搬出時の際の立会い、③災害、事故等の処理の立会いが含まれる（標準管理委託契約書別表２の２（３））。しかし、**専有部分の鍵の保管は**含まれていない。

4　**適切**　**報告連絡業務**には、①管理組合の文書の配付または掲示、②各種届出、点検結果、立会結果等の報告、③災害、事故等発生時の連絡、報告が含まれる（標準管理委託契約書別表２の２（４））。

➔ 攻略テキスト第５編１章

正解 3

203 標準管理委託契約書（総合）

過 R5－7改

標準管理委託契約書に関する次の記述のうち、適切な記述のみを全て含むものは次の1～4のうちどれか。なお、書面には電磁的方法による提供を含むものとする。

ア　マンションの専有部分である設備のうち共用部分と構造上一体となった部分の管理を、管理組合が行うとされている場合において、管理組合から管理業者に対して依頼があるときには、当該部分の管理を管理委託契約に含めることも可能である。

イ　管理業者は、管理組合の組合員が管理費等を滞納したときは、その支払の督促を行うが、督促しても当該組合員がなお滞納管理費等を支払わないときは、管理業者は当該滞納にかかる督促業務を終了する。

ウ　宅地建物取引業者が、管理組合の組合員から当該組合員が所有する専有部分の売却の依頼を受け、その媒介の業務のために、理由を付した書面により管理規約の提供を求めてきたときは、管理業者は、当該管理組合に代わって、当該宅地建物取引業者に対し、管理規約の写しを提供することになるが、その場合、その提供に要する費用を当該宅地建物取引業者から受領することができる。

1　ア・イ
2　ア・ウ
3　イ・ウ
4　ア・イ・ウ

	①	②	③	④	⑤
学習日					
理解度 (○/△/×)					

解法のテクニック

肢アは、標準管理規約に関連する規定があるので、そこから解答を本試験の現場で推測できるようにしておきたい。

ア　適切　専有部分である設備のうち共用部分と構造上一体となった部分（配管、配線等）は共用部分と一体で管理を行う必要があるため、管理組合が管理を行うとされている場合において、管理組合から依頼があるときに管理委託契約に含めることも可能である（標準管理委託契約書３条関係コメント③）。

イ　適切　管理業者は、事務管理業務のうち、出納業務を行う場合において、組合員に対し、電話・自宅訪問・督促状による管理費、修繕積立金、使用料その他の金銭（管理費等）の督促を行っても、なお当該組合員が支払わないときは、その責めを免れるものとし、その後の収納の請求は管理組合が行うものとする（標準管理委託契約書11条１項）。

ウ　適切　管理業者は、管理組合の組合員から当該組合員が所有する専有部分の売却等の依頼を受けた宅地建物取引業者が、その媒介等の業務のために、理由を付した書面の提出または電磁的方法により提出することにより、管理規約、管理組合が作成し保管する会計帳簿、什器備品台帳およびその他の帳票類ならびに管理組合が保管する長期修繕計画書および設計図書（管理規約等）の提供または別表第５に掲げる事項の開示を求めてきたときは、管理組合に代わって、当該宅地建物取引業者に対し、管理規約等の写しを提供し、別表第５に掲げる事項について書面をもって、または電磁的方法により開示するものとする（標準管理委託契約書15条１項）。そして、当該業務に要する費用を管理規約等の提供または別表第５に掲げる事項の開示を行う相手方から受領することができるものとする（標準管理委託契約書15条２項）。

したがって、適切な記述のみを全て含むものは肢ア・イ・ウであり、正解は４となる。

➡ 攻略テキスト第５編１章

正解 4

204 標準管理委託契約書（総合）

過 R5－8改

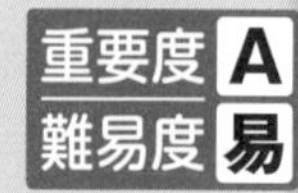

標準管理委託契約書に関する次の記述のうち、適切なものはいくつあるか。

ア　標準管理委託契約書は、典型的な住居専用の単棟型マンションに共通する管理事務に関する標準的な契約内容を定めたものであり、実際の契約書作成に当たっては、特別な事情がない限り本契約書を使用しなければならない。

イ　管理組合は、管理事務として管理業者に委託する事務（別表第1から別表第4までに定める事務）のため、管理業者に委託業務費を支払うが、管理業者が管理事務を実施するのに必要となる水道光熱費、通信費、消耗品費等の諸費用は、当該管理業者が負担する。

ウ　管理業者は、台風の影響により、管理組合のために、緊急に行う必要がある業務で、管理組合の承認を受ける時間的な余裕がないものについて、管理組合の承認を受けないで実施した場合においては、速やかに、口頭でその業務の内容及びその実施に要した費用の額を管理組合に通知すれば足りる。

エ　管理業者は、管理組合がマンションの維持又は修繕（大規模修繕を除く修繕又は保守点検等。）を外注により当該管理業者以外の業者に行わせる場合、見積書の受理を行うが、当該業務には、その見積書の内容に対する助言等は含まれない。

1　一つ
2　二つ
3　三つ
4　四つ

	①	②	③	④	⑤
学習日					
理解度 （○/△/×）					

解法のテクニック

標準管理委託契約書の基本的な論点である。肢イの管理事務を実施するのに必要となる費用は、委任者である管理組合が負担する。民法の委任契約では、委任者が事務処理の費用を負担するからである。

ア　**不適切**　標準管理委託契約書は、典型的な住居専用の単棟型マンションに共通する管理事務に関する標準的な契約内容を定めたものであり、実際の契約書作成に当たっては、個々の状況や必要性に応じて適宜内容の追加・修正・削除を行いつつ活用されるべきものである（標準管理委託契約書全般関係②）。標準管理委託契約書を使用しなければならない義務はない。

イ　**不適切**　管理組合は、管理事務として管理業者に委託する事務のため、管理業者に委託業務費を支払うものとする（標準管理委託契約書６条１項）。そして、管理組合は、委託業務費のほか、管理業者が管理事務を実施するのに伴い必要となる水道光熱費、通信費、消耗品費等の諸費用を負担するものとする（標準管理委託契約書６条４項）。

ウ　**不適切**　管理業者は、災害または事故等の事由により、管理組合のために、緊急に行う必要がある業務で、管理組合の承認を受ける時間的な余裕がないものについては、管理組合の承認を受けないで実施することができる。この場合において、管理業者は、速やかに、書面をもって、その業務の内容およびその実施に要した費用の額を管理組合に通知しなければならない（標準管理委託契約書９条１項）。口頭で通知することは認められていない。

エ　**適切**　管理業者は、管理組合がマンションの維持または修繕（大規模修繕を除く修繕または保守点検等）を外注により管理業者以外の業者に行わせる場合には、見積書の受理、管理組合と受注業者との取次ぎ、実施の確認を行う（標準管理委託契約書別表１の１（３）二）。「見積書の受理」には、見積書の提出を依頼する業者への現場説明や見積書の内容に対する管理組合への助言等（見積書の内容や依頼内容との整合性の確認の範囲を超えるもの）は含まれない（標準管理委託契約書別表１の１（３）関係コメント⑤）。

したがって、適切なものは肢エの一つであり、正解は１となる。

➔ 攻略テキスト第５編１章

正解 1

205 標準管理委託契約書（総合）

過 R2－8改

次の記述のうち、標準管理委託契約書の定めによれば、不適切なものはいくつあるか。

ア　管理業者は、建物・設備管理業務の全部を第三者に再委託することはできない。

イ　管理業者は、管理事務を第三者に再委託した場合においては、再委託した管理事務の適正な処理について、管理組合に対して、責任を負う。

ウ　管理業者が管理事務を第三者に再委託する場合、再委託先の名称が明らかな場合又は契約締結後に明らかになったときは、管理組合に対して通知することが望ましい。

1　なし
2　一つ
3　二つ
4　三つ

	①	②	③	④	⑤
学習日					
理解度（○/△/×）					

肢ウは令和５年９月の改正点である。改正により変更・追加となった規定は注意しておこう。

ア　不適切　管理業者は、建物・設備管理業務の全部もしくは一部を、第三者に再委託することができる（標準管理委託契約書４条１項）。

事務管理業務については、一部しか第三者に委託することはできません。

イ　適切　管理業者が、管理事務を第三者に再委託した場合においては、管理業者は、再委託した管理事務の適正な処理について、管理組合に対して責任を負う（標準管理委託契約書４条２項）。

ウ　適切　契約締結時に再委託する管理事務および再委託先の名称が明らかな場合または契約締結後に明らかになったときは、管理組合に通知することが望ましい（標準管理委託契約書４条関係コメント③）。

したがって、不適切なものは肢アの一つであり、正解は２となる。

➔ 攻略テキスト第５編１章

正解 2

206 管理事務の内容

過 H28−7 改

次の記述のうち、マンション標準管理委託契約書及びマンション標準管理委託契約書コメント（平成30年３月９日国土動指第97号。国土交通省土地・建設産業局長通知。以下、「標準管理委託契約書」という。）によれば、最も適切なものはどれか。

1　管理業者（マンション管理適正化法第２条第８号に規定する者をいう。以下同じ。）又は管理組合は、管理委託契約の更新について申出があった場合において、当該管理委託契約の有効期間が満了する日までに両者の間で更新に関する協議がととのう見込みがないときは、当該管理委託契約と同一の条件で暫定契約を締結することができるが、その暫定契約の期間は３月を超えることができない。

2　管理業者は、管理員業務、清掃業務又は建物・設備管理業務について、それらの業務の一部を第三者に再委託することはできるが、当該業務の全部を第三者に再委託することはできない。

3　管理業者は、解約等により管理委託契約が終了した場合には、管理業者が保管する設計図書、管理規約の原本、総会議事録、総会議案書等の図書等に加え、組合員等の名簿及び出納事務のため管理業者が預かっている管理組合の口座の通帳等を遅滞なく管理組合に引き渡さなければならない。

4　管理業者は、定額委託業務費の内訳について、マンション管理適正化法第72条に基づく重要事項の説明の際に管理組合に対して見積書等であらかじめ明示している場合には、管理組合との合意を得ていなくても、管理委託契約書に定額委託業務費の内訳を記載しないことができる。

	①	②	③	④	⑤
学習日					
理解度 (○/△/×)					

解法のテクニック

肢1は暫定契約の期間に制限がなかった点に注意しよう。解約申入れ期間や、契約更新の申入れ期間との違いにも注意しよう。

1　**不適切**　管理委託契約の更新について申出があった場合において、その有効期間が満了する日までに更新に関する協議が調う見込みがないときは、管理組合および管理業者は、本契約と同一の条件で、期間を定めて暫定契約を締結することができる（標準管理委託契約書23条2項）。この暫定契約の期間は、協議状況を踏まえて当事者間で適切な期間を設けるものであり、3ヵ月を超えてはならないとはされていない（標準管理委託契約書23条関係コメント③）。

2　**不適切**　管理業者は、事務管理業務の管理事務の一部または管理員業務、清掃業務もしくは建物・設備管理業務の管理事務の全部もしくは一部を、第三者に再委託することができる（標準管理委託契約書4条1項）。

3　**最も適切**　管理業者は、解約等により管理委託契約が終了した場合には、管理業者が保管する設計図書等、管理規約の原本、総会議事録、総会議案書等、組合員等の名簿および出納事務のため管理業者が預っている管理組合の口座の通帳等を遅滞なく、管理組合に引き渡す（標準管理委託契約書別表1の2（3）③三）。

4　**不適切**　マンション管理適正化法72条に基づき管理委託契約締結前に行う重要事項説明の際に、管理業者が管理組合に対して見積書等であらかじめ定額委託業務費の内訳を明示している場合であって、当事者間で合意しているときは、管理委託契約書に定額委託業務費の内訳を記載しないことができる（標準管理委託契約書6条関係コメント①）。当事者間で合意をしていない場合は、内訳の記載を省略することはできない。

➔ 攻略テキスト第5編1章

正解 3

207
過 R3－8改

緊急時の業務等

重要度 A
難易度 易

次の記述のうち、標準管理委託契約書によれば、最も不適切なものはどれか。なお、書面には電磁的方法による提供を含むものとする。

1　管理業者は、地震の発生により、管理組合のために、緊急に行う必要がある業務で、管理組合の承認を受ける時間的な余裕がないものについて、管理組合の承認を受けないで実施した場合においては、速やかに、書面をもって、その業務の内容及びその実施に要した費用の額を管理組合に通知しなければならない。

2　管理組合は、管理業者が火災の発生により、緊急に行う必要がある業務を遂行する上でやむを得ず支出した費用であれば、その発生原因が当該管理業者の責めによるものであったとしても、当該管理業者に対して、その費用を速やかに支払わなければならない。

3　管理業者は、漏水の発生により、管理組合のために緊急に行う必要がある場合、専有部分等に立ち入ることができるが、この場合において、管理業者は、管理組合及び管理業者が立ち入った専有部分等に係る組合員等に対し、事後速やかに、報告をしなければならない。

4　管理業者は、管理業者の責めによらない火災の発生により、管理組合又は管理組合の組合員等が損害を受けたときは、その損害を賠償する責任を負わない。

	①	②	③	④	⑤
学習日					
理解度 (○/△/×)					

解法のテクニック

緊急時の業務等に関する問題である。管理業者が緊急時に行える業務や誰が費用を負担するかについて覚えよう。

1 **適切** 管理業者は、災害または事故等の事由により、管理組合のために、緊急に行う必要がある業務で、管理組合の承認を受ける時間的な余裕がないものについては、管理組合の承認を受けないで実施することができる。この場合において、管理業者は、速やかに、書面をもって、その業務の内容およびその実施に要した費用の額を管理組合に通知しなければならない（標準管理委託契約書９条１項）。

2 **最も不適切** 管理組合は、管理業者が災害等の事由により、緊急時に行う業務を遂行する上でやむを得ず支出した費用については、速やかに、管理業者に支払わなければならない。ただし、管理業者の責めによる事故等の場合は支払う必要がない（標準管理委託契約書９条２項）。

3 **適切** 管理業者は、災害または事故等の事由により、管理組合のために緊急に行う必要がある場合、専有部分等に立ち入ることができるが、この場合において、管理業者は、管理組合および管理業者が立ち入った専有部分等に係る組合員等に対し、事後速やかに、報告をしなければならない（標準管理委託契約書14条３項）。

4 **適切** 管理業者は、管理組合または管理組合の組合員等が、管理業者の責めに帰することができない事由による損害を受けたときは、その損害を賠償する責任を負わないものとする（標準管理委託契約書19条３号）。

➔ 攻略テキスト第５編１章

正解 2

208 緊急時の業務等

過 H29－7改

次の記述のうち、標準管理委託契約書の定めによれば、最も不適切なものはどれか。

1　管理業者（マンション管理適正化法第２条第８号に規定する者をいう。以下同じ。）は、管理事務（マンション管理適正化法第２条第６号に規定するものをいう。以下同じ。）を行うため必要があるときは、管理組合の組合員及びその所有する専有部分の占有者（以下「組合員等」という。）に対して、その専有部分又は専用使用部分への立入りを請求することができる。

2　管理業者は、地震等の災害により、管理組合のために、緊急に行う必要がある業務で、管理組合の承認を受ける時間的な余裕がないものについては、管理組合の承認を受けないで実施することができるが、この場合において、管理業者は、速やかに、書面をもって、その業務の内容及び実施に要した費用の額を管理組合に通知しなければならない。

3　管理業者は、火災等の事故（管理業者の責めによらない場合に限る。）により管理組合又は管理組合の組合員等が受けた損害について、その損害額が一定額を超えるときは、その一定額を超える損害部分については、賠償する責任を負わない。

4　管理業者は、管理事務を行うため必要なときは、管理組合の組合員等に対し、管理組合に代わって、建物の保存に有害な行為の中止を求めることができるが、管理業者が中止を求めても、なお管理組合の組合員等がその行為を中止しないときは、管理業者はさらなる中止要求の責務を免れる。

	①	②	③	④	⑤
学習日					
理解度（○/△/×）					

解法のテクニック

管理委託契約書の管理業者の権限・義務（責任）に関する問題である。過去出題されている論点から繰り返し出題されているので確認しよう。肢３の論点も平成20年度試験で出題済みである。注意しよう。

1　**適切**　管理業者は、**管理事務を行うため**必要があるときは、組合員等に対して、その**専有部分または専用使用部分への**立入りを請求することができる（標準管理委託契約書14条１項）。

2　**適切**　管理業者は、地震等の災害または事故等の事由により、管理組合のために、緊急**に行う必要がある業務**で、**管理組合の**承認**を受ける**時間的な余裕がないものについては、管理組合の承認を受けないで実施することができる。この場合において、管理業者は、速やかに、書面をもって、その業務の内容およびその実施に要した費用の額を管理組合に通知しなければならない（標準管理委託契約書９条１項）。

3　**最も不適切**　管理業者は、管理組合または管理組合の組合員等が、災害または事故等（管理業者の責めによらない場合に限る）により損害を受けたときは、その損害を**賠償する責任を負わない**ものとする（標準管理委託契約書19条、９条１項）。しかし、その損害額が一定額を超えるときは、その一定額を超える損害部分については、賠償する責任を負わないとする規定は存在しない。

4　**適切**　管理業者は、管理事務を行うため必要なときは、管理組合の組合員等に対し、管理組合に代わって、**建物の保存に有害な行為の中止を求めることができる**（標準管理委託契約書12条１項２号）。そして、管理業者が、中止を求めても、なお管理組合の組合員等がその行為を中止しないときは、管理業者はさらなる中止要求の責務を免れるものとし、その後の中止等の要求は管理組合が行うものとする（同３項）。

➔ 攻略テキスト第５編１章

正解 3

209 費用の負担

過 H27－7 改

マンション標準管理委託契約書及びマンション標準管理委託契約書コメント（平成30年３月９日国土動指第97号。国土交通省土地・建設・産業局長通知。以下、本試験問題において「マンション標準管理委託契約書」という。）の定めによれば、管理事務（マンション管理適正化法第２条第６号に規定するものをいう。以下、本試験問題において同じ。）に要する費用の負担及び支払方法に関する次の記述のうち、最も不適切なものはどれか。

1　定額委託業務費とは、委託業務費のうち、その負担方法が定額でかつ精算を要しない費用をいう。

2　定額委託業務費以外の業務費については、管理組合は、各業務終了後に、管理組合及び管理業者（マンション管理適正化法第２条第８号に規定する者をいう。以下、本試験問題において同じ。）が別に定める方法により精算の上、管理業者が指定する口座に振り込む方法により支払う。

3　定額委託業務費以外の費用の額についても、管理委託契約書において内訳を明示するものとする。

4　管理業者が管理事務を実施するのに伴い必要となる水道光熱費、通信費、消耗品費等の諸費用は、管理業者が負担する。

	①	②	③	④	⑤
学習日					
理解度（○/△/×）					

解法のテクニック

肢４は、管理事務を実施するため必要となる費用は管理組合の負担とされている。管理事務室の使用に係る費用の負担が、「管理組合または管理業者」とされていたことと混同しないように。

1　**適切**　委託業務費のうち、その負担方法が定額でかつ精算を要しない費用を**定額委託業務費**という（標準管理委託契約書６条２項）。

2　**適切**　委託業務費のうち、**定額委託業務費以外の費用**の額（消費税額等を含む）については、管理組合は、各業務終了後に、管理組合および管理業者が別に定める方法により精算の上、管理業者が指定する口座に振り込む方法により支払うものとする（標準管理委託契約書６条３項）。

3　**適切**　肢２解説参照。**定額委託業務費以外の費用の額**についても、別紙に記載することとされており、内訳を明示する必要がある。

4　**最も不適切**　管理組合は、委託業務費のほか、管理業者が管理事務を実施するのに伴い必要となる**水道光熱費**、通信費、消耗品費等の諸費用を**負担するもの**とする（標準管理委託契約書６条４項）。

要点整理　費用の負担

委託業務費	定額委託業務費（定額で精算を要しないもの）	毎月、口座振替で管理組合が管理業者に支払う。 １月に満たない場合は、日割り計算を行う。
	定額委託業務費以外の費用（精算等を要するもの）	各業務終了後に、管理組合および管理業者が別に定める方法により精算の上、管理業者が指定する口座に振り込む方法による。
管理会社が管理事務を実施するのに必要となる水道光熱費		管理組合が負担する。
管理事務室等の使用		無償で使用させる。
管理事務室の使用に係る費用（水道光熱費等）		管理組合または管理業者の負担とする。 当然に管理組合の負担となるわけではない。
緊急の業務に要した費用		管理組合は管理業者に速やかに支払わなければならない。管理業者の責任による事故等は除く。

➔ 攻略テキスト第５編１章

正解 4

管理事務の報告等

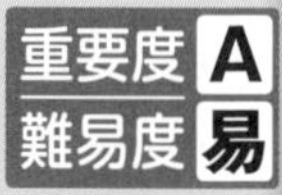

管理業者による管理事務の報告等に関する次の記述のうち、標準管理委託契約書によれば、最も適切なものはどれか。なお、書面には電磁的方法による提供を含むものとする。

1　管理業者は、管理組合の事業年度終了後あらかじめ管理委託契約書で定められた期間内に、管理組合に対し、当該年度における管理事務の処理状況及び管理組合の会計の収支の結果を記載した書面を交付し、報告しなければならないが、その報告をする者は管理業務主任者である必要はない。

2　管理業者は、毎月末日までに、管理組合に対し、前月における管理事務の処理状況に関する書面を交付しなければならない。

3　管理組合から管理業者に対し、あらかじめ管理委託契約書で定められていない時期に、管理事務の処理状況及び管理組合の会計の収支状況について報告を行うよう請求があるときは、管理業者は、管理業務主任者をして、その報告をさせなければならない。

4　管理業者が、管理組合に対し、管理事務の処理状況及び管理組合の会計の収支状況について報告を行う場合に、管理組合は、管理業者に対し、それらに係る関係書類の提示を求めることができる。

	①	②	③	④	⑤
学習日					
理解度 (○/△/×)					

解法のテクニック

管理事務の報告等の論点では、管理業務主任者が関与する必要があるか問われる問題が頻出である。管理業務主任者が報告をしなければならないのは、管理組合の事業年度終了後一定期間内に行われる管理事務の報告であり、その他では管理業務主任者が報告をする必要はない。

1　**不適切**　管理業者は、管理組合の事業年度終了後あらかじめ管理委託契約書で定められた期間内に、管理組合に対し、当該年度における**管理事務の処理状況**および**管理組合の会計の収支の結果を記載した書面を交付**し、**管理業務主任者**をして、**報告をさせなければならない**（標準管理委託契約書10条1項）。

2　**不適切**　管理業者は、**毎月末日**までに、管理組合に対し、**前月**における管理組合の「**会計の収支状況**」**に関する書面を交付**しなければならない（標準管理委託契約書10条2項）。管理事務の処理状況に関する書面を交付するのではない。

3　**不適切**　管理業者は、**管理組合から請求があるとき**は、**管理事務の処理状況**および**管理組合の会計の収支状況**について**報告を行わなければならない**（標準管理委託契約書10条3項）。しかし、この報告については、**管理業務主任者が報告をする必要はない**。

4　**最も適切**　管理業者が、管理組合に対し、**管理事務の処理状況および管理組合の会計の収支状況について報告を行う場合**に、管理組合は、管理業者に対し、**管理事務の処理状況**および**管理組合の会計の収支に係る関係書類の提示**を求めることができる（標準管理委託契約書10条4項）。

→ 攻略テキスト第5編1章

正解 4

211 管理事務の報告等

過 R1－13改

管理業者が行う管理組合への管理事務の報告等に関する次の記述のうち、標準管理委託契約書によれば、適切なものの組み合わせはどれか。

ア　管理業者は、管理組合の事業年度終了後、管理組合と合意した期限内に、当該年度における管理事務の処理状況及び管理組合の会計の収支の結果を記載した書面（電磁的方法を含む。）を管理組合に交付し、管理業務主任者をして、報告をさせなければならない。

イ　管理業者は、毎月末日までに、前月における管理組合の会計の収支状況に関する書面（電磁的方法を含む。）を管理組合に交付し、管理業務主任者をして、報告をさせなければならない。

ウ　管理業者は、管理組合から請求があるときは、管理事務の処理状況及び管理組合の会計の収支状況についての書面を管理組合に交付し、管理業務主任者をして、報告をさせなければならない。

エ　管理業者は、管理組合の会計の収支状況に関する書面について、あらかじめ管理組合が当該書面の交付に代えて電磁的方法による交付を承諾した場合には、当該方法による交付を行うことができる。

1　ア・イ
2　ア・エ
3　イ・ウ
4　ウ・エ

	①	②	③	④	⑤
学習日					
理解度 (○/△/×)					

解法のテクニック

管理事務の報告等では、管理業務主任者が報告をする必要があるか否かがよく問われている。管理業務主任者が報告する義務があるのは、肢1の管理組合の事業年度終了後に行うものである。

ア　適切　管理業者は、管理組合の事業年度終了後○月以内に、管理組合に対し、当該年度における管理事務の処理状況および管理組合の会計の収支の結果を記載した書面を交付し、管理業務主任者をして、報告をさせなければならない（標準管理委託契約書10条1項）。

イ　不適切　管理業者は、毎月末日までに、管理組合に対し、前月における管理組合の会計の収支状況に関する書面を交付しなければならない。しかし、管理業務主任者をして報告をさせなければならないとはされていない（標準管理委託契約書10条2項）。

ウ　不適切　管理業者は、管理組合から請求があるときは、管理事務の処理状況および管理組合の会計の収支状況について報告を行わなければならない。しかし、管理業務主任者をして報告をさせなければならないとはされていない（標準管理委託契約書10条3項）。

エ　適切　あらかじめ管理組合が、管理組合の会計の収支状況に関する書面の交付に代えて電磁的方法による提供を承諾した場合には、管理業者は、管理組合の収支状況に関する書面の交付に代えて電磁的方法による提供を行うことができる（標準管理委託契約書別表第1の1（1）③）。

したがって、適切なものの組合せは肢ア・エであり、正解は2となる。

➔ 攻略テキスト第5編1章

正解 2

212 通知義務

過 H25－9改

マンション標準管理委託契約書における通知義務に関する次の記述のうち、正しいものの組み合わせはどれか。なお、書面には電磁的方法による提供を含むものとする。

ア　管理業者がマンション管理業の登録の取消しの処分を受けたときは、管理業者は、速やかに、書面をもって、管理組合に通知しなければならない。

イ　管理組合の組合員がその専有部分を第三者に貸与したときは、管理組合は、書面をもって、管理業者に通知する必要はないが、管理組合の役員又は組合員が変更したときは、管理組合は、速やかに、書面をもって、管理業者に通知しなければならない。

ウ　管理業者が会社更生、民事再生の申立てがあったときは、書面をもって、管理組合に通知する必要はないが、銀行の取引を停止されたとき、若しくは破産の申立てを受けたときは、速やかに、書面をもって、管理組合に通知をしなければならない。

エ　管理業者が商号又は住所を変更したときは、管理業者は、速やかに、書面をもって、管理組合に通知しなければならず、管理業者が合併又は会社分割したときも、同様に通知しなければならない。

1　ア・ウ
2　ア・エ
3　イ・ウ
4　イ・エ

	①	②	③	④	⑤
学習日					
理解度 (○/△/×)					

解法のテクニック

通知義務の内容について覚えよう。肢エの「書面が必要」という点はよくひっかけで「口頭」で通知したと出題されるので注意しよう。

ア　正しい　管理業者が、マンション管理適正化法の規定に基づき処分を受けたときは、管理業者は、速やかに、書面をもって、管理組合に通知しなければならない（標準管理委託契約書13条２項５号）。

したがって登録取消「処分」を受けたときも書面をもって通知しなければならない。

イ　誤り　管理組合の役員または組合員が変更したときも、管理組合の組合員がその専有部分を第三者に貸与したときも、管理組合は、書面をもって、管理業者に通知しなければならない（標準管理委託契約書13条２項１号・２号）。

ウ　誤り　管理業者が銀行の取引を停止されたとき、もしくは破産、会社更生、民事再生の申立てがあったときは、速やかに、書面をもって、管理組合に通知しなければならない（標準管理委託契約書13条２項６号、20条２項１号・２号）。

エ　正しい　管理業者が、商号または住所を変更したときは、管理業者は、速やかに、書面をもって、管理組合に通知しなければならない（標準管理委託契約書13条２項３号）。また、管理業者が合併または会社分割したときは、管理業者は、速やかに、書面をもって、管理組合に通知しなければならない（標準管理委託契約書13条２項４号）。

したがって、正しいものの組合せは肢ア・エであり、正解は２となる。

➔ 攻略テキスト第５編１章

正解 2

213 規約等の提供等

過 R3－7改

宅地建物取引業者が、管理組合の組合員から、当該組合員が所有する専有部分の売却の依頼を受け、その媒介の業務のために、管理規約の提供又は「別表第5（宅地建物取引業者等の求めに応じて開示する事項）」に掲げる事項の開示を求めてきた場合に、管理業者が当該管理組合に代わって行う対応に関する次の記述のうち、標準管理委託契約書によれば、適切なものはいくつあるか。ただし、管理業者は、その対応にあたって組合員等の個人情報の保護等を踏まえながら行うものとする。

ア　管理業者は、管理規約の提供等の業務に要する費用を当該宅地建物取引業者から受領することはできない。

イ　管理業者は、当該組合員が管理費等を滞納していることが明らかな場合であっても、当該宅地建物取引業者に対し、その清算に関する必要な措置を求めることはできない。

ウ　管理業者が管理規約の提供等を行う場合にあっては、管理規約及び使用細則において宅地建物取引業者等への提供・開示に関する根拠が明確に規定されるとともに、これと整合的に管理委託契約書において管理業者による提供・開示に関して規定されることが必要である。

エ　管理組合の財務・管理に関する情報を、宅地建物取引業者を通じて専有部分の購入等を予定する者に提供・開示することは、当該購入予定者等の利益の保護等に資するとともに、マンション内におけるトラブルの未然防止、組合運営の円滑化、マンションの資産価値の向上等の観点からも有意義である。

1　一つ　　2　二つ　　3　三つ　　4　四つ

	①	②	③	④	⑤
学習日					
理解度 (○/△/×)					

解法のテクニック

管理規約の提供等のやや細かい論点である。ただ、難しい論点ではなく、常識的な判断で解けるものである。宅建業法の重要事項説明や標準管理規約の帳票類の提供とも関係する論点なので、知識の横断整理をしておこう。

ア　不適切　管理業者は、管理規約等の提供または別表５に掲げる事項の開示の業務に要する費用を管理規約の提供等を行う相手方から受領することができる（標準管理委託契約書15条２項）。

イ　不適切　管理規約の提供等をする場合において、管理業者は、当該組合員が管理費等を滞納しているときは、管理組合に代わって、当該宅建業者に対し、その清算に関する必要な措置を求めることができるものとする（標準管理委託契約書15条３項）。

ウ　適切　管理規約の提供等の業務を管理業者が行う場合にあっては、管理規約および使用細則において宅建業者等への提供・開示に関する根拠が明確に規定されるとともに、これと整合的に管理委託契約書において管理業者による提供・開示に関して規定されることが必要である（標準管理委託契約書15条関係コメント②）。

エ　適切　管理組合の財務・管理に関する情報を、宅建業者または売主たる組合員を通じて専有部分の購入等を予定する者に提供・開示することは、当該購入予定者等の利益の保護等に資するとともに、マンション内におけるトラブルの未然防止、組合運営の円滑化、マンションの資産価値の向上等の観点からも有意義である（標準管理委託契約書15条関係コメント①）。

したがって、適切なものは肢ウ・エの二つであり、正解は２となる。

➔ 攻略テキスト第５編１章

正解 2

規約等の提供等

次の記述のうち、標準管理委託契約書によれば、最も不適切なものはどれか。

1　宅地建物取引業者（宅地建物取引業法第2条第3号に規定する者をいう。以下同じ。）が媒介等の業務のために、管理規約等の提供・開示を求めてきた場合に、管理業者が、当該宅地建物取引業者に対して、管理規約等の提供・開示を行うときは、管理規約等において宅地建物取引業者等への提供・開示に関する根拠が明確に規定されるとともに、これと整合的に管理委託契約書において管理業者による提供・開示に関して規定されることが必要である。

2　管理業者は、理事会支援業務や総会支援業務について、区分所有法及び管理組合の管理規約に照らし、当該管理組合の管理者以外に、正規に招集の権限があると考えられる者から当該支援業務に関する契約書に規定する業務の履行の要求があった場合は、これを拒否すべき正当な理由がある場合を除き、業務を履行すべきである。

3　理事会及び総会の議事録については、議事の経過の要点及びその結果を記載する必要があり、「議事の経過」とは議題、議案、討議の内容及び採決方法等を指すところ、それらの要点を記載することで足り、すべての発言を一言一句記録するものではないが、議事に影響を与える重要な発言は記録することに留意する必要がある。

4　管理業者が管理事務の一部を第三者に再委託した場合においては、当該管理業者は、再委託した管理事務の適正な処理について、管理組合に対する責任を免れる。

	①	②	③	④	⑤
学習日					
理解度 (○/△/×)					

解法のテクニック

コメントの改正点等細かい点から出題されているが、肢4が基本論点であるので、解答自体は簡単な問題である。また、繰り返し出題されても解けるように、肢1～3も覚えておこう。

1 **適切** 宅地建物取引業者が、媒介等の業務のために、管理業者に管理規約等の提供・開示を求めてきた場合に、これらの事務を管理業者が行う場合にあっては、**管理規約および使用細則において宅地建物取引業者等への提供・開示に関する根拠が明確に規定される**とともに、これと整合的に**管理委託契約書において管理業者による提供・開示に関して規定されること**が必要である（標準管理委託契約書15条関係コメント①・②）。

2 **適切** 管理業者は、理事会支援業務や総会支援業務について、区分所有法および管理組合の管理規約に照らし、当該管理組合の**管理者等以外の正規に招集の権限があると考えられる者**から当該支援業務に関する契約書に規定する業務の履行の要求があった場合にも、これを**拒否すべき正当な理由がある場合を除き、業務を履行すべきものである**（標準管理委託契約書別表1の2関係コメント⑨）。

3 **適切** 理事会および総会の議事録については、**議事の経過の要点およびその結果**を記載する必要がある。この「議事の経過」とは議題、議案、討議の内容及び採決方法等を指すが、それらの要点を記載することで足り、**すべての発言を一言一句記録するものではない**。しかし、議事に影響を与える重要な発言は記録することに留意する（標準管理委託契約書別表第1の2関係コメント⑤）。

4 **最も不適切** 管理業者が、管理事務の一部を、第三者に再委託した場合においては、当該管理業者は、**再委託した管理事務の適正な処理について、管理組合に対して、責任を負う**（標準管理委託契約書4条2項）。

➔ 攻略テキスト第5編1章

正解 4

215 規約等の提供等

過 H29－9改

宅地建物取引業者（宅地建物取引業法第２条第３号に規定する者をいう。以下同じ。）が、管理組合の組合員から、当該組合員が所有する専有部分の売却の依頼を受け、その媒介等の業務のために、宅地建物取引業法施行規則第16条の２に定める事項等について、管理業者に確認を求めてきた場合等の当該管理組合に代わって行う管理業者の対応に関する次の記述のうち、標準管理委託契約書の定めによれば、最も不適切なものはどれか。

1　管理組合の組合員が、当該組合員が所有する専有部分の売却等を目的とする情報収集のために、理由を付した書面により管理組合の収支及び予算の状況の開示を求めてきたときは、管理業者はそのことについて開示するものとする。

2　宅地建物取引業者が、理由を付した書面により管理規約の提供を求めてきたときは、管理業者は管理規約の写しを提供するものとする。

3　管理業者は、管理規約の提供等に要する費用を、管理規約の提供等を行う相手方である宅地建物取引業者から受領することができる。

4　宅地建物取引業者が、理由を付した書面により管理費等の変更予定等について開示を求めてきたときは、変更予定の有無のいずれかを記載するが、変更について検討中の場合は、「変更予定有」と記載する。

	①	②	③	④	⑤
学習日					
理解度 (○/△/×)					

解法のテクニック

肢4のように、開示内容が別表第5に非常に細かく項目分けされている。今後もここからの出題が予想されるので、細かい点まで目を通しておきたい。

1　**適切**　管理組合の組合員が、当該組合員が所有する専有部分の売却等を目的とする情報収集のために、理由を付した書面により管理組合の収支および予算の状況の開示を求めてきたときは、管理業者は、管理組合に代わって、書面をもって、または電磁的方法により開示するものとする（標準管理委託契約書15条1項、別表第5の6（1））。

2　**適切**　宅地建物取引業者が、理由を付した書面により管理規約等の提供を求めてきたときは、管理業者は、管理組合に代わって、管理規約の写しを提供するものとする（標準管理委託契約書15条1項）。

3　**適切**　管理業者は、管理規約の提供等に要する費用を管理規約の提供等を行う相手方である宅地建物取引業者から受領することができるものとする（標準管理委託契約書15条2項）。

4　**最も不適切**　宅地建物取引業者が、理由を付した書面により管理費等の変更予定等の開示を求めてきたときは、変更予定の有無または検討中であるかを記載するものとする（標準管理委託契約書15条1項、別表第5の6（3））。したがって、管理費等の変更予定等について検討中である場合は、「検討中」と記載すべきであり、「変更有」と記載すべきではない。

➔ 攻略テキスト第5編1章

正解 4

216 管理業者の責任

過 H21－8改

管理業者の責任に関する次の記述のうち、マンション標準管理委託契約書の定めによれば、最も不適切なものはどれか。なお、書面には電磁的方法による提供を含むものとする。

1　管理業者は、管理事務を第三者に再委託した場合においては、再委託した管理事務の適正な処理について、管理組合に対して責任を負う。

2　管理業者は、商号又は住所を変更したときは、速やかに、口頭又は書面をもって、管理事務の委託を受けている管理組合に通知しなければならない。

3　管理業者は、当該業者の従業員が、その業務の遂行に関し、管理組合又は管理組合の組合員及びその所有する専有部分の占有者（以下「組合員等」という。）に損害を及ぼしたときは、管理組合又は管理組合の組合員等に対し、使用者としての責任を負う。

4　管理業者及び管理業者の従業員は、正当な理由なく、管理事務に関して知り得た管理組合及び組合員等の秘密を漏らしてはならない。

	①	②	③	④	⑤
学習日					
理解度 (○/△/×)					

解法のテクニック

管理業者の責任・義務に関する基本論点である。正解肢も口頭（誤）⇒書面（正）という頻出のひっかけである。得点しなければならない問題である。

1　**適切**　管理業者は、管理事務を第三者に再委託した場合は、再委託した管理事務の適正な処理について、管理組合に対して責任を負う（標準管理委託契約書４条２項）。

2　**最も不適切**　管理業者は、商号または住所を変更したときは、速やかに書面をもって、管理組合に通知しなければならない（標準管理委託契約書13条２項３号）。書面で通知する必要があり、口頭での通知は認められていない。

3　**適切**　管理業者は、管理業者の従業員が、その業務の遂行に関し、管理組合または組合員等に損害を及ぼしたときは、管理組合または管理組合の組合員に対し、使用者としての責任を負う（標準管理委託契約書16条）。

4　**適切**　管理業者および管理業者の従業員は、正当な理由なく、管理事務に関して知り得た管理組合および管理組合の組合員等の秘密を漏らし、または管理事務以外の目的に使用してはならない（標準管理委託契約書17条１項）。

➔ 攻略テキスト第５編１章

正解 2

217 標準管理委託契約書（総合）

過R1－9改

次の記述のうち、標準管理委託契約書によれば、最も不適切なものはどれか。なお、書面には電磁的方法による提供を含むものとする。

1　管理組合又は管理業者は、その相手方が、管理委託契約に定められた義務の履行を怠った場合は、相当の期間を定めてその履行を催告し、相手方が当該期間内に、その義務を履行しないときは、当該契約を解除することができる。

2　管理事務を受託する管理組合のマンションにおける管理業者の免責事項については、排水設備の能力以上に機械式駐車場内に雨水流入があったときの車両に対する損害等、必要に応じて具体的な内容を記載することができる。

3　管理業者は、管理事務を受託する管理組合のマンションにおいて滅失、き損、瑕疵等の事実を知った場合においては、書面をもって、当該管理組合に通知しなければならない。

4　管理業者は、マンション管理適正化法の規定に基づく処分を受けたときには、管理事務を受託する管理組合に対して、速やかに、書面をもって、通知しなければならない。

	①	②	③	④	⑤
学習日					
理解度（○/△/×）					

解法のテクニック

標準管理委託契約書の基本論点からの出題である。肢３の通知は、書面に限定されていない点に注意しよう。

1　**適切**　管理組合または管理業者は、その相手方が、契約に定められた**義務の履行を怠った場合**は、**相当の期間**を定めてその履行を催告し、相手方が当該期間内に、その義務を履行しないときは、**契約を解除することができる**（標準管理委託契約書20条１項）。

2　**適切**　管理業者の免責事項について、昨今のマンションを取り巻く環境の変化、特に予期できない自然災害等が増えてきていることから、当該マンションの地域性、設備の状況等に応じて、管理組合および管理業者の協議の上、災害等に加えて、例えば、**「排水設備の能力以上に機械式駐車場内に雨水流入があったときの車両に対する損害」**等、必要に応じて**具体的な内容を記載することも考えられる**（標準管理委託契約書19条関係コメント①）。

3　**最も不適切**　管理組合および管理業者は、マンションにおいて滅失、き損、瑕疵等の事実を知った場合においては、**速やかに**、その状況を**相手方に通知しなければならない**。しかし、この通知については、**書面に**限定されていない（標準管理委託契約書13条１項）。

4　**適切**　管理組合および管理業者は、次に掲げる場合においては、速やかに、書面**をもって**、相手方に**通知しなければならない**（標準管理委託契約書13条２項）。

①　管理組合の役員または組合員が変更したとき
②　管理組合の組合員がその専有部分を第三者に貸与したとき
③　管理業者が商号または住所を変更したとき
④　管理業者が合併または会社分割したとき
⑤　**管理業者がマンションの管理の適正化の推進に関する法律の規定に基づき処分を受けたとき**
⑥　管理業者が銀行の取引を停止されたとき
⑦　管理業者に破産手続・会社更生手続・民事再生手続その他法的倒産手続開始の申立て、もしくは私的整理の開始があったとき
⑧　管理業者が合併・上記⑦以外の事由で解散したとき

➔ 攻略テキスト第５編１章

正解 3

218 標準管理委託契約書（解除・解約）

過 R5－6改

管理委託契約の解除等に関する次の記述のうち、標準管理委託契約書によれば、最も不適切なものはどれか。なお、書面には電磁的方法による提供を含むものとする。

1　管理組合又は管理業者は、その相手方に対し、少なくとも３月前に書面又は口頭で解約の申入れを行うことにより、管理委託契約を終了させることができる。

2　管理委託契約の更新について申出があった場合において、その有効期間が満了する日までに更新に関する協議がととのう見込みがないときは、管理組合及び管理業者は、当該契約と同一の条件で、期間を定めて暫定契約を締結することができる。

3　管理業者が管理組合に対し、自らの役員が反社会的勢力ではないことを確約したが、当該確約に反する申告をしたことが判明した場合、管理組合は何らの催告を要せずして、管理委託契約を解除することができる。

4　管理組合及び管理業者は、その相手方が、管理委託契約に定められた義務の履行を怠った場合は、相当の期間を定めてその履行を催告し、相手方が当該期間内に、その義務を履行しないときは、当該契約を解除することができる。

	①	②	③	④	⑤
学習日					
理解度 (○/△/×)					

解法のテクニック

標準管理委託契約書の基本的な問題である。肢1の「口頭で」解約の申入れのように、同じひっかけが繰り返し出題されるので、ひっかけ問題のパターンを覚えておこう。

1 **最も不適切** 管理組合または管理業者は、その相手方に対し、少なくとも3ヵ月前に書面で解約の申入れを行うことにより、本契約を終了させることができる（標準管理委託契約書21条）。なお、管理組合または管理業者は、あらかじめ、相手方に対し、その用いる電磁的方法の種類および内容を示した上で、その承諾を得た場合は、管理委託契約に規定する書面およびその事務処理上必要となる書面を電磁的方法により提供することができる（標準管理委託契約書25条1項）。

2 **適切** 契約の更新について申出があった場合において、その有効期間が満了する日までに更新に関する協議が調う見込みがないときは、管理組合および管理業者は、本契約と同一の条件で、期間を定めて暫定契約を締結することができる（標準管理委託契約書23条2項）。

3 **適切** 管理組合または管理業者は、自らの役員（管理組合の役員および管理業者の業務を執行する社員、取締役、執行役またはこれらに準ずる者をいう）が反社会的勢力ではないことを確約する（標準管理委託契約書27条2号）。そして、当該確約に反する事実が判明したときは、その相手方は、何らの催告を要せずして、管理委託契約を解除することができる（標準管理委託契約書20条2項5号）。

4 **適切** 管理組合または管理業者は、その相手方が、管理委託契約に定められた義務の履行を怠った場合は、相当の期間を定めてその履行を催告し、相手方が当該期間内に、その義務を履行しないときは、管理委託契約を解除することができる（標準管理委託契約書20条1項）。

→ 攻略テキスト第5編1章

正解 1

219 標準管理委託契約書（解除・解約）

過 R2－7改

次のア～エの記述のうち、標準管理委託契約書の定めによれば、適切なものはいくつあるか。なお、書面には電磁的方法による提供を含むものとする。

ア　管理組合又は管理業者は、その相手方が、本契約に定められた義務の履行を怠った場合は、直ちに本契約を解除することができる。

イ　管理組合は、管理業者が破産手続開始、会社更生手続開始、民事再生手続開始の申立てがあったときは、本契約を解除することができる。

ウ　管理組合は、管理業者がマンション管理適正化法の規定に違反し、管理業の登録の取消しの処分を受けたときは、本契約を解除することができる。

エ　管理組合及び管理業者は、その相手方に対し、少なくとも一月前に書面で解約の申入れを行うことにより、本契約を終了させることができる。

1　一つ
2　二つ
3　三つ
4　四つ

	①	②	③	④	⑤
学習日					
理解度 （○/△/×）					

解法のテクニック

管理委託契約の解除・解約の基本的な論点である。肢アの「直ちに」解除はできないという論点は過去繰り返し出題されているので注意しておこう。

ア　**不適切**　管理組合または管理業者は、その相手方が、管理委託契約に定められた義務の履行を怠った場合は、相当の期間を定めてその履行を催告し、相手方が当該期間内に、その義務を履行しないときは、契約を解除することができる（標準管理委託契約書20条１項）。したがって、直ちに契約を解除することはできない。

イ　**適切**　管理組合は、管理業者が銀行の取引を停止されたとき、または破産、会社更生、民事再生の申立てがあったときは、本契約を解除することができる（標準管理委託契約書20条２項２号）。

ウ　**適切**　管理組合は、管理業者がマンション管理業の登録の取消しの処分を受けたときは、本契約を解除することができる（標準管理委託契約書20条２項４号）。

エ　**不適切**　管理組合または管理業者は、その相手方に対し、少なくとも３ヵ月前に書面で解約の申入れを行うことにより、管理委託契約を終了させることができる（標準管理委託契約書21条）。

したがって、適切なものは肢イ・ウの二つであり、正解は２となる。

➔ 攻略テキスト第５編１章

正解 2

220 標準管理委託契約書（総合）

過 R3－6改

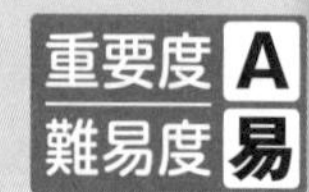

次の記述のうち、標準管理委託契約書によれば、最も不適切なものはどれか。

1　管理業者は、事務管理業務の管理事務の全部を、第三者に再委託することができる。

2　管理組合は、管理業者に管理事務を行わせるために不可欠な管理事務室、管理用倉庫、清掃員控室、器具、備品等を無償で使用させるものとする。

3　管理業者は、事務管理業務のうち出納業務を行う場合において、管理組合の組合員に対し管理委託契約に従って管理費等の督促を行っても、なお当該組合員が支払わないときは、その責めを免れるものとし、その後の収納の請求は管理組合が行うものとする。

4　管理組合又は管理業者は、解除事由の有無にかかわらず、その相手方に対し、少なくとも3月前に書面で解約の申入れを行うことにより、本契約を終了させることができる。

	①	②	③	④	⑤
学習日					
理解度（○/△/×）					

解法のテクニック

標準管理委託契約書の基本論点からの出題である。肢４の解約のように、方法が「書面」に限定されている規定を「口頭」で解約したとひっかけで出題するケースもあるので、要件に注意しよう。

1　**最も不適切**　管理業者は、事務管理業務の管理事務の一部または管理員業務、清掃業務、建物・設備管理業務の管理事務の全部もしくは一部を、**第三者に再委託することができる**（標準管理委託契約書４条１項）。したがって、事務管理業務の管理事務の全部を第三者に再委託することはできない。

2　**適切**　管理組合は、管理業者に管理事務を行わせるために不可欠な**管理事務室、管理用倉庫、清掃員控室、器具、備品**等を無償で**使用させる**ものとする（標準管理委託契約書７条１項）。

3　**適切**　管理業者は、出納業務を行う場合において、管理組合の組合員に対し**電話、自宅訪問、督促状**による管理費、修繕積立金、使用料その他の金銭の督促を行っても、なお当該組合員が支払わないときは、その責めを免れるものとし、**その後の収納の請求は**管理組合**が行う**ものとする（標準管理委託契約書11条１項）。

4　**適切**　解除事由の有無にかかわらず、管理組合または管理業者は、その相手方に対し、少なくとも３ヵ月**前**に書面で**解約の申入れ**を行うことにより、**管理委託契約を終了させることができる**（標準管理委託契約書21条）。

→ 攻略テキスト第５編１章

正解 1

221 標準管理委託契約書（総合）

過R1－8改

次の記述のうち、標準管理委託契約書によれば、最も不適切なものはどれか。

1　管理業者が、管理委託契約の有効期間内に、自ら又は第三者を利用して、相手方に対する脅迫的な言動又は暴力を用いる行為をしないことの確約に反する行為をした場合には、管理組合は、相当の期間を定めて催告しなければ、当該契約を解除することができない。

2　管理業者が、管理委託契約に従い、組合員に対し管理費等の督促を行っても、なお当該組合員が支払わないときは、その責めを免れるものとし、その後の収納の請求は管理組合が行うものとする。

3　消費税法等の税制の制定又は改廃により、税率等の改定があった場合には、委託業務費のうちの消費税額等は、その改定に基づく額に変更するものとする。

4　管理業者が、専有部分内を対象とする業務を実施しようとする場合においては、費用負担をめぐってトラブルにならないよう、基本的に便益を受ける者が費用を負担することに留意した契約方法とする必要がある。

	①	②	③	④	⑤
学習日					
理解度 (○/△/×)					

解法のテクニック

標準管理委託契約書の基本論点からの出題である。肢1は、無催告解除が可能である点に注意しよう。

1　**最も不適切**　管理業者は、本契約の有効期間内に、自らまたは第三者を利用して、次の行為をしないことを**確約しなければならない**（標準管理委託契約書27条1項4号）。

> ①相手方に対する**脅迫的な言動**または**暴力を用いる行為**
> ②偽計または威力を用いて相手方の**業務を妨害**し、または**信用を棄損**する行為

そして、管理業者が、契約の有効期間内に、上記の確約に反する行為をしたときは、管理組合は**何らの催告を要せずして**、**管理委託契約を解除することができる**（標準管理委託契約書20条2項5号）。

2　**適切**　管理業者は、出納業務を行う場合において、管理組合の組合員に対し管理費等の督促を行っても、なお当該**組合員が支払わないときは**、その責**めを免れる**ものとし、その後の収納の請求は**管理組合が行うものとする**（標準管理委託契約書11条1項）。

3　**適切**　消費税法等の税制の制定または改廃により、**税率等の改定があった場合**には、委託業務費のうちの消費税額等は、その**改定に基づく額に変更する**（標準管理委託契約書24条）。

4　**適切**　管理業者によって**専有部分内を対象とする業務**が想定されるが、費用負担をめぐってトラブルにならないよう、基本的に**便益を受ける者が費用を負担する**ことに留意した契約方法とする必要がある（標準管理委託契約書3条関係コメント③）。

➔ 攻略テキスト第5編1章

正解 1

222 標準管理委託契約書（総合）

過 H29－8改

次の記述のうち、標準管理委託契約書の定めによれば、最も適切なものはどれか。なお、書面には電磁的方法による提供を含むものとする。

1　管理業者は、管理組合の管理規約の原本、総会議事録、総会議案書等を、管理業者の事務所で保管する。

2　管理業者は、当該業者の使用人等が、その業務の遂行に関し、管理組合又は管理組合の組合員等に損害を及ぼしたときは、管理組合又は管理組合の組合員等に対し、使用者としての責任を負う。

3　管理業者は、管理対象部分に係る各種の点検、検査等を実施した場合、その結果を管理組合に口頭で報告すると共に、改善等の必要がある事項については、書面をもって、具体的な方策を管理組合に助言する。

4　管理組合は、管理業者がマンション管理業（マンション管理適正化法第2条第7号に規定するものをいう。）の登録の取消しの処分を受けたとしても、管理委託契約を解除することはできない。

	①	②	③	④	⑤
学習日					
理解度 (○/△/×)					

解法のテクニック

肢１のように、「管理組合」を「管理業者」と入れ替えてくる引っかけがよく使われる。注意しよう。

1　**不適切**　管理業者は、管理組合の管理規約の原本、総会議事録、総会議案書等を、「**管理組合**」**の事務所で保管する**（標準管理委託契約書別表第１の２（３）③二）。

2　**最も適切**　管理業者は、当該管理業者の使用人等が、その**業務の遂行**に関し、管理組合または組合員等に損害を及ぼしたときは、管理組合または管理組合の組合員等に対し、**使用者としての責任**を負う（標準管理委託契約書16条）。

3　**不適切**　管理業者は、管理対象部分に係る各種の点検、検査等の結果を管理組合に報告すると共に、改善等の必要がある事項については、**具体的な方策を管理組合に助言する**。この「**報告**」および**助言**は、「**書面**」をもって行う。報告についても「書面」でしなければならない（標準管理委託契約書別表第１の２（３）①）。

4　**不適切**　管理組合は、管理業者がマンション管理業の**登録の取消しの処分**を受けたときは、管理委託契約を**解除**することができる（標準管理委託契約書20条２項４号）。

業務停止処分を受けたときは、管理委託契約を解除することができません。

➔ 攻略テキスト第５編１章

正解 2

第５編 標準管理委託契約書

223 標準管理委託契約書（総合）

オリジナル

標準管理委託契約書に関する次の記述のうち、最も不適切なものはどれか。

1　マンション管理計画認定制度及び民間団体が行う評価制度等に係る業務は、管理委託契約に含めることが望ましい。

2　管理委託契約に基づく管理組合の管理業者に対する管理事務に関する指示については、法令の定めに基づく場合を除き、管理組合の管理者等又は管理組合の指定する管理組合の役員が管理業者の使用人その他の従業者のうち管理業者が指定した者に対して行うものとする。

3　管理業者は、現金収納業務に関し、現金収納は行わないとすることも、現金収納を行うとすることもできる。

4　管理業者は、ＷＥＢ会議システム等を活用した総会を行う場合において、管理組合が管理業者の協力を必要とするときの機器の調達、貸与及び設置の補助を行う。

	①	②	③	④	⑤
学習日					
理解度 (○/△/×)					

解法のテクニック

令和５年９月改正からの出題である。肢２は、カスタマーハラスメント対策として、管理業者の使用人に対して管理事務の指示等を行う役員と指示等を受ける管理業者の使用人を定めることとされた。

1　**最も不適切**　マンション管理計画認定制度および民間団体が行う評価制度等に係る業務ならびに警備業法に定める警備業務および消防法に定める防火管理者が行う業務は、管理事務に含まれない。そのため、これらの業務に係る委託契約については、管理委託契約と別個の契約にすることが望ましい（標準管理委託契約書全般関係コメント③）。

2　**適切**　管理委託契約に基づく管理組合の管理業者に対する管理事務に関する指示については、法令の定めに基づく場合を除き、管理組合の管理者等または管理組合の指定する管理組合の役員が管理業者の使用人その他の従業者のうち管理業者が指定した者に対して行うものとする（標準管理委託契約書８条）。

3　**適切**　管理業者は、現金収納業務に関し、現金収納は行わないとすることも、現金収納を行うとすることもできる。なお、現金収納を行う場合は、管理業者が現金で受領する使用料等の種類を定めるものとし、定めた使用料等以外は、現金で受領することはできないものとする（標準管理規約別表１の１（２）⑥）。

4　**適切**　管理業者は、ＷＥＢ会議システム等を活用した総会を行う場合において、管理組合が管理業者の協力を必要とするときの機器の調達、貸与および設置の補助を行う（標準管理規約別表１の２（２）七）。

→ 攻略テキスト第５編１章

正解 1

224 オリジナル 標準管理委託契約書（個人情報の取扱い）

標準管理委託契約書に関する次の記述のうち、不適切なものはいくつあるか。なお、書面には電磁的方法による提供を含むものとする。

ア　管理業者は、個人情報への不当なアクセス又は個人情報の紛失、盗難、改ざん、漏えい等（以下「漏えい等」という。）の危険に対し、合理的な安全管理措置を講じなければならない。

イ　管理業者において個人情報の漏えい等の事故が発生したときは、管理業者は、管理組合に対し、速やかにその状況を報告するとともに、自己の費用において、漏えい等の原因の調査を行い、その結果について、書面をもって管理組合に報告し、再発防止策を講じるものとする。

ウ　管理業者は、個人情報の取扱いを再委託してはならないが、書面又は口頭で管理組合の事前の承諾を得たときは、再委託をすることができる。

エ　管理業者は、管理委託契約が終了したときは、管理組合に個人情報を返却しなければならず、廃棄することはできない。

1　一つ
2　二つ
3　三つ
4　四つ

	①	②	③	④	⑤
学習日					
理解度（○/△/×）					

解法のテクニック

令和5年9月改正からの出題である。個人情報の取扱いについて、管理業者の義務が明確化された。漏えい時の対応等について覚えておこう。

ア　**適切**　管理業者は、個人情報への**不当なアクセス**または**個人情報の紛失、盗難、改ざん、漏えい**等（漏えい等）の危険に対し、合理的な**安全管理措置**を講じなければならない（標準管理委託契約書18条2項）。

イ　**適切**　管理業者において個人情報の**漏えい等の事故が発生したとき**は、管理業者は、管理組合に対し、**速やかにその状況を報告する**とともに、**自己の費用**において、**漏えい等の原因の調査**を行い、その結果について、**書面**をもって**管理組合に報告**し、**再発防止策を講じる**ものとする（標準管理委託契約書18条4項）。

ウ　**不適切**　管理業者は、**個人情報の取扱い**を**再委託してはならない**。ただし、**書面**をもって**管理組合の事前の承諾**を得たときはこの限りではない（標準管理委託契約書18条5項）。口頭での承諾は認められていない。

エ　**不適切**　管理業者は、管理委託契約が終了したときは、管理組合と協議を行い**個人情報を返却**または**廃棄する**ものとし、その結果について、**書面**をもって**管理組合に報告する**ものとする（標準管理委託契約書18条6項）。

したがって、**不適切なもの**は**肢ウ・エ**の**二つ**であり、正解は**2**となる。

→ 攻略テキスト第5編1章

正解 2

第6編

建築法令・設備・維持保全

建築分野の最近の傾向として、コンクリート等の建築材料の特徴から出題されている。基本的な論点からの出題なので、得点できるようにしたい。他には、建築基準法の用語の定義、定期調査や、給・排水設備、耐震補修、劣化現象等が頻出論点である。

この分野からの出題は、毎年10～13問程度である。6割程度の正解をまずは目指そう。

225
過 R4－17

用語の定義

重要度 A
難易度 易

建築基準法第2条及び同法施行令第1条の用語の定義に関する次の記述のうち、最も不適切なものはどれか。

1 「建築物」とは、土地に定着する工作物のうち、屋根及び柱若しくは壁を有するもの（これに類する構造のものを含む。）などをいい、建築設備を含まない。

2 「敷地」とは、一の建築物又は用途上不可分の関係にある二以上の建築物のある一団の土地をいう。

3 「主要構造部」とは、壁、柱、床、はり、屋根又は階段をいい、建築物の構造上重要でない部分を除く。

4 「大規模の修繕」とは、建築物の主要構造部の一種以上について行う過半の修繕をいう。

	①	②	③	④	⑤
学習日					
理解度 (○/△/×)					

解法のテクニック

用語の定義は過去繰り返し出題されている。今後の出題も予想されるので、しっかり覚えておこう。

1　**最も不適切**　**建築物**とは、土地に定着する工作物のうち、**屋根**および**柱**もしくは**壁を有するもの**（これに類する構造のものを含む）、これに附属する門もしくは塀、観覧のための工作物または地下もしくは高架の工作物内に設ける事務所、店舗、興行場、倉庫その他これらに類する施設（鉄道および軌道の線路敷地内の運転保安に関する施設並びに跨線橋、プラットホームの上家、貯蔵槽その他これらに類する施設を除く）をいい、**建築設備を**含む**もの**とする（建築基準法２条１号）。

2　**適切**　**敷地**とは、**1の建築物**または**用途上不可分の関係にある2以上の建築物**のある一団の土地をいう（建築基準法施行令１条１号）。

3　**適切**　**主要構造部**とは、**壁**、**柱**、**床**、**はり**、**屋根**または**階段**をいい、**建築物の**構造上重要でない間仕切壁、間柱、付け柱、揚げ床、最下階の床、回り舞台の床、小ばり、ひさし、局部的な小階段、屋外階段その他これらに類する建築物の**部分を**除く**もの**とする（建築基準法２条５号）。

4　**適切**　**大規模の修繕**とは、建築物の主要構造部**の一種以上**について行う過半**の修繕**をいう（建築基準法２条14号）。

➔ 攻略テキスト第6編1章

正解 1

用語の定義

建築基準法第２条（用語の定義）に関する次の記述のうち、最も不適切なものはどれか。

1　特殊建築物には、病院、劇場、百貨店、工場などのほか、共同住宅も含まれる。

2　建築設備とは、建築物に設ける電気、ガス、給水、排水、換気、暖房、冷房、消火、排煙若しくは汚物処理の設備又は煙突、昇降機若しくは避雷針をいう。

3　居室とは、居住、執務、作業、集会、娯楽その他これらに類する目的のために継続的に使用する室をいう。

4　建築とは、建築物を新築し、増築し、改築し、移転し、大規模の修繕をし、又は大規模の模様替えをすることをいう。

	①	②	③	④	⑤
学習日					
理解度 (○/△/×)					

解法のテクニック

建築基準法の用語の定義の基本論点である。過去繰り返し出題された論点ばかりなので、定義を正確に覚えておこう。

1　適切　特殊建築物とは、学校（専修学校および各種学校を含む）、体育館、病院、劇場、観覧場、集会場、展示場、百貨店、市場、ダンスホール、遊技場、公衆浴場、旅館、共同住宅、寄宿舎、下宿、工場、倉庫、自動車車庫、危険物の貯蔵場、と畜場、火葬場、汚物処理場その他これらに類する用途に供する建築物をいう（建築基準法２条２号）

2　適切　建築設備とは、建築物に設ける電気、ガス、給水、排水、換気、暖房、冷房、消火、排煙もしくは汚物処理の設備または煙突、昇降機もしくは避雷針をいう（建築基準法２条３号）。

3　適切　居室とは、居住、執務、作業、集会、娯楽その他これらに類する目的のために継続的に使用する室をいう（建築基準法２条４号）。

4　最も不適切　建築とは、建築物を新築し、増築し、改築し、または移転することをいう（建築基準法２条13号）。したがって、建築には、大規模の修繕と大規模の模様替えは含まれない（同14・15号）。

➔ 攻略テキスト第６編１章

正解 4

227 過R2－17

建築基準法（総合）

重要度 B 難易度 普

次の記述のうち、建築基準法によれば、誤っているものはどれか。

1　準耐火構造が要求される建築物は、耐火構造で建てることも可能である。

2　火炎を遮る設備である防火設備には、ドレンチャー、防火戸などがある。

3　建築基準法による「主要構造部」と、建築基準法施行令による「構造耐力上主要な部分」に共通して規定されている部材として、壁、柱などがある。

4　建築物の用途・規模などに応じて、内装の仕上げ材料の制限を受ける部位は、壁、天井及び床である。

	①	②	③	④	⑤
学習日					
理解度（○/△/×）					

解法のテクニック

肢１は、建築基準法では、下位の構造は上位の構造に包含されると覚えておこう。耐火構造であれば、要求性能が耐火構造よりも低い（下位）準耐火構造や防火構造の場合でも使用できるのである。

1　**正しい**　耐火構造では、建築物の部分（壁等）に通常の火災による火熱が一定時間加えられた場合、構造耐力上支障のある変形等を生じないものであることとされている（建築基準法施行令107条）。つまり、一定時間火熱が加わった後、火災が終わった後も変形等を生じないことが求められている。これに対して、準耐火構造では、建築物の部分に通常の火災による火熱が加えられた場合、「加熱開始後一定時間」構造耐力上支障のある変形等を生じないものであることとされている（建築基準法施行令107条の２）。つまり、一定時間加熱による変形等を生じなければ、その後、変形等が生じてもよいのである。したがって、耐火構造の方が準耐火構造よりも性能が高いので、準耐火構造が要求される建築物を耐火建築物で建てることも可能である。

2　**正しい**　火災を遮る設備である防火設備には、ドレンチャー、防火戸等がある（建築基準法施行令109条１項）。

ドレンチャーとは、隣接の建造物火災などから飛来する火の粉等を放水された水で幕を作り、火の粉を消火、構造物自体を冷却等して火災を防止する設備です。

3　**正しい**　主要構造部には、壁、柱、床、はり、屋根または階段が該当する（建築基準法２条５号）。また、構造耐力上主要な部分には、基礎、基礎ぐい、壁、柱、小屋組、土台、斜材（筋かい、方づえ、火打材その他これらに類するものをいう）、床版、屋根版または横架材（はり、けたその他これらに類するものをいう）が該当する（建築基準法施行令１条３号）。

4　**誤り**　共同住宅等の特殊建築物は、政令で定めるものを除き、政令で定める技術的基準に従って、その壁および天井の室内に面する部分の仕上げを防火上支障がないようにしなければならない（内装制限：建築基準法35条の２）。しかし、床については、この制限を受けない。

➔ 攻略テキスト第６編１章

正解 4

容積率

建築物の容積率に関する次の記述のうち、建築基準法によれば、最も適切なものはどれか。

1　容積率の限度が前面道路の幅員によって定まる場合において、当該前面道路が２以上あるときは、それらの幅員のうち最小のものが、容積率の算定の基礎となる数値として採用される。
2　容積率を算定する場合において、宅配ボックス設置部分の床面積は、その敷地内の全ての建築物の各階の床面積の合計に100分の１を乗じて得た面積を限度として、延べ面積には算入されない。
3　エレベーターの昇降路の部分の床面積は、容積率の算定の基礎となる延べ面積に算入される。
4　容積率に関する制限を受ける地域、地区又は区域が２以上にわたる場合において、その敷地面積の過半を占める地域、地区又は区域の限度が適用される。

	①	②	③	④	⑤
学習日					
理解度 (○/△/×)					

解法のテクニック

容積率については、過去繰り返し出題されている。容積率の算定基準や容積率に不算入となる部分を覚えておこう。

1　**不適切**　前面道路（前面道路が２以上あるときは、その幅員の最大のもの）の幅員が12m未満である建築物の容積率は、当該前面道路の幅員のメートルの数値に、一定の数値を乗じたもの以下でなければならない（建築基準法52条２項）。

2　**最も適切**　宅配ボックス（配達された物品（荷受人が不在その他の事由により受け取ることができないものに限る）の一時保管のための荷受箱をいう）を設ける部分の床面積は、その敷地内の全ての建築物の各階の床面積の合計に100分の１を乗じて得た面積を限度として、延べ面積には算入しない（建築基準法施行令２条１項４号へ、３項６号）。

3　**不適切**　建築物の容積率の算定の基礎となる延べ面積には、政令で定める昇降機の昇降路の部分または共同住宅もしくは老人ホーム等の共用の廊下もしくは階段の用に供する部分の床面積は、算入しないものとする（建築基準法52条６項）。

4　**不適切**　建築物の敷地が建築物の容積率に関する制限を受ける地域、地区または区域の２以上にわたる場合においては、当該建築物の容積率は、当該各地域、地区または区域内の建築物の容積率の限度にその敷地の当該地域、地区または区域内にある各部分の面積の敷地面積に対する割合を乗じて得たものの合計以下でなければならない（建築基準法52条７項）。過半を占める地域等の限度となるのではない。

➔ 攻略テキスト第６編１章

正解 2

229 面積・高さの算定方法

過 H26−22

建築基準法における面積・高さなどの算定方法に関する次の記述のうち、誤っているものはどれか。

1　がけ地、川、線路敷地等に沿う道路のうち特定行政庁が指定する幅員４m未満の道路において、当該がけ地等の境界線から道の側に４mまでの部分は、敷地面積に算入されない。
2　自動車車庫の床面積は、当該敷地内の建築物の各階の床面積の合計（同一敷地内に２以上の建築物がある場合においては、それらの建築物の各階の床面積の合計の和）に５分の１を乗じて得た面積を限度として、延べ面積には算入されない。
3　地階で、地盤面上1.5m以下にある部分は、建築面積に算入されない。
4　階段室、昇降機塔などの建築物の屋上部分の水平投影面積の合計が、当該建築物の建築面積の８分の１以内の場合、その部分の高さは、建築物の高さに算入されないことがある。

	①	②	③	④	⑤
学習日					
理解度 (○/△/×)					

解法のテクニック

建築基準法の用語の定義は、ほぼ毎年１問出題されている。繰り返し出題されることが多い論点ばかりなので、しっかり覚えておこう。

1　**正しい**　敷地面積は敷地の水平投影面積による。そして、崖地、川、線路敷地等に沿う道路のうち特定行政庁が指定する幅員４ｍ未満の道路においては、当該崖地等の境界線から道の側に水平距離４ｍの線がその道路の境界線とみなされる。したがって、４ｍまでの部分は、敷地面積に算入されない（建築基準法施行令２条１項１号、建築基準法42条２項）。

2　**正しい**　自動車車庫の床面積は、当該敷地内の建築物の各階の床面積の合計（同一敷地内に２以上の建築物がある場合、それらの建築物の各階の床面積の合計の和）の５分の１を限度として、延べ面積に算入されない（建築基準法施行令２条１項４号イ・３項１号）。

3　**誤り**　地階で、地盤面上１ｍ以下にある部分は、建築面積に算入されない（建築基準法施行令２条１項２号）。

4　**正しい**　階段室、昇降機塔などの建築物の屋上部分の水平投影面積の合計が、当該建築物の建築面積の８分の１以内の場合、その部分の高さは、原則として12ｍまでは、当該建築物の高さに算入されない（建築基準法施行令２条１項６号ロ）。

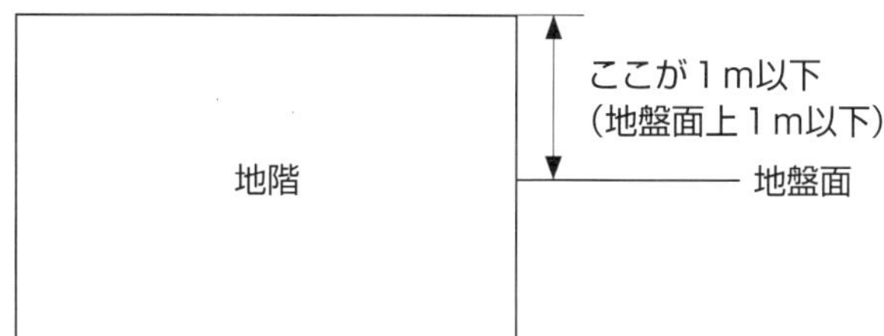

➔ 攻略テキスト第６編１章

正解３

用語の定義

建築基準法（昭和25年法律第201号）における用語の定義に関する次の記述のうち、誤っているものはどれか。

1　防火上有効な公園、広場、川等の空地若しくは水面又は耐火構造の壁その他これらに類するものに面する部分及び建築物の外壁面と隣地境界線等との角度に応じて、当該建築物の周囲において発生する通常の火災時における火熱により燃焼するおそれのないものを除き、隣地境界線から１階にあっては３ｍ以下、２階以上にあっては５ｍ以下にある建築物の部分は、延焼のおそれのある部分に該当する。

2　床が地盤面下にある階で、床面から地盤面までの高さがその階の天井の高さの４分の１以上のものを地階という。

3　特定行政庁が指定する幅員４ｍ未満の道路の中心線から水平距離で２ｍ後退した線までの部分は、敷地面積には算入されない。

4　階段室、昇降機塔、装飾塔、物見塔、屋窓その他これらに類する建築物の屋上部分の水平投影面積の合計が、当該建築物の建築面積の８分の１以内の場合、その部分の高さは、建築物の高さに算入されないことがある。

	①	②	③	④	⑤
学習日					
理解度 (○/△/×)					

解法のテクニック

用語の定義は非常に重要な論点である。本問の論点は繰り返し問われているので、しっかりと確認しておこう。また、こういった問題では数字部分は即チェックすることを癖にしよう。

1　**正しい**　**延焼のおそれのある部分**とは、防火上有効な公園等に接面する部分及び建築物の外壁面と隣地境界線等との角度に応じて、当該建築物の周囲において発生する通常の火災時における火熱により燃焼するおそれのないものを除き、隣地境界線、道路中心線または同一敷地内の２以上の建築物（延べ面積の合計が500㎡以内の建築物は、一の建築物とみなす。）相互の外壁間の中心線から、**１階にあっては３ｍ以下、２階以上にあっては５ｍ以下**の距離にある建築物の部分をいう（建築基準法２条６号）。

2　**誤り**　**地階**とは、床が地盤面下にある階で、**床面から地盤面までの高さ**がその階の天井の高さの**３分の１以上**のものをいう（建築基準法施行令１条２号）。

3　**正しい**　敷地面積は、敷地の水平投影面積による。ただし、**幅員４ｍ未満**の道路で、特定行政庁が指定する道路（２項道路）の場合は、道路の境界線とみなされる線と道との間の部分（**道路の中心線から水平距離で２ｍ後退した部分**）の敷地は、**敷地面積に算入しない**（建築基準法施行令２条１項１号）。

4　**正しい**　階段室、昇降機塔、装飾塔、物見塔、屋窓その他これらに類する建築物の屋上部分の水平投影面積の合計が当該建築物の**建築面積の８分の１以内**の場合においては、その部分の高さは、原則として、**12ｍ**までは、**当該建築物の高さに算入されない**（建築基準法施行令２条１項６号ロ）。

要点整理　地階・延焼のおそれのある部分

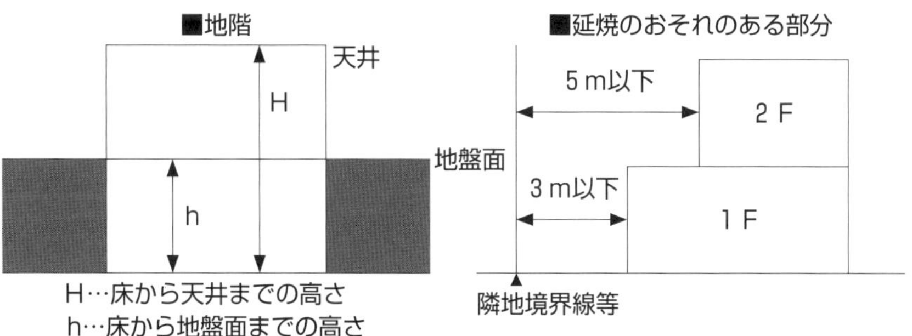

➔ 攻略テキスト第６編１章

正解２

面積の算定方法

建築基準法（昭和25年法律第201号）及び同法施行令（昭和25年政令第338号）に規定される面積の算定に関する次の記述のうち、誤っているものはどれか。

1　特定行政庁が指定する幅員４ｍ未満の道路の中心線からの水平距離が２ｍまでの部分は、敷地面積に算入しない。

2　建築物の外壁又はこれに代わる柱の中心線から水平距離１ｍ以上突き出た軒、ひさしなどの部分は、その先端から水平距離１ｍ後退した線から建物側を建築面積に算入する。

3　床面積は、建築物の各階又はその一部で、壁その他の区画の中心線で囲まれた部分の水平投影面積による。

4　延べ面積は、建築物の各階の床面積の合計であり、共同住宅の容積率の算定においても、共用の廊下及び階段の用に供する部分の面積を含む。

	①	②	③	④	⑤
学習日					
理解度 (○/△/×)					

解法のテクニック

面積の算定に関する問題である。管理業務主任者試験では、このような用語の定義に関して1問出題される。敷地面積・建築面積・延べ面積それぞれの定義と、算定方法を押さえておこう。

1 **正しい** 敷地面積は、敷地の水平投影面積による。ただし、幅員4m未満の道路で、特定行政庁が指定する道路（2項道路）の場合は、道路の境界線とみなされる線と道との間の部分（道路の中心線から水平距離で2m後退した部分）の敷地は、敷地面積に算入しない（建築基準法施行令2条1項1号）。

2 **正しい** 建築面積は建築物（地階で地盤面上1m以下にある部分を除く）の外壁またはこれに代わる柱の中心線（軒、ひさし、はね出し縁その他これらに類するもので当該中心線から水平距離1m以上突き出たものがある場合においては、その端から水平距離1m後退した線）で囲まれた部分の水平投影面積による（建築基準法施行令2条1項2号）。

3 **正しい** 床面積は、建築物の各階またはその一部で壁その他の区画の中心線で囲まれた部分の水平投影面積による（建築基準法施行令2条1項3号）。

4 **誤り** 延べ面積は、建築物の各階の床面積の合計をいうが（建築基準法2条1項4号）、建築物の容積率の算定の基礎となる延べ面積には、共同住宅もしくは老人ホーム等の共用の廊下または階段の用に供する部分の床面積は、算入しないものとする（建築基準法52条6項）。

要点整理 建築面積

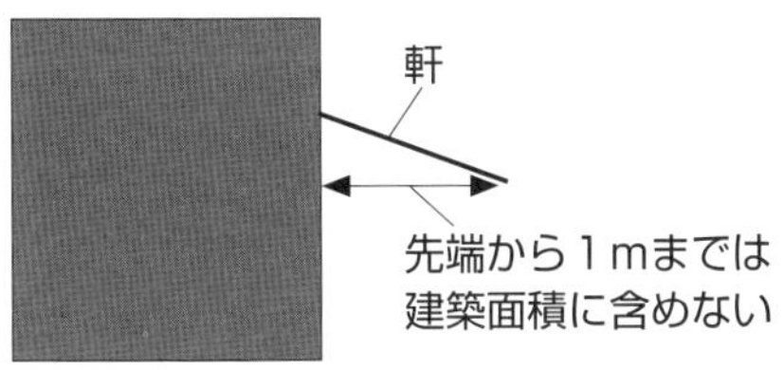

➡ 攻略テキスト第6編1章

正解 4

232 定期調査等

過 H29－27

建築基準法第12条に規定する建築設備等の報告、検査等に関する次の記述のうち、誤っているものはどれか。

1　排煙設備の排煙風量測定の定期報告の時期は、５年の間隔をおいて特定行政庁が定める時期（建築基準法施行規則で別途定めるものを除く。）とする。

2　防火設備の定期報告の時期は、種類、用途、構造等に応じて、おおむね6月から１年まで（ただし、国土交通大臣が定める検査の項目については、１年から３年まで）の間隔をおいて特定行政庁が定める時期（建築基準法施行規則で別途定めるものを除く。）とする。

3　非常用の照明装置に白熱灯を用いる場合には、避難上必要となる最も暗い部分の水平床面においての照度が１ルクス以上であることを確認する。

4　昇降機を含む特定建築設備等について、一級建築士若しくは二級建築士又は建築設備等検査員資格者証の交付を受けている者は、建築基準法施行規則で定める定期検査を行うことができる。

	①	②	③	④	⑤
学習日					
理解度 (○/△/×)					

解法のテクニック

平成28年度改正点からの出題である。肢４の一級建築士・二級建築士以外の資格者（建築物調査員や建築設備等検査員）については、今後も出題が予想されるので覚えておこう。

1　**誤り**　定期報告の時期は、建築設備または防火設備（「建築設備等」という）の種類、用途、構造等に応じて、原則として、おおむね６ヵ月から１年まで、例外として本肢の排煙設備の排煙風量測定のような国土交通大臣が定める検査の項目については、１年から３年までの間隔をおいて特定行政庁が定める時期とする（建築基準法12条３項、建築基準法施行規則６条１項）。５年ごとではない。

2　**正しい**　肢１の解説参照。防火設備の種類、用途、構造等に応じて、原則として、おおむね６ヵ月から１年までの間隔をおいて特定行政庁が定める時期とする（建築基準法12条３項、建築基準法施行規則６条１項）。

3　**正しい**　非常用の照明装置に白熱灯を用いる場合には、照明は、直接照明とし、床面において１ルクス以上の照度を確保することができるものとすることが必要である（建築基準法施行令126条の５第１号イ）。そのため、建築基準法12条３項の定期検査においても、避難上必要となる最も暗い部分の水平床面において、低照度測定用照度計によって測定する照度が１ルクス以上であることを確認するものとされている（平成28年国土交通省告示1419号）。

4　**正しい**　昇降機を含む特定建築設備等で安全上、防火上または衛生上特に重要であるものとして政令で定めるもの、および当該政令で定めるもの以外の特定建築設備等で特定行政庁が指定するものの所有者は、これらの特定建築設備等について、国土交通省令で定めるところにより、定期に、一級建築士もしくは二級建築士または建築設備等検査員資格者証の交付を受けている者（「建築設備等検査員」という）に検査をさせて、その結果を特定行政庁に報告しなければならない（建築基準法12条３項）。

➔ 攻略テキスト第６編１章

正解 1

建築基準法（総合）

建築基準法の規定に関する次の記述のうち、誤っているものはどれか。

1　建築物の外壁面と隣地境界線等との角度に応じて、当該建築物の周囲において発生する通常の火災時における火熱により燃焼するおそれのないものとして国土交通大臣が定める部分は、延焼のおそれのある部分から除かれる。

2　特殊建築物で安全上、防火上又は衛生上特に重要であるものとして政令で定めるものの所有者又は管理者は、その建築物の敷地、構造及び建築設備を常時適法な状態に維持するため、必要に応じ、その建築物の維持保全に関する準則又は計画を作成しその他適切な措置を講じなければならない。

3　特定行政庁は、建築物の所有者又は管理者による準則又は計画の適確な作成に資するため、必要な指針を定めることができる。

4　特定行政庁は、建築物の敷地、構造又は建築設備について、損傷、腐食その他の劣化が生じ、そのまま放置すれば保安上危険となり、又は衛生上有害となるおそれがあると認める場合においては、当該建築物又はその敷地の所有者、管理者又は占有者に対して、修繕、防腐措置その他当該建築物又はその敷地の維持保全に関し必要な指導及び助言をすることができる。

	①	②	③	④	⑤
学習日					
理解度 (○/△/×)					

解法のテクニック

建築基準法の令和元年の改正点からの出題である。肢1は過去繰り返し出題されている「延焼のおそれのある部分」の定義から除外される部分が追加になったので注意しよう。

1　**正しい**　建築物の**外壁面**と**隣地境界線等**との角度に応じて、当該建築物の周囲において発生する通常の火災時における火熱により**燃焼するおそれのないもの**として国土交通大臣が定める部分は、**延焼のおそれのある部分から**除かれる（建築基準法2条1項6号ロ）。

2　**正しい**　次の①②のいずれかに該当する建築物の**所有者**または**管理者**は、その建築物の敷地、構造及び建築設備を**常時適法な状態**に維持するため、必要に応じ、その建築物の**維持保全に関する**準則**または**計画を作成しその他適切な措置を講じなければならない（建築基準法8条2項）。

> ①特殊建築物で安全上、防火上または衛生上特に重要であるものとして政令で定めるもの
> ②上記①の特殊建築物以外の特殊建築物その他政令で定める建築物で、特定行政庁が指定するもの

3　**誤り**　国土交通大臣は、建築物の所有者または管理者による**準則**又は**計画**の適確な作成に資するため、必要な指針を定めることができる（建築基準法8条3項）。特定行政庁が指針を定めるのではない。

4　**正しい**　特定行政庁は、建築物の敷地、構造または建築設備について、損傷、腐食その他の劣化が生じ、そのまま放置すれば保安上**危険**となり、または**衛生上有害**となるおそれがあると認める場合においては、当該建築物またはその敷地の**所有者**、**管理者**または**占有者**に対して、修繕、防腐措置その他当該建築物またはその敷地の維持保全に関し必要な**指導**および**助言**をすることができる（建築基準法9条の4）

➔ 攻略テキスト第6編1章

正解 3

234 建築基準法（総合）

建築基準法の規定に関する次の記述のうち、誤っているものはどれか。

1　長屋又は共同住宅の各戸の界壁は、その構造が、隣接する住戸からの日常生活に伴い生ずる音を衛生上支障がないように低減するために天井に必要とされる性能に関して政令で定める技術的基準に適合するもので、国土交通大臣が定めた構造方法を用いるもの又は国土交通大臣の認定を受けたものである場合においては、小屋裏又は天井裏に達する必要がない。

2　各階の床面積がそれぞれ150㎡の5階建ての共同住宅の1階部分の用途を住宅宿泊事業のために寄宿舎に変更しようとするときは、建築主事又は指定確認検査機関による確認を受けなければならない。

3　準防火地域内にある、準耐火建築物又はこれと同等以上の延焼防止性能を有するものとして政令で定める建築物については、建蔽率が10分の1緩和される。

4　防火地域又は準防火地域内にある建築物は、その外壁の開口部で延焼のおそれのある部分に防火戸その他の政令で定める防火設備を設け、かつ、壁、柱、床その他の建築物の部分及び当該防火設備を通常の火災による周囲への延焼を防止するためにこれらに必要とされる性能に関して防火地域及び準防火地域の別並びに建築物の規模に応じて政令で定める技術的基準に適合するもので、国土交通大臣が定めた構造方法を用いるもの又は国土交通大臣の認定を受けたものとしなければならない。

	①	②	③	④	⑤
学習日					
理解度（○/△/×）					

解法のテクニック

建築基準法の令和元年改正点からの出題である。肢１は、一定の基準を満たせば、共同住宅の各戸の界壁が小屋裏または天井裏に達しなくてもよくなった点に注意しよう。

1　正しい　長屋または共同住宅の各戸の界壁は、次に掲げる基準に適合するものとしなければならない。

①隣接する住戸からの日常生活に伴い生ずる音を衛生上支障なく低減するために界壁に必要とされる性能に関し、一定の技術的基準に適合し、国土交通大臣が定めた構造方法を用いるか認定を受けたもの
②小屋裏または天井裏に達するもの

ただし、上記②の規定は、長屋または共同住宅の天井の構造が、隣接する住戸からの日常生活に伴い生ずる音を衛生上支障がないように低減するために天井に必要とされる性能に関して政令で定める技術的基準に適合するもので、国土交通大臣が定めた構造方法を用いるものまたは国土交通大臣の認定を受けたものである場合においては、適用しない（建築基準法30条１項・２項）。

2　誤り　特殊建築物においては、200㎡を超える床面積の部分の用途変更を行う場合には建築主事または指定確認検査機関による確認が必要となる（建築基準法６条１項１号）。

3　正しい　準防火地域内にある、準耐火建築物またはこれと同等以上の延焼防止性能を有するものとして政令で定める建築物については、建蔽率が10分の１緩和される（建築基準法53条３項１号ロ）。

4　正しい　防火地域または準防火地域内にある建築物は、その外壁の開口部で延焼のおそれのある部分に防火戸その他の政令で定める防火設備を設け、かつ、壁、柱、床その他の建築物の部分および当該防火設備を通常の火災による周囲への延焼を防止するためにこれらに必要とされる性能に関して防火地域および準防火地域の別並びに建築物の規模に応じて政令で定める技術的基準に適合するもので、国土交通大臣が定めた構造方法を用いるものまたは国土交通大臣の認定を受けたものとしなければならない（建築基準法61条）。

➔ 攻略テキスト第６編１章

正解２

居室に関する規定

住宅における居住のための居室に関する次の記述のうち、建築基準法によれば、誤っているものはどれか。

1　居室の天井の高さは、一室で天井の高さの異なる部分がない場合においては、2.4m以上でなければならない。

2　居室を２階に設ける場合には、採光のための窓その他の開口部を設け、その採光に有効な部分の面積は、当該住宅の居室の床面積に対して、７分の１以上としなければならないが、国土交通大臣が定める基準に従い、照明設備の設置等がされているものにあっては、７分の１から10分の１までの範囲内において国土交通大臣が別に定める割合とする。

3　政令で定める技術的基準に従った換気設備を設けない限り、居室には、換気のための窓その他の開口部を設け、その換気に有効な部分の面積は、当該居室の床面積に対して、20分の１以上としなければならない。

4　国土交通大臣が定めるところにより、からぼりその他の空地に面する開口部を設けて直接土に接する外壁、床及び屋根又はこれらの部分に水の浸透を防止するための防水層が設けられていれば、居室を地階に設けることができる。

	①	②	③	④	⑤
学習日					
理解度 (○/△/×)					

解法のテクニック

居室に関する規定はマンションにも関係することから出題論点となっている。どのような規定があるか注意しておこう。

1　**誤り**　居室の**天井の高さ**は、2.1m以上でなければならない（建築基準法施行令21条１項）。

2　**正しい**　住宅の地上階における居住のための居室には、**採光**のための窓その他の開口部を設け、その採光に有効な部分の面積は、その居室の床面積に対して７分の１以上の割合としなければならないが、国土交通大臣が定める基準に従い、**照明設備の設置**、有効な採光方法の確保その他これらに準ずる措置が講じられるものにあっては、７分の１から10分の１までの範囲内において国土交通大臣が別に定める割合とする（建築基準法施行令19条３項）。

3　**正しい**　居室には、**換気**のための窓その他の開口部を設け、その換気に有効な部分の面積は、その居室の床面積に対して、20分の１以上としなければならない（建築基準法28条２項）。

ただし、政令で定める技術的基準に従って換気設備（空調設備）を設けた場合は、この必要はありません。空調設備で十分な換気ができるからです。

4　**正しい**　住宅の居室、学校の教室、病院の病室または寄宿舎の寝室で地階に設けるものは、壁及び床の**防湿の措置**その他の事項について衛生上必要な政令で定める技術的基準（国土交通大臣が定めるところにより、からぼりその他の空地に面する開口部が設けられていること等）に適合するものとしなければならない（建築基準法29条、建築基準法施行令22条の２）。

➔ 攻略テキスト第６編２章

正解 1

236 アスベスト

過 R2－22

石綿（アスベスト）に関する次の記述のうち、最も不適切なものはどれか。

1　微細な浮遊繊維が人体に有害となる石綿（アスベスト）の一つに、クロシドライト（青石綿）がある。

2　事業者は、石綿障害予防規則の定めにより、石綿健康診断の結果に基づく石綿健康診断個人票を作成し、これを当該労働者が当該事業場において常時石綿等を取り扱う業務に従事しないこととなった日から40年間保存しなければならない。

3　吹付け石綿及び吹付けロックウールでその含有する石綿の重量が当該建築材料の重量の0.1％を超えるものは、建築基準法により、建築材料としての使用は禁止されている。

4　建築物などの内外装仕上げに用いられる建築用仕上げ塗材については、過去に石綿を含有するものは製造されたことがない。

	①	②	③	④	⑤
学習日					
理解度（○/△/×）					

解法のテクニック

アスベストの種類は、平成18年に1度出題されている。また、肢3は繰り返し出題されているので注意しよう。

1　**適切**　日本で使用された代表的な**石綿（アスベスト）**には、**蛇紋石族の白石綿（クリソタイル）**と**角閃石族の茶石綿（アモサイト）**、**青石綿（クロシドライト）**がある。

2　**適切**　事業者は、健康診断の結果に基づき、**石綿健康診断個人票を作成**し、これを当該労働者が当該事業場において**常時当該業務に従事しないこととなった日**から**40年間保存**しなければならない（石綿障害予防規則41条）。

3　**適切**　**吹付け石綿**又は**吹付けロックウール**でその含有する石綿の重量が当該建築材料の**重量の0.1%を超えるもの**は**使用できない**（平成18年国土交通省告示1172号）。

4　**最も不適切**

建物の内外装の仕上げに用いられる**建築用仕上塗材**について、過去に**石綿を含有しているものが製造された**ことがある。

第6編 建築法令・設備・維持保全

➔ 攻略テキスト第6編2章

正解 4

237 シックハウス対策

オリジナル

建築基準法に基づくクロルピリホス及びホルムアルデヒドに関する次の記述のうち、正しいものはどれか。

1　居室に機械換気設備を設ける場合、天井裏や床裏などから居室へのホルムアルデヒドの流入を抑制するための措置を講ずるなど、衛生上の支障がないようにしなければならない。

2　住宅等の居室とそれ以外の居室でのホルムアルデヒド発散建築材料の使用面積制限は、換気回数が等しければ同じである。

3　１年を通じて、居室内の人が通常活動することが想定される空間のホルムアルデヒドの量を空気１㎥につきおおむね１mg以下に保つことができるものとして、国土交通大臣の認定を受けた場合は、政令で定めた技術的基準を満たした換気設備を設けなくてもよい。

4　居室の内装の仕上げにクロルピリホスの発散速度が0.005mg／㎡ h以下の材料のみを用いる場合、政令で定める面積以下であれば、その使用が可能である。

	①	②	③	④	⑤
学習日					
理解度 (○/△/×)					

解法のテクニック

シックハウスや石綿等の居室に関する規定は頻出論点である。クロルピリホスは使用禁止、ホルムアルデヒドは使用制限である点に注意しよう。

1 **正しい** シックハウス対策として、居室に機械換気設備を設ける場合、天井裏、床裏などから居室へのホルムアルデヒドの流入を抑制するための措置を講ずるなど、衛生上の支障がないようにしなければならない（平成18年国土交通省告示274号）。

2 **誤り** 住宅等の居室の場合、換気回数は0.5回以上、それ以外の居室では0.3回以上とされており、換気回数が等しくても使用面積制限は異なることとなる（建築基準法施行令20条の8）。

3 **誤り** 1年を通じて、居室内の人が通常活動することが想定される空間のホルムアルデヒドの量を空気1㎥につきおおむね0.1mg以下に保つことができるものとして、国土交通大臣の認定を受けた場合は、政令で定めた技術的基準を満たした換気設備を設けなくてもよい。1mg以下ではなく、0.1mg以下である（建築基準法施行令20条の9）。

4 **誤り** クロルピリホスは使用が禁止されているので、たとえ発散速度が毎時0.005mg以下の材料のみを用いる場合でも、使用することはできない（建築基準法施行令20条の6）。

なお、「ホルムアルデヒド」で、夏季における発散速度が毎時0.005mg以下の材料のみを用いる場合には、使用制限は課されません（建築基準法施行令20条の7第4項）。

➡ 攻略テキスト第6編2章

正解 1

238

過 R4－23

換気設備

重要度 A
難易度 易

換気設備に関する次の記述のうち、最も不適切なものはどれか。

1　全熱交換型の換気は、「第１種換気方式」である。

2　建築基準法によれば、居室には、政令で定める技術的基準に従って換気設備を設けた場合を除いて、換気のための窓その他の開口部を設け、その換気に有効な部分の面積は、その居室の床面積に対して、20分の１以上としなければならない。

3　換気効率の指標の一つである「空気齢」は、その数値が小さいほど、その地点に供給される空気が汚染されている可能性が高い。

4　建築基準法によれば、建築物の調理室等で火を使用する設備又は器具の近くに排気フードを有する排気筒を設ける場合においては、排気フードは、不燃材料で造らなければならない。

	①	②	③	④	⑤
学習日					
理解度 (○/△/×)					

解法のテクニック

肢1は、全熱交換型は、給気と排気の熱を交換するため、熱交換器を通す必要がある。そのため、給気も排気もファン（機械）で行う第1種換気方式である必要がある。

1 **適切** **全熱交換型**の換気は、換気の際に失われる**室内の顕熱（温度）と潜熱（湿度）**を給気した空気に**交換することができる**もので、給気機と排気機を設ける**第1種換気方式**で用いられる。

2 **適切** 居室には、政令で定める技術的基準に従って換気設備を設けた場合を除いて、**換気のための窓その他の開口部**を設け、その換気に有効な部分の面積は、その**居室の床面積**に対して、**20分の1以上**としなければならない(建築基準法28条2項)。

3 **最も不適切** 換気効率の指標の1つである**空気齢**は、その数値が小さいほど、その地点に供給される空気が**汚染されている可能性が低い**。

4 **適切** **建築物の調理室**、浴室、その他の室でかまど、こんろその他火を使用する設備または器具を設けたものに設ける換気設備は、**火を使用する設備または器具の近くに排気フードを有する排気筒を設ける場合**においては、排気フードは、**不燃材料で造る**必要がある（建築基準法施行令20条の3第2項4号）。

第6編 建築法令・設備・維持保全

➔ 攻略テキスト第6編2章

正解 3

換気設備

換気設備に関する次の記述のうち、最も不適切なものはどれか。

1　建築基準法のホルムアルデヒドに関する技術的基準によれば、住宅等の居室における機械換気設備（居室内の空気を浄化して供給する方式を用いるものを除く。）の必要有効換気量は、居室の床面積に天井高さを乗じたものの0.5倍である。

2　全熱交換型の換気は、「第２種換気方式」である。

3　建築基準法によれば、換気設備を設けるべき調理室等に、火を使用する設備又は器具の近くに排気フードを有する排気筒を設ける場合においては、排気フードは、不燃材料で造らなければならない。

4　浴室や便所等の換気に用いる「第３種換気方式」では、必要換気量を確保するために、換気扇の運転時に給気を確保できるよう十分な大きさの給気口を設ける必要がある。

	①	②	③	④	⑤
学習日					
理解度 (○/△/×)					

解法のテクニック

換気設備はシックハウス対策や調理室等に設ける場合の規定が問われている。また、機械換気の第一種換気、第二種換気、第三種換気の仕組みを覚えておこう。

1　**適切**　必要換気量は、換気回数に居室の床面積と天井高さを乗じて算出される。住宅の居室に設けられる機械換気設備の換気回数は、0.5回/h以上が必要となるので、居室の床面積に天井高さを乗じたものの0.5倍となる（建築基準法施行令20条の8第1項1号イ（1））。

2　**最も不適切**　全熱交換型の換気とは、排気時に奪われる空気の熱を、給気した空気に移すことで、換気による温度変化を押さえることができる方式である。この全熱交換型の換気では、給気・排気共に機械を用いる第1種換気方式が該当する。

3　**適切**　建築物の調理室、浴室、その他の室でかまど、こんろその他火を使用する設備または器具を設けたものに換気設備を設ける場合において、火を使用する設備または器具の近くに排気フードを有する排気筒を設けるときは、排気フードは、不燃材料で造らなければならない（建築基準法施行令20条の3第2項4号）。

4　**適切**　浴室や便所等の換気に用いる「第3種換気方式」では、必要換気量を確保するために、換気扇の運転時に給気を確保できるよう十分な大きさの給気口を設ける必要がある。

➔ 攻略テキスト第6編2章

正解 2

非常用昇降機

非常用エレベーターに関する次の記述のうち、最も適切なものはどれか。

1　非常用エレベーターの設置が必要とされるのは、建築物の高さが45mを超える場合である。

2　非常用エレベーターの乗降ロビーの床面積は、非常用エレベーター１基について５㎡以上としなければならない。

3　非常用エレベーターには、かごを呼び戻す装置を設け、その装置の作動を中央管理室においても行うことができるものとしなければならない。

4　非常用エレベーターのかごの定格速度は、45m/min以上としなければならない。

	①	②	③	④	⑤
学習日					
理解度(○/△/×)					

解法のテクニック

昇降機は頻出論点である。ただし、出題範囲が非常に広いので、過去に出題された論点を満遍なく目を通しておく必要がある。本問は非常用昇降機（エレベーター）の構造に関する問題であり、難問であるが、数字部分については覚えておこう。

1　**不適切**　高さ31mを超える建築物には、**非常用の昇降機**を設けなければならない（建築基準法34条２項）。

下記の場合、非常用昇降機は**設置不要**である。（建築基準法施行令129条の13の２）

> ①高さ31mを超える部分を**階段室、昇降機等の建築設備の機械室、装飾塔、物見塔、屋窓等**の用途に供する建築物
> ②高さ31mを超える部分の**各階の床面積の合計が500㎡以下**の建築物
> ③高さ31mを超える部分の**階数が４以下の主要構造部を耐火構造とした建築物で、床面積の合計100㎡以内ごとに耐火構造の床、壁または特定防火設備で防火区画**されたもの

2　**不適切**　非常用エレベーターの**乗降ロビーの床面積**は、非常用エレベーター１基について**10㎡以上**とすることとされている（建築基準法施行令129条の13の３第３項７号）。

3　**最も適切**　非常用エレベーターには、**かごを呼び戻す装置**（各階の乗降ロビーおよび非常用エレベーターのかご内に設けられた通常の制御装置の機能を停止させ、かごを避難階またはその直上階もしくは直下階に呼び戻す装置をいう）を設け、かつ、当該装置の作動は、避難階またはその直上階もしくは直下階の**乗降ロビーおよび中央管理室**において行うことができるものとしなければならない（建築基準法施行令129条の13の３第７項）。

4　**不適切**　非常用エレベーターのかごの**定格速度**は、**60m/min以上**としなければならない（建築基準法施行令129条の13の３第11項）。

➔ 攻略テキスト第６編３章

正解３

避難施設

共同住宅の避難施設等に関する次の記述のうち、建築基準法によれば、誤っているものはどれか。なお、主要構造部は耐火構造であり、避難階は１階とし、階避難安全検証法、全館避難安全検証法及び国土交通大臣の認定については考慮しないものとする。

1　該当階の住戸の床面積の合計が100㎡を超える場合、両側に居室のある共用廊下の幅は、1.6m以上としなければならない。

2　避難階又は地上に通ずる直通階段までの歩行距離に関する制限については、住戸内の歩行距離を無視してよい。

3　６階の居室の床面積の合計が200㎡を超える場合は、２以上の直通階段を設けなければならない。

4　屋外に設ける避難階段及び避難階における屋外への出口から道又は公園、広場、その他の空地に通ずる敷地内の通路の幅員は、原則として、1.5m以上でなければならない。

	①	②	③	④	⑤
学習日					
理解度 (○/△/×)					

解法のテクニック

マンションの安全面という視点から避難に関する規定が出題されている。共同住宅ではどのような構造や設備が必要かを確認しよう。

1 **正しい** 共同住宅の住戸もしくは住室の床面積の合計が100㎡を超える階における共用の廊下においては、その幅は、両側に居室がある場合は1.6m以上、その他の廊下（片側にのみ居室がある廊下等）では1.2m以上としなければならない（建築基準法施行令119条）。

2 **誤り** 避難階または地上に通ずる直通階段までの歩行距離は、居室の各部分から、すなわち居室の最も遠い部分から測るとされている（建築基準法施行令120条１項）。したがって、住戸内の歩行距離を無視してよいとする本肢は誤りである。

3 **正しい** 6階以上の階でその階に居室を有するものにおいては、原則として2以上の直通階段を設けなければならない（建築基準法施行令121条１項６号）。

4 **正しい** 敷地内には、原則として、屋外に設ける避難階段および避難階における屋外への出口から道または公園、広場その他の空地に通ずる幅員が1.5m以上の通路を設けなければならない（建築基準法施行令128条）。

なお、3階以下で延べ面積が200㎡未満の建物の敷地では、幅員は90cm以上で、かまいません。

要点整理 共同住宅で2以上の直通階段が必要なケース

①その階の居室の床面積の合計が100㎡を超えるもの
②5階以下の階で、その階における居室の床面積が避難階の直上階にあっては200㎡を、その他の階にあっては100㎡を超えるもの
③6階以上の階でその階に居室を有するもの

➔ 攻略テキスト第6編3章

正解 2

階段

直上階の居室の床面積の合計が200㎡を超える地上階における共同住宅の共用階段に関する次の記述のうち、（ a ）～（ d ）に入る数値の組み合わせとして、建築基準法によれば、正しいものはどれか。ただし、この階段は、屋外階段ではないものとする。

階段の踊場は、高さ（ a ）m以内ごとに設けなければならない。その踊場と階段の幅は（ b ）cm以上、蹴上げの寸法は（ c ）cm以下、踏面の寸法は（ d ）cm以上でなければならない。

	（ a ）	（ b ）	（ c ）	（ d ）
1	4	120	20	24
2	3	120	24	20
3	4	100	20	24
4	3	100	24	20

	①	②	③	④	⑤
学習日					
理解度 (○/△/×)					

解法のテクニック

階段の蹴上げや踏面の寸法等は繰り返し出題されている。重要な数字を覚えておこう。

直上階の居室の床面積の合計が**200㎡を超える**地上階における共同住宅の共用廊下については、**階段及びその踊場の幅**は**120cm以上**、**蹴上げ**の寸法は**20cm以下**、**踏面**の寸法は**24cm以上**としなければならない（建築基準法施行令23条１項）。階段の高さが４ｍを超えるものにあっては**高さ４ｍ以内**ごとに**踊場**を設けなければならない（同24条１項）。

したがって、（a）には４、（b）には120、（c）には20、（d）には24が入るので、**肢１**が**正解**となる。

➔ 攻略テキスト第６編３章

正解 1

廊下・階段

マンションの廊下及び屋内階段に関する次の記述のうち、建築基準法によれば、正しいものはどれか。なお、避難上の安全の検証は行わず、国土交通大臣が定めた構造方法については考慮しないものとする。

1　その階の住戸面積の合計が100㎡を超える場合の廊下の幅は、廊下の両側に居室がある場合には、1.5m以上、その他の場合には1.0m以上としなければならない。

2　直上階の居室の床面積の合計が200㎡を超える地上階に設ける階段のけあげは24cm以下、踏面は20cm以上でなければならない。

3　回り階段の踏面の寸法は、階段の幅の中央において測るものとする。

4　階段の幅は、階段に設ける手すりの幅が10cm以下である場合、手すりの幅がないものとみなして算定する。

	①	②	③	④	⑤
学習日					
理解度 (○/△/×)					

解法のテクニック

階段については平成15年、廊下は平成20年以来の出題である。数字について繰り返し出題されているので、しっかり覚えておこう。

1　**誤り**　共同住宅の住戸もしくは住室の床面積の合計が100㎡を超える階における共用の廊下の幅は、**両側に居室がある廊下では1.6m以上**、**その他の廊下**（片側に居室がある廊下等）**では1.2m以上**としなければならない（建築基準法施行令119条）。

2　**誤り**　直上階の居室の床面積の合計が200㎡を超える地上階または居室の床面積の合計が100㎡を超える地階もしくは地下工作物内におけるものに設ける階段は、**蹴上げの寸法を20cm以下**、**踏面の寸法を24cm以上**としなければならない（建築基準法施行令23条1項）。本肢では、蹴上げと踏面の寸法が逆になっている。

3　**誤り**　**回り階段**の部分における踏面の寸法は、**踏面の狭い方の端から30cmの位置**において測るものとする（建築基準法施行令23条2項）。階段の幅の中央で測るのではない。

4　**正しい**　階段およびその踊場に手すりおよび階段の昇降を安全に行うための設備でその高さが50cm以下のものが設けられた場合における階段およびその踊場の幅は、**手すり等の幅が10cmを限度**として、**ないものとみなして算定する**（建築基準法施行令23条3項）。

➔ 攻略テキスト第6編3章

正解 4

非常用照明装置等

ＬＥＤランプ（エル・イー・ディー・ランプ）に関する次の記述のうち、最も不適切なものはどれか。

1　ＬＥＤランプは、同じ光束の場合において、白熱灯や蛍光灯よりも発熱量が少ない。

2　ＬＥＤランプは、電気用品安全法の規制の対象外となっている。

3　ＬＥＤランプは、消防法により設置が義務付けられる避難口誘導灯の光源に用いることができる。

4　ＬＥＤランプを、建築基準法により設置が義務付けられる非常用の照明装置の光源に用いる場合は、常温下で床面において水平面照度で２ルクス以上を確保することができるものとしなければならない。

	①	②	③	④	⑤
学習日					
理解度 (○/△/×)					

解法のテクニック

ＬＥＤランプについて、避難口誘導灯や非常用の照明装置に用いる場合の要件等について覚えておこう。

1　**適切**　**ＬＥＤランプ**は、同じ光束の場合において、白熱灯や蛍光灯よりも**発熱量が少ない**。

2　**最も不適切**　**ＬＥＤランプ**は、電気用品安全法の規制の**対象とされている**（電気用品安全法施行令別表２九（10））。

3　**適切**　消防法により設置が義務付けられている**避難口誘導灯**は、光源について**何ら制限はなく、ＬＥＤランプを**用いることもできる（消防法施行令26条参照）。

4　**適切**　**非常用の照明装置**は、**常温下**で**床面**において水平面照度で１ルクス（蛍光灯又は**ＬＥＤランプ**を用いる場合にあっては、**２ルクス**）以上を確保することができるものとしなければならない（昭和45年建設省告示1830号第四の一）。

➔ 攻略テキスト第６編３章、４章、８章

正解 ２

245 非常用の照明装置・電気設備

過 R5－20

電気設備に関する次の記述のうち、最も不適切なものはどれか。

1　建築物への電力の供給は、供給電圧により、「低圧」、「高圧」、「特別高圧」の３種類に分けられる。

2　単相３線式では、電圧線と中性線を使用することで、100ボルトの電気機械器具が利用できる。

3　停電時の予備電源として蓄電池を用いる非常用の照明装置にあっては、充電を行うことなく30分間継続して点灯し、必要な照度を確保できるものでなければならない。

4　建築基準法により、設置が義務付けられる非常用の照明装置の照明器具にＬＥＤランプを用いる場合は、常温下で床面において水平面照度で１ルクス以上を確保することができるものとしなければならない。

	①	②	③	④	⑤
学習日					
理解度 (○/△/×)					

解法のテクニック

電気設備は久しぶりの出題であるが、過去出題されている論点ばかりなので確実に正解できるようにしよう。肢４のＬＥＤランプは非常用照明や避難口誘導灯の論点で繰り返し出題されているので注意しておこう。

1　**適切**　建築物への**電力の供給**は、供給電圧により、「**低圧**」、「**高圧**」、「**特別高圧**」の３種類に分類される。

2　**適切**　**単相３線式**では、上下２本の電圧栓を使用することで200ボルトの電気機械器具が利用でき、**上下どちらかの電圧線と中性線**を使用することで、100ボルトの電気機械器具が利用できる。

3　**適切**　停電時の予備電源として**蓄電池**を用いる**非常用の照明装置**にあっては、充電を行うことなく30分間**継続して点灯**し、必要な照度を確保できるものでなければならない。

4　**最も不適切**　**非常用の照明装置**の照明器具にＬＥＤランプを用いる場合は、常温下で床面において水平面照度で２ルクス**以上**を確保することができるものとしなければならない（昭和45年建設省告示1830号）。

➔ 攻略テキスト第６編３・８章

正解４

消防法

消防法に関する次の記述のうち、誤っているものはどれか。

1　消防法の目的には、地震等の災害による被害の軽減が含まれる。

2　マンションの大規模の修繕若しくは大規模の模様替えで建築基準法第６条第１項による確認を必要とする場合には、当該マンションの所在地を管轄する消防長又は消防署長による同意が必要である。

3　火を使用する設備の位置、構造及び管理その他火の使用に関し火災の予防のために必要な事項は、政令で定める基準に従い市町村条例でこれを定めている。

4　消火器及び避難器具についての技術上の基準を定めた政令等の規定が施行又は適用される際、現に存する消火器及び避難器具が当該規定に適合しないときは、当該規定は適用されず、従前の規定が適用される。

	①	②	③	④	⑤
学習日					
理解度 (○/△/×)					

解法のテクニック

消防法全般からの問題である。古い問題ではあるが、肢４は繰り返し問われている論点であるから、しっかり確認しておこう。

1 **正しい** 消防法は、火災を予防し、警戒しおよび鎮圧し、国民の生命、身体および財産を火災から保護するとともに、火災または地震等の災害による被害を軽減するほか、災害等による傷病者の搬送を適切に行い、もって安寧秩序を保持し、社会公共の福祉の増進に資することを目的とする（消防法１条）。

2 **正しい** 建築物の新築、増築、改築、移転、修繕、模様替、用途の変更もしくは使用について許可、認可もしくは確認をする権限を有する行政庁もしくはその委任を受けた者または指定確認検査機関は、当該許可、認可もしくは確認に係る建築物の工事施工地または所在地を管轄する消防長または消防署長の同意を得なければ、当該許可、認可もしくは確認をすることができない（消防法７条１項）。

3 **正しい** かまど、風呂場その他火を使用する設備またはその使用に際し、火災の発生のおそれのある設備の位置、構造および管理、こんろ、こたつその他火を使用する器具またはその使用に際し、火災の発生のおそれのある器具の取扱いその他火の使用に関し火災の予防のために必要な事項は、政令で定める基準に従い市町村条例でこれを定める（消防法９条）。

4 **誤り** 消火器および避難器具についての技術上の基準を定めた政令等の規定が施行または適用される際、現に存する消火器および避難器具が当該規定に適合しないときは、新たに施行される政令等の規定が適用される（消防法第17条の２の５第１項）。

➔ 攻略テキスト第６編４章

正解 4

防火管理者

消防法に規定する防火管理者が行わなければならない業務に関する次の記述のうち、最も不適切なものはどれか。

1　防火管理者として選任された旨の都道府県知事への届出
2　消防計画に基づく消火、通報及び避難の訓練の実施
3　消防の用に供する設備等の点検及び整備
4　避難又は防火上必要な構造及び設備の維持管理

	①	②	③	④	⑤
学習日					
理解度 (○/△/×)					

解法のテクニック

防火管理者の選任や防火管理者の業務は繰り返し出題されている。基本論点であるので、しっかりと押さえておこう。

1　**最も不適切**　学校、病院、工場、事業場、興行場、百貨店その他多数の者が出入し、勤務し、または居住する防火対象物で政令で定めるものの管理について権原を有する者（管理権原者）は、防火管理者を定めたときは、遅滞なくその旨を所轄消防長または消防署長に届け出なければならない（消防法8条2項）。

2　**適切**　管理権原者は、政令で定める資格を有する者のうちから防火管理者を定め、政令で定めるところにより、当該防火対象物について消防計画の作成、当該消防計画に基づく消火、通報および避難の訓練の実施、消防の用に供する設備、消防用水または消火活動上必要な施設の点検および整備、火気の使用または取扱いに関する監督、避難または防火上必要な構造および設備の維持管理ならびに収容人員の管理その他防火管理上必要な業務を行わせなければならない（消防法8条1項）。

3　**適切**　肢2の解説参照。防火管理者は、消防の用に供する設備、消防用水または消火活動上必要な施設の点検および整備を行わなければならない。

4　**適切**　肢2の解説参照。防火管理者は、避難または防火上必要な構造および設備の維持管理を行わなければならない。

第6編 建築法令・設備・維持保全

➡ 攻略テキスト第6編4章

正解 1

248 防火管理者

過 R3－24

防火管理者に関する次の記述のうち、消防法によれば、最も不適切なものはどれか。ただし、本問において共同住宅とは消防法施行令別表第一（五）項ロに掲げる防火対象物とする。

1　高さ40mの共同住宅で100人が居住している場合に、その管理について権原が分かれているものの管理について権原を有する者は、統括防火管理者を協議して定めなければならない。

2　法第８条第１項の管理について権原を有する者は、政令で定める資格を有する者のうちから防火管理者を定め、政令で定めるところにより、消防計画に基づく消火、通報及び避難の訓練の実施を行わせなければならない。

3　法第８条第１項の管理について権原を有する者は、管理的又は監督的な地位にある者のいずれもが遠隔の地に勤務していることその他の事由により防火管理上必要な業務を適切に遂行することができない場合であっても、防火管理業務を外部へ委託することはできない。

4　法第８条第１項の管理について権原を有する者は、政令で定める資格を有する者のうちから防火管理者を定め、政令で定めるところにより、避難又は防火上必要な構造及び設備の維持管理を行わせなければならない。

	①	②	③	④	⑤
学習日					
理解度 (○/△/×)					

解法のテクニック

肢3は、論点としては非常に細かいが、防火管理者をどうしても選任できないマンション等をイメージすれば、解けると思われる。

1　**適切**　**高さ31mを超える**建築物（高層建築物）で、その**管理について権原が分かれているもの**または地下街でその管理について権原が分かれているもののうち消防長もしくは消防署長が指定するものの管理について権原を有する者は、**統括防火管理者を協議して定める必要がある**（消防法8条の2第1項）。

2　**適切**　防火対象物で政令で定めるものの**管理について権原を有する者**（管理権原者）は、政令で定める資格を有する者のうちから**防火管理者を定め**、政令で定めるところにより、当該防火対象物について**消防計画の作成**、当該**消防計画に基づく消火、通報および避難の訓練の実施**、消防の用に供する設備、消防用水または消火活動上必要な施設の点検および整備、火気の使用または取扱いに関する監督、避難または防火上必要な構造および設備の維持管理ならびに収容人員の管理その他防火管理上必要な業務**を行わせなければならない**（消防法8条1項）。

3　**最も不適切**　共同住宅その他総務省令で定める防火対象物で、**管理的または監督的な地位にある者**のいずれもが**遠隔の地に勤務している**ことその他の事由により防火管理上必要な業務を適切に遂行することができないと消防長または消防署長が認めた場合は、**第三者に防火管理者の業務を委託することができる**（消防法施行令3条2項）。

4　**適切**　肢2の解説参照。管理権原者は、防火管理者に**避難または防火上必要な構造および設備の維持管理**を行わせなければならない（消防法8条1項）。

➔ 攻略テキスト第6編4章

正解 3

防火管理者

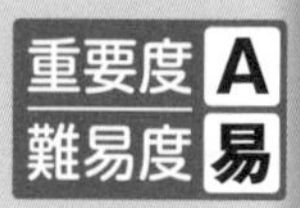

防火管理者に関する次の記述のうち、消防法の規定によれば、誤っているものはどれか。

1　居住者が50人以上である共同住宅では、防火管理者を選任する必要がある。
2　高さ20mを超える建築物では、統括防火管理者を選任する必要がある。
3　甲種防火対象物である共同住宅についての防火管理者の資格を有する者には、当該共同住宅において防火管理上必要な業務を遂行することができる管理的又は監督的な地位にあるもので、総務大臣の登録を受けたものが行う甲種防火対象物の防火管理に関する講習の課程を修了した者が含まれる。
4　防火管理者の業務の中には、消防の用に供する設備、消防用水又は消火活動上必要な施設の点検及び整備がある。

	①	②	③	④	⑤
学習日					
理解度 (○/△/×)					

解法のテクニック

肢２の統括防火管理者は、初の出題であったが、他は過去問で繰り返し出題されている論点である。防火管理は関係の論点は頻出なので重要数字等をしっかり覚えよう。

1　**適切**　共同住宅で**収容人員が50人以上**の場合、その**管理について権原を有する者**は、政令で定める資格を有する者のうちから**防火管理者を定めなければならない**（消防法８条１項、消防法施行令１条の２第３項１号ハ）。

2　**不適切**　**高さ31mを超える建築物**で、その**管理について権原が分かれているもの**のうち消防長若しくは消防署長が指定するものの**管理について権原を有する者**は、**統括防火管理者を協議して定めなければならない**（消防法８条の２第１項）。

3　**適切**　**甲種防火対象物である共同住宅**で防火管理者の資格を有する者は、総務大臣の登録を受けたものが行う**甲種防火対象物の防火管理に関する講習の課程を修了した者**で、当該防火対象物において防火管理上必要な業務を適切に遂行することができる**管理的または監督的な地位にあるもの**が含まれる（消防法８条１項、消防法施行令３条１号イ）。

4　**適切**　**防火管理者の業務**には、①防火対象物について消防計画の作成、②当該消防計画に基づく消火、通報及び避難訓練の実施、③**消防用設備等の点検および整備**、④火気の使用または取扱いに関する監督、⑤その他防火管理上必要な業務がある（消防法８条１項）。

➔ 攻略テキスト第６編４章

正解２

住宅用防災警報器

消防法第9条の2に規定する住宅用防災機器である住宅用防災警報器に関する次の記述のうち、最も不適切なものはどれか。

1　住宅用防災警報器とは、住宅における火災の発生を未然に又は早期に感知して報知する警報器をいう。
2　消防法の規定により住宅用防災警報器を設置する必要がある場合には、その住宅用防災警報器は、天井又は壁の屋内に面する部分に設置しなければならない。
3　住宅用防災警報器は、市町村の火災予防条例による別段の定めがある場合を除き、台所にのみ設置すればよい。
4　住宅の関係者には、住宅用防災警報器を設置する義務に加えて、適切に維持する義務が課せられている。

	①	②	③	④	⑤
学習日					
理解度 (○/△/×)					

解法のテクニック

住宅用防災警報器は繰り返し出題されている。住宅用防災警報器は、就寝時に火災になった場合に、居住者が避難できるようにするためのものなので、就寝の用に供する居室（寝室）に設置が必要と覚えておこう。

1　**適切**　**住宅用防災警報器**とは、**住宅における火災の発生**を**未然**にまたは**早期**に**感知**して**報知する警報器**をいう（消防法施行令5条の6第1号）。

2　**適切**　**住宅用防災警報器**は、**天井**または**壁**の**屋内に面する部分**（天井のない場合にあっては、屋根または壁の屋内に面する部分）の次のいずれかの位置に**設置しなければならない**（住宅用防災警報器の設置および維持に関する基準41条2項）。

①壁またははりから0.6m以上離れた天井の屋内に面する部分

②天井から下方0.15m以上0.5m以内の位置にある壁の屋内に面する部分

3　**最も不適切**　住宅用防災警報器は、次に掲げる住宅の部分に設置する必要がある（消防法施行令5条の7第1項1号）。

①**就寝の用に供する居室**

②上記①の住宅の部分が存する階（避難階を除く）から**直下階**に通ずる**階段**
（屋外階段を除く）の上端

③居室が存する階において火災の発生を未然にまたは早期に、かつ、有効に感知することが住宅における火災予防上特に必要であると認められる住宅の部分として総務省令で定める部分

4　**適切**　**住宅の用途**に供される防火対象物の**関係者**は、住宅用防災機器の設置および維持に関する基準に従って、**住宅用防災機器を設置し**、および**維持しなければならない**（消防法9条の2第1項）。

➔ 攻略テキスト第6編4章

正解 3

251 住宅用防災警報器

過 H25−18

住宅用防災警報器及び住宅用防災報知設備に関する次の記述のうち、消防法によれば、誤っているものはどれか。

1　自動試験機能とは、住宅用防災警報器及び住宅用防災報知設備に係る機能が適正に維持されていることを、自動的に確認することができる装置による試験機能をいう。

2　住宅用防災警報器のうちスイッチの操作により火災警報を停止することのできるものにあっては、当該スイッチの操作により火災警報を停止したとき、15分以内に自動的に適正な監視状態に復旧するものでなければならない。

3　住宅用防災警報器及び住宅用防災報知設備の感知器は、天井にあっては壁又ははりから0.6m以上離れた屋内に面する部分、壁にあっては天井から下方0.15m以上0.5m以内の位置にある屋内に面する部分で、かつ、換気口等の空気吹出し口から1.0m以上離れた位置に設置しなければならない。

4　共同住宅用スプリンクラー設備、共同住宅用自動火災報知設備又は住戸用自動火災報知設備を、それぞれ省令に定める技術上の基準に従い設置した場合には、住宅用防災警報器又は住宅用防災報知設備の設置は免除される。

	①	②	③	④	⑤
学習日					
理解度 (○/△/×)					

解法のテクニック

消防法の住宅用防災警報器についてのやや細かい論点である。ただし、住宅用防災警報器については過去2度出題されている論点であるから押さえるようにしよう。

1　**正しい**　「自動試験機能」とは、住宅用防災警報器および住宅用防災報知設備に係る機能が適正に維持されていることを、自動的に確認できる装置による試験機能をいう（住宅用防災警報器および住宅用防災報知設備に係る技術上の規格を定める省令2条5号）。

2　**正しい**　スイッチの操作により火災警報を停止することのできる住宅用防災警報器は、当該スイッチの操作により火災警報を停止したとき、15分以内に自動的に適正な監視状態に復旧するものでなければならない（住宅用防災警報器および住宅用防災報知設備に係る技術上の規格を定める省令3条12号）。

3　**誤り**　住宅用防災警報器または住宅用防災報知設備の感知器は、具体的に次のように設置場所が定められている（消防法施行令5条の7第1項2号、平成16年総務省令138号）。

> ①　天井では、壁・はりから0.6m以上離れた屋内に面する部分
> ②　壁では、天井から下方0.15m以上0.5m以内の位置にある屋内に面する部分
> ③　①②とも、換気口等の空気吹出し口から1.5m以上離れた位置

4　**正しい**　共同住宅用スプリンクラー設備（総務省令で定める閉鎖型スプリンクラーヘッドを備えているものに限る）、共同住宅自動火災報知設備または住戸用自動火災報知設備を、それぞれ一定の技術上の基準に従い設置したときその他の当該設備と同等以上の性能を有する設備を設置した場合において総務省令で定めるときは、当該設備の有効範囲内の住宅の部分について住宅用防災警報器または住宅用防災報知設備の設置が免除される（消防法施行令5条の7第1項3号）。

➔ 攻略テキスト第6編4章

正解 3

252 特定共同住宅

過 H28－22

共同住宅の消防用設備等の設置の特例を認める「特定共同住宅等における必要とされる防水安全性能を有する消防の用に供する設備等に関する省令」に関する次の記述のうち、誤っているものはどれか。

1　特定共同住宅等は、二方向避難型、開放型、二方向避難・開放型、その他の４つの構造類型に分けられる。

2　特定共同住宅等には、１階が飲食店、２階以上が住戸になっている建物は含まれない。

3　特定共同住宅等に、「通常用いる消防用設備等」に代えて設置できる「必要とされる防火安全性能を有する消防の用に供する設備等」は、特定共同住宅等の構造類型、階数により決められている。

4　特定共同住宅等における、「必要とされる防火安全性能を有する消防の用に供する設備等」は、火災時に安全に避難することを支援する性能を有する消防用設備に限られている。

	①	②	③	④	⑤
学習日					
理解度 (○/△/×)					

解法のテクニック

特定共同住宅については、ほとんど同じ論点が平成22年度試験でも問われている。マイナー論点であるが、その特徴を覚えておこう。

1　**正しい**　特定共同住宅等の種類・構造類型には、①二方向避難型、②開放型、③二方向避難・開放型、④その他の４つがある（共住省令３条１項、４条１項）。

2　**正しい**　特定共同住宅等とは、寄宿舎・下宿・共同住宅および防火対象物のうち独立した部屋の床面積が100㎡以下の複合型小規模福祉施設等であって、火災の発生または延焼のおそれが少ないものとして、その位置、構造および設備について消防庁長官が定める基準に適合するものをいい、店舗と住戸との複合用途の共同住宅は含まれない（共住省令２条１号、消防法施行令別表第１（５）項ロ）

3　**正しい**　特定共同住宅等に、「通常用いる消防用設備等」に代えて設置できる「必要とされる防火安全性能を有する消防の用に供する設備等」は、特定共同住宅等の構造類型、階数により決められている（共住省令３条１項、４条１項）。

4　**誤り**　「必要とされる防火安全性能を有する消防の用に供する設備等」は、火災時に安全に避難することを支援する性能を有する消防用設備だけでなく、火災の拡大を初期に抑制する性能を有する消防用設備や、消防隊による活動を支援する性能も対象としている（共住省令３条１項、４条１項）。

➔ 攻略テキスト第６編４章

正解 4

給水設備

上水の給水設備に関する次の記述のうち、最も不適切なものはどれか。

1　水道法によれば、簡易専用水道とは、水道事業の用に供する水道及び専用水道以外の水道であって、水道事業の用に供する水道から供給を受ける水のみを水源とし、その供給を受けるために設けられる水槽の有効容量の合計が20㎥を超えるものをいう。

2　建築基準法により、共同住宅の給水タンクに保守点検用のマンホールを設置する必要がある場合には、そのマンホールは、直径60cm以上の円が内接することができるものとしなければならない。

3　給水管でのウォーターハンマーを防止するために、管内流速が過大とならないように流速は毎秒1.5～2.0m以下が標準とされている。

4　流しの水栓の開口部にあっては、あふれ面と水栓の開口部との垂直距離を保つ等、水の逆流防止のための有効な措置を講ずる。

	①	②	③	④	⑤
学習日					
理解度 (○/△/×)					

解法のテクニック

肢１は久しぶりに簡易専用水道の定義から出題された。近年の管理業務主任者試験では、かなり昔の過去問を流用してくる傾向がある。最近の出題論点でなくても、テキスト等で重要論点となっているものは押さえておこう。

1　**最も不適切**　簡易専用水道とは、水道事業の用に供する水道および専用水道以外の水道であって、水道事業の用に供する水道から供給を受ける水のみを水源とし、その供給を受けるために設けられる水槽の有効容量の合計が「10㎥」を超えるものをいう（水道法３条７項、水道法施行令２条）。

2　**適切**　給水タンク等を建築物の内部、屋上または最下階の床下に設ける場合においては、内部の保守点検を容易かつ安全に行うことができる位置に、直径60cm以上の円が内接することができるマンホールを設ける必要がある。

3　**適切**　給水管でのウォーターハンマーを防止するために、管内流速が過大とならないようにするため、給水管内の流速は、1.5～2.0m/s以下が標準とされる。

4　**適切**　水槽、流しその他水を入れ、または受ける設備に給水する飲料水の配管設備の水栓の開口部にあっては、これらの設備のあふれ面と水栓の開口部との垂直距離（吐水口空間）を適当に保つことその他の有効な水の逆流防止のための措置を講じなければならない（建築基準法施行令129条の２の４第２項２号）。

第6編 建築法令・設備・維持保全

➔ 攻略テキスト第６編５章

正解 1

254 給水設備等

過 H30−20

重要度 A
難易度 普

給排水衛生設備に関する次の記述のうち、最も不適切なものはどれか。

1　飲料水の給水タンク等の天井が蓋を兼ねていない場合に当該給水タンク等に設けるマンホールは、外部から内部の保守点検を容易かつ安全に行うことができる小規模な給水タンク等を除き、直径60cm以上の円が内接できるものとする。

2　飲料水の給水タンクの局部震度法による設計用標準震度は、同じ耐震クラスでは、地階よりも屋上の方が大きい。

3　ガス瞬間式給湯器の能力表示は、一般に「号」で表され、1号は、流量毎分1リットルの水の温度を25℃上昇させる能力を表している。

4　排水横管の必要最小こう配は、管径が大きくなるほど大きくなる。

	①	②	③	④	⑤
学習日					
理解度 (○/△/×)					

解法のテクニック

過去出題済みの設備論点の複合である。肢1・肢3は繰り返し出題されている重要数字なので覚えておこう。

1　**適切**　飲料水の給水タンク等の天井が蓋を兼ねていない場合に当該給水タンク等に設けるマンホールは、外部から内部の保守点検を容易かつ安全に行うことができる小規模な給水タンク等を除き、**直径60cm以上の円**が内接できるものとする。

2　**適切**　飲料水の給水タンクの局部震度法による設計用標準震度は、耐震クラスをS・A・Bに分けて定められているが、同じ耐震クラスでは、**地階よりも屋上の方が大きい**（建築設備耐震設計・施工指針）。

3　**適切**　ガス瞬間式給湯器の能力表示には「号」が一般に用いられ、1号は、**流量1ℓ/minの水の温度を25℃上昇**させる能力をいう。

たとえば24号なら、水温＋25℃のお湯を1分間で24ℓ出すことができます。

4　**最も不適切**　排水横管の必要最小こう配は、**管径が大きくなるほど小さく、逆に管径が小さくなるほど大きくなる**。

➔ 攻略テキスト第6編5・6章

正解 4

受水槽

マンションの受水槽に関する次の記述のうち、最も不適切なものはどれか。

1　受水槽の水位は、水道から受水槽への給水系統に主弁と副弁で構成される定水位弁を設けて制御する。

2　受水槽を、耐力壁などの面に接して堅固に固定することは禁止されている。

3　受水槽の水を給水ポンプにより建物内の必要な箇所へ直送する方式は、超高層マンションにも使われる。

4　受水槽の有効容量は、1日予想給水量の3倍とすることが望ましい。

	①	②	③	④	⑤
学習日					
理解度 (○/△/×)					

解法のテクニック

給水設備に関する問題である。やや細かい点まで出題されてはいるが、給水設備は繰り返し問われている論点でもあるので、しっかりと覚えておきたい。

1　**適切**　受水槽の水位は、水道から受水槽への給水系統に設置される、**主弁**（本体）と**副弁**（ボールタップや電極）により構成される**定水位弁**によって、水量を**適量**に**保つ**ようにされている。

2　**適切**　受水槽については、上下左右前後の６面より点検ができるようにするため、**上部は100cm（１m）、それ以外は60cmのスペース**が必要とされる。したがって、耐力壁等に面して受水槽を設置してしまうと、このスペースが取れないため禁止される。

3　**適切**　**ポンプ直送式**（受水槽の水を給水ポンプにより建物内の必要な個所へ直送する方式）は、超高層マンションでも使用されている。

4　**最も不適切**　**受水槽**の有効容量は、**１日の予想給水量の２分の１程度**とする。

「高置水槽」の有効容量は、１日の予想給水量の10分の１程度です。

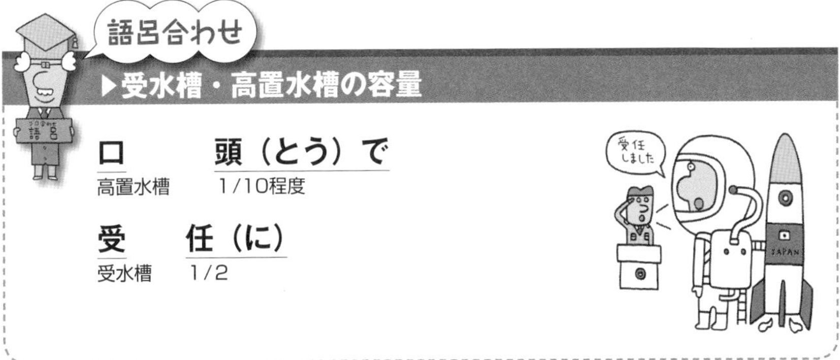

➔ 攻略テキスト第６編５章

正解 ４

256 給水方式・給水設備

過 R5－18

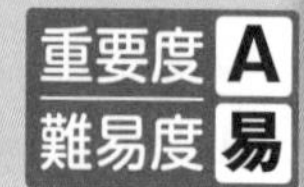

給水方式及び給水設備に関する次の記述のうち、不適切なものはいくつあるか。

ア　水道直結増圧方式では、建物内の水が水道管に逆流しないように、逆流防止装置を設置する。

イ　建築基準法により、給水タンクに保守点検用のマンホールを設置する必要がある場合には、そのマンホールは、直径45cm以上の円が内接することができるものとしなければならない。

ウ　水道直結直圧方式は、使用水量変動などによる水圧条件が最も低下する時期にでも給水可能なように計画する。

1　一つ
2　二つ
3　三つ
4　なし

	①	②	③	④	⑤
学習日					
理解度 (○/△/×)					

解法のテクニック

給水設備や給水方式は頻出論点である。肢ウは初出題の論点であるが、水圧が低下したときに給水できないと生活に支障が生じてしまうとイメージして解答できるようにしよう。

ア　**適切**　**水道直結増圧方式**では、建物内の水が水道管に逆流しないように、**逆流防止装置**の設置が必要である。

イ　**不適切**　給水タンクに**保守点検用のマンホール**を設置する必要がある場合には、そのマンホールは、**直径60cm以上**の円が内接することができるものとしなければならない（昭和50年建設省告示1597号）。

ウ　**適切**　**水道直結直圧方式**は、使用水量変動などによる**水圧条件が最も低下する時期**にでも**給水可能**なように計画する。

したがって、**不適切なもの**は、**肢イの一つ**であり、正解は1となる。

第6編 建築法令・設備・維持保全

➔ 攻略テキスト第6編5章

正解 1

257 排水通気設備

過R3－21

重要度 B
難易度 易

建築基準法及び給排水衛生設備規準・同解説（公益社団法人 空気調和・衛生工学会）によれば、排水通気設備に関する次の記述のうち、最も不適切なものはどれか。

1　衛生器具の排水トラップは、二重トラップとならないように設けることとする。

2　通気弁は、吸気機能だけを有する弁で、排水通気管内が負圧になる部分のみに設ける。

3　特殊継手排水システムは、超高層共同住宅に対応するために、伸頂通気管と通気立て管を併設し、許容排水流量を大きくした排水通気方式である。

4　排水立て管の管径は、どの階においても最下部の管径と同一とする。

	①	②	③	④	⑤
学習日					
理解度 (○/△/×)					

解法のテクニック

肢１の二重トラップの禁止・肢４の排水立て管の管径は久しぶりの出題であった。これらは最近の頻出論点ではないが、過去繰り返し出題されていた論点である。テキスト等で関連する知識を覚えておこう。

1　**適切**　衛生器具の**排水トラップ**は、**二重トラップとならない**ように設ける必要がある。

2　**適切**　**通気弁**は、**吸気機能**だけを有する弁で、排水通気管内が**負圧になる部分のみに設ける**。

3　**最も不適切**　**特殊継手排水システム**は、超高層共同住宅に対応するために、**通気立て管を「併用せず」**に、伸頂通気管で通気を行い、特殊な継手を用いることで、**許容排水流量を大きくした排水通気方式**をいう。

4　**適切**　**排水立て管の管径**は、どの階においても**最下部の管径**と**同一**とする必要がある。

→ 攻略テキスト第６編６章

正解 3

排水設備

給排水衛生設備に関する次の記述のうち、給排水衛生設備基準・同解説（公益社団法人 空気調和・衛生工学会）によれば、最も不適切なものはどれか。

1　排水口空間とは、間接排水管の管端と、一般排水系統に直結している水受け容器又は排水器具のあふれ縁との間の鉛直距離をいう。

2　インバートますとは、雨水中に含まれる土砂などを阻集するために、泥だめを設けたますをいう。

3　逆サイホン作用とは、水受け容器中に吐き出された水、使用された水、又はその他の液体が給水管内に生じた負圧による吸引作用のため、給水管内に逆流することをいう。

4　伸頂通気管とは、最上部の排水横管が排水立て管に接続した点よりも更に上方へ、その排水立て管を立ち上げ、これを通気管に使用する部分をいう。

	①	②	③	④	⑤
学習日					
理解度（○/△/×）					

解法のテクニック

肢2のインバートますは初出題であったが、雨水排水ますやトラップます等の排水ますの定義は繰り返し問われているので覚えておこう。

1　適切　排水口空間とは、間接排水管の管端と、一般排水系統に直結している水受け容器または排水器具のあふれ縁との間の鉛直距離をいう。

2　最も不適切　インバートますとは汚水ますのことで、汚物がスムーズに流れるように、底面に半円筒状のインバート（溝）が設けられている。本肢の記述は、雨水排水ますの説明である。

3　適切　逆サイホン作用とは、洗面器や流しなどの水受け容器中に吐き出された水、使用された水、またはその他の液体が給水管内に生じた負圧による吸引作用により給水管内に逆流する現象をいう。

4　適切　伸頂通気管とは、最上部の排水横枝管が排水立て管に接続した点よりも更に上方へ、その排水立て管を立ち上げて、これを通気管に使用する部分をいう。

通気管の種類

ループ通気管	ループ通気方式に用いられる通気管
伸頂通気管	最上部の排水横枝管と接続した箇所から排水立て管を、管径を延長しそのまま大気中に開放する通気管 排水立て管の管径より小さくしてはならない
各個通気管	個々の器具排水管に接続する通気管
結合通気管	高層建築物で排水立て管内の圧力変化を防止・緩和するため、一定の間隔で排水立て管・通気立て管を相互接続する通気管。逃がし通気管ともいう

➔ 攻略テキスト第6編6章

正解 2

雨水排水設備

雨水排水設備に関する次の記述のうち、最も不適切なものはどれか。

1　雨水排水管径の算定に用いる降水量は、各地域ごとの平均降水量を採用する。

2　雨水排水ますは、敷地雨水管の起点や合流箇所、方向を変える箇所、配管距離が長い箇所などの継手の代わりに設置し、敷地雨水管の掃除口の役目を果たすものである。

3　雨水排水ますには、雨水中に混在する泥などが排水管に流れ込まないようにするために、150㎜以上の泥だまりを設ける。

4　雨水排水管を一般排水系統の敷地排水管と接続させる場合においては、排水管や下水道からの臭気の侵入を防ぐため、雨水排水系統にトラップますを設置する。

	①	②	③	④	⑤
学習日					
理解度 (○/△/×)					

解法のテクニック

肢１は初出の論点であるが、肢２～４は繰り返し出題されているので消去法で解答できるようにしよう。

1　**最も不適切**　**雨水排水管径**の算定に用いる降水量は、各地域ごとの**最大降水量**を採用する。

2　**適切**　**雨水排水ます**は、敷地雨水管の起点や合流箇所、方向を変える箇所、**配管距離が**長い箇所**等の継手の代わり**に設置し、敷地雨水管の**掃除口**の役目を果たすものである。

3　**適切**　**雨水排水ます**には、雨水中に混在する泥などが排水管に流れ込まないようにするために、150㎜**以上の泥だまり**を設ける必要がある。

4　**適切**　雨水排水管を**一般排水系統の敷地排水管と接続させる**場合においては、排水管や下水道からの臭気の侵入を防ぐため、雨水排水系統にトラップますを設置しなければならない。

➔ 攻略テキスト第６編６章

正解 1

排水設備

雨水排水設備に関する次の記述のうち、最も適切なものはどれか。

1　雨水排水立て管には、し尿を含まない排水を流す管を接続してよい。

2　敷地雨水管の合流箇所、方向を変える箇所などに用いる雨水排水ますに設けなければならない泥だまりの深さは、100㎜以上でなければならない。

3　敷地雨水管を一般排水系統の敷地排水管に合流させる場合、トラップますを介して行う。

4　インバートますとは、雨水排水ますをいい、ますの底部に泥だまりが必要である。

	①	②	③	④	⑤
学習日					
理解度 (○/△/×)					

解法のテクニック

排水設備に関する非常に細かい論点からの出題である。未出題の論点の、しかも細かい数字を問うものであり、かなりの難問である。

1 **不適切** 雨水排水立て管は、衛生上の問題があるため汚水雑排水管もしくは通気管と兼用し、またはこれらの管に連結しないこととされている（平成12年旧建設省告示第1406号）。

2 **不適切** ますの底部に、汚水ますは管（インバート）、雨水排水ますは150㎜以上の泥だめを設置することとされている。

3 **最も適切** 敷地雨水排水管と一般排水系統の敷地排水管を合流する場合、臭気が雨水系統へ逆流しないように、トラップ機能を有する排水ます（トラップます）を設置する。

4 **不適切** インバートますとは、一般的に汚水ますをいい、ますの底面に溝（インバート）が存在する。

排水ますの種類

インバートます	汚水ますのこと。汚物による管の詰まるのを避け、汚水が流れやすいように、ますの底面に排水管を半分に切ったような溝があります。
雨水排水ます	雨水排水管の点検を容易にするためのます。15㎝以上の泥だめを設けて、直接土砂が下水道に流れ込まないようになっています。
トラップます	敷地内で雨水排水管と排水横主管を接続する場合に、臭気が雨水排水管に逆流しないように、トラップ機能を設けた排水ます。

➔ 攻略テキスト第6編6章

正解 3

261 排水設備

過 H21－25

排水及び浄化槽に関する次の記述のうち、最も不適切なものはどれか。

1　浄化槽から公共用水域等に放流される水の水質については、環境省令で、技術上の基準が定められている。

2　浄化槽管理者は、環境省令で定めるところにより、毎年１回（全ばつ気方式の浄化槽にあっては、おおむね６月ごとに１回以上）、浄化槽の清掃をしなければならない。

3　排水トラップの封水深は、５㎝以上10㎝以下（阻集器を兼ねる排水トラップについては５㎝以上）としなければならない。

4　給水タンクの水抜管及びオーバーフロー管は、排水管に直接連結しなければならない。

	①	②	③	④	⑤
学習日					
理解度 (○/△/×)					

解法のテクニック

排水設備に関する問題である。基本的な論点ばかりであるから確実に得点できるようにしよう。肢２のように、点検の期間を問う出題は設備関係ではオーソドックスであるから、ここだけでなく、水道法や消防法等についても注意しておこう。

1　**適切**　環境大臣は、浄化槽から公共用水域等に放流される水の水質について、環境省令で、技術上の基準を定めなければならない（浄化槽法４条１項）。

2　**適切**　浄化槽管理者は、環境省令で定めるところにより、毎年１回（全ばっき方式の浄化槽にあっては、おおむね６カ月ごとに１回以上）、浄化槽の清掃をしなければならない（浄化槽法10条１項、同法施行規則７条）。

3　**適切**　排水トラップの封水深は、５cm以上10cm以下（阻集器を兼ねるトラップについては５cm以上）となるようにしなければならない。

4　**最も不適切**　水抜管およびオーバーフロー管は排水管に直接連結してはならず、排水口空間を設けなければならない。汚水が逆流するのを防ぐためである。

▶封水深

風水　**信じて**
封水　深

５　等　に当選
5cm～10cm

攻略テキスト第６編６章

正解 4

262 排水管の洗浄方法

過 H26－26

重要度 B
難易度 難

排水管の洗浄方法に関する次の記述のうち、最も不適切なものはどれか。

1　高圧洗浄法の前方噴射タイプには、洗浄機能に加えて自走機能がある。

2　塩化ビニール管にスネークワイヤ法を適用すると、その曲り部分が削られる危険性がある。

3　ロッド法は、主に敷地排水管に適用され、排水ますから器具を挿入して作業する。

4　化学的洗浄法は、機械的洗浄法が適用しにくい場合に用いるのがよい。

	①	②	③	④	⑤
学習日					
理解度 (○/△/×)					

解法のテクニック

排水管の清掃方法は、平成22年度にも1度出題されている。マイナー論点ではあるが、繰り返し出題されている論点なので、特徴を覚えておこう。

1　**最も不適切**　**高圧洗浄法**は、高圧洗浄機または高圧洗浄車からホースで導水しホースの先端に取り付けられた**ノズルから噴射する高速噴流**により**管内付着・堆積物等を除去**する方法。「**後方噴射**」タイプは、洗浄とともに**自走機能**がある。

2　**適切**　**スネークワイヤ法**は、スクリュー形・ブラシ形等のヘッドが先端に取り付けられた**ワイヤー**を排水管内に**回転させながら挿入**し、**押し引きを繰り返し**ながら、**管内停滞・付着物等を除去**する方法である。したがって、塩化ビニール管にスネークワイヤ法を適用すると、その**曲り部分が削られる**危険性がある。

3　**適切**　**ロッド法**は、ロッド（長い棒）をつなぎ合わせて、**手動で排水管内に挿入する**方法で、この方法は**敷地排水管**や**雨水敷地排水管**に適用され、排水ますから挿入して作業する。

4　**適切**　**化学的洗浄方法**は機械的洗浄方法が**適用しにくい場合**など、非常手段的に用いられる。

要点整理　排水管の洗浄方法まとめ

高圧洗浄法	高圧洗浄機・高圧洗浄車からホースで導水し、ホースの先端に取り付けられたノズルから噴射する高速噴流により管内付着・堆積物等を除去する方法。 「後方噴射」タイプは、洗浄とともに自走機能がある。
スネークワイヤー法	スクリュー形、ブラシ形等のヘッドを先端に取り付けられたワイヤーを排水管内に回転させながら挿入し、押し引きを繰り返しながら、管内停滞・付着物等を除去する方法
ロッド法	1.0～1.8m程度のロッド（長い棒）をつなぎ合わせて、手動で排水管内に挿入して閉塞物等を除去する方法。敷地排水管や雨水敷地排水管に適用され、排水ますから挿入して作業する。
ウォーターラム法	閉塞した管内に水を送り込み、空気ポンプを使用して圧搾空気を管内に一気に放出し、その衝撃波により閉塞物等を破壊・離脱して除去する方法

➔ 攻略テキスト第6編6章

正解 1

263 エレベーター

過 R4－24

エレベーターに関する次の記述のうち、建築基準法によれば、最も不適切なものはどれか。

1　地震時等管制運転装置とは、地震等の加速度を検知して、自動的に、かごを昇降路の出入口の戸の位置に停止させ、かつ、当該かごの出入口の戸及び昇降路の出入口の戸を開き、又はかご内の人がこれらの戸を開くことができることとする安全装置をいう。

2　乗用エレベーターには、駆動装置又は制御器に故障が生じ、かご及び昇降路のすべての出入口の戸が閉じる前にかごが昇降したときなどに、自動的にかごを制止する安全装置を設けなければならない。

3　火災時などの災害時に消防隊が人の救助活動及び消火活動に利用するための非常用エレベーターは、高さ40mを超える建築物に設置が義務付けられている。

4　非常用エレベーターの乗降ロビーの床面積は、非常用エレベーター１基について10㎡以上としなければならない。

	①	②	③	④	⑤
学習日					
理解度 (○/△/×)					

解法のテクニック

過去出題実績がある論点からの出題である。肢４は平成18年度にも一度出題されている。過去出題された論点は、かなり昔のものでも、できるかぎり押さえておこう。

1　**適切**　**地震時等管制運転装置**とは、**地震等の加速度**を検知して、自動的に、**かごを昇降路の**出入口の戸の位置に停止させ、かつ、当該**かごの出入口の戸**および**昇降路の出入口の**戸を開き、またはかご内の人がこれらの戸を開くことができる**こととする安全装置**をいう（建築基準法施行令129条の10第３項２号）。

2　**適切**　乗用エレベーターには、駆動装置または制御器に故障が生じ、かごおよび昇降路の**すべての出入口の戸が閉じる前にかごが昇降したとき**などに、**自動的に**かごを制止する安全装置を設けなければならない（建築基準法施行令129条の10第３項１号）。

3　**最も不適切**　**高さ**31mを超える建築物（政令で定めるものを除く。）には、**非常用の昇降機**を設けなければならない（建築基準法34条２項）。

4　**適切**　非常用エレベーターの**乗降ロビーの床面積**は、非常用エレベーター１基について10㎡以上としなければならない（建築基準法施行令129条の13の３第３項７号）。

➔ 攻略テキスト第６編３・７章

正解３

264
過 H27−24

エレベーター

重要度 B
難易度 易

エレベーターに関する次の記述のうち、最も適切なものはどれか。

1　乗用エレベーター（人荷共用エレベーターを含み、寝台用エレベーターを除く。）は、かごの床面積が大きくなるほど、単位面積当たりの積載荷重が小さい値になるよう、建築基準法施行令で定められている。

2　乗用のトラクション方式ロープ式で機械室がないエレベーターでは、定格速度が毎分600m以上の高速なものが既に普及している。

3　近年の地震による閉じ込め事故の多発が契機となり、エレベーターの構造等に関する建築基準法施行令等の改正により、新築建物のエレベーターには地震時管制運転装置を設けなければならないこととなった。

4　エレベーターの保守契約にはＦＭ（フルメンテナンス）契約とＰＯＧ（パーツ・オイル・グリース）契約があるが、マンション標準管理委託契約書では、ＦＭ契約によることとされている。

	①	②	③	④	⑤
学習日					
理解度 (○/△/×)					

解法のテクニック

乗用エレベーターについては、同じ論点が繰り返し問われている。肢1は、床面積が大きいほど、多くの人や物が乗るため、積載荷重の値が大きくなるとイメージしよう。

1 **不適切** 乗用エレベーター（人荷共用エレベーターを含み、寝台用エレベーターを除く）は、**かごの床面積が大きくなるほど、単位面積当たりの積載荷重が「大きい値」**になるよう、建築基準法施行令で定められている（建築基準法施行令129条の5第2項）。

2 **不適切** 乗用のトラクション方式**ロープ式で機械室がないエレベーター**は、**低速105m/min**のものが一般的であり、毎分600m以上の超高速のものは普及しているとはいえない。

3 **最も適切** 近年の地震による閉じ込め事故の多発が契機となり、エレベーターの構造等に関する建築基準法施行令等の改正により、新築建物のエレベーターには**地震時管制運転装置を設けなければならない**こととなった（建築基準法施行令129条の10第3項2号）。

地震時管制運転装置とは、地震その他の衝撃により生じた国土交通大臣が定める加速度（初期微動P波）を検知し、自動的に、かごを昇降路の出入口の戸の位置に停止させ、かつ、当該かごの出入口の戸及び昇降路の出入口の戸を開き、またはかご内の人がこれらの戸を開くことができることとする装置です。

4 **不適切** エレベーターの保守契約には**FM（フルメンテナンス）**契約と**POG（パーツ・オイル・グリース）**契約があるが、マンション標準管理委託契約書では、**FM方式とPOG方式のどちらかを選択する**こととされており、FM契約によるとはされていない（マンション標準管理委託契約書別表第4コメント②）。

➔ 攻略テキスト第6編7章

正解 3

電気設備

マンションの電気設備に関する次の記述のうち、最も不適切なものはどれか。

1　小出力発電設備に該当する設備のうち、太陽電池発電設備は、燃料電池発電設備と比較して、出力が大きいものまで認められている。

2　マンション内の電気工作物が自家用電気工作物に該当する場合には、当該電気工作物の設置者は、必ず電気主任技術者を選任しなければならない。

3　マンションの敷地内に電柱を設け、柱上変圧器を通じて供給を受けようとする場合、供給可能な最大電力には制限がある。

4　マンションの敷地内に電力会社用の専用借室を設けて600ボルト以下の電圧で受電し、その電気を当該マンションの敷地内で使用するための電気工作物は、一般用電気工作物に該当する。

	①	②	③	④	⑤
学習日					
理解度 (○/△/×)					

解法のテクニック

本問の論点は、平成22年でも問われている。マイナー論点ではあるが、過去繰り返し出題されている論点ではあるので、一般用電気工作物・自家用電気工作物の分類や、電気主任技術者等の資格、太陽光発電設備等について覚えておこう。

1　**適切**　小出力発電設備は、発電設備のうち、出力が小さく安全性が高い発電設備のことで、**太陽光発電設備**は出力が**50kW未満**のもの、燃料電池発電設備は出力10kW未満のものである（電気事業法38条１項２号、同施行規則48条４項１号・５号）。

2　**最も不適切**　一定の自家用電気工作物に係る当事業場のうち、当該自家用電気工作物の工事、維持及び運用に関する**保安の監督に係る業務を委託する契約**（外部委託契約）が一定の要件に該当する者（保安協会等）と締結されているものであって、保安上支障がないものとして経済産業大臣の承認を受けたもの等については、**電気主任技術者**を**選任しないことができる**（電気事業法施行規則52条２項）。

3　**適切**　マンションの敷地内に電柱を設け、**柱上変圧器**を通じて供給を受けようとする方式を、借柱方式というが、柱上変圧器の供給可能な最大電力には**制限がある**。

4　**適切**　他の者から**600Ｖ以下**の電圧で受電し、その受電の場所と**同一の構内（敷地内）**においてその受電に係る**電気を使用するための電気工作物**であって、その受電のための電線路以外の電線路によりその**構内（敷地内）以外**の場所にある電気工作物と電気的に**接続されていない**ものは**一般用電気工作物**に該当する（電気事業法38条１項１号、同法施行規則48条２項）。

借室方式（借室変電設備・借室電気室）	建物内の１室に変圧器を設置（容量に制限なし）
借棟方式	敷地内に変圧器棟を設置（容量に制限なし）
借柱方式	敷地内に電柱を設け、それに柱上変圧器を設置（容量に制限あり）
集合住宅用変圧器方式（パットマウント方式）	敷地内に金属製変圧塔を設置（容量に制限あり） ※最大100戸程度までのマンションが対象

→ 攻略テキスト第６編８章

正解 2

避雷設備

マンションの避雷設備に関する次の記述のうち、建築基準法（昭和25年法律第201号）の規定によれば、正しいものはどれか。

1　周囲の状況に安全上支障がない場合であっても、高さが20mを超える建築物には、有効に避雷設備を設けなければならない。

2　マンションにおける雷撃に対する保護レベルは最も高いⅠに設定されている。

3　避雷設備の構造は、必ず国土交通大臣が定めた構造方法を用いるものでなければならない。

4　避雷設備の雨水等により腐食のおそれのある部分にあっては、腐食しにくい材料を用いるか、又は有効な腐食防止のための措置を講じたものでなければならない。

	①	②	③	④	⑤
学習日					
理解度 (○/△/×)					

解法のテクニック

避雷設備は頻出ではないが、設置基準等が繰り返し出題されている。避雷設備の構造等についても覚えておこう。

1 **誤り** 高さが20mを**超える**建築物には、有効に避雷設備を設けなければならない。ただし、周囲の状況に安全上支障がない場合においては、避雷設備を設けなくてもよい場合がある（建築基準法33条）。

2 **誤り** 建物の雷撃に対する保護レベルはⅠ～Ⅳに区分されており、マンションなどの一般建築物は一番低いⅣに設定されている（日本産業規格A4201（建築物等の雷保護（避雷針））2003）。

3 **誤り** 避雷設備の構造は、電撃によって生ずる電流を建築物に被害をおよぼすことなく安全に地中に流すことができるものとして、国土交通大臣が定めた構造方法を用いるもの、または**国土交通大臣の**認定を受けたものであることと定められている（建築基準法施行令129条の15第１号）。

4 **正しい** 避雷設備の雨水等により腐食のおそれのある部分にあっては、腐食しにくい材料を用いるか、または有効な腐食防止のための措置を講じたものでなければならない（建築基準法施行令129条の15第２号）。

➔ 攻略テキスト第６編８章

正解 4

267 ガス設備・給湯設備

過 R5－19

ガス設備及び給湯設備に関する次の記述のうち、最も不適切なものはどれか。

1　潜熱回収型ガス給湯機の潜熱回収で発生する酸性の凝縮水は、確実に機器内で中和処理し、排水系統に排出する。

2　湯待ち時間とは、給湯栓を開放してから湯が出てくるまでの時間のことである。

3　深夜電力温水器とは、夜間の電力を使用して加熱した水をタンク内にためておいて給湯するものである。

4　密閉燃焼式のガス機器の強制給排気方式（ＦＦ方式）とは、ファンにより屋外より燃焼用空気を取り入れ、自然換気力により排気する方式をいう。

	①	②	③	④	⑤
学習日					
理解度 (○/△/×)					

解法のテクニック

ガス設備に関しては肢１の潜熱回収型ガス給湯機は繰り返し出題されているので押さえておこう。肢４は平成15年以来の出題であったが、近年かなり昔に出題された論点からも再出題されているので注意しておこう。

1　**適切**　**潜熱回収型ガス給湯機**とは、燃焼ガス排気部に給水管を導き、燃焼時に**熱交換**して昇温してから、燃焼部へ水を送り**再加熱する**ものであるが、酸性の**凝縮水**が発生するので、機器内で**中和処理**し、**排水系統に排出する**必要がある。

2　**適切**　**湯待ち時間**とは、**給湯栓を開放してから湯が出てくるまでの時間**のことをいう。

3　**適切**　**深夜電力温水器**とは、**夜間の電力**を使用して加熱した水を**タンク内に貯めておいて給湯する**ものをいう。

4　**最も不適切**　密閉燃焼式のガス機器の**強制給排気方式**（ＦＦ方式）とは、**ファンにより屋外より燃焼用空気を取り入れ、ファンにより排気をする方法**をいう。

攻略テキスト第６編９章

正解 4

給湯設備

住戸セントラル給湯方式の熱源機器及び配管に関する次の記述のうち、最も不適切なものはどれか。

1　自然冷媒ヒートポンプ給湯機とは、貯湯タンクを設ける必要がなく、冷媒として二酸化炭素を用い水を昇温させた後、湯を直接、必要箇所へ供給できる給湯機である。

2　潜熱回収型ガス給湯機とは、燃焼ガス排気部に給水管を導き、燃焼時に熱交換して昇温してから、燃焼部へ水を送り再加熱するものである。

3　さや管ヘッダ式配管工法とは、住戸の入口近くにヘッダを設置し、床下などに各衛生器具と一対一で対応させたさや管を敷設しておき、後からさや管内に樹脂管を通管して配管する工法である。

4　ガス給湯機の能力表示における1号とは、毎分流量1ℓの水の温度を25℃上昇させる能力をいう。

	①	②	③	④	⑤
学習日					
理解度 (○/△/×)					

解法のテクニック

肢3のさや管ヘッダ式配管工法は、最近のマンション等で使用されている。今後も出題される可能性があるので、その仕組みを覚えておこう。

1　**最も不適切**　**自然冷媒ヒートポンプ給湯機**とは、冷媒として**二酸化炭素**を用い水を昇温させ、**貯湯タンク**に**貯湯して給湯する**給湯機である。

2　**適切**　**潜熱回収型ガス給湯機**とは、**燃焼ガス排気部**に給水管を導き、**燃焼時に熱交換して昇温してから、燃焼部へ水を送り再加熱する**ものである。

3　**適切**　**さや管ヘッダ式配管工法**とは、住戸の入口近くに**ヘッダを設置**し、床下などに各衛生器具と一対一で対応させた**さや管を敷設**しておき、後から**さや管内に樹脂管を通管して配管する工法**である。

4　**適切**　ガス給湯機の能力表示における1号とは、**毎分流量1ℓの水の温度を25℃上昇させる能力**をいう。

➔ 攻略テキスト第6編9章

正解 1

バリアフリー法

次の記述のうち、高齢者、障害者等の移動等の円滑化の促進に関する法律によれば、誤っているものはどれか。

1　共同住宅は特定建築物であり、特定建築物には、これに附属する建築物特定施設を含む。
2　建築主等は、特定建築物（特別特定建築物を除く。）の建築をしようとするときは、当該特定建築物を建築物移動等円滑化基準に適合させるために必要な措置を講ずるよう努めなければならない。
3　建築物移動等円滑化基準では、主として高齢者、障害者等が利用する階段は、回り階段以外の階段を設ける空間を確保することが困難であるときを除き、主たる階段は回り階段でないこととしている。
4　建築物移動等円滑化基準では、主として高齢者、障害者等が利用する駐車場を設ける場合には、そのうち1以上に、車いす使用者が円滑に利用することができる駐車施設を3以上設けなければならない。

	①	②	③	④	⑤
学習日					
理解度（○/△/×）					

解法のテクニック

バリアフリー法は頻出論点ではないが、肢１の共同住宅が特定建築物に該当する点と、肢２の特定建築物については、建築主等は移動等円滑化基準に適合させる努力義務を負う点は繰り返し出題されているので注意しよう。

1　**正しい**　**特定建築物**とは、学校、病院、劇場、観覧場、集会場、展示場、百貨店、ホテル、事務所、共同住宅、老人ホームその他の多数の者が利用する政令で定める建築物又はその部分をいい、これらに附属する**建築物特定施設を含む**（バリアフリー法２条18号）。

2　**正しい**　建築主等は、特定建築物（特別特定建築物を除く）の建築（用途の変更をして特定建築物にすることを含む）をしようとするときは、当該特定建築物を**建築物移動等円滑化基準**に適合させるために必要な措置を講ずるよう**努めなければならない**（バリアフリー法16条１項）。

3　**正しい**　建築物移動等円滑化基準では、主として高齢者、障害者等が利用する階段について、「主たる階段は、**回り階段**でないこと。ただし、**回り階段以外の階段を設ける空間を確保することが困難であるときは、この限りでない**」としている（バリアフリー法施行令12条６号）。

4　**誤り**　建築物移動等円滑化基準では、主として高齢者、障害者等が利用する駐車場を設ける場合には、そのうち１以上に、**車いす使用者が円滑に利用することができる駐車施設**（「車いす使用者用駐車施設」）を１以上**設けなければならない**としている（バリアフリー法施行令17条１項）。３以上設けなければならないのではない。

➔ 攻略テキスト第６編10章

正解４

第６編　建築法令・設備・維持保全

各種の法令

各種の法令に関する次の記述のうち、誤っているものはどれか。

1 「個人情報の保護に関する法律」によれば、個人情報取扱事業者であるマンション管理業者が、管理費を滞納している組合員の氏名及び滞納額が記載されたリストを、その管理事務を受託する管理組合に提出するときは、当該組合員の同意を得なければならない。

2 身体障害者補助犬法によれば、身体障害者補助犬を同伴して同法の定める施設等（住宅を除く。）の利用又は使用する身体障害者は、その身体障害者補助犬に、その者のために訓練された身体障害者補助犬である旨を明らかにするための表示をしなければならない。

3 消防法によれば、共同住宅等の一定の防火対象物の管理について権原を有する者は、防火管理者を定め、遅滞なく所轄消防長又は消防署長に届け出なければならない。

4 「高齢者、障害者等の移動等の円滑化の促進に関する法律」によれば、国民は、高齢者、障害者等の円滑な移動及び施設の利用を確保するために必要な協力をするよう努めなければならない。

	①	②	③	④	⑤
学習日					
理解度 (○/△/×)					

解法のテクニック

マンションの管理に関する各種法令からの出題である。肢１や肢３は繰り返し出題されているので覚えておこう。

1　**誤り**　管理組合から委託を受けた管理業者にとって、管理組合は**「情報提供を受ける第三者」には該当しない**（個人情報保護法27条５項第１号）。したがって、委託先の管理業者が管理組合へ管理費を滞納している組合員の氏名及び滞納額を提出することは、滞納している**組合員本人の同意を必要としない**。

2　**正しい**　身体障碍者補助犬法で定める一定の施設等（住宅を除く）の利用等を行う場合において**身体障害者補助犬を同伴し**、または使用する身体障害者は、厚生労働省令で定めるところにより、その身体障害者補助犬に、その者のために訓練された**身体障害者補助犬である旨を明らかにするための表示をしなければならない**（身体障害者補助犬法12条）。

3　**正しい**　共同住宅等の一定の防火対象物の管理について権原を有する者は、**防火管理者を定めたとき**は、遅滞なくその旨を所轄**消防長**または**消防署長に届け出なければならない**。これを**解任**したときも、**同様とする**（消防法８条２項）。

4　**正しい**　**国民**は、高齢者、障害者等の自立した日常生活及び社会生活を確保することの重要性について**理解を深める**とともに、これらの者が公共交通機関を利用して移動するために必要となる**支援**その他のこれらの者の円滑な移動及び施設の利用を確保するために**必要な協力**をするよう**努めなければならない**（バリアフリー法７条）。

→ 攻略テキスト第２編５章・第６編４・10章

正解 1

各種の法令

各種の法令に関する次の記述のうち、誤っているものはどれか。

1　消防法（昭和23年法律第186号）によれば、一定の防火対象物の管理について権原を有する者は、防火管理者を定め、遅滞なく所轄消防長又は消防署長に届け出なければならない。

2　警備業法（昭和47年法律第17号）によれば、警備業者は、20歳未満の者を警備業務に従事させてはならない。

3　自動車の保管場所の確保等に関する法律（昭和37年法律第145号）によれば、何人も自動車が夜間（日没時から日出時までの時間をいう。）に道路上の同一の場所に引き続き8時間以上駐車することとなる行為をしてはならない。

4　動物の愛護及び管理に関する法律（昭和48年法律第105号）によれば、動物の所有者は、その所有する動物が自己の所有に係るものであることを明らかにするための措置として環境大臣が定めるものを講ずるように努めなければならない。

	①	②	③	④	⑤
学習日					
理解度 (○/△/×)					

解法のテクニック

管理業務主任者試験では、本問のような各種法令をまとめた問題が出されることがある。注意しておこう。

1　**正しい**　共同住宅の管理について権原を有する者は、政令で定める資格を有する者のうちから防火管理者を定め、当該防火対象物について消防計画の作成、当該消防計画に基づく消火、通報および避難の訓練の実施、消防の用に供する設備、消防用水または消火活動上必要な施設の点検および整備、火気の使用または取扱いに関する監督、避難または防火上必要な構造および設備の維持管理並びに収容人員の管理その他防火管理上必要な業務を行わせなければならない（消防法８条１項）。

そして、権原を有する者は、防火管理者を定めたときは、遅滞なくその旨を所轄消防長または消防署長に届け出なければならない（消防法８条２項）。

2　**誤り**　警備業者は、18歳未満の者を警備業に従事させてはならない（警備業法14条１項）。したがって、20歳未満の者を警備業に従事させてはならないとする本肢は誤りである。

3　**正しい**　何人も、道路上の場所を自動車の保管場所として使用してはならず、また、何人も自動車が夜間（日没時から日出時までの時間をいう）に道路上の同一の場所に引き続き８時間以上駐車することとなるような行為をしてはならない（自動車の保管場所の確保等に関する法律11条１項・２項２号）。

4　**正しい**　動物の所有者は、その所有する動物が自己の所有に係るものであることを明らかにするための措置として環境大臣が定めるものを講ずるように努めなければならない（動物の愛護および管理に関する法律７条６項）。

自己の所有に係るものであることを明らかにするための措置には、首輪や名札、マイクロチップ等があります。

➔ 攻略テキスト第６編４・10章

正解２

防水工法

マンションの屋上の防水に関する次の記述のうち、最も不適切なものはどれか。

1　メンブレン防水とは、被膜を形成して防水層を作る工法の総称である。

2　シート防水に用いられる、プラスチック系の材料等で作られたシートは、変形能力が大きく下地の動きに追従する。

3　建築改修工事監理指針によれば、外気温の著しい低下が予想されるときは、塗膜防水を施工しなければならない。

4　ウレタン系塗膜防水工法は、突出物の多い屋上の改修工事の際に、施工が容易なため採用されることが多い。

	①	②	③	④	⑤
学習日					
理解度 (○/△/×)					

解法のテクニック

防水工法についての論点である。肢2は初出題の論点であったが、他の肢は過去出題されている論点である。近年の管理業務主任者試験では、マイナー論点であっても、同じ論点が繰り返し出題されているので、一度は目を通しておこう。

1　**適切**　メンブレン防水とは、**被膜を形成して防水層を作る工法**の総称である。

2　**適切**　シート防水に用いられる、プラスチック系の材料等で作られたシートは、**変形能力が大きく**下地の動きに対する**追従性が高い**。

3　**最も不適切**　防水層の施工の良否は、施工時の気象条件に大きく左右されるため、冬季の工事において、**外気温の著しい低下**が予想されるときは、原則として**施工を中止する**。

4　**適切**　**ウレタン系塗膜防水工法**は、**突出物の多い屋上の改修工事**の際に、**施工が容易**なため採用されることが多い。

➔ 攻略テキスト第6編11章

正解 3

273 防水工法

過 H21－18

防水工法の特徴に関する次の記述のうち、最も不適切なものはどれか。

1 「アスファルト防水熱工法」は、歴史があり、「改質アスファルトシート防水工法（トーチ工法）」に比べ、施工現場周辺の環境に及ぼす影響が少ない。

2 「改質アスファルトシート防水工法（トーチ工法）」は、「アスファルト防水熱工法」に比べ、防水層の性能が施工時の気温に左右されにくい。

3 「塩化ビニル系樹脂シート防水工法」では保護材不要で、軽歩行ができる施工も一般化しているが、「合成ゴム系シート防水工法」では厚塗り塗装材を保護層とすることにより、軽歩行も可能となる。

4 「ウレタン系塗膜防水工法」は、突出物の多い屋上の改修工事の際に、施工が容易なため採用されることが多い。

	①	②	③	④	⑤
学習日					
理解度（○/△/×）					

解法のテクニック

防水工法それぞれの特徴を覚えよう。施工の方法や歩行可能か否かに注意したい。

1　**最も不適切**　**アスファルト防水熱工法**は、歴史のある工法であるが、アスファルトを溶かして使用するため、改質アスファルトシート防水工法よりも、煙や臭いが周辺環境に影響を及ぼすことがある。

2　**適切**　**改質アスファルトシート防水工法**は、溶融アスファルトが冷えると短時間で防水層を形成できるので、防水層の性能は施工時の気温に左右されにくい。

3　**適切**　**塩化ビニル系樹脂シート防水工法**では、保護材がなくても軽歩行が可能である。これに対して合成ゴムシート防水工法では、厚塗り塗装材を保護層とすることで軽歩行が可能となる。

4　**適切**　**ウレタン系塗膜防水工法**は、不定形材料により防水を施すので、複雑な形状な場所の防水に施工が容易なため突出物の多い屋上の改修工事の際に採用されることがある。

要点整理　メンブレン防水

アスファルト防水	アスファルトルーフィングを溶融アスファルトで接着し、一体化した防水工法。露出したままでは歩行できない。また、施工中の臭いや煙等の問題点がある。
改質アスファルト防水	アスファルトにポリマーを添加したものを、トーチバーナーで加熱しながら貼り付けるトーチ工法等がある。防水層の性能は施工時の気温に左右されにくい。
シート防水	ゴム系や塩ビ系のシートを接着剤で貼り付ける工法。 塩ビ系は表面強度があるので軽歩行が可能。ゴム系はやわらかいのでそのままでは歩行できない。
塗膜防水	液状の防水材を塗り重ね､表面にトップコートを塗る防水工法。施工が容易なので、バルコニーや廊下等に用いられる。

→ 攻略テキスト第６編11章

正解 1

274 断熱

オリジナル

マンションの断熱に関する次の記述のうち、適切なものはどれか。

1　外断熱改修は、夏の暑さに対しては効果を期待できないが、冬の寒さに対しては効果がある。

2　外断熱改修工事を行った場合、結露の防止に対しては効果が期待できない。

3　一般に、内断熱工法のほうが外断熱工法より、熱を伝えやすい熱的短絡部である熱橋（ヒートブリッジ）が形成されにくく、結露発生のリスクは小さくなる。

4　単板ガラスの厚さを２倍にしても、断熱性能の改善はわずかなので、結露の量は大きく減少しない。

	①	②	③	④	⑤
学習日					
理解度 (○/△/×)					

解法のテクニック

断熱については、外断熱と内断熱の違いを覚えておこう。また、結露との関係にも注意しておこう。

1　不適切　外断熱改修により、冬の寒さに対してだけでなく、夏の暑さに対しても効果が期待できる。

2　不適切　外断熱改修により、断熱性能が向上することで、結露防止も期待できる。

3　不適切　一般に、外断熱工法のほうが内断熱工法より、熱を伝えやすい熱的短絡部である熱橋（ヒートブリッジ）が形成されにくく、結露発生のリスクは小さくなる。

ヒートブリッジとは断熱材よりも熱伝導率の高い鉄骨等に屋外の熱が伝わり、そこから室内に熱が伝わってしまう現象をいいます。

4　適切　単板ガラスの厚さを２倍にしても、断熱性能の改善はわずかなので、結露の量は大きく減少しない。窓ガラスの断熱性能を高めるには、複層ガラスにする必要がある。

	定義	メリット	デメリット
内断熱	構造躯体の屋内側に断熱層を設けるもの	①コストが安い ②空調面で有利 ③外壁材を自由に選べる	①断熱材が湿気を吸収するので、断熱性が低下 ②躯体に温度変化により負担がかかる ③居室の面積が減少する
外断熱	構造躯体の屋外側に断熱層を設けるもの	①断熱性能が高く、結露対策として有効 ②躯体に温度変化による負担が躯体にかからない	①コストが割高 ②空調面で不利（十分な換気が必要）

➔ 攻略テキスト第６編11章

正解 4

遮音

マンションの遮音に関する次の記述のうち、適切なものはどれか。

1　JIS（日本産業規格）による床衝撃音の遮音等級（ΔL-40、ΔL-50等）の数値が大きいほど、遮音性能は低くなる。

2　同じ材質のコンクリートであれば、コンクリート床の厚さが厚くなるほど、遮音性能は高くなる。

3　床衝撃音の遮音性能を評価する衝撃源として重量衝撃源と軽量衝撃源があり、子供の椅子からの飛び降りは、軽量衝撃源に分類される。

4　界壁の遮音等級D値は、その値が小さいほど遮音性能が高い。

	①	②	③	④	⑤
学習日					
理解度（○/△/×）					

解法のテクニック

遮音ではL値とD値に注意しよう。L値は floor impact sound level のLで、値が大きいほど遮音性能は低くなる。D値は sound pressure level difference（差異）のDで、値が大きいほど遮音性能は高くなる。

1　**不適切**　ΔL値は数値が大きいほど遮音性能は高くなる。

2　**適切**　同じ材質のコンクリートであれば、コンクリート床の厚さが厚くなるほど、遮音性能は高くなる。

3　**不適切**　子供の椅子からの飛び降りは、重量衝撃源に分類される。

4　**不適切**　界壁の遮音等級D値は、その値が大きいほど遮音性能が高い。

80dBがどれくらいの音量で聞こえたかの「差」がD値

↓

差が大きい方が遮音できている

→ 攻略テキスト第6編11章

正解 2

276 窓サッシ

過 H28－28

窓サッシの改修工法に関する次の記述のうち、最も不適切なものはどれか。

1　カバー工法、持出し工法は、既存サッシ枠を残して、その上に新規のサッシ枠を取り付けるので、開口寸法は既存のものよりも小さくなる工法である。

2　ノンシール工法は、比較的大型の窓サッシに採用され、既存躯体との間には、タイト材を使用するので、外部側のシーリング充填作業が省略できる工法である。

3　はつり工法は、既存サッシ枠回りの躯体をはつり取り、新規のサッシ枠を取り付けるので、振動、粉じんが多く周囲への影響が大きい工法である。

4　引抜き工法は、既存サッシ枠を油圧工具又はジャッキ等で撤去するので、はつり工法に比較して、騒音が発生しにくい工法である。

	①	②	③	④	⑤
学習日					
理解度 (○/△/×)					

解法のテクニック

窓サッシの取替工事については、平成21年度試験で、ほとんど同じ論点が出題されている。各工事の特徴を覚えておこう。

1　**適切**　カバー工法（既存サッシ枠に新規サッシをかぶせる工法）、持出し工法（新規サッシを既存サッシ枠の外部に持出して取り付ける工法）は、**既存サッシ枠を**残して、その上に新規のサッシ枠を取り付けるので、開口寸法は既存のものよりも小さくなる工法である。

2　**最も不適切**　ノンシール工法は、トイレや浴室等の比較的小型の窓サッシに採用され、既存躯体との間には、タイト材を使用するので、外部側のシーリング充填作業が省略できる工法である。大型の窓サッシではなく、小型の窓サッシに採用される工法である。

タイト材とは、窓枠やドア等に使われるゴム等のパッキンをいいます。

3　**適切**　はつり（削り）工法は、既存サッシ枠回りの躯体をはつり（削り）取り、新規のサッシ枠を取り付けるので、騒音や振動、粉じんが多く周囲への影響が大きい工法である。

4　**適切**　引抜き工法は、既存サッシ枠を油圧工具**または**ジャッキ等で撤去し、新規サッシを設置する工法で、はつり工法に比較して、大掛かりな工事を必要としないので騒音が発生しにくい工法である。

➔ 攻略テキスト第6編11章

正解 2

277 コンクリート

過 H26−18

コンクリートの特徴に関する次のアからカの記述のうち、不適切なもののみの組合せはどれか。

ア　引張強度が大きい。
イ　剛性が高い。
ウ　自由な成形ができる。
エ　ひび割れが生じにくい。
オ　乾燥収縮が大きい。
カ　耐火性が劣る。

1　ア・イ・ウ
2　ア・エ・カ
3　イ・ウ・オ
4　エ・オ・カ

	①	②	③	④	⑤
学習日					
理解度 (○/△/×)					

解法のテクニック

コンクリートの基本的な特徴からの出題である。同じ論点が平成22年でも出題されているので確実に得点できるようにしておきたい。

ア　不適切　コンクリートは、引張強度は小さい。なお、圧縮強度は大きい。

イ　適切　コンクリートは、剛性（物体に外力を加えて変形しようとするとき、物体がその変形に抵抗する程度）が高い。

ウ　適切　コンクリートは、自由な成形ができる。

エ　不適切　コンクリートは、ひび割れが生じやすい。

オ　適切　コンクリートは、乾燥収縮が大きい。

カ　不適切　コンクリートは、耐火性が優れている。

したがって、不適切なもののみの組合せは肢ア・エ・カであり、正解は2となる。

要点整理　コンクリートの特徴

長　所	短　所
・圧縮に強い ・耐火性に優れる	・引張に弱い ・靭性が小

➔ 攻略テキスト第6編12章

正解 2

278 過 H24−22

コンクリート

重要度 B
難易度 易

コンクリートに関する次の記述のうち、最も適切なものはどれか。

1　まだ固まらない状態にあるコンクリートを、プレーンコンクリートという。

2　コンクリートから細骨材を除いたものは、モルタルである。

3　工場で生産され、まだ固まらない状態のまま現場にコンクリートミキサー車などで運搬されるコンクリートを、レディーミクストコンクリートという。

4　建設当初にコンクリートが持つ強アルカリ性が徐々に失われ、内部の鉄筋が錆びやすい状況になる現象を、コンクリートの酸性化という。

	①	②	③	④	⑤
学習日					
理解度 (○/△/×)					

解法のテクニック

コンクリートの基本的な用語に関する問題である。レディーミクストコンクリートやフレッシュコンクリートなどの用語について覚えておこう。

1　**不適切**　まだ固まらない状態のコンクリートは、フレッシュコンクリートという。プレーンコンクリートとは、セメント、水、細骨材および粗骨材を構成材料とし、混和材料を用いないコンクリートをいう。

2　**不適切**　モルタルは、セメント、水、細骨材を混ぜたものをいう。つまり、コンクリートから粗骨材を除いたものをいう。

3　**最も適切**　工場で生産され、まだ固まらない状態のまま現場にコンクリートミキサー車などで運搬されるコンクリートを、レディーミクストコンクリートという。

4　**不適切**　建設当初にコンクリートが持つ強アルカリ性が徐々に失われ、内部の鉄筋が錆びやすい状況になる現象を、コンクリートの中性化という。酸性化ではない。

コンクリートの分類

フレッシュコンクリート	まだ硬化していないコンクリートのこと
プレーンコンクリート	セメント、水、細骨材及び粗骨材を構成材料とし、混和材料を用いないコンクリート
レディーミクストコンクリート	工場で練り混ぜをしてから打設現場に運送するコンクリート

➔ 攻略テキスト第6編12章

正解 3

279 鉄筋コンクリート

過 R3－18

鉄筋コンクリートに関する次の記述のうち、最も不適切なものはどれか。

1　建築基準法によれば、特定の要件を満たす部材を除いて、布基礎の立上り部分を除いた基礎においては、鉄筋に対するコンクリートのかぶり厚さは、捨コンクリートの部分を除き、6cm以上としなければならない。

2　コンクリートは、通常の使用範囲において温度上昇に伴う膨張の程度が鉄筋とほぼ等しい。

3　硬化したコンクリートが、空気中の二酸化炭素の作用によって次第にアルカリ性を失って中性に近づく現象を中性化という。

4　アルカリ骨材反応とは、アルカリ反応性骨材と鉄筋が長期にわたる化学反応により、その鉄筋が発錆（はっせい）し膨張することで、コンクリートにひび割れを生じたり崩壊したりする現象をいう。

	①	②	③	④	⑤
学習日					
理解度 (○/△/×)					

解法のテクニック

鉄筋コンクリートに関する基本的な論点である。肢１のかぶり厚さは基礎だけでなく、耐力壁や鉄骨についても過去問われている。重要論点については関連知識も押さえておきたい。

1　**適切**　鉄筋に対するコンクリートのかぶり厚さは、耐力壁以外の壁または床にあっては２cm以上、耐力壁、柱またははりにあっては３cm以上、直接土に接する壁、柱、床もしくは、はり、または布基礎の立上り部分にあっては４cm以上、基礎（布基礎の立上り部分を除く）にあっては**捨コンクリート（基礎の正確な位置出し等のためのコンクリート）の部分を除いて**６cm以上としなければならない（建築基準法施行令79条１項）。

2　**適切**　鉄筋コンクリート造の素材である**コンクリート**と**鉄筋**は、通常の使用範囲において温度上昇に伴う**熱膨張率が**ほぼ等しく、相性がよい。

3　**適切**　硬化したコンクリートが、空気中の**二酸化炭素**の作用によって次第に**アルカリ性を失って中性に近づく現象**を中性化という。

4　**最も不適切**　**アルカリ骨材反応**とは、「**セメント中の**アルカリ成分」と、**アルカリシリカ反応性鉱物を有する**骨材とが反応し、**膨張を起こす現象**のことをいう。鉄筋が発錆して膨張するのではない。

第6編 建築法令・設備・維持保全

→ 攻略テキスト第６編12章

正解 4

280 マンションの構造等

過 R3－19

重要度 A
難易度 易

マンションの構造・部材に関する次の記述のうち、最も不適切なものはどれか。

1　免震装置を設置することにより、建築物がゆっくりと水平移動し、建築物に作用する地震力を低減する構造形式を免震構造という。

2　建築基準法に定める「主要構造部」には、建築物の構造上重要でない間仕切壁は、含まれない。

3　建築基準法によれば、１つの建築物で高さが部分的に異なる場合には、原則として、各部分の高さに応じて異なる構造方法による基礎を併用しなければならない。

4　建築基準法によれば、特定の要件を満たす場合を除いて、各戸の界壁は小屋裏又は天井裏に達していなければならない。

	①	②	③	④	⑤
学習日					
理解度 (○/△/×)					

解法のテクニック

マンションの構造等の基本論点からの出題である。肢１～３は過去繰り返し出題されているのでしっかり確認しておこう。肢４は平成16年に主題されたことのある論点だが、令和２年の建築基準法の改正論点である。まだヒントに記載した改正点については出題されていないので、そちらも注意しておこう。

1　**適切**　**免震構造**とは、積層ゴムなどの免震層**を配置する**ことにより、地震力に対して建築物が**ゆっくりと水平移動し**、建築物に作用する**地震力を**低減**する構造形式**をいう。

2　**適切**　**主要構造部**とは、壁、柱、床、はり、屋根または階段をいい、建築物の**構造上重要でない**間仕切壁、間柱、付け柱、揚げ床、最下階の床、回り舞台の床、小ばり、ひさし、局部的な小階段、屋外階段その他これらに類する建築物の部分は除かれる（建築基準法２条５号）。

3　**最も不適切**　建築物には、１つの建築物で高さが部分的に異なる場合でも、原則として、**異なる構造方法による基礎**を併用してはならない（建築基準法施行令38条２項）。

4　**適切**　**長屋または共同住宅の各戸の**界壁は、原則として、小屋裏**または**天井裏**に達するもの**であることが必要である（建築基準法30条１項２号）。

防火性能を強化した天井と遮音性能を確保した天井を設ける等の要件を満たした場合、界壁を小屋裏または天井裏に達する必要はありません。

➔ 攻略テキスト第６編１・２・12章

正解３

建築構造

鉄筋コンクリート造に関する次の記述のうち、最も適切なものはどれか。

1　壁式構造とは、鉄筋コンクリート造の壁や床板によって箱状の構造体を構成し、荷重や外力に抵抗する構造形式である。

2　高さ20mを超えるような中高層マンションは、現在でも鉄骨鉄筋コンクリート造で建てられており、鉄筋コンクリート造のものはない。

3　プレキャストコンクリート工法で用いられる鉄筋コンクリートの部材の製造は工場で行われることが多く、現在では現場の構内で行われることはほとんどない。

4　プレキャストコンクリートと現場打ちコンクリートを併用する工法は、現在ではほとんど採用されていない。

	①	②	③	④	⑤
学習日					
理解度 (○/△/×)					

解法のテクニック

建築構造等に関する問題である。肢３、４はやや細かい論点であるが、肢１を確実に正解と判断して得点しておきたい問題である。

1　**最も適切**　壁式構造とは、鉄筋コンクリート造の壁や床板によって箱状の構造体を構成し、荷重や外力に抵抗する構造形式である。

2　**不適切**　現在では、鉄骨鉄筋コンクリート造だけでなく、鉄筋コンクリート造の高さ20mを超える中高層マンションも存在する。

3　**不適切**　プレキャストコンクリートは、工場で製造されるだけでなく、現場構内で製造されることもある。

4　**不適切**　プレキャストコンクリートと現場打ちコンクリートを併用する工法（ハーフプレキャスト）も採用されている。

要点整理　構造による分類

種類	特徴	内容
壁式構造	住宅等壁の多い建物に利用することで、柱型が内部に出ないというメリットがある。	柱を用いずに、耐力壁と床だけで構成した構造。
トラス構造	鋼材が軽量化できるが施工性は複雑化する。屋根をトラスとするスパンの大きな工場等に用いる。	三角形を単位として構成され、ピン接合される骨組み。
アーチ構造	アーチ材にかかる力は主に軸力として伝えられるため、変形が小さく大スパンの建築物（橋等）に利用される。	曲線状の架構で、軸方向の圧縮力で支持する。
フラットスラブ構造	梁がないので、開放的な空間をつくる場合に利用される。梁はスラブ内に構造耐力上内蔵される。	スラブを直接柱で支える形式で、床スラブが梁を兼ねる構造である。
ラーメン構造	柱と梁を剛接合する必要があるので、接合部が一体に造られる鉄筋コンクリート造や、接合部を溶接することで一体化できる鉄骨造で利用される。	柱・梁・床で構成され、柱・梁の接点を剛接合した四角形で構成される骨組み。

➔ 攻略テキスト第６編12章

正解 1

282 耐震改修指針

過 H28－23

重要度 B
難易度 難

「建築物の耐震診断及び耐震改修の促進を図るための基本的な方針」（平成18年国土交通省告示第184号）に示された建築物の耐震診断の指針（以下、本問において「本指針」という。）に関する次の記述のうち、誤っているものはどれか。

1　本指針は、建築物に対するものであり、敷地に関する基準等は含まれていない。

2　構造耐力上主要な部分の地震に対する安全性の評価に用いられる指標にはIsとqがあり、Isは建築物の各階の構造耐震指標をいい、qは建築物の各階の保有水平耐力に係る指標をいう。

3　鉄筋コンクリート造のマンションでは、構造耐力上主要な部分が地震の振動及び衝撃に対して倒壊し、又は崩壊する危険性が低いと判断されるのは、Isが0.6以上の場合で、かつ、qが1.0以上の場合である。

4　国土交通大臣が本指針の一部又は全部と同等以上の効力を有すると認める方法によって耐震診断を行う場合においては、当該方法によることができる。

	①	②	③	④	⑤
学習日					
理解度 (○/△/×)					

解法のテクニック

耐震診断及び耐震改修指針からの出題である。指針自体はマイナー論点であるが、Is値については平成20年にも出題されている。数字等に注意しておこう。

1 **誤り** 本指針は、建築物に対するものだけでなく、**敷地に関する基準等も含まれている**（耐震診断および耐震改修指針第一の三）。

2 **正しい** 構造耐力上主要な部分の地震に対する安全性の評価に用いられる指標であるIsは、各階の**構造耐震指標**をいい、qは**各階の保有水平耐力**に係る指標をいう（耐震診断および耐震改修指針別表第六）。

Is値（構造耐震指標）は、建物の強度や粘り強さ、建物の形状やバランス、経年劣化を考慮し、建物の各階ごとに算出された値をいいます。
q値（保有水平耐力）は、建物が地震による水平方向の力に対して対応する強さを算出した値をいいます。

3 **正しい** 鉄骨造、鉄筋コンクリート造、鉄骨鉄筋コンクリート造等の建築物等については、構造耐力上主要な部分の地震に対する安全性として、Isが0.6**以上**の場合で、かつ、qが1.0**以上**の場合には、地震の震動及び衝撃に対して倒壊し、又は崩壊する**危険性が低い**とされている（耐震診断および耐震改修指針別表第六）。

4 **正しい** 建築物の耐震診断について、国土交通大臣がこの指針の一部又は全部と**同等以上の効力を有する**と認める方法によって耐震診断を行う場合においては、**その方法によることができる**（耐震診断および耐震改修指針 別添第一但書）。

➔ 攻略テキスト第6編12章

正解 1

耐震改修法

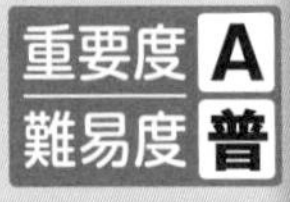

区分所有建築物に関する次の記述のうち、建築物の耐震改修の促進に関する法律（平成７年法律第123号）及び区分所有法の規定によれば、誤っているものはどれか。

1　既存耐震不適格建築物である区分所有建築物の所有者は、耐震改修を行なわなければならない。

2　所管行政庁が耐震改修の計画を認定した場合においては、容積率又は建蔽率の特例が認められる場合がある。

3　所管行政庁から耐震改修が必要である旨の認定を受けた区分所有建築物については、規約に別段の定めのない限り、区分所有者及び議決権の各過半数による集会の決議を経て耐震改修を行うことができる。

4　地震に対する安全性に係る基準に適合していると認定を受けた建築物についてその旨を表示できる制度は、区分所有建築物を含む全ての建築物が対象である。

	①	②	③	④	⑤
学習日					
理解度 (○/△/×)					

解法のテクニック

平成25年度改正部分からの出題である。改正により今まで耐震診断の努力義務の対象となっていなかった分譲共同住宅（マンション）にも努力義務が課せられるようになったので注意しよう。

1　**誤り**　要安全確認計画記載建築物および特定既存耐震不適格建築物以外の既存耐震不適格建築物の所有者は、当該既存耐震不適格建築物について**耐震診断を行い**、必要に応じ、当該既存耐震不適格建築物について**耐震改修を行うよう**努めなければならない（耐震改修法16条１項）。

2　**正しい**　**所管行政庁**が耐震改修の計画の認定をした場合、計画の認定に係る建築物については、**容積率関係規定は**適用されない（耐震改修法17条８項）。また、計画の認定に係る建築物についても、**建蔽率関係規定は**適用されない（耐震改修法17条９項）。

3　**正しい**　**所管行政庁から**耐震改修の必要性に係る認定**を受けた**区分所有建物においては、規約に別段の定めのない限り、区分所有者および議決権の各過半数による集会の決議を経て耐震改修を行うことができる（耐震改修法25条３項）。

4　**正しい**　地震に対する安全性に係る基準**に適合していると認定を受けた建築物**についてその旨を表示できる制度は、区分所有建築物を含むすべての建築物**が対象**である（耐震改修法22条１項・３項）。

➔ 攻略テキスト第６編12章

正解 1

284 耐震補強

過 H30－27

重要度 B
難易度 普

鉄筋コンクリート造のマンションの耐震改修の方法として、最も不適切なものはどれか。

1　給水方法を高置水槽方式から直結増圧方式に変更し、屋上の高置水槽を撤去する。

2　地震時にエキスパンションジョイント部のカバーが落下することを防止するため、そのカバーを両端で躯体に固定する。

3　構造耐力上主要な独立柱に炭素繊維シートを巻き付ける。

4　耐震設計において考慮していなかった非構造の腰壁が、構造耐力上主要な柱と接続している部分に、縁を切るためのスリットを入れる。

	①	②	③	④	⑤
学習日					
理解度 (○/△/×)					

解法のテクニック

耐震改修工事は頻出論点である。炭素繊維シート巻き付けや耐震スリットのような耐震改修工事の種類とその目的について覚えよう。

1 **適切** 給水方法を高置水槽方式から直結増圧方式に変更し、屋上の高置水槽を撤去すれば、地震時の高置水槽への影響をなくすことができるため、耐震改修として適切といえる。

2 **最も不適切** エキスパンションジョイントとは、異なる性状を持った構造体同士を分割し、構造物にかかる破壊的な力を伝達しないようにする継手をいう。エキスパンションジョイントのカバーを両端で躯体に固定すると、地震時等に力が加わった時に歪んでしまうため、原則として、両端で躯体に固定しない。

3 **適切** 構造耐力上主要な独立柱に炭素繊維シートを巻き付けることは、柱の靭性（粘り強さ）を向上させることになるため、耐震改修の方法として適切である。

4 **適切** 腰壁や垂れ壁が構造耐力上主要な柱と接続している部分は、柱の短柱化を招き、地震時に力が集中し破壊されやすいので、縁を切るためのスリットを入れることは耐震改修の方法として適切である。

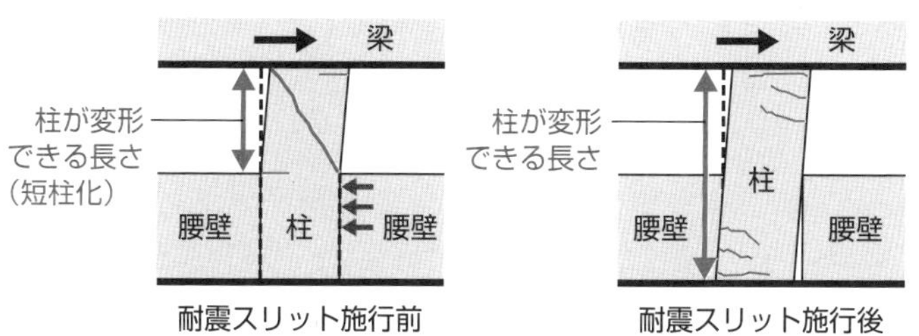

攻略テキスト第6編12章

正解 2

285

過 H30－26

劣化症状

重要度 A
難易度 易

鉄筋コンクリート造のマンションに生じる劣化現象とその推測される原因に関する次の記述のうち、最も不適切なものはどれか。

1　コンクリートの表面に白い粉状のものが付着していたので、鉄筋に塩害が生じていると判断した。

2　コンクリート柱の表面に水平な茶色のシミが出ている亀裂が、等間隔で数本確認されたので、内部の鉄筋に錆（さび）が生じていると判断した。

3　モルタル塗り面を鋼球型テストハンマーで叩くと、高く硬い音がしたので、浮きが無いと判断した。

4　北側外部に面した壁の室内側表面の壁紙に黒いしみのようなものが見えたので、カビが生じていると判断した。

	①	②	③	④	⑤
学習日					
理解度 (○/△/×)					

解法のテクニック

建物の劣化現象及び調査器具の問題である。ここ数年出題されていなかったが、肢1のエフロレッセンス等、以前は頻出論点であったので、また出題されても大丈夫なように、しっかりと覚えておこう。

1　**最も不適切**　本肢の**コンクリートの表面に付着している白い粉状のもの**は、エフロレッセンスの症状である。エフロレッセンス（白華現象）とは、コンクリート中に含まれる石灰等が水に溶けて塗装の表面にしみ出したものである。

2　**適切**　コンクリート柱の表面に水平な茶色のシミが出ている亀裂が、等間隔で数本確認された現象は、**内部の鉄筋に腐食（錆）が生じて膨張したために生じた亀裂**から、茶色や褐色の腐食生成物がコンクリート表面に滲み出たもの（錆汁）が出ていると考えられる。

3　**適切**　モルタル塗り面を鋼球型テストハンマーで叩いた場合、**浮きの生じていない健全部**は、高く硬い音がする。なお、モルタル塗り面で浮きが生じている部分は、低くこもった音がする。

4　**適切**　北側外部に面した壁の室内側表面の壁紙に見える黒いしみのようなものは、結露等によるカビが原因であると考えられる。

➔ 攻略テキスト第6編13章

正解 1

286 ひび割れ

過 H24−27

コンクリートのひび割れを発生させる原因として、最も不適切なものは、次のうちどれか。

1　鉄筋の発錆
2　建物の不同沈下
3　コンクリートの乾燥収縮
4　コンクリート骨材の収縮

	①	②	③	④	⑤
学習日					
理解度 (○/△/×)					

解法のテクニック

管理業務主任者試験では、建築物の劣化現象についてからも出題されている。本問のコンクリートの劣化だけでなく、配管や外壁タイル等の劣化についても覚えておこう。

1　**適切**　鉄筋の発錆により、**鉄筋が膨張**し、コンクリートを内部から圧迫することでひび割れを生じさせる。

2　**適切**　建物の**不同沈下**とは、地盤の不均一性や基礎形式の違いなどによって、建物が均一に沈まない現象をいい、建物の一方向に力がかかるため、コンクリートのひび割れを生じさせる。

異なる基礎を使うと、不同沈下の原因となることがあります。

3　**適切**　コンクリートが乾燥することによって、収縮し、ひび割れを生じさせる。

4　**最も不適切**　骨材が膨張することによりひび割れを生じさせることはあるが、骨材が収縮することでひび割れは生じない。

→ 攻略テキスト第6編13章

正解 4

287 劣化調査

過 R5－16

鉄筋コンクリート造のマンションの劣化等調査方法に関する次の記述のうち、「コンクリートのひび割れ調査，補修・補強指針2022」（公益社団法人 日本コンクリート工学会）によれば、最も不適切なものはどれか。

1　クラックスケールにより、コンクリートのひび割れ幅を測定した。
2　反発度法により、コンクリートの圧縮強度を推定した。
3　電磁誘導法により、コンクリートの塩化物イオン濃度を推定した。
4　赤外線サーモグラフィにより、外壁のタイルの浮きを探査した。

	①	②	③	④	⑤
学習日					
理解度（○/△/×）					

解法のテクニック

建築物の劣化調査については、頻出ではないが繰り返し出題されているので、コンクリートやタイルの調査器具や方法を押さえておこう。

1　**適切**　**クラックスケール**は、コンクリート壁、床等に発生した**ひび割れの幅を測定する器具**である。

2　**適切**　**反発度法**とは、コンクリート表面を**リバウンドハンマー等**によって打撃し、その反発度から**圧縮強度を推定する方法**をいう。

3　**最も不適切**　**電磁誘導法**は、コイルが巻かれたプローブ（探針）に一次交流電流を流して交流磁場を発生させ、その地場中に鉄筋が存在した場合に生じる二次電流から、発生した電圧の変化を把握し、**コンクリート中の鉄筋位置、かぶりなどを測定する方法**である。塩化物イオン濃度を推定する方法ではない。

4　**適切**　**赤外線サーモグラフィ**は、建物の外壁タイルやモルタル仕上げ等の浮き部と健全部における熱の伝わり方の違いによって生じる表面の温度差を測定し可視化することで、**タイルやモルタル仕上げ等の浮きの有無**や程度を調査する方法である。

➔ 攻略テキスト第６編13章

正解 3

288 長期修繕計画作成ガイドライン

過 R5－21

長期修繕計画作成ガイドラインに関する次の記述のうち、適切なものはいくつあるか。

ア　単棟型のマンションの長期修繕計画は、管理規約に定めた組合管理部分である敷地も対象とする。

イ　建物及び設備の調査・診断を長期修繕計画の見直しのために単独で行う場合は、長期修繕計画に必要とされるすべての項目について漏れのないように行う。

ウ　計画修繕工事の実施の要否、内容等は、事前に調査・診断を行い、その結果に基づいて判断する。

エ　長期修繕計画は、将来実施する計画修繕工事の内容、時期、費用等を確定するものである。

1　一つ
2　二つ
3　三つ
4　四つ

	①	②	③	④	⑤
学習日					
理解度 (○/△/×)					

解法のテクニック

肢エは、長期修繕計画は30年という遠い将来についての計画であることや、見直しが行われることから、確定させるわけではないと考えられるようにしよう。

ア　**適切**　**単棟型のマンション**の場合、管理規約に定めた**組合管理部分**である**敷地**、**建物の共用部分**および**附属施設**（共用部分の修繕工事または改修工事に伴って修繕工事が必要となる専有部分を含む）を対象とする（長期修繕計画作成ガイドライン２章１節２一）。

イ　**適切**　建物および設備の調査・診断を**長期修繕計画の見直し**のために**単独で行う場合**は、長期修繕計画に必要とされる**すべての項目**について**漏れのないように行う**（長期修繕計画作成ガイドライン２章２節４）。

ウ　**適切**　長期修繕計画の作成に当たっては、**計画修繕工事の実施の要否**、**内容等**は、**事前に調査・診断**を行い、**その結果に基づいて判断する**（長期修繕計画作成ガイドライン２章１節２二④）。

エ　**不適切**　長期修繕計画は、将来実施する**計画修繕工事の内容**、**時期**、**費用等**を**確定するものではない**（長期修繕計画作成ガイドライン２章１節２三）。

したがって、**適切なもの**は**肢ア・イ・ウの三つ**であり、正解は３となる。

第6編　建築法令・設備・維持保全

➔ 攻略テキスト第６編13章

正解 3

289 長期修繕計画作成ガイドライン

過 R5－22

長期修繕計画作成ガイドラインに関する次の記述のうち、最も不適切なものはどれか。

1　修繕積立金は、不測の事故や自然災害（台風、大雨、大雪等）による被害の復旧など、特別な事由による修繕工事に要する経費に充当する場合に取り崩すことができる。

2　修繕積立金は、マンションの建替えを目的とした調査等に要する経費に充当する場合に取り崩すことができる。

3　修繕積立基金又は一時金の負担がある場合は、これらを修繕積立金会計とは区分して管理する。

4　長期修繕計画の作成に要する経費は、管理組合の財産状態等に応じて管理費又は修繕積立金のどちらからでも充当することができる。

	①	②	③	④	⑤
学習日					
理解度 (○/△/×)					

解法のテクニック

標準管理規約の知識で解ける問題である。標準管理規約と長期修繕計画作成ガイドラインとで関連するものもあるので確認しておこう。

1　**適切**　**修繕積立金の使途**は、**標準管理規約第28条に定められた事項**に要する経費に充当する場合に限る（長期修繕計画作成ガイドライン２章１節３二④、表)。そして標準管理規約28条において、「不測の事故その他特別の事由により必要となる修繕」が定められている。したがって、不測の事故や自然災害（台風、大雨、大雪等）による被害の復旧など、特別な事由による修繕工事に要する経費に充当する場合に**修繕積立金を取り崩すことができる**。

2　**適切**　肢１の解説参照。標準管理規約28条において、「建物の建替えおよびマンション敷地売却に係る合意形成に必要となる事項の調査」が定められている。したがって、マンションの建替えを目的とした調査等に要する経費に充当する場合に**修繕積立金を取り崩すことができる**。

3　**最も不適切**　購入時に将来の計画修繕工事に要する経費として**修繕積立基金**を負担する場合または修繕積立金の総額の不足などから**一時金**を負担する場合は、これらを**修繕積立金会計**に繰り入れる（長期修繕計画作成ガイドライン３章２節２)。

4　**適切**　**長期修繕計画の作成**（または見直し）に要する経費およびそのために事前に行う調査・診断に要する経費は、管理組合の財産状態等に応じて**管理費**または**修繕積立金**のどちらからでも**充当することができる**（長期修繕計画作成ガイドライン２章１節３二、標準管理規約32条関係コメント④)。なお、計画的に行うためには長期修繕計画に費用を計上し、修繕積立金から充当することが必要である。

第6編 建築法令・設備・維持保全

➔ 攻略テキスト第６編13章

正解 3

290
過 R5 −23

長期修繕計画作成ガイドライン

推定修繕工事項目の設定に関する次の記述のうち、長期修繕計画作成ガイドラインによれば、不適切な記述のみを全て含むものは次の１～４のうちどれか。

ア　既存マンションにおける推定修繕工事項目は、新築時の設計図書に基づき設定すれば足りる。

イ　推定修繕工事項目の設定にあたって、修繕周期が計画期間に含まれないため推定修繕工事費を計上していない項目がある場合、その旨を明示する。

ウ　建物及び設備の性能向上に関する項目は、区分所有者等の要望など必要に応じて、追加することが望ましい。

1　ア
2　ア・ウ
3　イ・ウ
4　ア・イ・ウ

	①	②	③	④	⑤
学習日					
理解度 (○/△/×)					

解法のテクニック

肢イは、建具等は30年よりも後に取替等の対象となることがあるので、新築時の長期修繕計画の計画期間に含まれていない可能性がある。その場合、推定修繕工事費を計上していない旨を明示する必要がある。

ア　不適切　推定修繕工事項目の設定は、既存マンションの場合、現状の長期修繕計画を踏まえ、保管されている設計図書、修繕等の履歴、現状の調査・診断の結果等に基づいて設定する（長期修繕計画作成ガイドライン３章１節６）。

イ　適切　マンションの形状、仕様等により該当しない項目、または修繕周期が計画期間に含まれないため推定修繕工事費を計上していない項目は、その旨を明示する（長期修繕計画作成ガイドライン３章１節６）。

ウ　適切　区分所有者の要望など必要に応じて、建物および設備の性能を向上させる改修工事を設定する（長期修繕計画作成ガイドライン２章１節２二）。

したがって、不適切なものは肢アであり、正解は１となる。

➔ 攻略テキスト第６編13章

正解 1

291 長期修繕計画作成ガイドライン

過 R5－24

長期修繕計画作成ガイドラインに関する次の記述のうち、最も不適切なものはどれか。

1　長期修繕計画の構成は、マンションの建物・設備の概要等、調査・診断の概要、長期修繕計画の内容、修繕積立金の額の設定の４項目を基本とする。

2　長期修繕計画においては、会計状況、設計図書等の保管状況等の概要について示す必要がある。

3　長期修繕計画においては、維持管理の状況として、法定点検等の実施、調査・診断の実施、計画修繕工事の実施、長期修繕計画の見直し等について示す必要がある。

4　外壁の塗装や屋上防水などを行う大規模修繕工事の周期は部材や工事の仕様等により異なるが、一般的に12～15年程度である。

	①	②	③	④	⑤
学習日					
理解度 (○/△/×)					

解法のテクニック

過去未出題の論点なので解答するのが難しい問題である。管理業務主任者試験では、長期修繕計画作成ガイドラインは複数問出題され、得点源にしたい問題なので、未出題論点もテキスト等で確認をしておこう。

1　**最も不適切**　長期修繕計画の構成は、①マンションの建物・設備の概要等、②調査・診断の概要、③長期修繕計画の作成・修繕積立金の額の設定の考え方、④長期修繕計画の内容、⑤修繕積立金の額の設定の「5項目」を基本とする（長期修繕計画作成ガイドライン3章1節1）。

2　**適切**　長期修繕計画においては、敷地、建物・設備および附属施設の概要（規模、形状等）、関係者、管理・所有区分、維持管理の状況（法定点検等の実施、調査・診断の実施、計画修繕工事の実施、長期修繕計画の見直し等）、会計状況、設計図書等の保管状況等の概要について示すことが必要である（長期修繕計画作成ガイドライン3章1節3）。

3　**適切**　肢2の解説参照。長期修繕計画においては、維持管理の状況（法定点検等の実施、調査・診断の実施、計画修繕工事の実施、長期修繕計画の見直し等）について示すことが必要である。

4　**適切**　外壁塗装の塗替や屋上防水の補修・修繕についての修繕周期は、一般的に12～15年程度とされている。

➔ 攻略テキスト第6編13章

正解 1

292 長期修繕計画作成ガイドライン

過 R4－25

長期修繕計画の作成に関する次の記述のうち、長期修繕計画作成ガイドラインによれば、最も不適切なものはどれか。

1　長期修繕計画の対象の範囲は、単棟型のマンションの場合、管理規約に定めた組合管理部分である敷地、建物の共用部分及び附属施設（共用部分の修繕工事又は改修工事に伴って修繕工事が必要となる専有部分を含む。）である。

2　計画期間の設定の際は、新築マンションの場合は30年以上で、かつ大規模修繕工事が２回含まれる期間以上とする必要があり、既存マンションの場合は20年以上の期間とする必要がある。

3　推定修繕工事費の算定における単価の設定の際は、新築マンション、既存マンションのどちらの場合であっても、修繕工事特有の施工条件等を考慮する。

4　長期修繕計画は、計画的に見直す必要があり、また、その際には、併せて、修繕積立金の額も見直す必要がある。

	①	②	③	④	⑤
学習日					
理解度（○/△/×）					

解法のテクニック

肢2は、令和3年度の改正点である。新築マンション・既存マンションの違いはなく、計画期間は30年以上となった点に注意しよう。

1 **適切** 長期修繕計画の対象の範囲は、単棟型のマンションの場合、管理規約に定めた**組合管理部分である敷地**、建物の**共用部分**および**附属施設**（共用部分の修繕工事または改修工事に伴って**修繕工事が必要となる**専有部分を含む）である（長期修繕計画作成ガイドラインおよび同コメント2章1節2一）。

2 **最も不適切** 長期修繕計画の計画期間は、30年**以上**で、かつ**大規模修繕工事が**2回**含まれる期間以上**とすることが**最低限必要である**とされている（長期修繕計画作成ガイドラインおよび同コメント3章1節5）。この規定は、新築マンション、既存マンションのどちらの場合であっても同じである。

3 **適切** 推定修繕工事費の算定における**単価の設定**の際は、修繕工事特有の施工条件**等を考慮**し、**部位ごとに仕様を選択**して、**新築マンション**の場合、**設計図書**、工事請負契約による**請負代金内訳書**等を参考として、また、**既存マンション**の場合、**過去の計画修繕工事の契約実績**、その**調査データ**、**刊行物の単価**、**専門工事業者の見積価格**等を参考として設定する（長期修繕計画作成ガイドラインおよび同コメント3章1節8二）。

4 **適切** 長期修繕計画は、不確定な事項を含んでいるので、5年**程度ごと**に調査・診断を行い、その結果に基づいて**見直すことが必要である**。なお、見直しには一定の期間（おおむね1～2年）を要することから、見直しについても計画的に行う必要がある。また、長期修繕計画の見直しと併せて、修繕積立金の額**も見直す必要がある**（長期修繕計画作成ガイドラインおよび同コメント3章1節10）。

➔ 攻略テキスト第6編13章

正解 2

293 長期修繕計画作成ガイドライン

過 R4－26

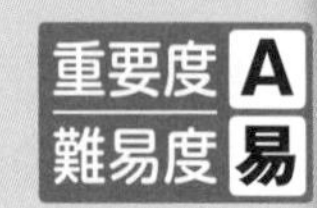

次の長期修繕計画作成ガイドライン本文のうち、「はじめに（2）長期修繕計画標準様式、長期修繕計画作成ガイドライン及び同コメントの必要性及び位置づけ②長期修繕計画標準様式、長期修繕計画作成ガイドライン及び同コメントの必要性」の（ア）～（ウ）に入る語句の組合せとして、最も適切なものはどれか。

建物等の劣化に対して適時適切に修繕工事等を行うために作成する長期修繕計画は、

i　計画期間

ii　推定修繕工事項目

iii　（ア）

iv　推定修繕工事費

v　収支計画

を含んだもので作成し、これに基づいて

vi　（イ）

の算出を行います。

長期修繕計画標準様式、長期修繕計画作成ガイドライン及び同コメントは、長期修繕計画の標準的な様式を示し、長期修繕計画を作成・見直しするための基本的な考え方と長期修繕計画標準様式を使用しての作成方法を示すことで、計画の内容及び修繕積立金額の設定等について（ウ）で合意形成を行いやすくするために作成したものです。

	（ア）	（イ）	（ウ）
1	修繕周期	修繕積立金の額	区分所有者間
2	修繕周期	見直し期間	理事会
3	推定修繕施工者	修繕積立金の額	理事会
4	推定修繕施工者	見直し期間	区分所有者間

	①	②	③	④	⑤
学習日					
理解度 (○/△/×)					

解法のテクニック

長期修繕計画作成ガイドラインからの出題である。穴埋め問題であるが、選択肢は予想しやすいので、正解できるようにしたい。

建物等の劣化に対して適時適切に修繕工事等を行うために作成する長期修繕計画は、

i 計画期間

ii 推定修繕工事項目

iii （ア：修繕周期）

iv 推定修繕工事費

v 収支計画

を含んだもので作成し、これに基づいて

vi （イ：修繕積立金の額）

の算出を行います。

長期修繕計画標準様式、長期修繕計画作成ガイドラインおよび同コメントは、長期修繕計画の標準的な様式を示し、長期修繕計画を作成・見直しするための基本的な考え方と長期修繕計画標準様式を使用しての作成方法を示すことで、計画の内容および修繕積立金額の設定等について（ウ：区分所有者間）で合意形成を行いやすくするために作成したものです。

したがって、アには修繕周期、イには修繕積立金の額、ウには区分所有者間が入り、正解は肢1となる。

➔ 攻略テキスト第6編13章

正解 1

294 長期修繕計画作成ガイドライン

過 R4－27

長期修繕計画の作成における管理組合の役割に関する次の記述のうち、長期修繕計画作成ガイドラインによれば、適切なものはいくつあるか。

ア　管理組合は、分譲会社から交付された設計図書、数量計算書等のほか、計画修繕工事の設計図書、点検報告書等の修繕等の履歴情報を整理し、区分所有者等の求めがあれば閲覧できる状態で保管することが必要である。

イ　管理組合は、長期修繕計画の見直しに当たっては、必要に応じて専門委員会を設置するなど、検討を行うために管理組合内の体制を整えることが必要である。

ウ　管理組合は、長期修繕計画の作成及び修繕積立金の額の設定に当たって、総会の開催に先立ち説明会等を開催し、その内容を区分所有者に説明するとともに、長期修繕計画について総会で決議することが必要である。

エ　管理組合は、長期修繕計画を管理規約等と併せて、区分所有者等から求めがあれば閲覧できるように保管することが必要である。

1　一つ
2　二つ
3　三つ
4　四つ

	①	②	③	④	⑤
学習日					
理解度 (○/△/×)					

解法のテクニック

長期修繕計画作成ガイドラインからの出題である。繰り返し出題が予想される論点なので覚えておこう。

1 **適切** 管理組合は、分譲会社から交付された**設計図書**、**数量計算書**等のほか、**計画修繕工事の設計図書**、**点検報告書**等の**修繕等の履歴情報**を整理し、区分所有者等の求めがあれば**閲覧できる状態で保管する**ことが必要である(長期修繕計画作成ガイドラインおよび同コメント2章1節3三)。

2 **適切** 管理組合は、**長期修繕計画の見直し**に当たっては、必要に応じて**専門委員会を設置する**など、検討を行うために**管理組合内の体制を整える**ことが必要である(長期修繕計画作成ガイドラインおよび同コメント2章2節2)。

3 **適切** 管理組合は、**長期修繕計画の作成**および**修繕積立金の額の設定**に当たって、総会の開催に先立ち**説明会等を開催**し、その内容を**区分所有者に説明する**とともに、長期修繕計画について**総会で決議**することが必要である(長期修繕計画作成ガイドラインおよび同コメント2章3節1)。

4 **適切** 管理組合は、**長期修繕計画を管理規約等と併せて**、区分所有者等から求めがあれば**閲覧できるように保管する**ことが必要である(長期修繕計画作成ガイドラインおよび同コメント2章3節2)。

したがって、**適切なものは肢ア・イ・ウ・エの四つ**であり、正解は4となる。

第6編 建築法令・設備・維持保全

➔ 攻略テキスト第6編13章

正解 4

295 長期修繕計画作成ガイドライン

過 R3－25

長期修繕計画の対象の範囲に関する次の記述のうち、長期修繕計画作成ガイドラインによれば、最も不適切なものはどれか。

1　単棟型のマンションの場合は、管理規約に定めた組合管理部分である敷地を全て対象とする。
2　単棟型のマンションの場合は、専有部分を全て対象としない。
3　団地型のマンションの場合は、一般的に、団地全体の土地、附属施設及び団地共用部分を対象とする。
4　団地型のマンションの場合は、一般的に、各棟の共用部分を対象とする。

	①	②	③	④	⑤
学習日					
理解度 (○/△/×)					

解法のテクニック

初めて出題された論点であるが、区分所有法や標準管理規約等から、各棟や団地の長期修繕計画の対象の範囲をイメージできるようにしよう。

1　**適切**　**単棟型のマンション**の場合、管理規約に定めた組合管理部分である敷地、建物の**共用部分**および**附属施設**（共用部分の修繕工事または改修工事に伴って**修繕工事が必要となる専有部分を含む**）**を対象とする**（長期修繕計画作成ガイドライン２章１節２一）。

2　**最も不適切**　肢１の解説参照。共用部分の修繕工事または改修工事に伴って**修繕工事が必要となる専有部分も含まれる**。

3　**適切**　**団地型のマンション**の場合は、多様な所有・管理形態（管理組合、管理規約、会計等）があるが、一般的に、**団地全体の土地**、**附属施設**および**団地共用部分**ならびに**各棟の共用部分**を**対象とする**（長期修繕計画作成ガイドライン２章１節２一）。

4　**適切**　肢３の解説参照。団地型のマンションの場合は、**各棟の共用部分**を**対象とする**。

➔ 攻略テキスト第６編13章

正解 2

296 長期修繕計画作成ガイドライン

過 R3－26

長期修繕計画作成ガイドラインに用いられている用語の定義について、最も不適切なものはどれか。

1　推定修繕工事とは、長期修繕計画において、計画期間内に見込まれる修繕工事（補修工事（経常的に行う補修工事を除く。）を含む。以下本問において同じ。）及び改修工事をいう。

2　計画修繕工事とは、長期修繕計画に基づいて計画的に実施する修繕工事及び改修工事をいう。

3　修繕工事費とは、計画修繕工事の実施に要する費用をいう。

4　修繕積立金とは、推定修繕工事に要する費用に充当するための積立金をいう。

	①	②	③	④	⑤
学習日					
理解度 (○/△/×)					

解法のテクニック

用語の定義は繰り返し出題されているが、肢 4 は計画修繕工事と推定修繕工事を入れ替えるという一見すると気づかない問題であった。用語を正確に覚えられるように心がけよう。

1　**適切**　**推定修繕工事**とは、長期修繕計画において、計画期間内に見込まれる修繕工事（**補修工事**（経常的に行う補修工事を除く）を含む）および**改修工事**をいう（長期修繕計画作成ガイドライン第 1 章 4 第13号）。

2　**適切**　**計画修繕工事**とは、長期修繕計画に基づいて**計画的に実施する**修繕工事および改修工事をいう（長期修繕計画作成ガイドライン第 1 章 4 第14号）。

3　**適切**　**修繕工事費**とは、計画修繕工事の**実施に要する費用**をいう（長期修繕計画作成ガイドライン第 1 章 4 第18号）。

4　**最も不適切**　**修繕積立金**とは、「計画修繕工事」に**要する費用**に充当するための**積立金**をいう（長期修繕計画作成ガイドライン第 1 章 4 第16号）。

→ 攻略テキスト第 6 編13章

正解 4

297 長期修繕計画作成ガイドライン

過 R3－27

長期修繕計画の見直しに関する以下のア～ウの記述のうち、長期修繕計画作成ガイドラインによれば、適切なものを全て含む組合せは、次の1～4のうちどれか。

ア　大規模修繕工事と大規模修繕工事の中間の時期に単独で、長期修繕計画の見直しを行う。

イ　大規模修繕工事の直前に基本計画の検討に併せて、長期修繕計画の見直しを行う。

ウ　大規模修繕工事の実施の直後に修繕工事の結果を踏まえて、長期修繕計画の見直しを行う。

1　ア
2　ア・ウ
3　イ・ウ
4　ア・イ・ウ

	①	②	③	④	⑤
学習日					
理解度 (○/△/×)					

解法のテクニック

長期修繕計画の見直し時期は繰り返し出題されている。いつ見直すのかを正確に覚えよう。

ア　適切　長期修繕計画の見直しは、大規模修繕工事と大規模修繕工事の中間の時期に単独で行う場合、大規模修繕工事の直前に基本計画の検討に併せて行う場合、または、大規模修繕工事の実施の直後に修繕工事の結果を踏まえて行う場合がある（長期修繕計画作成ガイドラインコメント３章１節10）。

イ　適切　肢アの解説参照。長期修繕計画の見直しは、大規模修繕工事の直前に基本計画の検討に併せて行う場合がある。

ウ　適切　肢アの解説参照。長期修繕計画の見直しは、大規模修繕工事の実施の直後に修繕工事の結果を踏まえて行う場合がある。

したがって、適切なものの組合せは肢ア・イ・ウであり、正解は４となる。

➔ 攻略テキスト第６編13章

正解 4

298 修繕積立金ガイドライン

過R5－25

修繕積立金の二つの積立方式に関する次の記述のうち、修繕積立金ガイドラインによれば、最も不適切なものはどれか。

1　均等積立方式は、将来にわたり定額負担として設定するため、将来の増額を組み込んでおらず、安定的な修繕積立金の積立てができる。

2　均等積立方式であっても、その後の長期修繕計画の見直しにより増額が必要になる場合もある。

3　段階増額積立方式は、修繕資金需要に応じて積立金を徴収する方式であり、当初の負担額は小さく、多額の資金の管理の必要性が均等積立方式と比べて低い。

4　段階増額積立方式は、将来の増額が決まっているため、修繕積立金が不足することはない。

	①	②	③	④	⑤
学習日					
理解度 (○/△/×)					

解法のテクニック

均等積立方式と段階増額積立方式は繰り返し出題されている論点である。それぞれの特徴は覚えておこう。

1　**適切**　**均等積立方式**は、将来にわたり定額負担として設定するため、**将来の増額を**組み込んでおらず、安定的**な修繕積立金の積立てができる**（修繕積立金ガイドライン4）。

2　**適切**　**均等積立方式**であっても、その後の**長期修繕計画の見直し**により増額が必要になる場合もある（修繕積立金ガイドライン4）。

3　**適切**　**段階増額積立方式**は、修繕資金需要に応じて積立金を徴収する方式であり、**当初の負担額は**小さく、**多額の資金の管理の必要性が**均等積立方式と比べて低い（修繕積立金ガイドライン4）。

4　**最も不適切**　**段階増額積立方式**は、将来の負担増を前提としており、計画どおりに増額しようとする際に区分所有者間の合意形成ができず**修繕積立金が**不足**する**場合がある（修繕積立金ガイドライン4）。

➔ 攻略テキスト第6編13章

正解 4

299 修繕積立金ガイドライン

過 R4－28

修繕積立金の額の目安を確認する場合に、長期修繕計画の計画期間（以下、本問において「計画期間」という。）全体における修繕積立金の専有面積当たりの月額単価の算出方法の式として、修繕積立金ガイドラインによれば、最も適切なものはどれか。ただし、機械式駐車場に係る修繕積立金は考慮しないものとする。

a：計画期間当初における修繕積立金の残高（円）
b：計画期間全体で集める修繕積立金の総額（円）
c：計画期間全体における専用使用料等からの繰入額の総額（円）
d：マンションの建築延床面積（㎡）
e：マンションの総専有床面積（㎡）
f：長期修繕計画の計画期間（ヶ月）
g：計画期間全体における修繕積立金の平均額（円／㎡・月）

1　g＝(a＋b)÷d÷f
2　g＝(a＋b)÷e÷f
3　g＝(a＋b＋c)÷d÷f
4　g＝(a＋b＋c)÷e÷f

	①	②	③	④	⑤
学習日					
理解度 (○/△/×)					

解法のテクニック

修繕積立金ガイドラインからの出題は初であった。ただ、区分所有法の知識があれば、修繕積立金等の費用は、専有部分の床面積割合による共用部分の持分割合によることが原則と判断できるので、d：マンションの建築延床面積（㎡）は関係がないと判断できる。

計画期間全体における修繕積立金の平均額の算出方法（㎡当たり月単価）の算出式は以下のようになる（修繕積立金ガイドライン３（２）①）。

（算出式）計画期間全体における修繕積立金の平均額（円／㎡・月）
Ｚ＝（Ａ＋Ｂ＋Ｃ）÷Ｘ÷Ｙ

Ａ：計画期間当初における修繕積立金の残高（円）：本問のａ
Ｂ：計画期間全体で集める修繕積立金の総額（円）：本問のｂ
Ｃ：計画期間全体における専用使用料等からの繰入額の総額（円）：本問のｃ
Ｘ：マンションの総専有床面積（㎡）：本問のｅ
Ｙ：長期修繕計画の計画期間（ヶ月）：本問のｆ
Ｚ：計画期間全体における修繕積立金の平均額（円／㎡・月）：本問のｇ

したがって、計画期間全体における修繕積立金の平均額の算出方法（㎡当たり月単価）の算出式は、
ｇ＝（ａ＋ｂ＋ｃ）÷ｅ÷ｆとなり、正解は肢４となる。

→ 攻略テキスト第６編13章

正解 ４

第7編

税・会計・保険

会計はほぼ毎年仕訳の問題が2問出題されている。ここ2年は、貸借対照表から1問出題されている。税務については1問の出題となっている。仕訳も税務も非常に簡単であり得点しなければならない分野である。どちらも過去出題された論点が繰り返し出題されているので、過去問の重要論点は確実に押さえるようにしよう。

貸借対照表

以下の表アは、甲管理組合の令和６年３月末日の決算において作成された一般（管理費）会計に係る未完成の貸借対照表（勘定式）である。表アを完成させるために、表ア中の（A）及び（B）に入る科目と金額の組合せとして最も適切なものは、表イの１～４のうちどれか。

一般（管理費）会計貸借対照表
令和６年３月31日現在

表ア　　（単位：円）

資産の部		負債・繰越金の部	
科　目	金　額	科　目	金　額
現金預金	300,000	未払金	200,000
未収入金	100,000		
（　A　）		（　B　）	
什器及び備品	400,000	次期繰越金	500,000
資産の部合計	1,000,000	負債・繰越金の部合計	1,000,000

表イ　　（単位：円）

	A　資産の部		B　負債・繰越金の部	
	科　目	金　額	科　目	金　額
1	前受金	200,000	前払金	300,000
2	前払金	200,000	前受金	300,000
3	前受金	300,000	前払金	200,000
4	前払金	300,000	前受金	200,000

	①	②	③	④	⑤
学習日					
理解度（○/△/×）					

解法のテクニック

貸借対照表の穴埋め問題は、ここ数年頻出の論点である。令和３年にほぼ同じ問題が出題されているので、対策をしておこう。

まず、(A) は「資産の部」に計上される勘定科目であるから、「前払金」が該当する。そして、資産の部の合計が1,000,000であるから、1,000,000から現金預金300,000、未収入金100,000、什器および備品400,000を減じた200,000が前払金の額となる。

次に、(B) は「負債の部」に計上される勘定科目であるから、「前受金」が該当する。そして、負債の部および繰越金の部の合計が1,000,000であるから、1,000,000から未払金200,000、次期繰越金500,000を減じた300,000が前受金の額となる。

一般（管理費）会計貸借対照表
令和６年３月31日現在

表ア　（単位：円）

資産の部		負債・繰越金の部	
科　目	金　額	科　目	金　額
現金預金	300,000	未払金	200,000
未収入金	100,000		
前払金	200,000	前受金	300,000
什器および備品	400,000	次期繰越金	500,000
資産の部合計	1,000,000	負債・繰越金の部合計	1,000,000

したがって、Ａには「前払金200,000」、Ｂには「前受金300,000」が入るので、正解は肢２となる。

➔ 攻略テキスト第７編１章

正解 2

貸借対照表

以下の表アは、甲管理組合の令和6年3月末日の決算において作成された一般（管理費）会計に係る未完成の貸借対照表（勘定式）である。表アを完成させるために、表ア中の（A）及び（B）に入る科目と金額の組合せとして最も適切なものは、表イの1～4のうちどれか。

一般（管理費）会計貸借対照表
令和6年3月31日現在

表ア

（単位：円）

資産の部		負債・繰越金の部	
科　目	金　額	科　目	金　額
現金預金	1,000,000	未払金	300,000
		預り金	200,000
（　A　）		（　B　）	
未収入金	500,000	次期繰越金	1,500,000
什器及び備品	500,000		
資産の部合計	2,100,000	負債・繰越金の部合計	2,100,000

表イ

（単位：円）

	A　資産の部		B　負債・繰越金の部	
	科　目	金　額	科　目	金　額
1	仮払金	200,000	仮受金	200,000
2	仮受金	200,000	仮払金	200,000
3	仮受金	100,000	仮払金	100,000
4	仮払金	100,000	仮受金	100,000

	①	②	③	④	⑤
学習日					
理解度（○/△/×）					

解法のテクニック

仮払金と仮受金は初めての出題である。ただ、仮に払ったお金＝戻ってくる可能性があるので資産計上、仮に受け取ったお金＝返さないといけない可能性があるので負債計上とイメージできれば、解答できる。

まず、（A）は「資産の部」に計上される勘定科目であるから、「仮払金」が該当する。そして、資産の部の合計が2,100,000であるから、2,100,000から現金預金1,000,000、未収入金500,000、什器および備品500,000を減じた100,000が仮払金の額となる。

次に、（B）は「負債の部」に計上される勘定科目であるから、「仮受金」が該当する。そして、負債の部および繰越金の部の合計が2,100,000であるから、2,100,000から未払金300,000、預り金200,000、次期繰越剰余金1,500,000を減じた100,000が仮受金の額となる。

したがって、Aには「仮払金100,000」、Bには「仮受金100,000」が入るので、正解は肢4となる。

一般（管理費）会計貸借対照表
令和6年3月31日現在

表ア　　　　（単位：円）

資産の部		負債・繰越金の部	
科　目	金　額	科　目	金　額
現金預金	1,000,000	未払金	300,000
		預り金	200,000
仮払金	100,000	仮受金	100,000
未収入金	500,000	次期繰越金	1,500,000
什器及び備品	500,000		
資産の部合計	2,100,000	負債・繰越金の部合計	2,100,000

➔ 攻略テキスト第7編1章

正解 4

302 仕訳

過 R5－12改

重要度 A
難易度 易

甲管理組合における以下の活動に関し、令和６年３月分の仕訳として、最も適切なものはどれか。ただし、会計処理は毎月次において発生主義の原則によって処理されているものとする。

（甲管理組合の会計年度：毎年４月１日から翌年３月31日まで）

活動

令和６年３月31日に、組合員から管理費等合計3,000,000円を徴収し、甲管理組合の普通預金口座に入金した。入金の内訳は以下のとおりである。

① 管理費入金内訳

令和６年２月以前分	120,000円	
令和６年３月分	80,000円	
令和６年４月分	2,200,000円	2,400,000円

② 修繕積立金入金内訳

令和６年２月以前分	60,000円	
令和６年３月分	40,000円	
令和６年４月分	500,000円	600,000円
	合　計	3,000,000円

（単位：円）

1

（借　方）		（貸　方）	
普通預金	3,000,000	管理費収入	2,400,000
		修繕積立金収入	600,000

2

（借　方）		（貸　方）	
普通預金	3,000,000	未収入金	180,000
		管理費収入	80,000
		修繕積立金収入	40,000
		前受金	2,700,000

3

（借　方）		（貸　方）	
普通預金	3,000,000	未収入金	180,000
		管理費収入	2,280,000
		修繕積立金収入	540,000

4

（借　方）		（貸　方）	
普通預金	3,000,000	未収入金	200,000
		修繕積立金収入	100,000
		前受金	2,700,000

	①	②	③	④	⑤
学習日					
理解度（○/△/×）					

解法のテクニック

仕訳は毎年2問出題されているが、そのうち1問は管理費等の管理組合の収入に関するものである。ほぼ同じ問題が毎年出題されているので、どのような仕訳になるか覚えておこう。

① 令和6年**2月以前分**に係る収入として普通預金口座に入金された管理費・修繕積立金・については、2月以前の時点で以下の仕訳がなされている。

(借　方)		(貸　方)	
未収入金	180,000	管理費収入	120,000
		修繕積立金収入	60,000

したがって、3月の時点では以下の仕訳がなされることになる。

(借　方)		(貸　方)	
普通預金	180,000	未収入金	180,000

② 令和6年**3月分**に係る収入として普通預金口座に入金された管理費・修繕積立金については、3月において以下の仕訳がなされている。

(借　方)		(貸　方)	
普通預金	120,000	管理費収入	80,000
		修繕積立金収入	40,000

③ 令和6年**4月分**に係る収入として普通預金口座に入金された管理費・修繕積立金については、3月において以下の仕訳がなされている。

(借　方)		(貸　方)	
普通預金	2,700,000	前受金	2,700,000

以上より、令和6年3月分の①～③を合わせた仕訳は、以下のようになり、正解は**肢2**である。

(借　方)		(貸　方)	
普通預金	3,000,000	未収入金	180,000
		管理費収入	80,000
		修繕積立金収入	40,000
		前受金	2,700,000

➔ 攻略テキスト第7編1章

正解 2

MEMO

仕訳

甲管理組合における以下の活動に関し、令和6年3月分の仕訳として、最も適切なものはどれか。ただし、会計処理は毎月次において発生主義の原則によって処理されているものとする。

(甲管理組合の会計年度：毎年4月1日から翌年3月31日まで)

活動

令和6年4月1日以降、駐車場1区画につき月額使用料20,000円、敷金として当該使用料の2箇月分にて新規利用者5人に1区画ずつ貸し出すこととし、令和6年3月中に、甲管理組合の普通預金口座に合計300,000円の入金があった。その内訳は以下のとおりである。

令和6年3月中の入金の内訳

敷金	200,000円
令和6年4月分使用料	100,000円
合　計	300,000円

（単位：円）

1

(借　方)		(貸　方)	
普通預金	300,000	前受金	300,000

2

(借　方)		(貸　方)	
普通預金	300,000	駐車場使用料収入	100,000
		預り金	200,000

3

(借　方)		(貸　方)	
普通預金	300,000	前受金	100,000
		預り金	200,000

4

(借　方)		(貸　方)	
普通預金	300,000	駐車場使用料収入	300,000

	①	②	③	④	⑤
学習日					
理解度 (○/△/×)					

解法のテクニック

駐車場使用料等の仕訳については、使用料は収入として計上し、敷金は負債として計上するパターンで出題されている。敷金は預り金として計上する点に注意しよう。

令和６年３月中に、令和６年４月分の**駐車場使用料100,000円**が入金されているが、これは**翌期の収入**なので、３月時点では前受金として計上する。また、敷金**200,000円**は**預り金**として計上する。

以上より、令和６年４月分の仕訳は以下のようになり、正解は**肢３**となる。

（借　方）		（貸　方）	
普通預金	300,000	前受金	100,000
		預り金	200,000

➔ 攻略テキスト第７編１章

正解３

MEMO

仕訳

管理組合における以下の①～③の活動に関し、令和６年３月分の仕訳として、最も適切なものはどれか。ただし、会計処理は毎月次において発生主義の原則によって処理されているものとする。

（管理組合の会計年度：毎年４月１日から翌年３月31日まで）

活動

令和６年３月中の管理組合の普通預金の入金の内訳は、次の①～③の通りである。

① 令和６年２月以前分

管理費収入	250,000円		
修繕積立金収入	70,000円		
駐車場使用料収入	10,000円		
専用庭使用料収入	3,000円	計	333,000円

② 令和６年３月分

管理費収入	350,000円		
修繕積立金収入	100,000円		
駐車場使用料収入	20,000円		
専用庭使用料収入	6,000円	計	476,000円

③ 令和６年４月以降分

管理費収入	2,600,000円		
修繕積立金収入	750,000円		
駐車場使用料収入	70,000円		
専用庭使用料収入	15,000円	計	3,435,000円
		合　計	4,244,000円

（単位：円）

1

（借　方）		（貸　方）	
普通預金	4,244,000	未収入金	333,000
		管理費収入	2,950,000
		修繕積立金収入	850,000
		駐車場使用料収入	90,000
		専用庭使用料収入	21,000

2

（借　方）		（貸　方）	
普通預金	4,244,000	管理費収入	3,200,000
		修繕積立金収入	920,000
		駐車場使用料収入	100,000
		専用庭使用料収入	24,000

3

（借　方）		（貸　方）	
普通預金	4,244,000	管理費収入	600,000
		修繕積立金収入	170,000
		駐車場使用料収入	30,000
		専用庭使用料収入	9,000
		前受金	3,435,000

4

（借　方）		（貸　方）	
普通預金	4,244,000	未収入金	333,000
		管理費収入	350,000
		修繕積立金収入	100,000
		駐車場使用料収入	20,000
		専用庭使用料収入	6,000
		前受金	3,435,000

	①	②	③	④	⑤
学習日					
理解度 (○/△/×)					

解法のテクニック

管理費や修繕積立金等について、2月分・3月分・4月分の仕訳を問う問題が過去繰り返し出題されている。未収入金や前受金等の勘定科目に注意しよう。

① 令和6年**2月以前分**に係る収入として普通預金口座に入金された管理費・修繕積立金・駐車場使用料、専用庭使用料については、2月以前の時点で以下の仕訳がなされている。

(借　方)		(貸　方)	
未収入金	333,000	管理費収入	250,000
		修繕積立金収入	70,000
		駐車場使用料収入	10,000
		専用庭使用料収入	3,000

したがって、3月の時点では以下の仕訳がなされることになる。

(借　方)		(貸　方)	
普通預金	333,000	未収入金	333,000

② 令和6年**3月分**に係る収入として普通預金口座に入金された管理費・修繕積立金・駐車場使用料、専用庭使用料については、3月において以下の仕訳がなされている。

(借　方)		(貸　方)	
普通預金	476,000	管理費収入	350,000
		修繕積立金収入	100,000
		駐車場使用料収入	20,000
		専用庭使用料収入	6,000

③ 令和6年**4月分**に係る収入として普通預金口座に入金された管理費・修繕積立金・駐車場使用料、専用庭使用料については、3月において以下の仕訳がなされている。

(借　方)		(貸　方)	
普通預金	3,435,000	前受金	3,435,000

以上より、令和6年3月分の①～③を合わせた仕訳は、以下のようになり、

正解は肢4となる。

(借　方)		(貸　方)	
普通預金	4,244,000	未収入金	333,000
		管理費収入	350,000
		修繕積立金収入	100,000
		駐車場使用料収入	20,000
		専用庭使用料収入	6,000
		前受金	3,435,000

➔ 攻略テキスト第7編1章

正解 4

仕訳

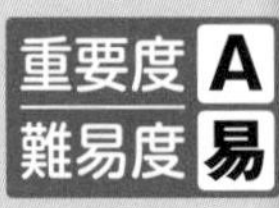

管理組合における以下の①〜③の活動に関し、令和6年3月分の仕訳として、最も適切なものはどれか。ただし、会計処理は毎月次において発生主義の原則によって処理されているものとする。

（管理組合の会計年度：毎年4月1日から翌年3月31日まで）

活動

① 令和6年1月に防犯カメラ更新工事をA社に3,500,000円で発注し、令和6年2月末日に更新が完了した。その代金は令和6年3月15日に普通預金から支払った。

② 給水ポンプに係る機器が故障したので、その修理を令和6年3月5日にB社に450,000円で発注した。令和6年3月10日にB社から完了報告があり、その代金は令和6年4月20日に普通預金から支払う予定である。

③ 6年周期で実施される避難階段の錆止め（さびど）塗布について、令和6年3月15日にC社に1,000,000円で発注し、錆止め塗布は令和6年4月15日から20日の間に実施し、その工事代金は完了月の月末に支払う契約となっている。

（単位：円）

1

（借　方）		（貸　方）	
修繕費	1,450,000	未払金	1,450,000
未払金	3,500,000	普通預金	3,500,000

2

（借　方）		（貸　方）	
修繕費	3,950,000	普通預金	3,950,000

3

（借　方）		（貸　方）	
未払金	3,500,000	普通預金	3,500,000
修繕費	450,000	未払金	450,000

4

（借　方）		（貸　方）	
器具備品	3,500,000	普通預金	3,500,000
修繕費	450,000	未払金	450,000

	①	②	③	④	⑤
学習日					
理解度（○/△/×）					

解法のテクニック

活動の③のように、3月には何の活動もなく、仕訳をする必要がないケースについて、過去にも出題されている。注意しよう。

① 令和6年2月末に**防犯カメラ更新工事が完了**しているので、2月の時点で以下の仕訳がなされている。

(借　方)		(貸　方)	
器具備品	3,500,000	未払金	3,500,000

そして、3月15日に普通預金から更新工事の**代金を支払っている**ので、3月の時点では以下の仕訳がなされることになる。

(借　方)		(貸　方)	
未払金	3,500,000	普通預金	3,500,000

② 令和6年3月10日に**給水ポンプの修繕工事が完了**し、4月20日に**代金が支払われる予定である**ので、3月において以下の仕訳がなされている。

(借　方)		(貸　方)	
修繕費	450,000	未払金	450,000

③ 錆止め塗布工事は、令和6年**4月15日から20日の間**にわたって実施され、また、代金は**工事完了月の月末（4月末）に支払う**こととされている。したがって、**3月において行うべき仕訳はない。**

以上より、令和6年3月分の①～③を合わせた仕訳は、以下のようになり、正解は**肢3**となる。

(借　方)		(貸　方)	
未払金	3,500,000	普通預金	3,500,000
修繕費	450,000	未払金	450,000

➔ 攻略テキスト第7編1章

正解 3

MEMO

306 仕訳

過 R3－15改

重要度 A
難易度 易

管理組合における以下の①～③の活動に関し、令和６年３月分の仕訳として最も適切なものは、次の１～４のうちどれか。ただし、会計処理は毎月次において発生主義の原則によって処理されているものとする。

（管理組合の会計年度：毎年４月１日から翌年３月31日まで）

活動

令和６年３月中の管理組合の普通預金の入金の内訳は、次の①～③の通りである。

① 令和６年２月以前分

管理費収入	１月分	100,000円		
	２月分	150,000円	計	250,000円
修繕積立金収入	１月分	10,000円		
	２月分	20,000円	計	30,000円

② 令和６年３月分

管理費収入	３月分	250,000円		
修繕積立金収入	３月分	50,000円	計	300,000円

③ 令和６年４月分

管理費収入	４月分	2,500,000円		
修繕積立金収入	４月分	500,000円	計	3,000,000円
			合　計	3,580,000円

(単位：円)

1

(借　方)		(貸　方)	
普通預金	3,580,000	未収入金	280,000
		管理費収入	250,000
		修繕積立金収入	50,000
		前受金	3,000,000

2

(借　方)		(貸　方)	
普通預金	3,580,000	管理費収入	3,000,000
		修繕積立金収入	580,000

3

(借　方)		(貸　方)	
普通預金	3,580,000	管理費収入	500,000
		修繕積立金収入	80,000
		前受金	3,000,000

4

(借　方)		(貸　方)	
普通預金	3,580,000	未収入金	280,000
		管理費収入	2,750,000
		修繕積立金収入	550,000

	①	②	③	④	⑤
学習日					
理解度 (○/△/×)					

解法のテクニック

仕訳の基本的な論点である。3月において、2月・3月・4月の管理費をどのように計上するかは、頻出の仕訳である。2月分は未収入金、4月分は前受金となる点に注意をしよう。

① 令和6年**2月以前分**に係る収入として普通預金口座に入金された管理費・修繕積立金・駐車場使用料については、2月以前の時点で以下の仕訳がなされている。

(借　方)		(貸　方)	
未収入金	280,000	管理費収入	250,000
		修繕積立金収入	30,000

したがって、3月の時点では以下の仕訳がなされることになる。

(借　方)		(貸　方)	
普通預金	280,000	未収入金	280,000

② 令和6年**3月分**に係る収入として普通預金口座に入金された管理費・修繕積立金について、3月分の仕訳は以下のようになる。

(借　方)		(貸　方)	
普通預金	300,000	管理費収入	250,000
		修繕積立金収入	50,000

③ 令和6年**4月分**に係る収入として普通預金口座に入金された管理費・修繕積立金について、3月における4月分の仕訳は以下のようになる。

(借　方)		(貸　方)	
普通預金	3,000,000	前受金	3,000,000

以上より、令和6年3月分の①〜③を合わせた仕訳は、以下のようになり、正解は**肢1**である。

(借　方)		(貸　方)	
普通預金	3,580,000	未収入金	280,000
		管理費収入	250,000
		修繕積立金収入	50,000
		前受金	3,000,000

➔ 攻略テキスト第7編1章

正解 1

MEMO

307 仕訳

過 R3－16改

管理組合における以下の①～③の活動に関し、令和6年3月分の仕訳として最も適切なものは、次の1～4のうちどれか。ただし、会計処理は毎月次において発生主義の原則によって処理されているものとする。

（管理組合の会計年度：毎年4月1日から翌年3月31日まで）

活動

① 令和5年12月1日に壁面の補修のためにA社に発注し、令和6年2月末日に完了した塗装工事の代金2,350,000円を令和6年3月15日に普通預金から支払った。

② 令和6年1月10日にB社に1,200,000円で発注した外階段の補修工事について、令和6年3月15日にB社から完了報告があり、工事代金は令和6年4月15日に普通預金から支払われる。

③ 令和6年3月1日にC社に350,000円で発注した備品である除雪機が、令和6年4月1日に納入され、納入後10日以内にその代金が支払われる契約となっている。

（単位：円）

1

（借　方）		（貸　方）	
未払金	2,350,000	普通預金	2,350,000
修繕費	1,200,000	未払金	1,200,000

2

（借　方）		（貸　方）	
修繕費	3,550,000	普通預金	2,350,000
		未払金	1,200,000

3

（借　方）		（貸　方）	
未払金	2,350,000	普通預金	3,550,000
修繕費	1,200,000		

4

（借　方）		（貸　方）	
修繕費	3,550,000	普通預金	3,550,000
備　品	350,000	未払金	350,000

	①	②	③	④	⑤
学習日					
理解度（○/△/×）					

解法のテクニック

仕訳の基本的な論点である。③のように、4月に納入され4月に支払いをしているため、3月にはするべき仕訳がないと判断させる問題もある。費用等の発生時の取扱いに注意しよう。

① 令和6年2月末に壁面の塗装工事が完了しているので、2月の時点で以下の仕訳がなされている。

(借　方)		(貸　方)	
修繕費	2,350,000	未払金	2,350,000

そして、3月15日に普通預金から塗装工事の代金を支払っているので、3月の時点では以下の仕訳がなされることになる。

(借　方)		(貸　方)	
未払金	2,350,000	普通預金	2,350,000

② 令和6年3月15日に外階段の補修工事が完了し、4月15日に代金が支払われているので、3月分の仕訳は以下のようになる。

(借　方)		(貸　方)	
修繕費	1,200,000	未払金	1,200,000

③ 除雪機については、令和6年4月1日に納入され、また、代金は納入から10日以内に支払うこととされている。したがって、3月において行うべき仕訳はない。

以上より、令和6年3月分の①～③を合わせた仕訳は、以下のようになり、正解は肢1である。

(借　方)		(貸　方)	
未払金	2,350,000	普通預金	2,350,000
修繕費	1,200,000	未払金	1,200,000

➔ 攻略テキスト第7編1章

正解 1

MEMO

308
過 R2－15改

仕訳

重要度 A
難易度 易

管理組合における以下の①～③の活動に関し、令和６年３月分の仕訳として最も適切なものは、次の１～４のうちどれか。ただし、会計処理は、毎月次において発生主義の原則によるものとする。

《管理組合の会計年度：毎年４月１日から翌年３月31日まで》

活動

令和６年３月中の管理組合の普通預金の入金内訳は、次の①から③の通りである。

① 令和６年２月以前分に係る収入として

管理費収入	100,000円
修繕積立金収入	30,000円
駐車場使用料収入	5,000円
計	135,000円

② 令和６年３月分に係る収入として

管理費収入	150,000円
修繕積立金収入	45,000円
駐車場使用料収入	10,000円
計	205,000円

③ 令和６年４月分に係る収入として

管理費収入	1,200,000円
修繕積立金収入	360,000円
駐車場使用料収入	150,000円
計	1,710,000円

３月分収入合計	2,050,000円

（単位：円）

1

（借　方）		（貸　方）	
普通預金	2,050,000	管理費収入	1,450,000
		修繕積立金収入	435,000
		駐車場使用料収入	165,000

2

（借　方）		（貸　方）	
普通預金	2,050,000	未収入金	135,000
		管理費収入	1,350,000
		修繕積立金収入	405,000
		駐車場使用料収入	160,000

3

（借　方）		（貸　方）	
普通預金	2,050,000	管理費収入	250,000
		修繕積立金収入	75,000
		駐車場使用料収入	15,000
		前受金	1,710,000

4

（借　方）		（貸　方）	
普通預金	2,050,000	未収入金	135,000
		管理費収入	150,000
		修繕積立金収入	45,000
		駐車場使用料収入	10,000
		前受金	1,710,000

	①	②	③	④	⑤
学習日					
理解度（○/△/×）					

解法のテクニック

仕訳の基本的な論点である。3月において、2月・3月・4月の管理費をどのように計上するかは、頻出の仕訳である。2月分は未収入金、4月分は前受金となる点に注意をしよう。

① 令和6年**2月以前分**に係る収入として普通預金口座に入金された管理費・修繕積立金・駐車場使用料については、2月以前の時点で以下の仕訳がなされている。

(借　方)		(貸　方)	(単位：円)
未収入金	135,000	管理費収入	100,000
		修繕積立金収入	30,000
		駐車場使用料	5,000

したがって、3月の時点では以下の仕訳がなされることになる。

(借　方)		(貸　方)	(単位：円)
普通預金	135,000	未収入金	135,000

② 令和6年**3月分**に係る収入として普通預金口座に入金された管理費・修繕積立金・駐車場使用料については、3月において以下の仕訳がなされている。

(借　方)		(貸　方)	(単位：円)
普通預金	205,000	管理費収入	150,000
		修繕積立金収入	45,000
		駐車場使用料収入	10,000

③ 令和6年**4月分**に係る収入として普通預金口座に入金された管理費・修繕積立金・駐車場使用料については、3月において以下の仕訳がなされている。

(借　方)		(貸　方)	(単位：円)
普通預金	1,710,000	前受金	1,710,000

以上より、令和6年3月分の①～③を合わせた仕訳は、以下のようになり、正解は**肢4**である。

（借　方）		（貸　方）	（単位：円）
普通預金	2,050,000	未収入金	135,000
		管理費収入	150,000
		修繕積立金収入	45,000
		駐車場使用料収入	10,000
		前受金	1,710,000

→ 攻略テキスト第7編1章

正解 4

仕訳

管理組合における以下の①～③の活動に関し、令和６年３月分の仕訳として最も適切なものは、次の１～４のうちどれか。ただし、会計処理は、毎月次において発生主義の原則によるものとする。

《管理組合の会計年度：毎年４月１日から翌年３月31日まで》

活動

① 令和６年２月３日に発注し、令和６年２月15日に工事が実施され、令和６年２月20日に工事が完了した排水管更新工事の代金85万円を、令和６年３月20日に普通預金から支払った。

② 令和６年２月25日に150万円で発注した什器備品としての監視用カメラの取付工事が、令和６年３月２日に完了したという報告があり、代金は令和６年３月末に普通預金から支払った。

③ 外階段の塗装剥（は）がれに伴う修理として、令和６年３月12日に塗装業を営むＡ社に300万円にて発注し、工事は令和６年４月１日から５日間にわたって実施され、その支払は工事完了から１週間以内に、普通預金から振込む予定である。

（単位；円）

1

（借　方）		（貸　方）	
修繕費	3,000,000	普通預金	850,000
建物付属設備	850,000	前払金	3,000,000
什器備品	1,500,000	未払金	1,500,000

2

（借　方）		（貸　方）	
修繕費	3,000,000	普通預金	5,350,000
建物付属設備	850,000		
前払金	1,500,000		

3

（借　方）		（貸　方）	
未払金	850,000	普通預金	2,350,000
什器備品	1,500,000		

4

（借　方）		（貸　方）	
修繕費	3,000,000	普通預金	2,350,000
建物付属設備	850,000	未払金	3,000,000
前払金	1,500,000		

	①	②	③	④	⑤
学習日					
理解度（○/△/×）					

解法のテクニック

仕訳の基本的な論点である。③のように、発生主義によれば、3月にはするべき仕訳がないと判断させる問題もある。修繕工事等が完了した時（費用発生時）に注意しよう。

① 令和6年2月20日に排水管更新工事が完了しているので、2月の時点で以下の仕訳がなされている。

（借　方）		（貸　方）	（単位：円）
建物付属設備	850,000	未払金	850,000

そして、3月20日に普通預金から更新工事の代金を支払っているので、3月の時点では以下の仕訳がなされることになる。

（借　方）		（貸　方）	（単位：円）
未払金	850,000	普通預金	850,000

② 令和6年3月2日に監視用カメラの取付工事が完了し、3月末に代金が支払われているので、3月において以下の仕訳がなされている。

（借　方）		（貸　方）	（単位：円）
什器備品	1,500,000	普通預金	1,500,000

③ 外階段の塗装剥がれに伴う修理工事は、令和6年4月1日から5日間にわたって実施され、また、代金は工事完了から1週間以内に支払うこととされている。したがって、3月において行うべき仕訳はない。

以上より、令和6年3月分の①～③を合わせた仕訳は、以下のようになり、正解は肢3である。

（借　方）		（貸　方）	（単位：円）
未払金	850,000	普通預金	2,350,000
什器備品	1,500,000		

➔ 攻略テキスト第7編1章

正解 3

MEMO

税務

管理組合の税務の取扱いに関する次の記述のうち、法人税法及び消費税法によれば、最も不適切なものはどれか。

1　消費税法上、管理組合が大規模修繕工事のため、金融機関から借入れをする場合には、その借入金の支払利息は、課税されない。

2　法人税法上、管理組合が運営する駐車場の組合員のみへの貸付に係る使用料は、収益事業として課税される。

3　法人税法上、管理組合がマンションの共用部分を携帯電話の基地局設置のために通信事業者に賃貸する場合には、その賃貸料は、収益事業として課税される。

4　消費税法上、その事業年度の基準期間における課税売上高が1,000万円以下となる場合であっても、その事業年度に係る特定期間における課税売上高が1,000万円を超え、かつ、特定期間の給与総額が1,000万円を超えるときは、消費税の納税義務は免除されない。

	①	②	③	④	⑤
学習日					
理解度 (○/△/×)					

解法のテクニック

税務の基本論点からの出題である。肢４の特定期間については、課税売上高を給与総額に代えることができる点に注意しよう。平成30年にも出題がされているので、今後の出題が予想される。

1　**適切**　消費税法上、管理組合が大規模修繕工事のため、金融機関から借入れをする場合には、その借入金の支払利息は、課税されない。

2　**最も不適切**　管理組合が運営する駐車場を組合員のみに貸付けている場合、組合員からの駐車場使用料は、非収益事業として、法人税が課税されない。

3　**適切**　法人税法上、管理組合がマンションの共用部分を携帯電話の基地局設置のために通信事業者に賃貸する場合には、その賃貸料は、収益事業として課税される。

4　**適切**　消費税法上、その事業年度の基準期間における課税売上高が1,000万円以下となる場合であっても、その事業年度に係る特定期間における課税売上高が1,000万円を超え、かつ、特定期間の給与総額が1,000万円を超えるときは、消費税の納税義務は免除されない。

➔ 攻略テキスト第７編２章

正解 2

311 税務

過 H30−16

次のうち、消費税法によれば、管理組合が当課税期間において、必ず消費税の課税事業者となるものはどれか。

1　基準期間における管理組合が運営する売店の売上高は820万円、組合員以外の第三者からの駐車場使用料収入は120万円であり、特定期間の当該売店の売上高は750万円、組合員以外の第三者からの駐車場使用料収入は60万円であったが、特定期間の給与等支払額は1,025万円であった。

2　基準期間における管理組合の全収入は1,120万円で、その内訳は、管理費等収入が950万円、駐車場使用料収入が145万円（組合員以外の第三者からのもの28万円を含む）、専用庭使用料収入が25万円であったが、基準期間以降についても、同額の収入構成であった。

3　基準期間における管理組合の課税売上高は890万円、特定期間の課税売上高は1,020万円であったが、特定期間の給与等支払額は650万円であった。

4　基準期間における管理組合の課税売上高は850万円、特定期間の課税売上高は1,050万円であったが、特定期間の給与等支払額は1,020万円であった。

	①	②	③	④	⑤
学習日					
理解度 (○/△/×)					

解法のテクニック

課税売上高に代えて、給与等支払額で1,000万円を超えているか否かを判定する問題である。今までも、特定期間と基準期間の課税売上高で、消費税の課税業者になるか否かを判断させた問題はあるが、給与等支払額による基準は初出題である。

1 **課税事業者とならない** 管理組合の**基準期間**（前々年度）または**特定期間**（原則として、前事業年度開始の日以後６ヵ月の期間）における課税売上高が1,000万円を超える場合には、消費税の**課税事業者となる**（消費税法９条１項、９条の２第１項）。また、特定期間については、1,000万円を超えているか否かの判定は、課税売上高に代えて、給与等支払額の合計額**により判定することもできる**（消費税法９条の２第３項）。

本肢では、基準期間の収入は、**売店の売上高**820万円および**組合員**以外**の第三者からの駐車場使用料**120万円の計940万円であり、1,000万円を超えていない。また、特定期間の収入も、**売店の売上高**750万円および**組合員以外の第三者からの駐車場使用料**60万円の計810万円であり、1,000万円を超えておらず、当該期間においては、消費税の**課税事業者とはならない**。

2 **課税事業者とならない** 肢１の解説参照。本肢では、基準期間の収入のうち、課税売上高となるのは、駐車場使用料のうち、**組合員以外の第三者からのもの28万円のみ**であり、1,000万円を超えていない。また、特定期間においても、同額の収入構成であったので、こちらも1,000万円を超えておらず、当該期間においては、消費税の課税事業者とはならない。

3 **課税事業者とならない** 本肢では、基準期間の課税売上高は、890万円であり、**1,000万円を超えていない**。また、特定期間については、課税売上高は1,020万円であるが、給与等支払額の合計額**650万円**なので、当該期間においては、**課税売上高は1,000万円を超えていない**とすることができる。したがって、消費税の課税事業者とはならない（消費税法９条の２第３項）。

4 **課税事業者となる** 基準期間の課税売上高は、850万円であり、1,000万円を超えていない。しかし、特定期間においては、**課税売上高及び給与等支払額の**どちらも1,000万円を超えているので、当該期間においては、消費税の課税事業者となる。

➔ 攻略テキスト第７編２章

正解 4

税務

管理組合の活動に係る消費税に関する次の記述のうち、消費税法（昭和63年法律第108号）の規定によれば、正しいものはどれか。

1　管理組合が大規模修繕を行う際に、銀行からその費用の一部を借り入れたが、その弁済金の元金部分には消費税は課税されないが、その支払利息部分には消費税は課税される。

2　消費税法上、管理組合が納税義務者かどうかを判断する場合の、基準期間における課税売上高には、組合員から収受する駐車場収入が含まれる。

3　消費税法上、非法人の管理組合は納税義務者とはならないが、管理組合法人は納税義務者となる。

4　管理組合の支出のうち、火災保険料等の損害保険料は非課税であるので、消費税の課税対象とはならない。

	①	②	③	④	⑤
学習日					
理解度（○/△/×）					

解法のテクニック

消費税の基本論点である。消費税では、課税される取引、課税されない取引についてよく出題されている。収入については課税される取引、支出については課税されない取引を特に注意しておこう。

1　誤り　借入金の元本部分は、不課税取引に該当するため消費税は課税されない。また、借入金の支払利息には、非課税取引に該当するため消費税は課税されない。

2　誤り　組合員から収受する駐車場収入は不課税取引に該当するため、基準期間における課税売上高に含まれない。

3　誤り　消費税法上、非法人の管理組合も管理組合法人も事業者として消費税の納税義務者となる。

4　正しい　火災保険料等の損害保険料は非課税取引に該当するため消費税の課税対象とはならない。

要点整理　管理組合が行う取引事例と消費税の関係

	課税対象取引例	非課税取引例	不課税取引例
管理組合の収入	組合員以外の者から徴収する駐車場使用料や施設使用料	普通預金や定期預金等の預貯金の受取利息	組合員から徴収する管理費や駐車場使用料、修繕積立金・金融機関からの借入金
管理組合の支出	管理会社に対する管理委託費・設備点検費・水道光熱費・修繕費・建物調査診断料・振込等に係る振込手数料	借入金利子・損害保険料・債務保証料・行政手数料など	従業員に対する人件費（理事等の役員に対する報酬も含む）・自治会等への諸会費（対価性のない場合に限る）

➔ 攻略テキスト第7編2章

正解 4

地震保険

次の記述のうち、地震保険に関する法律によれば、適切なものの組合せはどれか。

ア　地震保険契約は、居住の用に供する建物又は生活用動産のみを保険の目的とする。

イ　地震保険契約は、特定の損害保険契約に附帯して締結する必要がある。

ウ　地震保険契約は、地震による津波を間接の原因とする流失による損害は、てん補の対象としない。

エ　地震保険契約では、保険の対象である居住用建物が全損になったときに保険金が支払われ、一部損では保険金は支払われない。

1　ア・イ
2　ア・ウ
3　イ・エ
4　ウ・エ

	①	②	③	④	⑤
学習日					
理解度 (○/△/×)					

解法のテクニック

地震保険は、頻出論点ではないが、過去繰り返し出題されている。覚えるべき論点は多くないので、本問の論点はしっかり覚えておこう。

ア **適切** 地震保険契約は、居住の用に供する建物または生活用動産（家財）のみを**保険の目的とする**（地震保険法２条２項１号）。

イ **適切** 地震保険契約は、火災保険等の特定の**損害保険契約**に附帯して**締結する必要がある**（地震保険法２条２項３号）。

ウ **不適切** 地震保険契約は、地震、噴火および**これらによる**津波を直接または間接の原因とする**建物や生活用動産の損害を補償する**。地震による津波を間接の原因とする流失による損害は、てん補の対象となる（地震保険法２条２項２号）。

エ **不適切** 地震保険契約は、損害の程度によって**「全損」「大半損」「小半損」**「一部損」の認定を行い、その**認定に応じた保険金が支払われる**（地震保険法施行令１条１項）。

したがって、**適切なものの組合せ**は**肢ア・イ**であり、正解は１となる。

➔ 攻略テキスト第７編２章

正解 1

第8編

マンション管理適正化法

管理適正化法では、マンション管理業者の義務と管理業務主任者について、よく問われている。特に管理業務主任者が説明をしなければならない業務である、重要事項の説明、管理事務の報告は繰り返し問われているので、注意しよう。

出題数は、5問免除の対象となっていることから、必ず5問出題される（平成22年は例外的に6問出題であった）。

314 用語の定義

過 R5－47

マンション管理適正化法第２条に規定される用語に関する次の記述のうち、マンション管理適正化法によれば、適切なものはいくつあるか。

ア　マンションとは、２以上の区分所有者が存する建物で人の居住の用に供する専有部分のあるもの並びにその敷地及び附属施設をいうが、この場合、専有部分に居住する者が全て賃借人であるときは含まれない。

イ　マンション管理業とは、管理組合から委託を受けて、基幹事務すべてを含むマンションの管理事務を行う行為で業として行うものであり、当該基幹事務の一部のみを業として行う場合はマンション管理業に該当しない。

ウ　マンション管理業者とは、国土交通省に備えるマンション管理業者登録簿に登録を受けてマンション管理業を営む者をいう。

エ　管理業務主任者とは、管理業務主任者試験に合格した者で、国土交通大臣の登録を受けた者をいう。

1　一つ
2　二つ
3　三つ
4　四つ

	①	②	③	④	⑤
学習日					
理解度 (○/△/×)					

解法のテクニック

用語の定義は繰り返し問われている。肢イは、基幹事務をすべて含んでいないとマンション管理業には該当しないことに注意しよう。

ア　不適切　2以上の区分所有者が存する建物で人の居住の用に供する専有部分のあるものならびにその敷地および附属施設は、マンションに該当する(管理適正化法2条1号イ)。専有部分の居住者については区分所有者に限定されていないので、居住者がすべて賃借人であってもマンションに該当する。

イ　適切　マンション管理業とは、管理組合から委託を受けて管理事務を行う行為で業として行うもの（マンションの区分所有者等が当該マンションについて行うものを除く）をいう（管理適正化法2条7号)。そして、管理事務とは、マンションの管理に関する事務であって、基幹事務（管理組合の会計の収入および支出の調定および出納ならびにマンション（専有部分を除く）の維持または修繕に関する企画または実施の調整をいう）を含むものをいう(適正化法2条6号)。したがって、基幹事務のすべてが含まれないと管理事務には該当しないので、基幹事務の一部のみを業として行う場合はマンション管理業に該当しない。

ウ　適切　マンション管理業とは、国土交通省に備えるマンション管理業者登録簿に登録を受けてマンション管理業を営む者をいう（管理適正化法2条8号、44条)。

エ　不適切　管理業務主任者とは、管理業務主任者試験に合格し、国土交通大臣の登録を受け、管理業務主任者証の交付を受けた者をいう（管理適正化法2条9号)。

したがって、適切なものは肢イ・ウの二つであり、正解は2となる。

➔ 攻略テキスト第8編1・2・3章

正解 2

マンションの定義

マンション管理適正化法第２条に規定する用語の意義に関する次の記述のうち、マンション管理適正化法によれば、誤っているものはどれか。

1　マンションとは、２以上の区分所有者が存する建物で人の居住の用に供する専有部分のあるもの並びにその敷地及び附属施設をいうが、この場合、専有部分に居住する者がすべて賃借人であるときも含まれる。

2　管理者等とは、区分所有法第25条第１項の規定により選任された管理者又は区分所有法第49条第１項の規定により置かれた理事をいう。

3　管理事務とは、マンションの管理に関する事務であって、管理組合の会計の収入及び支出の調定及び出納並びに専有部分を除くマンションの維持又は修繕に関する企画又は実施の調整を含むものをいう。

4　マンション管理業とは、管理組合から委託を受けて、基幹事務を含むマンションの管理事務を行う行為で業として行うものであり、当該基幹事務すべてを業として行うものをいうが、「業として行う」に該当するためには、営利目的を要し、また、反復継続的に管理事務を行っている必要がある。

	①	②	③	④	⑤
学習日					
理解度 (○/△/×)					

解法のテクニック

マンションの定義についての問題である。「2以上の区分所有者」や「居住用専有部分の存在」といった要件を確実に覚えておこう。

1 **正しい** 2以上の区分所有者が存する建物で、人の居住の用に供する専有部分のあるもの、ならびにその敷地および附属施設はマンションに該当する（管理適正化法2条1号イ）。したがって、専有部分に居住する者がすべて賃借人であっても、マンションに含まれる。

2 **正しい** 管理者等とは、区分所有法25条1項の規定により選任された管理者または区分所有法49条1項の規定により置かれた理事をいう（管理適正化法2条4号）。

3 **正しい** 管理事務とは、マンションの管理に関する事務であって、基幹事務（①管理組合の会計の収入および支出の調定、②管理組合の出納事務、③マンション（専有部分を除く）の維持または修繕に関する企画または実施の調整）を含むものをいう（管理適正化法2条6号）。

4 **誤り** マンション管理業とは、管理組合から委託を受けて管理事務を行う行為で業として行うもの（区分所有者等が当該マンションについて行うものを除く）をいう（管理適正化法2条7号）。業として行うに該当するためには、反復継続的に管理事務を行っている必要があるが、営利目的を要するとはされていない。

要点整理 マンションの定義

①2以上の区分所有者（区分所有権を有する者）が存する建物で、人の居住の用に供する専有部分のあるもの、ならびにその敷地および附属施設。
②一団地内の土地または附属施設（これらに関する権利を含む）が当該団地内にある上記①に掲げる建物を含む数棟の建物の所有者（専有部分のある建物にあっては、区分所有者）の共有に属する場合の当該土地および附属施設。

・マンション全体を1人の者が所有し、各部屋を賃貸している場合
・マンションのすべての部屋が事務所となっている場合
⇒本法の適用のあるマンションとはならない。

➔ 攻略テキスト第8編1章

正解 4

316 管理業務主任者

過 R3－48

管理業務主任者及び管理業務主任者証に関する次の記述のうち、マンション管理適正化法によれば、適切なものはいくつあるか。

ア　管理業務主任者証の有効期間は、５年である。

イ　管理業務主任者が、管理業務主任者証がその効力を失ったにもかかわらず、速やかに、管理業務主任者証を国土交通大臣に返納しない場合は、10万円以下の過料に処せられる。

ウ　管理業務主任者証の有効期間は、申請により更新することができる。

エ　管理業務主任者が、管理業務主任者として行う事務に関し、不正又は著しく不当な行為をし、その情状が特に重いときは、国土交通大臣は、当該管理業務主任者の登録を取り消さなければならない。

1　一つ
2　二つ
3　三つ
4　四つ

	①	②	③	④	⑤
学習日					
理解度 (○/△/×)					

解法のテクニック

管理業務主任者に関する基本的な論点である。管理業務主任者証の返納や提出、重要事項説明や管理事務報告の際に管理業務主任者証の未提示といった、管理業務主任者証関連の罰則は10万円以下の過料になると覚えよう。

ア　**適切**　管理業務主任者証の**有効期間**は、5年とする（管理適正化法60条3項）。

イ　**適切**　管理業務主任者が、**管理業務主任者証がその効力を失った場合**、速やかに、管理業務主任者証を国土交通大臣に返納しなければならない（管理適正化法60条4項）。そして、返納をしない場合は、**10万円以下の過料**に処せられる（管理適正化法113条2号）。

ウ　**適切**　管理業務主任者証の**有効期間**は、申請により更新する（管理適正化法61条1項）。

エ　**適切**　管理業務主任者が、管理業務主任者として行う事務に関し、**不正または著しく不当な行為**をし、その情状が特に重い**とき**は、国土交通大臣は、当該管理業務主任者の**登録を**取り消さなければならない（管理適正化法65条1項4号）。

したがって、**適切なものは肢ア・イ・ウ・エの四つ**であり、正解は**4**となる。

➔ 攻略テキスト第8編2章

正解 4

317 管理業務主任者証等

過 R2－46

管理業務主任者及び管理業務主任者証に関する次の記述のうち、マンション管理適正化法の規定によれば、誤っているものはいくつあるか。

ア　管理業務主任者証の交付を受けようとする者（試験合格日から１年以内の者を除く。）は、登録講習機関が行う講習を、交付の申請の日の90日前から30日前までに受講しなければならない。

イ　管理業務主任者証の有効期間は、３年である。

ウ　管理業務主任者の登録を受けた者は、登録を受けた事項に変更があったときは、遅滞なく、その旨を国土交通大臣に届け出なければならない。

エ　管理業務主任者は、国土交通大臣から管理業務主任者としてすべき事務を行うことを禁止する処分を受けたときは、速やかに、管理業務主任者証を国土交通大臣に提出しなければならない。

1　一つ
2　二つ
3　三つ
4　四つ

	①	②	③	④	⑤
学習日					
理解度 (○/△/×)					

解法のテクニック

主任者証の更新や管理業務主任者の登録等については、管理業者と間違えないようにしよう。肢アはマンション管理業者の登録更新手続である。

ア　**誤り**　**管理業務主任者証の有効期間の更新**を受けようとする者は、**更新の申請の日前６ヵ月以内に行われる講習**を受けなければならない（管理適正化法61条１項・２項、60条２項）。

なお、マンション管理業の更新の登録を受けようとする者は、登録の有効期間満了の日の90日前から30日前までの間に申請書を提出しなければなりません。

イ　**誤り**　管理業務主任者証の**有効期間**は、５年とする（管理適正化法60条３項）

ウ　**正しい**　管理業務主任者の登録を受けた者は、**登録を受けた事項に変更があったときは**、遅滞なく、その旨を国土交通大臣に**届け出なければならない**（管理適正化法62条１項）。

エ　**正しい**　管理業務主任者は、**事務禁止処分**を受けたときは、**速やかに**、管理業務主任者証を**国土交通大臣に**提出しなければならない（管理適正化法60条５項）。

したがって、**誤っているもの**は**肢ア・イの二つ**であり、正解は２となる。

➔ 攻略テキスト第８編２章

正解 ２

318 管理業務主任者

過 H30−46

管理業務主任者に関する次の記述のうち、マンション管理適正化法によれば、誤っているものはどれか。

1　管理業務主任者とは、管理業務主任者試験に合格した者で、管理事務に関し２年以上の実務の経験を有するもの又は国土交通大臣がその実務の経験を有するものと同等以上の能力を有すると認めたものであり、国土交通大臣の登録を受けた者をいう。

2　専任の管理業務主任者は、原則として、マンション管理業（マンション管理適正化法第２条第７号に規定するものをいう。以下同じ。）を営む事務所に常勤して、専らマンション管理業に従事する必要があるが、当該事務所がマンション管理業以外の業種を兼業している場合等で、当該事務所において一時的にマンション管理業の業務が行われていない間に他の業種に係る業務に従事することは差し支えない。

3　管理業務主任者試験に合格した者で、管理事務に関し２年以上の実務の経験を有するものは、国土交通大臣の登録を受けることができるが、マンション管理適正化法第65条第１項第２号に該当することにより登録を取り消され、その取消しの日から２年を経過しない者は登録を受けることはできない。

4　マンション管理業者（法人である場合においては、その役員）が管理業務主任者であるときは、その者が自ら主として業務に従事するマンション管理業を営む事務所については、その者は、その事務所に置かれる成年者である専任の管理業務主任者とみなされる。

	①	②	③	④	⑤
学習日					
理解度 (○/△/×)					

解法のテクニック

肢2はやや細かい論点だったかと思われるが、マンション管理業以外の業務に一切従事できないというのもおかしいと考えてほしい。

1　**誤り**　管理業務主任者とは、管理業務主任者試験の合格者で、管理事務に関し、①2年以上の実務の経験を有する場合、または②国土交通大臣がその実務の経験を有するものと同等以上の能力を有すると認められた場合、管理業務主任者の登録ができる（管理適正化法59条1項本文、施行規則68条）。しかし、管理業務主任者となるためには、管理業務主任者証の交付を受けなければならない（管理適正化法2条9号）。

2　**正しい**　専任の管理業務主任者の「専任」とは、原則として、マンション管理業を営む事務所に常勤（管理業者の通常の勤務時間を勤務すること）して、専らマンション管理業に従事する状態をいう。ただし、当該事務所がマンション管理業以外の業種を兼業している場合等で、当該事務所において一時的にマンション管理業の業務が行われていない間に他の業種に係る業務に従事することは差し支えないものとする（管理適正化法56条1項、国総動第309号第三1）。

3　**正しい**　管理業務主任者試験に合格した者で、管理事務に関し2年以上の実務の経験を有する者は、国土交通大臣の登録ができるが、マンション管理適正化法65条1項2号（偽りその他不正の手段により登録を受けた）に該当することにより登録を取り消され、その取消日から2年を経過していない者は、管理業務主任者の登録欠格事由に該当するため、登録を受けることはできない（管理適正化法59条1項5号、65条1項2号）。

4　**正しい**　管理業者（法人である場合、その役員）が管理業務主任者であるときは、その者が自ら主として業務に従事するマンション管理業を営む事務所については、その事務所に置かれる成年者である専任の管理業務主任者とみなされる（管理適正化法56条2項）。

➔ 攻略テキスト第8編2章

正解 1

319 管理業務主任者証

過 H24－50

管理業務主任者（マンション管理適正化法第2条第9号に規定する者をいう。）に関する次の記述のうち、マンション管理適正化法によれば、誤っているものはどれか。

1　管理業務主任者は、登録を受けた事項のうち、転職などにより業務に従事するマンション管理業者に変更があった場合、管理業務主任者証の記載の訂正を受けなければならない。

2　管理業務主任者証の有効期間は5年であるが、有効期間の更新を受けようとする場合、交付の申請の日前6月以内に行われる登録講習機関が行う講習を受けなければならない。

3　管理業務主任者は、登録が消除されたとき、又は管理業務主任者証がその効力を失ったときは、速やかに、管理業務主任者証を国土交通大臣に返納しなければならない。

4　管理業務主任者は、国土交通大臣より事務の禁止処分を受けたときは、速やかに、管理業務主任者証を国土交通大臣に提出しなければならない。

	①	②	③	④	⑤
学習日					
理解度 (○/△/×)					

解法のテクニック

管理業務主任者証全般の論点である。肢1は、登録事項と管理業務主任者証の記載事項の相違に注意しておこう。

1 **誤り** 「マンション管理業者の業務に従事する者にあっては、当該マンション管理業者の商号または名称及び登録番号」は、管理業務主任者の登録事項であるが（管理適正化法施行規則72条1項6号）、管理業務主任者証の記載事項ではない（管理適正化法施行規則74条参照）ので、管理業務主任者証の訂正を受ける必要はない。

2 **正しい** 管理業務主任者証の有効期間は、5年とする（管理適正化法60条3項）。また、有効期間の更新を受けようとする場合、交付の申請の日前6月以内に行われる登録講習機関が行う講習を受けなければならない（管理適正化法61条2項、60条2項）。

3 **正しい** 管理業務主任者は、登録が消除されたとき、または管理業務主任者証がその効力を失ったときは、速やかに、管理業務主任者証を国土交通大臣に返納しなければならない（管理適正化法60条4項）。

4 **正しい** 管理業務主任者は、国土交通大臣より事務の禁止処分を受けたときは、速やかに、管理業務主任者証を国土交通大臣に提出しなければならない（管理適正化法60条5項）。

要点整理 各種有効期間と更新手続

	有効期間	更新の手続
マンション管理士	有効期限はない 5年ごとに講習受講義務はある	
管理業務主任者	主任者証の有効期間は5年	申請前6ヵ月以内に行われる講習を受講する
マンション管理業者	登録の有効期間は5年	有効期間満了の90～30日前までに申請する

➔ 攻略テキスト第8編2章

正解 1

320 管理業務主任者の設置

過 R4－50

重要度 A
難易度 易

次の管理業務主任者の設置に関する規定の（ア）～（ウ）に入る語句の組合せとして、マンション管理適正化法によれば、最も適切なものはどれか。

(管理業務主任者の設置)
マンション管理適正化法第56条第１項

マンション管理業者は、その（ア）ごとに、（ア）の規模を考慮して国土交通省令で定める数の成年者である専任の管理業務主任者を置かなければならない。ただし、人の居住の用に供する独立部分（区分所有法第１条に規定する建物の部分をいう。以下同じ。）が国土交通省令で定める数以上である第２条第１号イに掲げる建物の区分所有者を構成員に含む管理組合から委託を受けて行う管理事務を、その業務としない（ア）については、この限りでない。

(法第56条第１項の国土交通省令で定める管理業務主任者の数)
マンション管理適正化法施行規則第61条

国土交通省令で定める管理業務主任者の数は、マンション管理業者が管理事務の委託を受けた管理組合の数を（イ）で除したもの（１未満の端数は切り上げる。）以上とする。

(法第56条第１項の国土交通省令で定める人の居住の用に供する独立部分の数)
マンション管理適正化法施行規則第62条

国土交通省令で定める人の居住の用に供する独立部分の数は、（ウ）とする。

	（ア）	（イ）	（ウ）
1	事務所	10	3
2	営業所	30	6
3	営業所	10	3
4	事務所	30	6

	①	②	③	④	⑤
学習日					
理解度 (○/△/×)					

解法のテクニック

肢アの事務所と営業所は悩むかもしれないが、他の数字は重要論点なので答えられるようにしておこう。

（管理業務主任者の設置）
マンション管理適正化法第56条第１項

マンション管理業者は、その（ア：事務所）ごとに、（ア：事務所）の規模を考慮して国土交通省令で定める数の成年者である専任の管理業務主任者を置かなければならない。ただし、人の居住の用に供する独立部分（区分所有法第１条に規定する建物の部分をいう。以下同じ。）が国土交通省令で定める数以上である第２条第１号イに掲げる建物の区分所有者を構成員に含む管理組合から委託を受けて行う管理事務を、その業務としない（ア：事務所）については、この限りでない。

（法第56条第１項の国土交通省令で定める管理業務主任者の数）
マンション管理適正化法施行規則第61条

国土交通省令で定める管理業務主任者の数は、マンション管理業者が管理事務の委託を受けた管理組合の数を（イ：30）で除したもの（１未満の端数は切り上げる。）以上とする。

（法第56条第１項の国土交通省令で定める人の居住の用に供する独立部分の数）
マンション管理適正化法施行規則第62条

国土交通省令で定める人の居住の用に供する独立部分の数は、（ウ：６）とする。

したがって、アには事務所、イには30、ウには６が入るので、正解は肢４となる。

➔ 攻略テキスト第８編２章

正解 4

321 管理業務主任者の設置

過 H26−48 改

重要度 A
難易度 易

株式会社甲は、Ａ及びＢの２つの事務所（マンション管理適正化法第45条第１項第２号に規定する事務所をいう。以下、本問において同じ。）を有するマンション管理業者である。

Ａ事務所は、人の居住の用に供する独立部分（区分所有法第１条に規定する建物の部分をいう。以下、本問において「独立部分」という。）の数が全て６以上の150の管理組合、Ｂ事務所は、独立部分が全て５以下の30の管理組合からそれぞれ管理事務の委託を受けている。

専任の管理業務主任者に関する次のアからエまでの記述のうち、マンション管理適正化法によれば、正しいものはいくつあるか。

ア　Ａ事務所において、５人の成年者である管理業務主任者がいる場合に、その中の１人が退職したときは、１月以内に新たに専任の管理業務主任者を１人置かなければならない。

イ　Ｂ事務所においては、成年者である専任の管理業務主任者を１人も設置する必要がない。

ウ　Ｂ事務所において、新たに独立部分が６以上ある１の管理組合から管理事務の委託を受けることになった場合には、成年者である専任の管理業務主任者を１人設置しなければならない。

エ　Ａ事務所において、専任の管理業務主任者となっている者は、専任の取引士（宅地建物取引業法第15条第１項に規定する者をいう。）を兼務することができる。

１　一つ　　２　二つ　　３　三つ　　４　四つ

	①	②	③	④	⑤
学習日					
理解度（○/△/×）					

解法のテクニック

専任の管理業務主任者の設置人数に関する問題である。5以下の組合のみと契約する場合は設置義務がないこと、また、30管理組合と契約をした場合に1人以上の設置が必要となるが、端数は切り上げるので、30組合未満と契約をしている場合でも、最低1人は専任の管理業務主任者の設置が必要な点に注意しよう。

ア　**誤り**　A事務所は、人の居住の用に供する独立部分の数がすべて6以上の150の管理組合と契約をしているので、150÷30＝5となり、成年者である専任の管理業務主任者が**5人以上必要**である。したがって、**5人の成年者である管理業務主任者**がいる場合に、その中の1人が退職したときは、法定の管理業務主任者数に満たなくなる**のであるから、**2週間以内に新たに専任の管理業務主任者を1人置かなければならない（管理適正化法56条3項、管理適正化法施行規則61条、62条）。

イ　**正しい**　B事務所は、独立部分がすべて5以下の30の管理組合のみと契約をしているので、成年者である専任の管理業務主任者を**1人も設置する**義務はない（管理適正化法56条3項、管理適正化法施行規則61条、62条）。

ウ　**正しい**　肢イ解説参照。B事務所において、新たに独立部分が6以上ある1の管理組合から管理事務の委託を受けることになった場合、1÷30＝0.0333……となり、この場合端数は切り上げとなるため、成年者である専任の管理業務主任者を1人設置しなければならない（管理適正化法56条3項、管理適正化法施行規則61条、62条）。

エ　**誤り**　A事務所において、専任の管理業務主任者**となっている者**は、専任の宅地建物取引士を**兼務することはできない**（国総動第309号）。

したがって、**正しいものは肢イ・ウの二つ**であり、正解は2となる。

➔ 攻略テキスト第8編2章

正解 2

第8編 マンション管理適正化法

322 管理業者の登録

過 R3－50

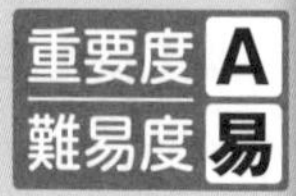

マンション管理業の登録に関する次の記述のうち、マンション管理適正化法によれば、適切なものを全て含む組合せはどれか。

ア　マンション管理業の更新の登録を受けようとする者は、登録の有効期間満了の日の90日前から30日前までの間に登録申請書を提出しなければならない。

イ　マンション管理業者が更新の登録の申請を行った場合において、従前の登録の有効期間の満了の日までにその申請に対する処分がなされないときは、当該マンション管理業者の従前の登録は、当該有効期間の満了後もその処分がなされるまでの間は、なお効力を有する。

ウ　マンション管理業を営もうとする者は、法人でその役員のうちに、「暴力団員による不当な行為の防止等に関する法律」第２条第６号に規定する暴力団員又は同号に規定する暴力団員でなくなった日から５年を経過しない者がいた場合は、マンション管理業の登録を受けることができない。

エ　マンション管理業者が、マンション管理業を廃止した場合においては、その日から２週間以内に、その旨を国土交通大臣に届け出なければならない。

1　ア・イ
2　ア・ウ
3　ア・イ・ウ
4　イ・ウ・エ

	①	②	③	④	⑤
学習日					
理解度 (○/△/×)					

解法のテクニック

マンション管理業の登録については、以前はあまり出題されなかったが、近年は頻出論点となっている。管理業務主任者の登録との違いに注意しよう。

ア　適切　マンション管理業の更新の登録を受けようとする者は、登録の有効期間満了の日の90日前から30日前までの間に登録申請書を提出しなければならない（管理適正化法施行規則50条）。

イ　適切　更新の登録の申請があった場合において、有効期間の満了の日までにその申請に対する処分がなされないときは、従前の登録は、有効期間の満了後もその処分がなされるまでの間は、なお効力を有する（管理適正化法44条４項）。

ウ　適切　法人でその役員のうちに暴力団員または暴力団員でなくなった日から５年を経過しない者があるものは、マンション管理業の登録を受けることができない（管理適正化法47条７号、10号）。

エ　不適切　マンション管理業者がマンション管理業を廃止した場合、マンション管理業者であった個人またはマンション管理業者であった法人を代表する役員は、その日から30日以内に、その旨を国土交通大臣に届け出なければならない（管理適正化法50条１項５号）。

したがって、適切なものを全て含む組合せは肢ア・イ・ウであり、正解は３となる。

➔ 攻略テキスト第８編３章

正解 ３

323 管理業者の登録

過 R2－49

重要度 B
難易度 普

マンション管理業の登録に関する次の記述のうち、マンション管理適正化法の規定によれば、正しいものはどれか。

1　マンション管理業者が更新の登録の申請を行った場合において、従前の登録の有効期間の満了の日までにその申請に対する処分がなされないときは、当該マンション管理業者の従前の登録は、当該有効期間の満了によりその効力を失う。

2　登録を受けていた個人が死亡した場合に、その相続人は、当該個人が死亡した日から30日以内にその旨を国土交通大臣に届け出なければならない。

3　マンション管理業を営もうとする者は、その役員のうちに、破産手続開始の決定を受けた後、復権を得てから２年を経過しない者がいる場合には、マンション管理業の登録を受けることができない。

4　マンション管理業を営もうとする者は、その役員のうちに、マンション管理適正化法の規定により、罰金の刑に処せられ、その刑の執行が終わった日から２年を経過しない者がいる場合には、マンション管理業の登録を受けることができない。

	①	②	③	④	⑤
学習日					
理解度（○/△/×）					

解法のテクニック

管理業者の登録に関する基本的な論点である。出題数は少ないが、最近の本試験では、管理業者の登録等も問われてきているので注意したい。

1　**誤り**　更新の登録の申請があった場合において、有効期間の満了の日までにその申請に対する処分がなされないときは、従前の登録は、有効期間の満了後もその処分がなされるまでの間は、なお効力を有する（管理適正化法44条４項）。

2　**誤り**　マンション管理業の登録を受けていた個人が死亡した場合に、その相続人は、当該個人が死亡したことを知った日から30日以内にその旨を国土交通大臣に届け出なければならない（管理適正化法50条１項１号）。

3　**誤り**　マンション管理業を営もうとする者は、その役員のうちに、破産手続開始の決定を受けて復権を得ていない者がいる場合には、マンション管理業の登録を受けることができない（管理適正化法47条１号・10号）。しかし、復権を得た場合は、２年を経過しなくても登録を受けることができる。

4　**正しい**　マンション管理業を営もうとする者は、その役員のうちに、マンション管理適正化法の規定により、罰金の刑に処せられ、その刑の執行が終わった日から２年を経過しない者がいる場合には、マンション管理業の登録を受けることができない（管理適正化法47条６号・10号）。

→ 攻略テキスト第８編３章

正解４

324

過 R1－50

管理業者の登録

マンション管理業者の登録等に関する次の記述のうち、マンション管理適正化法によれば、最も不適切なものはどれか。

1　マンション管理業の更新の登録を受けようとする者は、登録の有効期間満了の日の90日前から30日前までの間に登録申請書を提出しなければならないが、当該有効期間の満了の日までにその申請に対する処分がなされないときは、従前の登録は、当該有効期間の満了後もその処分がなされるまでの間は、なお効力を有する。

2　マンション管理業の登録申請書に記載すべき事務所とは、本店又は支店（商人以外の者にあっては、主たる事務所又は従たる事務所）のほか、継続的に業務を行うことができる施設を有する場所で、マンション管理業に係る契約の締結又は履行に関する権限を有する使用人を置く事務所をいう。

3　国土交通大臣は、マンション管理適正化法施行規則により算定した、マンション管理業の登録を受けようとする者の資産額が1,000万円以上でない場合においては、その登録を拒否しなければならない。

4　マンション管理業者がマンション管理業を廃止した場合においては、マンション管理業者であった個人又はマンション管理業者であった法人を代表する役員は、その日から30日以内に、その旨を国土交通大臣に届け出なければならない。

	①	②	③	④	⑤
学習日					
理解度（○/△/×）					

解法のテクニック

管理業者の登録はややマイナー論点であるが、重要な数字が多くあるので注意しておこう。

1　**適切**　マンション管理業の登録の更新を受けようとする者は、登録の有効期間満了の日の**90日前から30日前**までの間に申請書を提出しなければならない（管理適正化法施行規則42条の3）。そして、更新の登録の申請があった場合において、**有効期間の満了の日までにその申請に対する処分がなされない**ときは、従前の登録は、有効期間の満了後もその**処分がなされるまでの間**は、なお**効力を有する**（管理適正化法44条4項）。

2　**適切**　事務所とは、①**本店または支店**（商人以外の者にあっては、主たる事務所又は従たる事務所）、②その他**継続的に業務を行うことができる施設を有する場所**で、マンション管理業に係る契約の締結又は履行に関する**権限を有する使用人を置くもの**をいう（管理適正化法施行規則52条1号、2号）。

3　**最も不適切**　マンション管理業を遂行するために必要と認められる**財産的基礎**として、マンション管理適正化施行規則に定めるところにより算定した資産額が、**300万円以上**でない場合は、マンション管理業の**登録拒否事由に該当する**（管理適正化法47条13号、管理適正化法施行規則54条）。

4　**適切**　マンション管理業者が**マンション管理業を廃止した場合**マンション管理業者であった個人またはマンション管理業者であった法人を代表する役員は、その日から**30日以内**に、その旨を国土交通大臣に**届け出なければならない**（管理適正化法50条1項5号）。

→ 攻略テキスト第8編3章

正解 3

325 管理業者の義務

過 R5－50

マンション管理業者に関する次の記述のうち、マンション管理適正化法によれば、最も適切なものはどれか。

1　マンション管理業者は、公衆の見やすい場所に、その登録番号等を記載した標識を掲示しなければならないが、当該マンション管理業者が複数の事務所を有する場合は、そのうち主たる事務所にのみ掲示すればよい。

2　国土交通大臣は、マンション管理業者の役員が、「暴力団員による不当な行為の防止等に関する法律」第２条第６号に規定する暴力団員であることが判明した場合は、当該マンション管理業者に対し、１年以内の期間を定めて、その業務の全部又は一部の停止を命ずることができる。

3　マンション管理業者は、契約の成立時の書面を交付するときは、管理組合に管理者等（当該マンション管理業者が当該管理組合の管理者等である場合を除く。）が置かれている場合には、当該管理組合の管理者等に対してのみ交付すればよい。

4　マンション管理業者は、毎月、管理事務の委託を受けた管理組合のその月における会計の収入及び支出の状況に関する書面を作成し、当該管理組合の管理者等に交付していれば、マンション管理適正化法第77条に規定する管理事務の報告を行うときは、当該管理組合の事業年度に係る会計の収入及び支出の状況については報告を省略することができる。

	①	②	③	④	⑤
学習日					
理解度 (○/△/×)					

解法のテクニック

肢2は、暴力団員であることが分かったのに、業務停止命令で済んでしまうと、業務停止命令が明けた後は、当該暴力団員が管理業者として業務を行えるようになってしまう。そのため、登録を必ず取り消す必要がある。

1　**不適切**　マンション管理業者は、その事務所ごとに、公衆の見やすい場所に、国土交通省令で定める**標識を掲げなければならない**（管理適正化法71条）。事務所ごとに標識を掲げなければならないので、主たる事務所のみに掲示をすることはマンション管理適正化法に違反する。

2　**不適切**　マンション管理業者の役員が「暴力団員による不当な行為の防止等に関する法律」に規定する**暴力団員**または暴力団員でなくなった日から5年を経過しない者のいずれかに該当するに至ったときは、国土交通大臣は、その**登録を取り消さなければならない**（管理適正化法83条1号、47条7号）。必ず登録を取り消さなければならないので、業務停止命令によることはできない。

3　**最も適切**　マンション管理業者は、管理組合から**管理事務の委託を受けることを内容とする契約を締結したとき**は、当該**管理組合の管理者等**（当該マンション管理業者が当該管理組合の管理者等である場合または当該管理組合に管理者等が置かれていない場合にあっては、当該管理組合を構成するマンションの区分所有者等全員）に対し、遅滞なく、一定の事項を記載した**契約成立時の書面を交付しなければならない**（管理適正化法73条1項）。

4　**不適切**　マンション管理業者は、**毎月**、管理事務の委託を受けた管理組合のその月における**会計の収入および支出の状況に関する書面**を作成し、翌月末日までに、当該書面を当該管理組合の**管理者等に交付**しなければならない（管理適正化法施行規則87条5項）。この場合でも、管理事務の報告を行うときは、当該管理組合の事業年度に係る会計の収入および支出の状況については**報告を省略することができない**（管理適正化法77条）。

➔ 攻略テキスト第8編4章

正解 3

326 管理業者の業務

過 R2－47

マンション管理業者Aが行う業務に関する次のア～エの記述のうち、マンション管理適正化法に違反するものを全て含む組合せは、次の1～4のうちどれか。

ア　Aは、管理組合から委託を受けた管理事務に関する帳簿について、各事業年度の末日をもって閉鎖し、3年間保存した後に、これを廃棄した。

イ　Aは、国土交通大臣に登録事項変更届出書により届出を行い、マンション管理業者登録簿に神奈川支店（従たる事務所）の登録を受けたが、すでに東京本店（主たる事務所）に標識が掲げられているため神奈川支店に標識を掲げることなくマンション管理業を行った。

ウ　Aは、自己が区分所有者ではなく、かつ、管理者が区分所有者であるマンションの管理組合と管理委託契約を締結したため、当該管理組合の管理者に対して、遅滞なく、契約の成立時の書面を交付した。

エ　Aは、管理組合から委託を受けた管理事務のうち、基幹事務の全てを当該管理組合の承諾を得て一括して他社に再委託した。

1　ア・イ
2　ア・ウ
3　ア・イ・エ
4　イ・ウ・エ

	①	②	③	④	⑤
学習日					
理解度 (○/△/×)					

解法のテクニック

管理業者の義務の基本論点からの出題である。過去繰り返し出題されているので、事務所等に備えなければならないものや重要数字等について、しっかりと覚えよう。

ア　**違反する**　マンション管理業者は、管理組合から委託を受けた管理事務について、国土交通省令で定めるところにより、帳簿を作成し、各事業年度の末日をもって閉鎖するものとし、閉鎖後5年間当該帳簿を保存しなければならない（管理適正化法75条、管理適正化法施行規則86条3項）。

イ　**違反する**　マンション管理業者は、その事務所ごとに、公衆の見やすい場所に、国土交通省令で定める標識を掲げなければならない（管理適正化法71条）。したがって、東京本店だけでなく、神奈川支店にも標識を掲示せずに管理業務を行ったことは、マンション管理適正化法に違反する。

ウ　**違反しない**　マンション管理業者は、管理組合から管理事務の委託を受けることを内容とする契約を締結したときは、当該管理組合の管理者等に対し、遅滞なく、一定事項を記載した契約成立時の書面（管理委託契約書）を交付しなければならない（管理適正化法73条1項）。ただし、①当該マンション管理業者が当該管理組合の管理者等である場合か②当該管理組合に管理者等が置かれていない場合は、当該管理組合を構成するマンションの区分所有者等全員に交付しなければならない。

エ　**違反する**　マンション管理業者は、管理組合から委託を受けた管理事務のうち基幹事務については、これを一括して他人に委託してはならない（管理適正化法74条）。

したがって、違反するものは肢ア・イ・エであり、正解は3となる。

第8編 マンション管理適正化法

➔ 攻略テキスト第8編4章

正解 3

327 管理業者の義務

過 R4－48

重要度 A
難易度 易

マンション管理業者が管理組合から管理事務を受託する際の次の記述のうち、マンション管理適正化法によれば、適切なものを全て含む組合せはどれか。

ア　マンション管理業者は、管理組合から管理事務の委託を受けることを内容とする契約を締結したときは、当該管理組合の管理者等（当該マンション管理業者が当該管理組合の管理者等である場合又は当該管理組合に管理者等が置かれていない場合にあっては、当該管理組合を構成するマンションの区分所有者等全員）に対し、遅滞なく、管理事務の対象となるマンションの部分等を記載した書面を交付しなければならず、当該書面を作成するときは、管理業務主任者をして、当該書面に記名させなければならない。

イ　マンション管理業者は、管理組合から委託を受けた管理事務について、管理受託契約を締結した年月日や管理組合の名称等を記載した帳簿を作成し、また、当該帳簿を各事業年度の末日をもって閉鎖するものとし、閉鎖後5年間当該帳簿を保存しなければならない。

ウ　マンション管理業者は、管理組合から委託を受けた管理事務のうち基幹事務については、当該管理組合の管理者等が承諾すれば、これを一括して他人に委託することができる。

1　ア・イ
2　ア・ウ
3　イ・ウ
4　ア・イ・ウ

	①	②	③	④	⑤
学習日					
理解度 (○/△/×)					

解法のテクニック

管理業者の義務の基本論点からの出題である。肢ウのように免除規定の有無や要件について、出題されるケースが多い。他の規定（例えば重要事項説明）の免除の要件と混同させたり、「管理者等の承諾があれば」というような一見すると適切そうに見えるひっかけを使ってくるので要件等は正確に覚えよう。

ア　**適切**　マンション管理業者は、管理組合から**管理事務の委託を受けることを内容とする契約を締結したときは**、当該管理組合の**管理者等**（当該マンション管理業者が当該管理組合の管理者等である場合または当該管理組合に管理者等が置かれていない場合にあっては、当該管理組合を構成するマンションの区分所有者等全員）に対し、遅滞なく、管理事務の対象となるマンションの部分等の**一定事項を記載した書面を交付しなければならない**（管理適正化法73条１項）。

イ　**適切**　マンション管理業者は、管理組合から委託を受けた管理事務について、管理受託契約を締結した年月日や管理組合の名称等を記載した**帳簿を作成しなければならない**（管理適正化法75条）。また、当該帳簿を**各事業年度の末日をもって閉鎖する**ものとし、**閉鎖後５年間当該帳簿を保存しなければならない**（管理適正化法施行規則86条３項）。

ウ　**不適切**　マンション管理業者は、管理組合から委託を受けた管理事務のうち基幹事務については、これを一括**して他人に委託してはならない**（管理適正化法74条）。これは、管理組合の管理者等が承諾をしても禁止されている。

したがって、**適切なものをすべて含む組合せ**は肢ア・イであり、正解は１となる。

➡ 攻略テキスト第８編４章

正解 1

328 管理業者の義務

過 H27－50

マンション管理業者に課せられている義務に関する次の記述のうち、マンション管理適正化法によれば、誤っているのはどれか。

1　マンション管理業者は、マンション管理業者登録簿に登録を受けている事項のうち、登録年月日及び登録番号以外の事項について変更があった場合には、その日から30日以内に国土交通大臣に届け出なければならない。

2　マンション管理業者は、管理組合から委託を受けた管理事務のうち基幹事務については、その一部であっても他人に委託してはならない。

3　マンション管理業者は、当該マンション管理業者の業務状況調書、貸借対照表及び損益計算書又はこれらに代わる書面をその事務所ごとに備え置き、その備え置かれた日から起算して３年を経過する日までの間、当該事務所の営業時間中、その業務に係る関係者の求めに応じ、これを閲覧させなければならない。

4　マンション管理業者は、その事務所ごとに、公衆の見やすい場所に、「登録番号」、「登録の有効期間」、「商号、名称又は氏名」、「代表者氏名」、「この事務所に置かれている専任の管理業務主任者の氏名」、「主たる事務所の所在地（電話番号を含む。）」が記載された標識を掲げなければならない。

	①	②	③	④	⑤
学習日					
理解度 (○/△/×)					

解法のテクニック

肢１の登録事項に変更があった場合の届出（変更の届出）であるが、マンション管理業者は「30日以内」という具体的な届出期間が存在するが、管理業務主任者の変更の届出は、「遅滞なく」と具体的な届出期間が存在しない点を比較しておこう。

1　**正しい**　マンション管理業者は、マンション管理業者登録簿に登録を受けている事項のうち、登録年月日および登録番号以外の事項に**変更があったときは、その日から30日以内**に、その旨を国土交通大臣に**届け出**なければならない（管理適正化法48条１項）。

2　**誤り**　マンション管理業者は、管理組合から委託を受けた管理事務のうち基幹事務については、これを「一括」して**他人に委託してはならない**。基幹事務の「**一部**」の委託であれば**他人に委託することもできる**（管理適正化法74条）。

3　**正しい**　マンション管理業者は、当該**マンション管理**業者の**業務状況調書**、**貸借対照表**および**損益計算書**またはこれらに代わる書面をその事務所ごとに備え置き、事務所に備え置かれた日から起算して３年を経過する日までの間、当該**事務所に備え置く**ものとし、当該事務所の営業時間中、その業務に係る関係者の求めに応じて**閲覧させる**ものとする（管理適正化法79条、管理適正化法施行規則90条）。

4　**正しい**　マンション管理業者は、その**事務所ごと**に、公衆の見やすい場所に、国土交通省令で定める標識を掲げなければならない（管理適正化法71条）。標識に記載される事項は、「登録番号」、「登録の有効期間」、「商号、名称又は氏名」、「代表者氏名」、「この事務所に置かれている専任の管理業務主任者の氏名」、「主たる事務所の所在地（電話番号を含む）」である（様式第26号）。

➔ 攻略テキスト第８編３・４章

正解 2

329 管理業者の業務

過 H23－49

マンション管理業者の業務に関する次の記述のうち、マンション管理適正化法によれば、誤っているものはいくつあるか。

ア　マンション管理業者は、その事務所ごとに、公衆の見やすい場所に、「登録番号」、「登録の有効期間」、「商号、名称又は氏名」、「代表者氏名」、「この事務所に置かれている専任の管理業務主任者の氏名」、「主たる事務所の所在地（電話番号を含む）」が記載された標識を掲げなければならない。

イ　マンション管理業者は、業務状況調書、貸借対照表及び損益計算書又はこれらに代わる書面をその事務所ごとに、備え置かれた日から起算して５年を経過する日までの間、備え置かなければならない。

ウ　マンション管理業者は、管理組合から委託を受けた管理事務のうち基幹事務については、一括して他人に委託してはならない。

エ　マンション管理業者は、マンション管理業者でなくなった後においても、その業務に関して知り得た秘密を、正当な理由がなく漏らしてはならない。

1　一つ
2　二つ
3　三つ
4　四つ

	①	②	③	④	⑤
学習日					
理解度（○/△/×）					

解法のテクニック

管理業者の義務に関する問題である。過去出題された論点ばかりであるので、確実に得点できなければならない。肢イは帳簿の保管期間5年と間違えないように。業務状況調書・会計帳簿等は3年間備え置きの義務がある。

ア **正しい** マンション管理業者は、その**事務所ごと**に、公衆の見やすい場所に、「登録番号」、「登録の有効期間」、「商号、名称または氏名」、「代表者氏名」、「この事務所に置かれている専任の管理業務主任者の氏名」、「主たる事務所の所在地（電話番号を含む）」が記載された**標識を掲げなければならない**（管理適正化法71条、管理適正化法施行規則81条、別記様式第26号）。

イ **誤り** マンション管理業者は、国土交通省令で定めるところにより、当該マンション管理業者の**業務および財産の状況を記載した書類**（業務状況調書、貸借対照表および損益計算書またはこれらに代わる書面）をその事務所ごとに備え置き、その業務に係る関係者の求めに応じ、これを閲覧させなければならない（管理適正化法79条、施行規則90条1項）。そして、この書類は**事務所に備え置かれた日から起算して3年を経過する日**までの間、当該事務所に備え置くものとし、当該事務所の営業時間中、その業務に係る関係者の求めに応じて閲覧させるものとされている（管理適正化法施行規則90条4項）。5年を経過する日までではない。

ウ **正しい** マンション管理業者は、管理組合から委託を受けた管理事務のうち**基幹事務**については、**これを一括して他人に委託してはならない**（管理適正化法74条）。

エ **正しい** マンション管理業者は、正当な理由がなく、その業務に関して知り得た秘密を漏らしてはならない。この義務については、**マンション管理業者でなくなった後においても、同様とされている**（管理適正化法80条）。

したがって、**誤っているものは肢イの一つ**であり、正解は1となる。

➔ 攻略テキスト第8編4章

正解 1

管理業者の義務

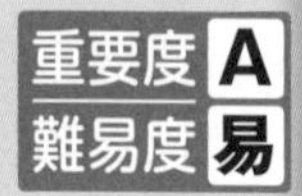

マンション管理業者に課せられている義務に関する次の記述のうち、マンション管理適正化法によれば、正しいものはどれか。

1　マンション管理業を営もうとする者は、国土交通省に備えるマンション管理業者登録簿に登録を受けなければならないが、人の居住の用に供する独立部分が6戸以上である建物の区分所有者を構成員に含む管理組合から委託を受けて行う管理事務を、その業務としない場合は、この限りでない。
2　マンション管理業者は、事務所ごとに置かれる成年者である専任の管理業務主任者の変更があったときは、その日から30日以内に、その旨を国土交通大臣に届け出なければならないが、変更があった事項が登録している専任の管理業務主任者の婚姻による氏名変更のみである場合には、変更の届出の必要はない。
3　法人であるマンション管理業者Aが、法人であるマンション管理業者Bとの合併により消滅し、Bが当該合併後も存続することとなった場合は、Bを代表する役員が、当該合併によりAが消滅した日から30日以内に、その旨を国土交通大臣に届け出なければならない。
4　マンション管理業者は、当該マンション管理業者の事務所ごとに、公衆の見やすい場所に、登録番号、登録の有効期間、代表者氏名等を記載した標識を掲げなければならない。

	①	②	③	④	⑤
学習日					
理解度 (○/△/×)					

解法のテクニック

管理業者の義務に関する出題である。肢1は、あくまで管理業務主任者の設置義務が免除される例外であって、登録が必要な点は変わらない。また、肢2の変更の届出や肢3の廃業等の届出といった、届出が必要となる事項には注意しておこう。

1　**誤り**　人の居住の用に供する独立部分が6戸以上である建物の区分所有者を構成員に含む管理組合から委託を受けて行う管理事務を、その業務としない場合は、成年者である専任の管理業務主任者の設置は不要となる（管理適正化法56条1項、管理適正化法施行規則62条）。しかし、これによりマンション管理業者の登録が不要となるわけではない。

2　**誤り**　管理業者は、事務所ごとに置かれる成年者である専任の管理業務主任者の氏名に変更があったときは、その日から30日以内に、その旨を国土交通大臣に届け出なければならない（管理適正化法45条1項5号、48条1項）。

3　**誤り**　法人である管理業者Aが、法人である管理業者Bとの合併により消滅し、Bが当該合併後も存続することとなった場合、消滅したAの代表役員であった者が、当該合併によりAが消滅した日から30日以内に、その旨を国土交通大臣に届け出なければならない（管理適正化法50条1項2号）。

4　**正しい**　管理業者は、当該管理業者の事務所ごとに、公衆の見やすい場所に、登録番号・登録の有効期間・代表者氏名等を記載した標識を掲げなければならない（管理適正化法71条）。

➔ 攻略テキスト第8編3・4章

正解 4

重要事項の説明

マンション管理業者が行うマンション管理適正化法第72条の規定に基づく重要事項の説明等に関する次の記述のうち、マンション管理適正化法によれば、適切なものはいくつあるか。

ア　マンション管理業者は、管理受託契約を締結しようとするときは、その契約締結日の１週間前までに、説明会を開催し、管理組合を構成するマンションの区分所有者等及び当該管理組合の管理者等に対し、管理業務主任者をして、重要事項について説明をさせなければならない。

イ　マンション管理業者は、従前の管理受託契約と同一の条件で管理組合との管理受託契約を更新しようとするときは、あらかじめ、当該管理組合を構成するマンションの区分所有者等全員に対し、重要事項を記載した書面を交付しなければならない。

ウ　マンション管理業者が、重要事項を記載した書面の交付に代えて、当該書面に記載すべき事項を電子情報処理組織を使用する方法その他の情報通信の技術を利用する方法により提供する場合において、管理組合を構成するマンションの区分所有者等又は当該管理組合の管理者等の承諾を得る必要はない。

エ　管理業務主任者は、重要事項の説明をするときは、相手方からの請求の有無にかかわらず、管理業務主任者証を提示しなければならない。

1　一つ
2　二つ
3　三つ
4　四つ

	①	②	③	④	⑤
学習日					
理解度 (○/△/×)					

解法のテクニック

重要事項の説明は頻出論点である。説明会の開催や管理業務主任者証の提示等の重要事項の説明の手続を覚えよう。

ア　**不適切**　マンション管理業者は、管理組合から管理事務の委託を受けることを内容とする契約を締結しようとするときは、あらかじめ、国土交通省令で定めるところにより**説明会を開催**し、当該管理組合を構成するマンションの**区分所有者等**および当該管理組合の**管理者等**に対し、**管理業務主任者**をして、管理受託契約の内容およびその履行に関する**重要事項について説明をさせなければならない**（管理適正化法72条1項）。重要事項の説明は、契約締結日の1週間前に行うとはされていない。なお、マンション管理業者は、当該説明会の日の1週間前までに、当該管理組合を構成するマンションの区分所有者等および当該管理組合の管理者等の全員に対し、重要事項ならびに説明会の日時および場所を記載した書面を交付しなければならない。

イ　**適切**　マンション管理業者は、従前の管理受託契約と**同一の条件**で管理組合との管理受託契約を更新しようとするときは、あらかじめ、当該管理組合を構成するマンションの**区分所有者等全員**に対し、重要事項を記載した書面を交付しなければならない（管理適正化法72条2項）。

ウ　**不適切**　マンション管理業者は、重要事項を記載した書面の交付に代えて、政令で定めるところにより、当該管理組合を構成するマンションの**区分所有者等**または当該管理組合の**管理者等の承諾を得て**、当該書面に記載すべき事項を**電子情報処理組織を使用する方法**その他の情報通信の技術を利用する方法であって、管理業務主任者の署名に代わる措置を講ずるものとして国土交通省令で定めるものにより提供することができる（管理適正化法72条6項）。

エ　**適切**　管理業務主任者は、重要事項の説明をするときは、**相手方の請求の有無にかかわらず**、説明の相手方に対し、管理業務主任者証を提示しなければならない（管理適正化法72条4項）。

したがって、**適切なものは肢イ・エの二つ**であり、正解は2となる。

➔ 攻略テキスト第8編4章

正解 2

重要事項の説明

重要度 A
難易度 易

次のマンション管理適正化法第72条の（ア）～（ウ）に入る語句の組合せとして、最も適切なものはどれか。

（重要事項の説明等）

第72条　マンション管理業者は、管理組合から管理事務の委託を受けることを内容とする契約（新たに建設されたマンションの分譲に通常要すると見込まれる期間その他の管理組合を構成するマンションの区分所有者等が変動することが見込まれる期間として国土交通省令で定める期間中に契約期間が満了するものを除く。以下「管理受託契約」という。）を締結しようとするとき（次項に規定するときを除く。）は、あらかじめ、国土交通省令で定めるところにより説明会を開催し、当該管理組合を構成するマンションの区分所有者等及び当該管理組合の管理者等に対し、（ア）をして、管理受託契約の内容及びその履行に関する事項であって国土交通省令で定めるもの（以下「重要事項」という。）について説明をさせなければならない。この場合において、マンション管理業者は、当該説明会の日の（イ）までに、当該管理組合を構成するマンションの区分所有者等及び当該管理組合の管理者等の全員に対し、重要事項並びに説明会の日時及び場所を記載した書面を交付しなければならない。

2　マンション管理業者は、従前の管理受託契約と同一の条件で管理組合との管理受託契約を更新しようとするときは、あらかじめ、当該管理組合を構成するマンションの区分所有者等全員に対し、重要事項を記載した書面を交付しなければならない。

3　前項の場合において当該管理組合に管理者等が置かれているときは、マンション管理業者は、当該管理者等に対し、（ア）をして、重要事項について、これを記載した書面を交付して説明をさせなければならない。ただし、当該説明は、（ウ）から重要事項について説明を要しない旨の意思の表明があったときは、マンション管理業者による当該（ウ）に対する重要事項を記載した書面の交付をもって、これに代えることができる。

4 ～ 7 （略）

	（ア）	（イ）	（ウ）
1	管理業務主任者	前日	認定管理者等
2	管理業務主任者	一週間前	監事
3	従業者	前日	監事
4	管理業務主任者	一週間前	認定管理者等

	①	②	③	④	⑤
学習日					
理解度（○/△/×）					

解法のテクニック

認定管理者等から重要事項について説明を要しない旨の意思の表明があったときは、書面の交付または電磁的方法による提供をすれば説明が不要となる点に注意しよう。昨年度の改正点であり、繰り返し出題される可能性が高い。

（重要事項の説明等）

第72条　マンション管理業者は、管理組合から管理事務の委託を受けることを内容とする契約（新たに建設されたマンションの分譲に通常要すると見込まれる期間その他の管理組合を構成するマンションの区分所有者等が変動することが見込まれる期間として国土交通省令で定める期間中に契約期間が満了するものを除く。以下「管理受託契約」という。）を締結しようとするとき（次項に規定するときを除く。）は、あらかじめ、国土交通省令で定めるところにより説明会を開催し、当該管理組合を構成するマンションの区分所有者等および当該管理組合の管理者等に対し、（ア：**管理業務主任者**）をして、管理受託契約の内容およびその履行に関する事項であって国土交通省令で定めるもの（以下「重要事項」という。）について説明をさせなければならない。この場合において、マンション管理業者は、当該説明会の日の（イ：**一週間前**）までに、当該管理組合を構成するマンションの区分所有者等および当該管理組合の管理者等の全員に対し、重要事項ならびに説明会の日時および場所を記載した書面を交付しなければならない。

2　マンション管理業者は、従前の管理受託契約と同一の条件で管理組合との管理受託契約を更新しようとするときは、あらかじめ、当該管理組合を構成するマンションの区分所有者等全員に対し、重要事項を記載した書面を交付しなければならない。

3　前項の場合において当該管理組合に管理者等が置かれているときは、マンション管理業者は、当該管理者等に対し、（ア：**管理業務主任者**）をして、重要事項について、これを記載した書面を交付して説明をさせなければならない。ただし、当該説明は、（ウ：**認定管理者等**）から重要事項について説明を要しない旨の意思の表明があったときは、マンション管理業者による当該（ウ：**認定管理者等**）に対する重要事項を記載した書面の交付をもって、これに代えることができる。

4 ～ 7（略）

したがって、アには管理業務主任者、イには一週間前、ウには認定管理者等が入るので、正解は肢4となる。

攻略テキスト第8編4章

正解 4

333 重要事項の説明

過 R3－47

マンション管理業者がマンション管理適正化法第72条の規定に基づく重要事項を記載した書面の交付、説明を行う場合における次の記述のうち、マンション管理適正化法によれば、適切なものはいくつあるか。

ア　マンション管理業者は、新たに建設されたマンションが分譲された場合、当該マンションの人の居住の用に供する独立部分の引渡しの日のうち最も早い日から1年の間に契約期間が満了する管理組合との管理受託契約を締結しようとするときであっても、当該管理組合を構成するマンションの区分所有者等及び当該管理組合の管理者等に対し、重要事項を記載した書面を交付し、管理業務主任者をして、説明をさせなければならない。

イ　マンション管理業者は、重要事項説明会の開催日の1週間前までに説明会の開催の日時及び場所について、管理組合を構成するマンションの区分所有者等及び管理組合の管理者等の見やすい場所に掲示しなければならない。

ウ　マンション管理業者は、重要事項説明会を開催するときは、できる限り説明会に参加する者の参集の便を考慮して開催の日時及び場所を定め、管理事務の委託を受けた管理組合ごとに開催するものとする。

エ　法第72条第3項の規定によれば、マンション管理業者は、従前の管理受託契約と同一の条件で管理組合との管理受託契約を更新しようとする場合において、当該管理組合に管理者等が置かれているときは、当該管理者等に対し、管理業務主任者をして、重要事項について、これを記載した書面を交付して説明をさせなければならない。

1　一つ　　2　二つ　　3　三つ　　4　四つ

	①	②	③	④	⑤
学習日					
理解度 (○/△/×)					

解法のテクニック

肢1は、令和元年度の法改正点からの出題である。改正前は工事完成後1年以内に終了する管理委託契約については重要事項の説明が不要だったが、改正後は、専有部分の引渡しの日のうち最も早い日から1年以内に終了する管理委託契約について重要事項の説明が不要となった。

ア　**不適切**　マンション管理業者は、新たに建設されたマンションが分譲された場合、当該マンションの**人の居住の用に供する独立部分（専有部分）**の引**渡しの日**のうち**最も早い日**から1年の間に契約期間が満了する管理組合との管理受託契約を締結しようとするときは、**重要事項の説明をする**必要はない（管理適正化法72条1項、管理適正化法施行規則82条1号）。

イ　**適切**　マンション管理業者は、**重要事項の説明会**の開催日の1週間**前**までに説明会の**開催の日時**および**場所**について、当該管理組合を構成するマンションの区分所有者等および当該管理組合の管理者等の見やすい場所に**掲示しなければならない**（管理適正化法施行規則83条2項）。

ウ　**適切**　重要事項説明会は、できる限り説明会に参加する者の**参集の便を考慮**して**開催の日時および場所を定め**、管理事務の委託を受けた**管理組合ごと**に開催するものとする（管理適正化法施行規則83条1項）。

エ　**適切**　マンション管理業者は、従前の管理受託契約と**同一の条件**で管理組合との**管理受託契約を更新**しようとする場合に、管理組合に**管理者等が置かれているときは**、マンション管理業者は、当該**管理者等**に対し、**管理業務主任者**をして、重要事項について、これを記載した**書面を交付して説明をさせなければならない**（管理適正化法72条3項）。

したがって、**適切なもの**は**肢イ・ウ・エの三つ**であり、正解は3となる。

➔ 攻略テキスト第8編4章

正解 3

334 重要事項の説明

過 R1－48改

マンション管理業者が行うマンション管理適正化法第72条の規定に基づく重要事項の説明等に関する次の記述のうち、マンション管理適正化法によれば、最も適切なものはどれか。

1　マンション管理業者は、新規に管理受託契約を締結しようとする場合において、当該マンション管理業者が管理者等に選任されているときは、重要事項の説明会を開催する必要はない。

2　マンション管理業者は、重要事項並びに説明会の日時及び場所を記載した書面を作成し、管理組合を構成するマンションの区分所有者等及び当該管理組合の管理者等の全員に対し交付するときは、管理業務主任者をして、当該書面に記名させなければならない。

3　マンション管理業者は、管理者等の置かれた管理組合と、従前の管理受託契約と同一の条件で管理受託契約を更新しようとするときは、当該管理者等に対して、管理業務主任者をして、重要事項について記載した書面を交付して説明すれば足りる。

4　マンション管理業者は、当初の管理受託契約に係る変更契約を締結しようとする場合においては、同一の条件でない管理受託契約に変更するときであっても、管理組合の管理者等に対して、管理業務主任者をして、重要事項について記載した書面を交付して説明すれば足りる。

	①	②	③	④	⑤
学習日					
理解度 (○/△/×)					

解法のテクニック

重要事項の説明は頻出論点である。新規契約の場合と同一条件更新の場合とで重要事項説明の手続が異なるので注意しよう。

1　**不適切**　マンション管理業者は、管理組合から管理事務の委託を受けることを内容とする契約を締結しようとするときは、**あらかじめ、説明会を開催**し、当該管理組合を構成するマンションの**区分所有者等**及び当該管理組合の**管理者等**に対し、**管理業務主任者**をして、**重要事項について説明をさせなければならない**（管理適正化法72条１項）。したがって、マンション管理業者が管理者等に選任されているときであっても、重要事項の説明会を開催する必要がある。

2　**最も適切**　マンション管理業者は、**重要事項説明書**を作成するときは、**管理業務主任者**をして、当該書面に**記名させなければならない**（管理適正化法72条５項）。

3　**不適切**　マンション管理業者は、従前の管理受託契約と**同一の条件**で管理組合との管理受託契約を**更新**しようとするときは、あらかじめ、当該管理組合を構成するマンションの**区分所有者等全員**に対し、**重要事項を記載した書面を交付しなければならない**（管理適正化法72条２項）。この場合において当該管理組合に**管理者等が置かれているとき**は、マンション管理業者は、当該管理者等に対し、**管理業務主任者**をして、重要事項について、これを記載した**書面を交付して説明をさせなければならない**（管理適正化法72条３項）。管理者等に対してだけでなく、区分所有者の全員に対しても重要事項説明書は交付しなければならない。

4　**不適切**　マンション管理業者は、**同一の条件ではない管理受託契約に変更する場合**、新規の契約と同様に、**あらかじめ**、**説明会を開催し**、当該管理組合を構成するマンションの区分所有者等及び当該管理組合の管理者等に対し、**管理業務主任者**をして、**重要事項について説明をさせなければならない**（管理適正化法72条１項）。

➜ 攻略テキスト第８編４章

正解 2

335 重要事項の説明

過 H30－48改

マンション管理業者が行うマンション管理適正化法第72条の規定に基づく重要事項の説明等に関する次の記述のうち、マンション管理適正化法によれば、正しいものはいくつあるか。

ア　マンション管理業者は、管理受託契約を更新しようとする場合において、従前の管理受託契約に比して管理事務の内容及び実施方法の範囲を拡大し、管理事務に要する費用の額を同一とし又は減額しようとする場合、あらかじめ、重要事項の説明会を開催する必要はない。

イ　管理業務主任者は重要事項を記載した書面に記名をすべきこととされているが、この場合において「記名」をすべき管理業務主任者は、原則として、重要事項について十分に調査検討し、それらの事項が真実に合致し誤り及び記載漏れがないかどうか等を確認した者であって、実際に当該重要事項説明書をもって重要事項説明を行う者である。

ウ　マンション管理業者は、いわゆる「団地組合」が形成されており、その内部に複数の別の管理組合が存在している場合でこれらの組合からそれぞれ委託を受けて管理事務を行っている場合にあっては、重要事項の説明は、それぞれの管理組合の管理者等及び区分所有者等に対して行わなければならない。

エ　マンション管理業者は、管理組合から管理事務の委託を受けることを内容とする契約を締結しようとするときは、当該契約締結の１週間前までに、重要事項の説明会を開催しなければならない。

1　一つ　　2　二つ　　3　三つ　　4　四つ

	①	②	③	④	⑤
学習日					
理解度 (○/△/×)					

解法のテクニック

重要事項の説明は頻出論点である。肢イと肢ウは細かい通達からの出題であったが、内容的には難しいものではないので、覚えておこう。

ア **正しい** マンション管理業者は、従前の管理受託契約と**同一の条件**で管理組合との管理受託契約を**更新**しようとするときは、重要事項の**説明会を開催する必要はない**。この「同一の条件」には、従前の管理受託契約に比して**管理事務の内容及び実施方法の範囲を拡大**し、管理事務に要する**費用の額**を**同一**とし又は**減額**しようとする場合も含まれる（管理適正化法72条2項、3項、国総動第309号）。

イ **正しい** **管理業務主任者**は重要事項説明書に**記名**をすべきこととされているが、この場合において「記名」をすべき管理業務主任者は、原則として、重要事項について十分に**調査検討**し、それらの事項が真実に合致し誤り及び記載漏れがないかどうか等を**確認した者**であって、実際に当該重要事項説明書をもって**重要事項説明を行う者**であることが必要である（管理適正化法72条5項、国総動第309号）。

ウ **正しい** いわゆる「**団地組合**」が形成されており、その内部に複数の別の管理組合が存在している場合で、これらの組合から**それぞれ委託を受けて管理事務を行っている**場合にあっては、重要事項説明は、**それぞれ**の管理組合の**管理者等及び区分所有者等**に対して行わなければならない（管理適正化法72条1項、国総動第309号）。

エ **誤り** マンション管理業者は、管理組合から管理事務の委託を受けることを内容とする契約を締結しようとするときは、マンション管理業者は、当該「**説明会の日の1週間前まで**」に、当該管理組合を構成するマンションの区**分所有者等**及び当該**管理組合の管理者等**の**全員**に対し、重要事項並びに説明会の日時および場所を記載した「**書面を交付**」しなければならない。契約締結の1週間前までに、重要事項の説明会を開催するわけではない（管理適正化法72条1項）。

したがって、**正しいもの**は、**肢ア・イ・ウの三つ**であり、正解は3となる。

➔ 攻略テキスト第8編4章

正解 3

336 重要事項の説明

過 H28−50改

マンション管理業者Ａ（以下、本問において「Ａ」という。）が、管理組合から管理事務を受託する際に、マンション管理適正化法第72条の規定に基づく重要事項の説明を行う場合に関する次の記述のうち、マンション管理適正化法の規定に違反するものはどれか。

1　Ａは、人の居住の用に供する独立部分（区分所有法第１条に規定する建物の部分をいう。）の数が５戸であるマンションの管理組合Ｂと管理受託契約を新たに締結しようとするときに、重要事項の説明会を開催したが、管理業務主任者ではないＡの事務所の代表者をして重要事項について説明をさせた。

2　Ａは、管理受託契約の更新について、管理者の置かれていない管理組合Ｃに申し出たが、当該管理受託契約の有効期間が満了する日までに更新に関する協議がととのう見込みがなかったため、当該管理受託契約と契約内容が同一で契約期間を３月間に短縮した暫定契約を締結することとしたが、区分所有者の全員に対し重要事項を記載した書面を交付したのみで、重要事項の説明会を開催しなかった。

3　Ａは、契約期間を３月間とする暫定契約を、管理者の置かれている管理組合Ｄと締結していたが、その後、当該暫定契約の有効期間が満了する日までに管理組合Ｄとの協議をととのえ、あらためて当該暫定契約前の契約と、契約内容及び契約期間１年間を同一とする管理受託契約を締結することとしたが、区分所有者及び管理者の全員に対し重要事項を記載した書面を交付したのみで、重要事項の説明会を開催しなかった。

4　Ａは、管理受託契約の更新について、管理組合法人Ｅに申し出て、従前の管理受託契約と同一の条件で契約を更新することとなったが、区分所有者及び理事の全員に対し重要事項を記載した書面を交付する際に、専任ではない管理業務主任者をして当該書面に記名をさせた。

	①	②	③	④	⑤
学習日					
理解度 (○/△/×)					

解法のテクニック

肢3は、暫定契約とはいえ、3ヵ月の契約を締結しているので、次の契約を1年間とすると契約期間を伸ばすことになり、同一条件更新とはならないのである。

1 **違反しない** マンション管理業者は、その事務所ごとに、30管理組合に1人以上の成年者である専任の管理業務主任者を置かなければならない。ただし、人の居住の用に供する独立部分が5以下の管理組合から委託を受けて管理事務を行う場合は、専任の管理業務主任者を置く必要はない（管理適正化法56条1項、管理適正化法施行規則62条）。そして、専任の管理業務主任者を置く必要がない事務所においては、マンション管理業者は、管理業務主任者に代えて、当該事務所を代表する者またはこれに準ずる地位にある者をして、管理業務主任者としてすべき事務を行わせることができる（管理適正化法78条）。

2 **違反しない** 管理受託契約の更新に際し、従前の契約より契約期間を短縮する場合は、同一条件で更新されたものとみなされる（国総動第309号）。そして、同一条件で更新する場合、管理者等が置かれていない管理組合に対しては、区分所有者等の全員に対して重要事項を記載した書面を交付する必要はあるが、説明会を開催する必要はない（管理適正化法72条2項）。

3 **違反する** 肢2解説参照。本肢では、契約期間を3ヵ月とする暫定契約を締結した後に、契約期間を1年間とする管理受託契約を締結することとしているので、従前の契約より契約期間を伸張する場合に該当し、同一条件で更新されたものとはみなされない。したがって、区分所有者および管理者の全員に対し重要事項を記載した書面を交付するだけでは足りず、重要事項の説明会を開催しなければならない（管理適正化法72条1項、2項）。したがって、説明会を開催しなかった本肢は管理適正化法の規定に違反する。

4 **違反しない** 肢2解説参照。本肢では、従前の管理受託契約と同一の条件で契約を更新しているので、区分所有者等の全員および理事に対して重要事項を記載した書面を交付する必要がある（管理適正化法72条2項、3項）。この重要事項を記載した書面には、管理業務主任者が記名しなければならないが、専任の管理業務主任者でなくてもすることができる（管理適正化法72条5項）。

➔ 攻略テキスト第8編4章

正解 3

337

過R3−46

契約成立時の書面

重要度 A
難易度 易

マンション管理業者が行うマンション管理適正化法に基づく契約の成立時の書面の交付に関する次の記述のうち、最も不適切なものはどれか。

1　法第73条第１項の規定によれば、マンション管理業者は、管理組合から管理事務の委託を受けることを内容とする契約を締結したときは、当該管理組合の管理者等（当該マンション管理業者が当該管理組合の管理者等である場合又は当該管理組合に管理者等が置かれていない場合にあっては、当該管理組合を構成するマンションの区分所有者等全員）に対し、遅滞なく、契約の成立時の書面を交付しなければならない。

2　マンション管理業者は、法第73条第１項の規定に基づく書面の交付に代えて、当該書面に記載すべき事項を、電子情報処理組織を使用する方法その他の情報通信の技術を利用する方法により提供する場合においては、管理組合の管理者等又は管理組合を構成するマンションの区分所有者等の承諾を得る必要はない。

3　法第73条第１項の規定によれば、マンション管理業者が、管理組合から管理事務の委託を受けることを内容とする契約を締結した場合において、管理事務の一部の再委託に関する定めがあるときは、契約の成立時に交付する書面にその内容を記載しなければならない。

4　マンション管理業者が、法第73条第１項の規定に違反して、虚偽の記載のある書面を交付したときは、30万円以下の罰金に処せられる。

	①	②	③	④	⑤
学習日					
理解度 (○/△/×)					

解法のテクニック

肢2は、法改正点からの出題である。契約成立時の書面等については、電磁的方法により提供することも認められるようになったが、管理組合の要望やインフラの問題もあるので、管理組合の管理者等の承諾が必要である。

1　**適切**　マンション管理業者は、管理組合から**管理事務の委託を受けることを内容とする契約を締結したときは**、当該管理組合の**管理者等**（当該マンション管理業者が当該管理組合の管理者等である場合または当該管理組合に管理者等が置かれていない場合にあっては、当該管理組合を構成するマンションの区分所有者等全員）に対し、**遅滞なく**、**契約成立時の書面を交付しなければならない**（管理適正化法73条1項）。

2　**最も不適切**　マンション管理業者は、**契約成立時の書面の交付に代えて**、政令で定めるところにより、当該管理組合の**管理者等**または当該管理組合を構成するマンションの**区分所有者等の承諾**を得て、当該書面に記載すべき事項を**電子情報処理組織を使用する方法その他の情報通信の技術を利用する方法**であって、管理業務主任者の記名に代わる措置を講ずるものとして国土交通省令で定めるものにより**提供することができる**（管理適正化法73条3項）。

3　**適切**　マンション管理業者が、管理組合から管理事務の委託を受けることを内容とする契約を締結した場合において、**管理事務の一部の再委託に関する定めがあるときは**、**契約の成立時に交付する書面**にその内容を**記載しなければならない**（管理適正化法73条1項4号）。

4　**適切**　マンション管理業者が、契約成立時の書面交付の規定に違反して、**虚偽の記載のある書面を交付した**ときは、**30万円以下の罰金**に処せられる（管理適正化法109条1項6号）。

→ 攻略テキスト第8編4章

正解 2

契約成立時の書面

マンション管理業者であるＡが、管理組合であるＢに、マンション管理適正化法第73条の規定に基づき、同条第１項各号に定める事項を記載した書面（以下、本問において「契約の成立時の書面」という。）の交付を行う場合に関する次の記述のうち、マンション管理適正化法によれば、正しいものはどれか。なお、Ｂには管理者が置かれており、当該管理者はＡではないものとする。

1　Ａは、Ｂと新たに管理受託契約を締結したが、その契約の成立時の書面をＢの管理者にのみ交付した。

2　Ａは、Ｂと従前の管理受託契約と同一の条件で契約を更新したが、当該更新契約に係る契約の成立時の書面を新たに交付せずに、Ｂの管理者に対して、従前の管理受託契約を締結した際の契約の成立時の書面の写しのみを交付した。

3　Ａは、Ｂと新たに管理受託契約を締結したが、Ｂが新築マンションの管理組合であり、当該契約が当該マンションの人の居住の用に供する独立部分の引渡しの日のうち最も早い日から１年を経過する日までの間に契約期間が満了するものであったので、Ｂの管理者に対し、契約の成立時の書面を交付しなかった。

4　Ａは、Ｂと新たに管理受託契約を締結したことから、契約の成立時の書面を作成したが、その際に、Ａの従業者である管理業務主任者Ｃの記名ではなく、Ｃの管理業務主任者証の写しを添付してＢの管理者に交付した。

	①	②	③	④	⑤
学習日					
理解度 (○/△/×)					

解法のテクニック

肢１は重要事項の説明との違いに注意しよう。契約成立時の書面は、管理者等がいる場合、区分所有者全員に交付する必要はない。

1 **正しい** マンション管理業者は、管理組合から管理事務の委託を受けることを内容とする契約を締結したときは、管理組合に管理者等が置かれている場合は、当該管理組合の管理者等に対し、遅滞なく、契約の成立時の書面を交付すればよい（管理適正化法73条１項）。

2 **誤り** マンション管理業者は、管理組合から管理事務の委託を受けることを内容とする契約を締結したときは、契約の成立時の書面を交付しなければならない。これは、従前の管理受託契約と同一の条件で契約を更新するときも同様である（管理適正化法73条１項）。

3 **誤り** マンション管理業者は、管理組合から管理事務の委託を受けることを内容とする契約を締結したときは、契約の成立時の書面を交付しなければならない。管理受託契約が当該マンションの人の居住の用に供する独立部分の引渡しの日のうち最も早い日から１年を経過する日までの間に契約期間が満了するものであったとしても同様である（管理適正化法73条１項）。

人の居住の用に供する独立部分の引渡しの日のうち最も早い日から１年を経過する日までの間に契約期間が満了する管理委託契約の場合、「重要事項の説明」が不要となります。

4 **誤り** マンション管理業者は、契約の成立時の書面を作成するときは、管理業務主任者をして、当該書面に「記名」させなければならない。記名ではなく、管理業務主任者証の写しを添付して交付することは認められない（管理適正化法73条２項）。

➔ 攻略テキスト第８編４章

正解 1

339 管理事務の報告

過 R1－49

マンション管理業者が行うマンション管理適正化法第77条の規定に基づく管理事務の報告に関する次の記述のうち、マンション管理適正化法によれば、最も適切なものはどれか。

1　マンション管理業者は、管理事務の委託を受けた管理組合に管理者等が置かれている場合であっても、当該管理者等に報告するとともに、説明会を開催し、当該管理組合を構成する区分所有者等全員に対して、管理業務主任者をして、当該管理事務の報告をさせなければならない。

2　マンション管理業者は、管理組合の同意があれば、当該管理組合の管理者等に対し、管理業務主任者以外の者をして報告させることができる。

3　管理事務報告書には、報告の対象となる期間、管理組合の会計の収入及び支出の状況並びにその他管理受託契約の内容に関する事項を記載しなければならない。

4　管理事務の報告の説明会が開催される場合においては、説明会の参加者の参集の便を考慮して、説明会の開催日の２週間前までに、当該説明会を開催する日時及び場所の掲示をしなければならない。

	①	②	③	④	⑤
学習日					
理解度 (○/△/×)					

解法のテクニック

管理事務の報告は頻出論点である。管理者等が置かれている場合と管理者等が置かれていない場合で報告の方法が異なるので注意しよう。また、重要事項の説明との違いにも注意しよう。

1　**不適切**　マンション管理業者は、管理事務の委託を受けた管理組合に管理者等が置かれているときは、国土交通省令で定めるところにより、定期に、当該管理者等に対し、管理業務主任者をして、当該管理事務に関する報告をさせなければならない（管理適正化法77条1項）。管理者等がいる場合は、説明会を開催し、区分所有者全員に対して管理事務の報告をする必要はない。

2　**不適切**　マンション管理業者は、管理組合の同意があれば、当該管理組合の管理者等に対し、管理業務主任者以外の者をして報告させることができる旨の規定は存在しない（管理適正化法77条1項参照）。

3　**最も適切**　管理事務報告書の記載事項は、①報告の対象となる期間、②管理組合の会計の収入および支出の状況、③管理受託契約の内容に関する事項の3つである（管理適正化法施行規則88条）。

4　**不適切**　マンション管理業者は、管理事務の報告の説明会の開催日の1週間前までに説明会の開催の日時および場所について、当該管理組合を構成するマンションの区分所有者等の見やすい場所に掲示しなければならない（管理適正化法施行規則89条3項）。

➔ 攻略テキスト第8編4章

正解 3

340
過 H27－48改

管理事務の報告

重要度 A
難易度 易

マンション管理業者が行う、マンション管理適正化法第77条の規定に基づく管理事務の報告に関する次の記述のうち、マンション管理適正化法によれば、正しいものはどれか。

1　マンション管理業者は、管理事務に関する報告を行うときは、報告の対象となる期間、管理組合の会計の収入及び支出の状況並びに管理受託契約の内容に関する事項を記載した管理事務報告書を管理業務主任者をして作成させ、当該書面に記名させなければならない。

2　マンション管理業者は、管理事務の委託を受けた管理組合に管理者等が置かれているときは、マンション管理業者の事業年度終了後、遅滞なく、当該管理者等に対し、管理業務主任者をして、当該管理事務に関する報告をさせなければならない。

3　マンション管理業者は、管理事務の委託を受けた管理組合に管理者等が置かれていないときは、区分所有者等に対し当該管理事務に関する報告を行うための説明会を開催しなければならないが、この場合、当該説明会の開催日の１週間前までに、説明会の開催日時及び場所について、当該マンションの区分所有者等の見やすい場所に掲示しなければならない。

4　マンション管理業者は、マンション管理適正化法施行規則第87条第５項に規定する月次の管理組合の会計の収入及び支出の状況に関する書面を、毎月、当該管理組合の管理者等に対して交付し、説明しているときは、管理事務に関する報告については、当該管理組合の会計の収入及び支出の状況以外の管理受託契約の内容等について行えば足りる。

	①	②	③	④	⑤
学習日					
理解度 (○/△/×)					

解法のテクニック

肢１の、管理事務報告書については、管理業務主任者の記名は不要とされている。重要事項説明書・契約締結時の書面との違いに注意しよう。

1　**誤り**　マンション管理業者は、管理事務に関する報告を行うときは、管理事務を委託した管理組合の事業年度終了後、遅滞なく、当該期間における管理受託契約に係るマンションの管理の状況について①報告の対象となる期間、②管理組合の会計の収入および支出の状況、③管理受託契約の内容に関する事項を記載した**管理事務報告書**を作成し、**管理業務主任者**をして、これを管理者等に交付して説明をさせなければならない（管理適正化法77条、管理適正化法施行規則88条）。しかし、管理事務報告書に管理業務主任者が記名しなければならない旨の規定は存在しない。

2　**誤り**　肢１解説参照。管理事務の報告は、管理組合の**事業年度終了後**、遅滞なく行うのであって、管理業者の事業年度終了後ではない。

3　**正しい**　マンション管理業者は、管理事務の委託を受けた管理組合に管理者等が**置かれていないとき**は、国土交通省令で定めるところにより、定期に、説明会を開催し、当該管理組合を構成するマンションの区分所有者等に対し、**管理業務主任者**をして、当該**管理事務に関する報告**をさせなければならない（管理適正化法77条２項）。そして、マンション管理業者は、説明会の開催日の１週間前までに説明会の開催の日時および場所について、当該管理組合を構成するマンションの区分所有者等の見やすい場所に掲示しなければならない（管理適正化法施行規則89条３項）。

4　**誤り**　マンション管理業者は、毎月、管理事務の委託を受けた管理組合の対象月における会計の収入および支出の状況に関する書面を作成し、翌月末日までに、当該書面を当該管理組合の管理者等に交付しなければならない（管理適正化法施行規則87条５項）。しかし、これを行っていたとしても、管理事務の報告については、①報告の対象となる期間、②管理組合の会計の収入および支出の状況、③管理受託契約の内容に関する事項を記載した管理事務報告書を作成し、管理業務主任者をして、これを管理者等に交付して**説明をさせなければならない**（管理適正化法77条、管理適正化法施行規則88条）。

➔ 攻略テキスト第８編４章

正解 3

341 管理事務の報告

過 H23−50改

管理事務（マンション管理適正化法第２条第６号に規定するものをいう。以下本問において同じ。）の報告に関する次の記述のうち、マンション管理適正化法によれば、正しいものはどれか。

1　管理事務の委託を受けた管理組合に管理者等が置かれているときは、マンション管理業者は、当該管理組合の事業年度終了後、遅滞なく、当該管理者等に管理事務に関する報告をしなければならないが、管理事務報告書を作成して交付する必要はない。

2　管理事務の委託を受けた管理組合に管理者等が置かれていないときは、マンション管理業者は、管理事務の報告を行う説明会の開催日の１週間前までに、説明会の開催日時及び場所について、当該マンションの区分所有者等の見やすい場所に掲示しなければならない。

3　マンション管理業者は、管理事務に関する報告を行うときは、管理業務主任者をして、報告の対象となる期間、管理組合の会計の収入及び支出の状況並びに管理受託契約の内容に関する事項を記載した管理事務報告書を作成させ、当該書面に記名させなければならない。

4　管理事務の委託を受けた管理組合に管理者等が置かれていないときは、マンション管理業者は、当該管理組合の事業年度終了後、遅滞なく、管理事務報告書を作成し、説明会を開催すれば、当該報告書を区分所有者等に交付する必要はない。

	①	②	③	④	⑤
学習日					
理解度（○/△/×）					

解法のテクニック

管理事務の報告は頻出論点である。管理者が置かれている場合と置かれていない場合で報告の手続が違う点に注意しよう。

1　**誤り**　マンション管理業者は、管理者が置かれている管理組合に対し管理事務に関する報告を行うときは、管理事務を委託した管理組合の事業年度終了後、遅滞なく、当該期間における管理受託契約に係るマンションの管理の状況について①報告の対象となる期間、②管理組合の会計の収入および支出の状況、③ ①②に掲げるもののほか、管理受託契約の内容に関する事項を記載した**管理事務報告書を作成**し、管理業務主任者をして、これを管理者等に交付して説明をさせなければならない（管理適正化法77条１項、管理適正化法施行規則88条）。

2　**正しい**　マンション管理業者は、管理事務の委託を受けた管理組合に管理者等が置かれていないときは、国土交通省令で定めるところにより、定期に、説明会を開催し、当該管理組合を構成するマンションの区分所有者等に対し、管理業務主任者をして、当該管理事務に関する報告をさせなければならない（管理適正化法77条２項）。そして、マンション管理業者は、説明会の開催日の１週間前までに説明会の**開催の日時および場所**について、当該管理組合を構成するマンションの区分所有者等の**見やすい場所に掲示**しなければならない（管理適正化法施行規則89条３項）。

3　**誤り**　肢１解説参照。マンション管理業者は、管理事務に関する報告を行うときは、**管理事務報告書**を作成しなければならないが、これに管理業務主任者が記名をする義務はない。

4　**誤り**　マンション管理業者は、管理者等が置かれていない管理組合において、管理事務に関する報告を行うときは、管理事務を委託した管理組合の事業年度の終了後、遅滞なく、当該期間における管理受託契約に係るマンションの管理の状況について一定事項を記載した管理事務報告書を作成し、**説明会を開催**し、管理業務主任者をして、これを当該管理組合を構成するマンションの区分所有者等に交付して説明をさせなければならない（管理適正化法77条２項、管理適正化法施行規則89条１項）。

➔ 攻略テキスト第８編４章

正解 2

342 管理事務の報告

過 H22－49

重要度 A
難易度 易

管理事務（マンション管理適正化法第２条第６号に規定するものをいう。以下本問において同じ。）の報告に関する次の記述のうち、マンション管理適正化法に違反しないものはどれか。

1　マンション管理業者は、管理事務の委託を受けた管理組合の事業年度の終了後、遅滞なく、管理事務報告書を作成し、管理業務主任者をして、当該管理組合の管理者である理事長に交付させたが、当該理事長から説明は後日にして欲しいとの要請を受け、当該理事長の了承を得て、後日、管理業務主任者ではない当該マンション管理業者の担当者に説明をさせた。

2　マンション管理業者は、マンション管理適正化法施行規則第87条第５項で規定する月次の管理組合の会計の収入及び支出の状況に関する書面を、毎月、当該管理組合の管理者等に対して交付し、説明していたことから、当該管理組合の会計の収入及び支出の状況以外の管理受託契約の内容等について管理事務の報告を行った。

3　マンション管理業者は、管理事務の委託を受けた管理組合に管理者等が置かれていなかったため、管理事務の報告を行う説明会を開催することとし、当該説明会の開催日の10日前に、説明会の開催の日時及び場所を当該マンションの区分所有者等の見やすい場所に掲示した。

4　管理事務に関する報告をする際、管理業務主任者は、管理業務主任者証を携帯していたものの、説明の相手方である管理組合の管理者から管理業務主任者証の提示を求められなかったため、管理業務主任者証の提示を行わなかった。

	①	②	③	④	⑤
学習日					
理解度 (○/△/×)					

解法のテクニック

管理事務の報告に関する問題では、管理組合に管理者が置かれているか否かを、まず確認しよう。また、管理事務の報告の際に、管理業務主任者が管理事務報告書を交付して説明しなければならない点に注意しよう。

1　**違反する**　管理業者は、**管理事務に関する報告**を行うときは、管理事務を委託した管理組合の事業年度終了後、遅滞なく、当該期間における管理受託契約に係るマンションの管理の状況について一定の事項を記載した**管理事務報告書**を作成し、**管理業務主任者**をして、これを**管理者等に交付して説明**をさせなければならない（管理適正化法77条１項、管理適正化法施行規則88条）。

2　**違反する**　管理業者は、管理事務に関する報告を行うときは、管理受託契約に係るマンションの管理の状況について、①報告の対象となる期間、②管理組合の会計の収入および支出の状況、③上記①②以外で、**管理受託契約の内容に関する事項**を記載した**管理事務報告書**を作成し、管理業務主任者をして、これを管理者等に交付して説明をさせなければならない（管理適正化法施行規則88条）。

3　**違反しない**　マンション管理業者は、管理事務の委託を受けた管理組合に管理者等が置かれていないときは、定期に、説明会を開催し、当該管理組合を構成するマンションの区分所有者等に対し、**管理業務主任者**をして、当該**管理事務に関する報告**をさせなければならない（管理適正化法77条２項）。そして、マンション管理業者は、説明会の開催日の１週間前までに説明会の開催の日時および場所について、当該管理組合を構成するマンションの区分所有者等の**見やすい場所に掲示**しなければならない（管理適正化法施行規則89条３項）。本肢は、10日前に掲示しているので適切である。

4　**違反する**　管理業務主任者は、管理事務の報告にかかる説明をするときは、相手方からの請求の有無にかかわらず、説明の相手方に対し、**管理業務主任者証を提示**しなければならない（管理適正化法77条３項）。

→ 攻略テキスト第８編４章

正解 3

343 財産の分別管理

過 R5－49

マンション管理業者Aが、管理組合Bから委託を受けて、Bの修繕積立金等金銭の管理を行う場合に関する次の記述のうち、マンション管理適正化法に違反する記述のみを全て含むものは次の１～４のうちどれか。

ア　Aは、マンション管理適正化法施行規則（以下、本問において「規則」という。）第87条第２項第１号イに定める方法によりBの修繕積立金等金銭の管理を行っており、Bの管理者等の承認を得て、Bを名義人とする収納口座に係る印鑑及びBを名義人とする保管口座に係る印鑑のいずれも管理している。

イ　Aは、規則第87条第２項第１号ロに定める方法によりBの修繕積立金等金銭の管理を行っており、Bを名義人とする収納口座に係る印鑑を管理しているが、Bの承認を得て、その月分として徴収されたものから当該月中の管理事務に要した費用を控除した残額を、引き続き当該収納口座において管理している。

ウ　Aは、規則第87条第２項第１号ハに定める方法によりBの修繕積立金等金銭の管理を行っているが、Bの区分所有者等から徴収される一月分の修繕積立金等金銭の合計額以上の額につき有効な保証契約を締結していない。

1　ア・イ
2　ア・ウ
3　イ・ウ
4　ア・イ・ウ

	①	②	③	④	⑤
学習日					
理解度（○/△/×）					

解法のテクニック

財産の分別管理は頻出論点である。肢ウの「ハに定める方式」は、修繕積立金等金銭を収納・保管口座で管理する方式をいうが、収納・保管口座は、管理業者名義とすることが禁止されており、また印鑑の保管を管理業者が行うことが禁止されているため、保証契約を締結する必要がないのである。

ア　**違反する**　マンション管理業者は、イ、ロ、ハに定めるの方法により修繕積立金等金銭を管理する場合にあっては、保管口座または収納・保管口座に係る管理組合等の**印鑑、預貯金の引出用のカード**その他これらに類するものを**管理してはならない**（管理適正化法施行規則87条4項）。

イ　**違反する**　ロに定める方法とは、マンションの区分所有者等から徴収された修繕積立金（金銭に限る）を保管口座に預入し、当該保管口座において預貯金として管理するとともに、マンションの区分所有者等から徴収された管理費用のみ（金銭に限る）を収納口座に預入し、毎月、その月分として徴収された財産から**当該月中の管理事務に要した費用を控除した残額**を、**翌月末日までに収納口座から保管口座に**移し換え、当該保管口座において預貯金として管理する方法をいう（管理適正化法施行規則87条2項1号ロ）。

したがって、その月分として徴収されたものから当該月中の管理事務に要した費用を控除した残額を、翌月末までに保管口座に移し換えておらず、引き続き当該収納口座において管理していることは、マンション管理適正化法に違反する。

ウ　**違反しない**　マンション管理業者は、イまたはロに定める方法により修繕積立金等金銭を管理する場合にあっては、マンションの区分所有者等から徴収される**1ヵ月分**の修繕積立金等金銭または財産の合計額以上の額につき有効な保証契約を締結していなければならない（管理適正化法施行規則87条3項）。ハに定める方法については、保証契約を締結する必要はないので、有効な保証契約を締結していなくてもマンション管理適正化法に違反しない。

したがって、**違反するもの**は**肢ア・イ**であり、正解は1となる。

➔ 攻略テキスト第8編4章

正解 1

財産の分別管理

修繕積立金等が金銭である場合における財産の分別管理に関する次の記述のうち、マンション管理適正化法によれば、最も不適切なものはどれか。

1　マンション管理業者は、マンションの区分所有者等から徴収された修繕積立金等金銭を収納・保管口座に預入し、当該収納・保管口座において預貯金として管理する方法による場合、マンションの区分所有者等から徴収される1月分の修繕積立金等金銭以上の額につき有効な保証契約を締結していなければならない。

2　マンション管理業者は、保管口座又は収納・保管口座に係る管理組合等の印鑑、預貯金の引出用のカードその他これらに類するものを管理してはならない。ただし、管理組合に管理者等が置かれていない場合において、管理者等が選任されるまでの比較的短い期間に限り保管する場合は、この限りでない。

3　管理組合に管理者等が置かれていない場合には、マンション管理業者は、毎月、管理事務の委託を受けた当該管理組合のその月における会計の収入及び支出の状況に関する書面を作成し、対象月の属する当該管理組合の事業年度の終了の日から2月を経過する日までの間、当該書面をその事務所ごとに備え置き、当該管理組合を構成するマンションの区分所有者等の求めに応じ、当該マンション管理業者の業務時間内において、これを閲覧させなければならない。

4　マンション管理業者は、管理組合から委託を受けて管理する修繕積立金等金銭を整然と管理する方法により、自己の固有財産及び他の管理組合の財産と分別して管理しなければならない。

	①	②	③	④	⑤
学習日					
理解度 (○/△/×)					

解法のテクニック

肢1の収納・保管口座を設ける場合は、保証契約が不要とされている。収納・保管口座は、管理者等の名義でなければならず、また印鑑等をマンション管理業者が管理することが禁止されている。つまり、マンション管理業者が収納・保管口座で金銭を預かったり、そこから支出することができないので、保証契約は不要なのである。

1 **最も不適切** マンション管理業者は、マンションの区分所有者等から徴収された修繕積立金等金銭を収納・保管口座に預入し、当該収納・保管口座において預貯金として管理する方法による場合、保証契約の締結は不要である（管理適正化法施行規則87条3項）。

2 **適切** マンション管理業者は、保管口座または収納・保管口座に係る管理組合等の印鑑、預貯金の引出用のカードその他これらに類するものを管理してはならない。ただし、管理組合に管理者等が置かれていない場合において、管理者等が選任されるまでの比較的短い期間に限り保管する場合は、この限りでない（管理適正化法法施行規則87条4項）。

3 **適切** 管理組合に管理者等が置かれていない場合には、マンション管理業者は、毎月、管理事務の委託を受けた当該管理組合のその月における会計の収入および支出の状況に関する書面を作成し、対象月の属する当該管理組合の事業年度の終了の日から2ヵ月を経過する日までの間、当該書面をその事務所ごとに備え置き、当該管理組合を構成するマンションの区分所有者等の求めに応じ、当該マンション管理業者の業務時間内において、これを閲覧させなければならない（管理適正化法施行規則87条5項）。

4 **適切** マンション管理業者は、管理組合から委託を受けて管理する修繕積立金等金銭を整然と管理する方法により、自己の固有財産および他の管理組合の財産と分別して管理しなければならない（管理適正化法76条）。

➔ 攻略テキスト第8編4章

正解 1

345 財産の分別管理

過R3－49

マンション管理業者が行うマンション管理適正化法第76条の規定に基づく管理組合の財産の分別管理に関する次の記述のうち、マンション管理適正化法によれば、適切なものを全て含む組合せはどれか。

ア　マンション管理業者は、管理組合から委託を受けて管理する修繕積立金等については、自己の固有財産及び他の管理組合の財産と分別して管理しなければならない。

イ　マンション管理業者は、同法施行規則第87条第2項第1号ハに定める方法により収納・保管口座で修繕積立金等金銭を管理する場合にあっては、マンションの区分所有者等から徴収される1月分の修繕積立金等金銭の合計額以上の額につき有効な保証契約を締結していなければならない。

ウ　マンション管理業者は、修繕積立金等金銭を管理するにあたり、管理組合に管理者等が置かれていない場合で管理者等が選任されるまでの比較的短い期間に限り保管する場合を除き、保管口座又は収納・保管口座に係る管理組合等の印鑑、預貯金の引出用のカードその他これらに類するものを管理してはならない。

エ　保管口座とは、マンションの区分所有者等から徴収された修繕積立金を預入し、又は修繕積立金等金銭若しくは管理組合又はマンションの区分所有者等から受領した管理費用に充当する金銭の残額を収納口座から移し換え、これらを預貯金として管理するための口座であって、管理組合等を名義人とするものをいう。

1　ア・ウ
2　イ・エ
3　ア・ウ・エ
4　ア・イ・ウ・エ

	①	②	③	④	⑤
学習日					
理解度 (○/△/×)					

解法のテクニック

肢イは、ハの方式で保証契約が不要となるのは、ハの方式は収納・保管口座の１つの口座のみで修繕積立金等金銭を管理する方式であるが、収納・保管口座は管理組合等を名義人としなければならず、また、印鑑等を管理業者が保管することも禁止されているので、法律上当然に保証契約が不要な要件を満たすからである。

ア　**適切**　マンション管理業者は、管理組合から委託を受けて管理する**修繕積立金**その他管理費用に充当する財産については、整然と管理する方法として国土交通省令で定める方法により、**自己の固有財産**および**他の管理組合の財産**と分別して管理しなければならない（適正化法76条）。

イ　**不適切**　マンション管理業者は、ハの方法（マンションの区分所有者等から徴収された修繕積立金等金銭を収納・保管口座**に預入**し、当該収納・保管口座**において預貯金として管理する方法**）については、**保証契約を締結する**必要はない（適正化法施行規則87条３項）。

ウ　**適切**　マンション管理業者は、修繕積立金等金銭を管理する場合にあっては、保管口座または収納・保管口座に係る管理組合等の**印鑑、預貯金の引出用のカード**その他これらに類するものを管理してはならない。ただし、管理組合に**管理者等が**置かれていない場合において、管理者等が選任されるまでの比較的短い期間に限り保管する場合は、**管理をすることが許される**（適正化法施行規則87条４項）。

エ　**適切**　**保管口座**とは、マンションの区分所有者等から徴収された修繕積立金を預入し、または修繕積立金等金銭もしくは管理費用に充当する財産の残額を収納口座から移し換え、これらを預貯金として管理**するための口座**であって、**管理組合等を名義人とするもの**をいう（適正化法施行規則６項２号）。

したがって、**適切なものを全て含む組合せ**は**肢ア・ウ・エ**であり、正解は３となる。

➔ 攻略テキスト第８編４章

正解３

財産の分別管理

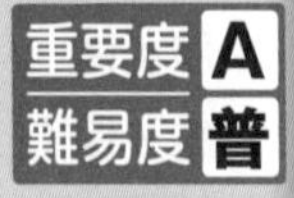

管理組合の財産の分別管理に関する次の記述のうち、マンション管理適正化法によれば、正しいものの組合せはどれか。

ア　マンション管理業者は、修繕積立金等金銭を収納口座で管理するにあたり、管理組合の収納口座の印鑑を保管する場合に、管理組合の承諾があれば、マンションの区分所有者等から徴収される１月分の修繕積立金等金銭の合計額以上の額につき有効な保証契約を締結する必要はない。

イ　マンション管理業者は、管理事務の委託を受けた管理組合に管理者等が置かれていないときは、毎月、管理事務の委託を受けた当該管理組合のその月における会計の収入及び支出の状況に関する書面を作成し、翌月末日までに、当該書面を当該管理組合の区分所有者等に交付しなければならない。

ウ　マンション管理業者は、修繕積立金等金銭を管理するにあたり、管理組合に管理者等が置かれていない場合で管理者等が選任されるまでの比較的短い期間を除き、保管口座又は収納・保管口座に係る管理組合等の印鑑、預貯金の引出用のカードその他これらに類するものを管理してはならない。

エ　収納・保管口座とは、マンションの区分所有者等から徴収された修繕積立金等金銭を預入し、預貯金として管理するための口座であって、管理組合等を名義人とするものをいう。

1　ア・イ
2　ア・ウ
3　イ・エ
4　ウ・エ

	①	②	③	④	⑤
学習日					
理解度（○/△/×）					

解法のテクニック

財産の分別管理の基本的な論点からの出題である。各口座の定義や保証契約締結の要否等をしっかりと覚えておこう。

ア　**誤り**　マンション管理業者が、**管理組合等を名義人**とする**収納口座**に係る当該**管理組合等の印鑑、預貯金の引出用のカード**その他これらに類するものを**管理する**場合には、マンションの区分所有者等から徴収される１月分の修繕積立金等金銭または管理費用に充当する財産の合計額以上の額につき有効な**保証契約を締結していなければならない**（管理適正化法87条３項２号参照）。この場合、**管理組合の承諾があれば保証契約の締結が不要となる旨の定めはなく**、保証契約の締結が必要となる。

イ　**誤り**　マンション管理業者は、**毎月**、管理事務の委託を受けた管理組合の対象月における**会計の収入および支出の状況に関する書面**を作成し、**翌月末日**までに、当該書面を当該管理組合の**管理者等に交付しなければならない**（管理適正化法87条５項）。

管理組合に管理者等が置かれていないときは、当該書面の交付に代えて、対象月の属する当該管理組合の事業年度の終了の日から２月を経過する日までの間、当該書面をその事務所ごとに備え置き、当該管理組合を構成するマンションの区分所有者等の求めに応じ、当該マンション管理業者の業務時間内において、これを閲覧させなければなりません。

ウ　**正しい**　マンション管理業者は、管理組合に**管理者等が置かれていない**場合において、**管理者等が選任されるまでの比較的短い期間**に限り保管する場合を除き、**保管口座**又は**収納・保管口座**に係る管理組合等の**印鑑、預貯金の引出用のカード**その他これらに類するものを**管理してはならない**（管理適正化法87条４項）。

エ　**正しい**　**収納・保管口座**とは、マンションの区分所有者等から徴収された**修繕積立金等金銭を預入し、預貯金として管理するための口座**であって、**管理組合等を名義人**とするものをいう（管理適正化法87条６項３号）。

したがって、**正しいものは肢ウ・エ**であり、正解は**4**となる。

➔ 攻略テキスト第８編４章

正解 4

347 財産の分別管理

過 R1－47

マンション管理業者が行うマンション管理適正化法第76条の規定に基づく財産の分別管理に関する次の記述のうち、マンション管理適正化法によれば、最も不適切なものはどれか。

1　マンション管理業者は、マンション管理適正化法施行規則第87条第２項第１号イに定める方法により修繕積立金等金銭を管理する場合にあっては、原則、保管口座に係る管理組合等の印鑑、預貯金の引出用のカードその他これらに類するもの（以下、本肢において「印鑑等」という。）を管理してはならないが、管理者から依頼を受けた場合は、一時的に当該保管口座の印鑑等を管理することができる。

2　マンション管理業者は、マンション管理適正化法施行規則第87条第３項に基づき保証契約を締結しなければならない場合において、管理委託契約の契約期間の途中に当該保証契約の期間が満了するときは、当該保証契約の更新等を行う必要がある。

3　分別管理の対象となる財産とは、管理組合から委託を受けて修繕積立金として管理する金銭又は有価証券及び管理組合又はマンションの区分所有者等から受領した管理費用に充当する金銭又は有価証券である。

4　マンション管理業者は、管理組合から委託を受けて有価証券を管理する場合においては、金融機関又は証券会社に、当該有価証券の保管場所を自己の固有財産及び他の管理組合の財産である有価証券の保管場所と明確に区分させ、かつ、当該有価証券が受託契約を締結した管理組合の有価証券であることを判別できる状態で管理させなければならない。

	①	②	③	④	⑤
学習日					
理解度 (○/△/×)					

解法のテクニック

財産の分別管理に関する問題である。肢2は管理適正化法に直接の規定はないが、標準管理委託契約書で更新が必要とされている。

1 **最も不適切** マンション管理業者は、マンション管理適正化法施行規則87条2項1号イからハまでに定める方法により修繕積立金等金銭を管理する場合にあっては、保管口座または収納・保管口座に係る管理組合等の印鑑、預貯金の引出用のカードその他これらに類するものを管理してはならない。ただし、管理組合に管理者等が置かれていない場合において、管理者等が選任されるまでの比較的短い期間に限り保管することができる（管理適正化法施行規則87条4項）。したがって、管理者から依頼を受けた場合であっても、保管口座の印鑑を管理してはならない。

2 **適切** 「有効な保証契約」とは、マンション管理業者が保証契約を締結していなければならないすべての期間にわたって、適正化法規則第87条第3項に規定する保証契約を締結していることが必要であるとの趣旨である。したがって、管理委託契約の契約期間の途中で保証契約の期間が満了する場合には、当該保証契約の更新等をしなければならない（国総動47号）。

3 **適切** マンション管理業者は、管理組合から委託を受けて管理する修繕積立金、管理組合またはマンションの区分所有者等から受領した管理費用に充当する金銭または有価証券については、整然と管理する方法として国土交通省令で定める方法により、自己の固有財産及び他の管理組合の財産と分別して管理しなければならない（管理適正化法76条1項、管理適正化法施行規則87条1項）。

4 **適切** マンション管理業者が管理組合から委託を受けて管理する修繕積立金等が有価証券である場合、金融機関または証券会社に、当該有価証券の保管場所を自己の固有財産及び他の管理組合の財産である有価証券の保管場所と明確に区分させ、かつ、当該受託有価証券が受託契約を締結した管理組合の有価証券であることを判別できる状態で管理させる方法としなければならない（管理適正化法87条2項2号）。

➔ 攻略テキスト第8編4章

正解 1

348 監督処分

過 H25−50

マンション管理業者に対する監督に関する次の記述のうち、マンション管理適正化法の規定によれば、正しいものはいくつあるか。

ア　マンション管理業者が、偽りその他不正の手段によりマンション管理業の登録を受けたときは、国土交通大臣は、当該マンション管理業者に対し、業務停止命令をすることができる。

イ　マンション管理業者が、マンション管理業に関し、不正又は著しく不当な行為をしたときは、国土交通大臣は、当該マンション管理業者に対し、2年以内の期間を定めて、その業務の全部又は一部の停止を命ずることができる。

ウ　業務の停止の命令を受けたマンション管理業者が、その業務停止命令に違反したとき、国土交通大臣はその登録を取り消さなければならない。

エ　法人であるマンション管理業者の役員が、破産者で復権を得ないものとなったときは、国土交通大臣はそのマンション管理業者に対し、必要な指示をすることができる。

1　一つ
2　二つ
3　三つ
4　四つ

	①	②	③	④	⑤
学習日					
理解度 (○/△/×)					

解法のテクニック

マンション管理業者に対する監督処分の問題である。頻出の論点ではないが、マンション管理業者の登録を取り消される事由を覚えておこう。

ア　**誤り**　管理業者が、偽りその他不正の手段によりマンション管理業の登録を受けたときは、国土交通大臣は、当該管理業者に対し、その登録を取り消さなければならず、業務停止命令にすることはできない（管理適正化法83条2号）。

イ　**誤り**　管理業者が、マンション管理業に関し、不正または著しく不当な行為をしたときは、国土交通大臣は、当該管理業者に対し、1年以内の期間を定めて、その業務の全部または一部の停止を命ずることができる（管理適正化法82条5号）。2年以内の期間ではない。

ウ　**正しい**　業務の停止の命令を受けた管理業者が、その業務停止命令に違反したとき、国土交通大臣は、当該管理業者に対し、その登録を取り消さなければならない（管理適正化法83条3号）。

エ　**誤り**　法人である管理業者の役員に登録拒否事由に該当する者がいる場合、国土交通大臣は、その法人の登録を取り消さなければならない。したがって、法人である管理業者の役員が、登録拒否事由である破産者で復権を得ないものとなったときは、国土交通大臣は、その管理業者に対し、その登録を取り消さなければならない（管理適正化法83条1号、47条1号、8号）。

したがって、正しいものは、肢ウの一つであり、正解は1となる。

➔ 攻略テキスト第8編6章

正解 1

349 マンション管理適正化法（総合）

過 R5－46

マンション管理適正化法に関する次の記述のうち、適切なものはいくつあるか。

ア　都道府県等は、マンション管理適正化推進計画に基づく措置の実施に関して特に必要があると認めるときは、関係地方公共団体、管理組合、マンション管理業者に対し、調査を実施するため必要な協力を求めることができる。

イ　管理組合は、マンション管理適正化指針の定めるところに留意して、マンションを適正に管理するよう自ら努めなければならないとされているが、マンションの区分所有者等の役割については規定されていない。

ウ　市長は、区域内のマンションにおいて管理組合の運営がマンション管理適正化指針に照らして著しく不適切であることを把握したときは、当該管理組合の管理者等に対し、マンション管理適正化指針に即したマンションの管理を行うよう勧告することができる。

エ　管理組合の管理者等は、管理計画の認定を受けるために申請する当該管理計画の中には、当該マンションの修繕その他の管理に係る資金計画を必ず記載しなければならない。

1　一つ
2　二つ
3　三つ
4　四つ

	①	②	③	④	⑤
学習日					
理解度 (○/△/×)					

解法のテクニック

令和4年改正点からの出題である。管理計画の認定基準等は繰り返し出題される可能性が高いので、認定基準の細かい内容まで押さえておこう。

ア　**適切**　都道府県等は、マンション管理適正化推進計画の作成および変更ならびにマンション管理適正化推進計画に基づく措置の実施に関して特に必要があると認めるときは、関係地方公共団体、管理組合、マンション管理業者その他の関係者に対し、調査を実施するため必要な協力を求めることができる（管理適正化法3条の2第6項）。

イ　**不適切**　マンションの区分所有者等は、マンションの管理に関し、管理組合の一員としての役割を適切に果たすよう努めなければならない（管理適正化法5条2項）。

ウ　**適切**　都道府県知事（市またはマンション管理適正化推進行政事務を処理する町村の区域内にあっては、それぞれの長）は、管理組合の運営がマンション管理適正化指針に照らして著しく不適切であることを把握したときは、当該管理組合の管理者等に対し、マンション管理適正化指針に即したマンションの管理を行うよう勧告することができる（管理適正化法5条の2第2項）。

エ　**適切**　管理計画には、①当該マンションの修繕その他の管理の方法、②当該マンションの修繕その他の管理に係る資金計画、③当該マンションの管理組合の運営の状況、④その他国土交通省令で定める事項を記載しなければならない（管理適正化法5条の3第2項）。

したがって、適切なものは肢ア・ウ・エの三つであり、正解は3となる。

➔ 攻略テキスト第8編6章

正解 3

基本方針等

次の記述のうち、マンション管理適正化法によれば、不適切なものはいくつあるか。

ア　国土交通大臣は、住生活基本法第15条第１項に規定する全国計画との調和が保たれたマンションの管理の適正化の推進を図るための基本的な方針を定めなければならない。

イ　都道府県等は、あらかじめマンション管理適正化推進計画を作成したうえで、管理組合の管理者等（管理者等が置かれていないときは、当該管理組合を構成するマンションの区分所有者等。）に対し、マンションの管理の適正化を図るために必要な助言及び指導をしなければならない。

ウ　管理組合の管理者等は、国土交通省令で定めるところにより、当該管理組合による管理計画を作成し、計画作成都道府県知事等の認定を申請することができる。

エ　計画作成都道府県知事等は、認定管理者等が認定管理計画に従って管理計画認定マンションの管理を行っていないと認めるときは、直ちに、当該認定管理計画の認定を取り消すことができる。

1　一つ
2　二つ
3　三つ
4　四つ

	①	②	③	④	⑤
学習日					
理解度（○/△/×）					

解法のテクニック

基本方針や管理計画の認定制度といった昨年度の改正点からの出題である。繰り返し出題される可能性があるので、論点を確認しておこう。

ア　**適切**　**国土交通大臣**は、マンションの管理の適正化の推進を図るための**基本方針**を定めなければならない（管理適正化法３条１項）。そして、基本方針は、**住生活基本法に規定する全国計画との調和が保たれたもの**でなければならない（管理適正化法３条３項）。

イ　**不適切**　**都道府県等**は、マンション管理適正化指針に即し、管理組合の管理者等（管理者等が置かれていないときは、当該管理組合を構成するマンションの区分所有者等）に対し、マンションの管理の適正化を図るために**必要な助言**および**指導をすることができる**。助言および指導をしなければならないのではない（管理適正化法５条の２第１項）。

ウ　**適切**　管理組合の管理者等は、国土交通省令で定めるところにより、当該管理組合による**マンションの管理に関する計画**（**管理計画**）を作成し、**マンション管理適正化推進計画を作成した都道府県等の長**（**計画作成都道府県知事等**）の**認定を申請することができる**（管理適正化法５条の３第１項）。

エ　**不適切**　計画作成都道府県知事等は、認定管理者等が**認定管理計画に従って管理計画認定マンションの管理を行っていないと認めるときは**、当該認定管理者等に対し、相当の期限を定めて、その**改善に必要な措置を命ずることができる**（改善命令：マンション管理適正化法５条の９）。そして、計画作成都道府県知事等は、この**改善命令に違反したときは、認定管理計画の認定を取り消すことができる**（管理適正化法５条の10第１項１号）。

したがって、**不適切なものは肢イ・エの二つ**であり、正解は**2**となる。

第8編 マンション管理適正化法

➔ 攻略テキスト第８編６章

正解 2

付　録

重要数字チェック表

管理業務主任者試験では、数字に関する問題がよく出題されている。これらは、合格するためには確実に正解しなければならない問題であり、また直前期の学習で１、２点プラスできることも期待できる。

重要数字をまとめておいたので学習に役立ててもらいたい。

表中の法令の略称

昇降機指針：昇降機の維持及び運行の管理に関する指針
品　確　法：住宅の品質確保の促進等に関する法律
適正化法：マンションの管理の適正化の推進に関する法律
不　登　法：不動産登記法
区分所有法：建物の区分所有等に関する法律
建　基　法：建築基準法
宅建業法：宅地建物取引業法
管理規約：マンション標準管理規約
車　庫　法：自動車の保管場所の確保等に関する法律
管理委託契約：マンション標準管理委託契約書
建替円滑化法：マンションの建替え等の円滑化に関する法律

●重要数字チェック表

<table>
<tr><th colspan="2">数字</th><th>科目</th><th>論　点</th></tr>
<tr><td rowspan="9">1</td><td rowspan="7">1年</td><td>民法</td><td>各共有者は、その持分に応じ、管理の費用を支払い、その他共有物に関する負担を負い、共有者が1年以内にこの義務を履行しないときは、他の共有者は、相当の償金を支払ってその者の持分を取得することができる。</td></tr>
<tr><td>民法</td><td>売主の種類・品質の契約不適合責任において、追完請求・代金減額請求、契約の解除または損害賠償の請求は、買主が事実を知った時から1年以内に通知しなければならない。</td></tr>
<tr><td>借地借家法</td><td>建物の賃貸借について期間の定めがある場合において、当事者が期間の満了の1年前から6カ月前までの間に相手方に対して更新をしない旨の通知または条件を変更しなければ更新をしない旨の通知をしなかったときは、従前の契約と同一の条件で契約を更新したものとみなす。</td></tr>
<tr><td>水道法</td><td>簡易専用水道の設置者は、1年（毎年）以内に1回、地方公共団体の機関または厚生労働大臣の登録を受けた者の検査を受けなければならない。</td></tr>
<tr><td>品確法</td><td>新築住宅とは、人の居住の用に供されたことのないもので、建築工事完了の日から起算して1年を経過していないものをいう。</td></tr>
<tr><td rowspan="2">適正化法</td><td>人の居住の用に供する独立部分の引渡日のうち最も早い日から1年の間で終了する管理受託契約を締結する場合、重要事項の説明義務はない。</td></tr>
<tr><td>宅建業者が自ら売主となってマンションを分譲した場合、1年以内に管理者等が選任されたときは速やかに管理者等に対して、当該建物とその附属施設の設計図書を交付しなければならない。</td></tr>
<tr><td rowspan="2">1カ月</td><td>不登法</td><td>新築した建物または区分建物以外の表題登記がない建物の所有権を取得した者は、その所有権の取得の日から1カ月以内に表題登記を申請しなければならない。</td></tr>
<tr><td>区分所有法</td><td>集会を招集した者は、建替え決議の集会の会日より少なくとも1カ月前までに、説明会を開催しなければならない。</td></tr>
</table>

数字		科目	論　　点
1	1週間	区分所有法	集会の招集通知は、会日より少なくとも1週間前に会議の目的たる事項を示して、各区分所有者に発しなければならない。
		適正化法	重要事項の説明会の1週間前までに、管理業者は区分所有者等および管理者等の全員に対し、重要事項並びに説明会の日時および場所を記載した書面を交付しなければならない。 また、説明会の開催日の1週間前までに、説明会の開催の日時および場所を区分所有者等の見やすい場所に掲示しなければならない。
			管理業者は、管理事務の委託を受けた管理組合に管理者等が置かれていないときは、管理事務の報告を行う説明会の開催日の1週間前までに、説明会の開催の日時および場所を区分所有者等の見やすい場所に掲示しなければならない。
	1m	水道法	受水槽の6面点検を行うため、天井1m以上、周壁と床には60cm以上の距離を置いて受水槽を設置しなければならない。
1.5	1.5m	建基法	敷地内には、原則として、屋外に設ける避難階段および出口から道または公園、広場その他の空地に通ずる幅員が1.5m以上の通路を設けなければならない。
1.6	1.6m	建基法	共同住宅における廊下の幅は、両側に居室がある場合は、1.6m、その他の廊下における場合は、1.2m以上としなければならない。
2	2年	民法	抵当権者は、利息その他の定期金を請求する権利を有するときは、その満期となった最後の2年分についてのみ、その抵当権を行使することができる。
		宅建業法	宅地建物取引業者は、自ら売主となる宅地または建物の売買契約において、契約不適合を担保すべき責任に関し、通知の期間をその目的物の引渡しの日から2年以上となる特約をする場合を除き、民法に規定するものより買主に不利となる特約をしてはならない。
		区分所有法	管理組合法人の理事の任期は2年とする。
		適正化法	適正化法の規定により罰金の刑に処せられ、その執行を終わり、または執行を受けることがなくなった日から2年を経過しない者は、管理業務主任者の登録を受けることができない。

数字		科目	論　点
2	2週間	区分所有法	大規模滅失の復旧決議の日から2週間が経過したときは、決議に賛成した区分所有者以外の区分所有者は、決議に賛成した区分所有者に対して買取請求権を行使することができる。
		区分所有法	区分所有者から集会の招集請求がされた場合において、2週間以内にその請求の日から4週間以内の日を会日とする集会の招集の通知が発せられなかったときは、その請求をした区分所有者は、集会を招集することができる。
			大規模滅失の復旧決議の日から2週間以内に、決議に賛成した区分所有者は買取指定者を指定することができる。
		管理規約	総会を招集するには、少なくとも会議を開く日の2週間前までに、会議の日時場所および目的を示して、組合員に通知を発しなければならない。
	2カ月	区分所有法	建替え決議を会議の目的とする集会を招集するときは、集会の招集通知は、集会の会日より少なくとも2カ月前に発しなければならない。
			建替え決議の集会を招集した者は、遅滞なく、建替え決議に参加するか否かを回答すべき旨を書面で催告しなければならず、催告日から2カ月以内に回答しなかった区分所有者は、建替え不参加とみなされる。
			建替えに参加するか否かの催告期間満了日から2カ月以内に、売渡請求権を行使することができる。
			建替え承認決議の集会を招集するときは、招集通知を当該集会の会日より少なくとも2カ月前に、議案の要領のほか、新たに建築する建物の設計の概要（当該建物の当該団地内における位置を含む。）をも示して発しなければならない。
		管理規約	理事長は、通常総会を、毎年一回新会計年度開始以後2カ月以内に招集しなければならない。
	2人	区分所有法	議事録が書面で作成されているときは、議長および集会に出席した区分所有者の2人がこれに署名しなければならない。

数字		科目	論　　点
2	2㎞	車庫法	自動車の保有者は、道路上の場所以外の場所において、当該自動車の保管場所（当該自動車の使用の本拠の位置との間の距離が、2㎞を超えないもの）を確保しなければならない。
2	2	適正化法	2以上の区分所有者が存する建物で、人の居住の用に供する専有部分のあるもの、並びにその敷地および附属施設はマンションである。
2.1	2.1m	建基法	居室の天井の高さは、2.1m以上でなければならない。
3	3カ月	民法	相続人は、自己のために相続の開始があったことを知った時から3カ月以内に、相続について、単純もしくは限定の承認又は放棄をしなければならない。
3	3カ月	管理委託契約	管理組合および管理会社は、その相手方に対し、少なくとも3カ月前に書面で解約の申入れをすることで、管理委託契約を終了することができる。
3	3カ月	管理委託契約	管理委託契約を更新しようとする場合、有効期間の満了日の3カ月前までに、その相手方に対し、書面をもって、その旨を申し出るものとする。
3	3カ月	浄化槽法	浄化槽が新たに設置された場合等には、浄化槽管理者は、指定検査機関の行う水質検査を、使用開始後3カ月経過した日から**5カ月**以内に受けなければならない。
3	3カ月	適正化法	マンション管理業者は、業務および財産の状況を記載した書類を事業年度ごとに、事業年度経過後3カ月以内に作成し、遅滞なく事務所ごとに備え置く必要がある。また、事務所に置いた日から3年を経過する日まで、備え置かなければならない。
3	3年	民法	不法行為による損害賠償の請求権は、被害者またはその法定代理人が損害および加害者を知った時から3年間行使しないときは、時効によって消滅する。不法行為の時から**20年**を経過したときも、同様とする。
3	3年	不登法	不動産を相続したことを知ったときから3年以内に相続登記を申請しなければならない。
3	3年	区分所有法	管理組合法人の理事の任期は、規約で3年以内において別段の期間を定めることができる。
3	3年	消防法	共同住宅（非特定防火対象物）の関係者は、消防用設備等について、定期に点検をし、3年に1回、その結果を消防長又は消防署長に報告しなければならない。

数字		科目	論　点
3	3ｍ	建基法	延焼のおそれがある部分とは、隣地境界線等から、１階にあっては３ｍ以下、２階以上にあっては５ｍ以下の建築物の部分をいう。
4	4カ月	区分所有法	大規模滅失の復旧決議を招集した者または買取指定者は、決議賛成者以外の区分所有者に対し、４カ月以上の期間を定めて、買取請求をするか否かを確答すべき旨を催告することができる。
5	5年	民法	消滅時効は権利を行使することができることを知った時から５年間または権利を行使できる時から10年間で完成する。
		民法	各共有者は、５年を超えない期間内は分割をしない旨の契約をすることができる。また、この契約は、更新することができるが、その期間は、更新の時から５年を超えることができない（不分割特約）。
		適正化法	マンション管理業者の登録の有効期間は５年である。
			マンション管理士は、５年ごとに講習を受けなければならない。
			管理業務主任者証の有効期間は５年である。
			管理業者は、管理事務について、事務所ごとに帳簿を作成し、これを保存しなければならず、帳簿は各事業年度の末日をもって閉鎖し、閉鎖後５年間保存しなければならない。
	5日	管理規約	緊急を要する場合には、理事長は、理事会の承認を得て、５日間を下回らない範囲において、総会の招集通知期間を短縮することができる。
	5人	建替円滑化法	建替え組合を設立する場合、建替えを行う旨の合意をしたものとみなされた者が、５人以上共同して、定款および事業計画を作成する必要がある。
6	6カ月	民法	催告から６カ月間は、時効の完成が猶予される。
		借地借家法	建物の賃貸人が賃貸借の解約の申入れをした場合においては、建物の賃貸借は、解約の申入れの日から６ヵ月を経過することによって終了する。
		区分所有法	大規模滅失があった場合で、その滅失した日から６カ月以内に、復旧決議等がないときは、各区分所有者は他の区分所有者に対し、買取請求権を行使することができる。

数字		科目	論　点
6	6カ月	浄化槽法	浄化槽管理者は、毎年1回（全ばっ気方式においては6カ月ごとに1回）、浄化槽の清掃を行うものとされる。
	6	適正化法	専任の管理業務主任者の設置義務が生じるのは、居住の用に供する独立部分が6以上のマンション管理組合から委託を受けて管理業務を行う場合である（5以下の場合は不要）。
10	10年	民法	10年間、所有の意思をもって、平穏に、かつ、公然と他人の物を占有した者は、その占有の開始の時に、善意であり、かつ、過失がなかったときは、その所有権を取得する（取得時効）。
		品確法	品確法における瑕疵担保責任の追及期間は、引渡日より10年間である。
	10㎡	建基法	建築物を建築する場合は、建築主は建築主事を経由して、その旨を都道府県知事に届け出なければならない。ただし、その行為に係る部分の床面積の合計が10㎡以内のときは不要である。
		水道法	簡易専用水道とは、水道事業用の水道および専用水道以外の水道で、水道事業の用に供する水道から供給を受ける水のみを水源とする、貯水槽の有効容量が10㎥を超えるものをいう。
	10cm	建基法	階段およびその踊場に手すりおよび階段の昇降を安全に行うための設備でその高さが50cm以下のものが設けられた場合における階段およびその踊場の幅は、手すり等の幅が10cmを限度として、ないものとみなして算定する。
	10回	民訴法	少額訴訟においては、同一の原告による、同一の簡易裁判所における、同一年内の少額訴訟手続き利用回数は、年10回以内とされる。
20	20年	民法	悪意または有過失の場合、20年間、所有の意思をもって、平穏に、かつ、公然と他人の物を占有した者は、その所有権を取得する（取得時効）。
		借地借家法	当事者が借地契約を更新する場合において、借地権の設定後の最初の更新にあっては、その期間は、更新の日から20年とする。
		品確法	瑕疵担保責任を負う期間を特約で20年まで延長することができる。

数字		科目	論　点
20	20m	建基法	高さ20mを超える建築物には、有効に避雷設備を設けなければならない。
	20cm	建基法	蹴上げの寸法は、20cm以下とする。
24	24cm	建基法	踏面の寸法は、24cm以上とする。
30	30日	適正化法	管理業者の登録を、①偽り不正の手段で登録を受けた、②業務停止命令事由に該当し、情状が特に重い、③業務停止命令に違反した、ことで取り消された法人において、取消日の前30日以内に法人の役員であった者は、取消日から**2年**を経過しないと管理業務主任者の登録を受けることができない。
			管理業者が死亡した場合、その相続人が、その事実を知った日から30日以内に、その旨を国土交通大臣に届け出る。
	30組合	適正化法	マンション管理業者は、30管理組合と管理受託契約を締結した場合、１名の成年者である専任の管理業務主任者の設置が必要となる（端数繰上げ）。
	30cm	建基法	回り階段における踏面の寸法は、狭い方の端から30cmの位置で測定する。
31	31m		高さ31mを超える建築物には、非常用の昇降機の設置が原則として必要となる。
50	50年	民法	賃貸借の存続期間は、50年を超えることができない。
	50人	建替円滑化法	組合員の数が50人を超える場合は、総会に代わって総代会を設けることができる。
		消防法	マンション（非特定防火対象物）においては、収容人員が50人以上のときは、防火管理者を選任しなければならない。
	50mm	排水設備	トラップの封水深は、50mm以上100mm以下とされる。
	50%	排水設備	雨水排水設備の設計には、敷地面積に建物外壁面積の50%を加算する。
	50cm	建基法	高さが50cm以下で幅が10cm以下の手すり等を設けた場合、階段の幅は手すりがないものとして算定する。
60	60万円	民訴法	少額訴訟は、訴額が60万円以下の金銭等の支払請求訴訟について利用することができる。
65	65kg	建基法	乗用エレベーターでは、一人当たりの荷重を65kgとして計算した最大定員を明示した標識をかご内の見やすい場所に掲示する。

数字		科目	論　点
90	90日	適正化法	有効期間満了後もマンション管理業を営もうとするときは、期間満了の90日前～30日前までに更新の登録を申請しなければならない。
100	100人	水道法	専用水道とは、寄宿舎等における自家用水道、その他水道事業用の水道以外の水道であって、100人を超える者にその居住に必要な水を供給するもの、または使用水量が20㎥を超えるものをいう。
	100㎥		他の水道から供給を受ける水のみを水源とし、受水槽の有効容量の合計が100㎥を超えるものは、専用水道に該当する。
200	200㎡	建築基準法	共同住宅でその床面積の合計が200㎡を超えるものは、新築・増改築・移転・大規模修繕・模様替え・用途変更の際に建築確認申請が必要である。
501	501人	浄化槽法	処理対象人員が501人以上の浄化槽の管理者は、原則として、環境省令で定める資格を有する技術管理者を置かなければならない。
1000	1000万円	消費税	基準期間（前々年度）又は特定期間（前年度上半期）における課税対象売上額が1,000万円を超える場合には、消費税の納税義務が発生する。
	1000㎡	消防法	共同住宅で延べ面積が1,000㎡以上のものの消防設備の点検は、消防設備士免状の交付を受けている者または一定の資格者に点検を行わせる。
2分の1		民法	子および配偶者が相続人であるときは、子の相続分および配偶者の相続分は、各2分の1とする。
		区分所有法	建物の価格の2分の1以下が滅失した場合、小規模滅失となる。
		給水設備	受水槽の容量は、一般的に、マンション全体の一日の使用水量の2分の1程度とされる。
3分の1		建基法	地階とは、床が地盤面下にある階で、床から地盤面までの高さがその階の天井の高さの3分の1以上のものをいう。
3分の2		民法	配偶者および直系尊属が相続人であるときは、配偶者の相続分は、3分の2とし、直系尊属の相続分は、3分の1とする。

数字	科目	論　点
3分の2	区分所有法	一括建替え決議が成立するためには、団地集会において、当該各団地内建物ごとに、それぞれ区分所有者および議決権の3分の2以上の者が一括建替え決議に賛成している必要がある。
4分の1	民法	配偶者および兄弟姉妹が相続人であるときは、配偶者の相続分は、**4分の3**とし、兄弟姉妹の相続分は、4分の1とする。
	区分所有法	一部共用部分について区分所有者全員の規約の設定等をする場合、一部共用部分の区分所有者の4分の1を超える反対、またはその議決権の4分の1を超える反対があったときはすることができない。
4分の3	民法	配偶者および兄弟姉妹が相続人であるときは、配偶者の相続分は、4分の3とし、兄弟姉妹の相続分は、**4分の1**とする。
	区分所有法	共用部分の重大変更・規約の設定等・管理組合法人設立・専有部分の使用禁止・競売請求・占有者への引渡請求・大規模滅失からの復旧に関する決議は、区分所有者および議決権の各4分の3以上の多数で行う。
	建替円滑化法	建替組合の設立には、建替合意者の4分の3以上の同意が必要である。
5分の1	区分所有法	区分所有者の5分の1以上で議決権の5分の1以上を有する者は、管理者等に会議の目的たる事項を示して、集会の招集を請求することができる。
5分の4	区分所有法	建替え決議は、区分所有者および議決権の各5分の4以上の多数で行う。
		一括建替え決議は、区分所有者および議決権の各5分の4以上の多数決する。
8分の1	建基法	建築物の屋上に設ける階段室等で、水平投影面積の合計が当該建築物の8分の1以内のものは、原則として、その高さが12m（絶対高さ制限では**5m**）までは建築物の高さに算入しない。
10分の1	給水設備	高置水槽の容量は、一般的に、マンション全体での1日の使用水量の10分の1程度とされている。
20分の1	建基法	住宅の居室における換気に有効な部分の面積は20分の1以上としなければならない。

2024年度版　ごうかく！　管理業務主任者　攻略問題集

(2011年度版　2011年２月17日　初版　第１刷発行)

2024年２月25日　初　版　第１刷発行

編著者　管理業務主任者試験研究会

発行者　猪　野　樹

発行所　株式会社　早稲田経営出版

〒101-0061 東京都千代田区神田三崎町3-1-5
神田三崎町ビル
電話 03(5276)9492(営業)
FAX 03(5276)9027

DTP　株式会社　グラフト

印刷　日新印刷株式会社

製本　東京美術紙工協業組合

ISBN 978-4-8471-5121-7
N.D.C. 673

書籍の正誤に関するご確認とお問合せについて

書籍の記載内容に誤りではないかと思われる箇所がございましたら、以下の手順にてご確認とお問合せをしてくださいますよう、お願い申し上げます。

なお、正誤のお問合せ以外の**書籍内容に関する解説および受験指導などは、一切行っておりません。**

そのようなお問合せにつきましては、お答えいたしかねますので、あらかじめご了承ください。

1 「Cyber Book Store」にて正誤表を確認する

早稲田経営出版刊行書籍の販売代行を行っている
TAC出版書籍販売サイト「Cyber Book Store」の
トップページ内「正誤表」コーナーにて、正誤表をご確認ください。

CYBER BOOK STORE TAC出版書籍販売サイト

URL:https://bookstore.tac-school.co.jp/

2 1の正誤表がない、あるいは正誤表に該当箇所の記載がない ⇒ 下記①、②のどちらかの方法で文書にて問合せをする

★ご注意ください★

お電話でのお問合せは、お受けいたしません。

①、②のどちらの方法でも、お問合せの際には、「お名前」とともに、

「対象の書籍名(○級・第○回対策も含む)およびその版数(第○版・○○年度版など)」

「お問合せ該当箇所の頁数と行数」

「誤りと思われる記載」

「正しいとお考えになる記載とその根拠」

を明記してください。

なお、回答までに1週間前後を要する場合もございます。あらかじめご了承ください。

① ウェブページ「Cyber Book Store」内の「お問合せフォーム」より問合せをする

【お問合せフォームアドレス】

https://bookstore.tac-school.co.jp/inquiry/

② メールにより問合せをする

【メール宛先 早稲田経営出版】

sbook@wasedakeiei.co.jp

※土日祝日はお問合せ対応をおこなっておりません。

※正誤のお問合せ対応は、該当書籍の改訂版刊行月末日までといたします。

乱丁・落丁による交換は、該当書籍の改訂版刊行月末日までといたします。なお、書籍の在庫状況等により、お受けできない場合もございます。

また、各種本試験の実施の延期、中止を理由とした本書の返品はお受けいたしません。返金もいたしかねますので、あらかじめご了承くださいますようお願い申し上げます。

(2022年7月現在)